정책의 이해

길종백 배정아

박영사

정책의 이해

길종백 배정아

일러두기

1️⃣ 원저자의 저서를 참고하려고 하였으나, 부득이할 때는 번역서를 참고하였다. 본문에서 번역서를 인용할 때, 연도는 원저자가 출간된 책의 연도를 표시하였고, 페이지는 번역서의 페이지를 사용하였다. 예를 들어 (Mills, 1859: 181)에서 괄호 안의 의미는 밀이 1859년에 출간한 자유론이라는 저서를 인용하였으나, 인용된 내용은 번역본(서병훈 옮김, 2010년) 181페이지에 있음을 의미한다.

2️⃣ 본문에 학자들의 저서를 인용할 때, 가독성을 높이기 위하여 다음과 같이 표시하였다. 첫째, 같은 학자의 저서를 연이어 인용하거나 독자가 충분히 누구의 저서를 인용하는지를 안다고 판단되면, 학자의 이름은 생략하고 인용하는 저서의 연도와 페이지만을 표시하였다. 둘째, 저자가 세 명 이상이면, (Bella 외) 등과 같이 (제1 저자 외) 형태로 나타냈다.

머리말

    이 책은 정부의 정책을 다룬 책이다. 정책학을 다룬 훌륭한 책들이 이미 시중에 많이 출판되어 있다. 그렇지만 대학에서 정책학을 가르치면서 정책과 정책학을 처음 접하는 학생들에게서 그 내용이 어렵다는 의견을 많이 받았다. 필자들은 정책이 우리의 삶에 끼치는 영향력이 크다는 점을 생각하면서, 학생뿐만 아니라 일반인도 정책에 쉽게 다가갈 수 있는 책을 집필하기로 하였다.

    우선 총 3부로 구성된 이 책의 전체 내용을 간략하게 정리하면 다음과 같다.

    제1부는 제1장에서 제5장까지로 정책과 디자인을 주로 다룬다.

    제1장은 정책이란 무엇인가를 다룬다. 우리는 매일 크고 작은 문제들에 직면한다. 이러한 문제 중에서 빈부격차, 빈곤, 경기 불황, 주택난, 미세먼지, 재난관리, 감염병 등과 같이 개인이 아니라 정부가 해결해야 하는 정책문제가 있다. 정책문제는 어떠한 특성이 있는지, 정책과정에는 누가 참여하는지, 정책은 어떻게 구성되어 있는지, 그리고 정책은 어떤 유형으로 구분될 수 있는지 등을 알아본다.

    제2장은 킹던(Kingdon)의 논의를 중심으로 어떻게 정책문제가 의제로 설정(agenda setting)되는지를 설명한다. 정부가 사용할 수 있는 재원과 인력, 정책결정자들의 시간과 관심은 한정되어 있어서 모든 정책문제를 다룰 수 없다. 아무리 심각한 문제라도 그 문제가 정책의제가 되지 못하면 정책으로 결정될 가능

성이 희박하다. 정부는 정책결정의 무대에 오를 의제를 어떻게 선택하는지, 이때 정책결정자가 검토하는 내용은 무엇인지 등을 살펴본다.

제3장은 정책문제의 구조화를 다룬다. 정책문제가 정책의제로 설정되어도 우리는 또 다른 난관에 봉착한다. 정책문제는 대체로 문제를 일으킨 요인이 복잡하고, 기본적으로 그 구조가 엉성하다. 엉성한 정책문제의 구조를 명확하게 하여 문제의 해결 가능성을 높여주는 방법들을 소개한다. 그리고 최근 구조화의 초점이 어떻게 변화했는지를 살펴본다.

제4장은 정부가 정책 목적을 달성하는 데 사용하는 정책수단을 다룬다. 정책문제의 구조가 명확해져 정책목표가 설정되면 적절한 수단을 선택하여 우리 사회가 봉착한 문제를 성공적으로 해결해야 한다. 정부는 직접 공급 혹은 직접 규제를 통해 정책문제를 해결할 수 있으며 유인이나 정보 제공을 통해서도 정책목표를 달성할 수 있다. 정책수단의 필요성과 효과를 시장실패라는 개념과 연결하여 살펴본다.

제5장은 스톤(Stone)의 논의를 중심으로 정책이 지향해야 하는 가치를 살펴본다. 정부는 공공의 이익을 실현하려고 노력하지만, 공공의 이익이 구체적으로 무엇인지는 명확하지 않다. 공평성, 효율성, 자유, 안전, 복지 등은 정책이 지향해야 할 바람직한 가치이다. 가치는 정책목표, 수단, 평가의 중요한 판단 기준으로 작동된다. 가치는 어떠한 의미를 내포하고 있는지, 현실에서 각 가치가 서로 충돌할 때 어떻게 해야 하는지, 정책을 규범적으로 판단할 때 기준은 무엇인지 등을 살펴본다.

제2부는 제6장에서 제9장까지로 정책결정을 다룬다. 정책결정을 이해할 때 중요한 분석 도구로 합리성(rationality), 이익(interest), 제도(institution), 아이디어(ideas) 등을 논의한다.

제6장은 정책결정의 합리성을 다룬다. 우리는 어떤 선택을 할 때 합리적인 의사결정을 추구한다. 마찬가지로 정책결정자에게도 정책문제의 대안 중에서 가장 바람직한 것이 선택되기를 바란다. 그런데 서로 다른 목적을 가진 행위자들이 모여 있는 사회에서 정책결정의 합리성은 실현할 수 있을까? 합리적 의사

결정의 구조는 무엇인지, 합리적 결정을 위한 구체적인 방법은 무엇인지, 그리고 합리적 의사결정의 한계 등을 살펴본다.

제7장은 정책결정에서 이익이 어떻게 조정되는가를 다룬다. 정책이 공공의 정책문제를 사회 전체의 이익을 강화하려는 시도이지만, 사람들이 가진 개별 이익을 완전히 배제할 수는 없다. 정책과정에는 사회의 다양한 이익이 표출되며, 이러한 이익을 조정하는 것이 필요하다. 다양한 이익을 지닌 행위자는 정책과정에 어떻게 영향을 주는지, 정책과정에서 이익은 어떻게 조정되는지, 그리고 어떠한 이익이 대표되기 쉬운지 등을 살펴본다.

제8장은 제도가 정책결정에 주는 영향을 다룬다. 우리가 자동차를 운전할 때 관련 규칙을 준수하지 않으면 누구도 안전하게 운전할 수 없다. 정책과정에도 결정에 영향을 주는 관습, 절차, 규칙 등이 존재한다. 제도로부터 완전히 자유로운 상태에서 정책결정이 이루어질 수 없다. 제도란 무엇인지, 제도는 정책결정의 프로세스에 어떻게 영향을 주는지, 참여자가 선택을 할 때 제도는 어떻게 영향을 주는지 등을 살펴본다.

제9장은 아이디어가 정책결정에 주는 영향을 다룬다. 행위자들의 세계관, 신념, 지식 등은 정책결정에 큰 영향을 줄 수 있다. 1970년대 후반 미국에서 규제완화를 추진할 때 중요 행위자들의 아이디어가 영향을 주면서 아이디어라는 개념이 주목받게 되었다. 아이디어란 무엇인지, 아이디어는 행위자의 행동에 어떻게 영향을 주는지, 아이디어는 정책형성이나 정책변화에서 아이디어는 어떠한 역할을 하는지 등을 살펴본다.

제3부 제10장에서 제11장까지로 정책집행과 평가를 다룬다.

제10장은 정책성과를 결정하는 중요 변수인 정책집행을 다룬다. 어떤 정책의 효과가 나타나지 않으면 정책을 잘못 결정했다고 비판을 한다. 그렇지만 결정이나 정책디자인이 아니라 정책집행에서 문제가 발생했을 수도 있다. 정책을 집행하는 데 필요한 자원이 부족했을 수도 있고, 정책문제가 모호하거나 이해관계가 첨예하여 집행이 원활하지 않을 수도 있다. 정책은 어떻게 집행되는지, 정책을 집행하는 행위자는 누구인지, 정책집행과 정책결정은 어떠한 연관

성을 가지는지 등을 설명한다.

　제11장은 정책평가를 다룬다. 쓸모없는 공공사업은 그만두어야 한다고 생각한다. 그렇지만 그러한 판단을 내리는 데는 정보가 필요하다. 정책평가는 판단에 필요한 정보를 만들어내는 활동이다. 정책평가는 어떠한 논리를 근거로 하는지, 실험설계와 준실험설계는 어떠한 차이가 있는지, 정책평가의 종류와 기준은 무엇인지, 누구라도 수긍할 수 있는 정책평가가 가능할지를 논의한다.

　다음으로 이 책의 특징을 소개하면 다음과 같다.

　첫째, 이론의 전달보다는 적용에 무게를 두었다. 정책을 이해할 때 많은 이론이 필요하지만, 이론을 백과사전식으로 소개하면 독자들이 이론의 늪에 빠질 우려도 있다. 그렇기에 이론을 최소한으로 소개하면서 이론이 필요한 맥락에 주력하였다. 단순히 이론을 소개하는 것에 그치지 않고, 현실에서 접할 수 있는 간략한 예를 들어서 설명하였다.

　둘째, 본문은 되도록 간결하게 구성하였다. 본문에서 다룬 내용만으로도 독자가 정책을 이해하는 데 큰 무리가 없도록 하였다. Break Time을 통해 본문에서 다루지 못했으나 알아두면 좋을 내용을 보충하였다. 또한 <한 걸음 더>는 정책을 또는 정책학을 조금 더 깊게 이해하는 데 도움이 될 수 있는 이론이나 개념을 담았다.

　셋째, 현실 세계에서의 정책결정에 대한 이해의 지평을 넓혔다. 정책학은 정책결정의 합리성을 추구한다. 그렇지만 현실에서 정책을 결정할 때 이익, 제도, 아이디어의 영향을 받는다. 합리적으로 정책을 결정하려면 이익, 제도, 아이디어가 정책결정에 끼치는 영향을 체계적으로 이해할 필요가 있다. 정책결정을 네 개의 시각으로 구분하여 다각적으로 정책결정에 대한 이해를 시도한 점이 이 책의 가장 큰 특징이라고 할 수 있다.

　넷째, 일본의 정책연구를 소개하고 있다. 정책을 다룬 기존의 책은 주로 미국의 연구 경향을 다루고 있다. 미국의 행정학이나 정책학이 우리나라에 끼친 영향력을 되돌아보면 당연하다. 그렇지만 정책연구는 국가마다 각자의 특성과 여건에 맞게 진행되고 있으며 상당 부분 우리와 유사한 일본의 연구를 살펴보는 것도 필요하다. 이 책은 秋吉貴雄·伊藤修一郎·北山俊哉의 공저인『公共政策学の基礎』를 책의 기본 틀로 참고하였다.

　마지막으로 이 책이 발간되기까지 많은 분의 도움이 있었다. 필자들이 근무하는 학교에서 정책학 강의와 관련하여 늘 조언과 응원을 아끼지 않으신 동료 교수님들에게 감사를 전한다. 이 책의 초판을 처음 읽고 꼼꼼한 지적을 해준 세종대의 곽창규 교수님에게도 고마움을 전한다. 특히 필자들을 각각 학문의 길로 이끌어 주신 염재호 전 고려대 총장님과 나카무라 기이치(中村紀一) 쓰쿠바(筑波)대학 명예교수님, 그리고 김종술 전남대 명예교수님과 김성기 전남대 명예교수님께 감사드린다. 보잘것없는 책이지만 시작부터 마무리까지 늘 응원해준 가족들에게 고마움과 사랑을 전한다. 그리고 어려운 여건에도 이 책의 출판에 애써주신 박영사 여러분께 감사드린다.

2021년 8월

길종백 · 배정아

목차 contents

CHAPTER

01

정책이란
무엇인가?

이 책을 읽고 있는 우리는 매일 크고 작은 문제에 직면한다. 대학에 갓 입학한 학생이라면 지금 다니고 있는 대학에 계속 다녀야 하는가? 지금 다니고 있는 학과나 학부는 적성에 정말 맞는 것인가? 지난 학기의 학점이 만족스럽지 못했는데 이번 학기에는 좋은 학점을 받을 수 있을까? 졸업 후 취업을 어떻게 해야 하나? 주변 사람들이 공무원 시험을 준비하는데 내가 과연 잘 해낼 수 있을까? 내가 원하는 회사에 취업하려면 무엇을 준비해야 할까?

어떤 고민은 혼자서 해결할 수 있다. 그렇지만 혼자서는 어찌할 수 없는 문제도 있다. 공무원 시험을 열심히 준비했는데 본인이 응시하는 지역에서 공무원을 뽑지 않을 수 있다. 회사에 취업하려고 했는데 경기가 불황이어서 신입사원을 아주 적게 뽑을 수도 있다. 경기 불황과 그로 인한 실업은 사회구성원이 함께 고민해서 해결의 실마리를 찾아야 한다.

현대 사회는 경기 불황과 같이 개인 스스로가 아니라 정부가 나서서 해결해야 하는 문제가 늘고 있다. 우리는 이러한 문제를 정책문제 (policy problem)라고 한다. 그리고 정책은 정책문제를 해결하기 위한 구체적인 방향성과 수단이다. 그렇다면 정책은 어떠한 특성이 있는가? 정책의 기본구조는 어떠한가? 그리고 정책은 어떠한 유형이 있는가?

1 정책이란 무엇인가?

제1절   정책의 특성

1. 정책문제의 복잡성

우리가 일상에서 직면하는 문제는 크게 세 가지 유형으로 구분할 수 있다. 첫째, 개인이 개별적으로 대응해야 하는 문제가 있다. 둘째, 영리 또는 비영리 단체가 해결할 수 있는 문제가 있다. 셋째, 개인이나 개별 단체가 해결하기 어려운 공공문제가 있다(足立, 2009: 3).

정책문제란 개인이 아니라 사회에서 해결되어야 한다고 생각하는 문제다. 공공(公共)으로 번역되는 영어의 Public은 원래 공동체(community)로서의 사회와 관련된 용어로, 사회의 모든 구성원 또는 일정 조건을 충족하는 구성원이 누리는 것을 의미하였다(足立·森脇(編), 2003: 1-2). Public Hall(공회당), Public Housing(공영주택), Public Transportation(대중교통) 등이 대표적인 예이다. 여기에서 Public은 그 시설의 이용이 특정 개인에 한정되지 않고 사회구성원 모두에게 폭넓게 개방된다는 의미이다. 또한, Public이라는 용어는 국가 혹은 정부와의 관계에서도 사용된다. Public Authority (공적 권위)나 Public Servant (공무원)에서 Public은 사회 전체에 공통되는 혹은 사회구성원의 요구에 응답해야 하는 것을 나타낸다.

그런데 우리가 직면하는 많은 문제 중에서 어떤 문제를 공공의 문제로 인식하는가는 당시의 정치, 경제, 사회상황에 따라 달라진다. 18세기 서구에서 정부는 야경국가로서 군사, 치안 등 최소한의 제한된 임무만을 수행하는 것이 바람직하다고 생각하였다. 예를 들면 국방, 엄정한 사법제도의 확립, (특정 유형의) 공공시설과 공공사업의 설립·유지 등을 주권자(국가)가 수행해야 하는 공공의 문제로 인식했다(Smith, 1789). 그러나 산업혁명을 계기로 산업화, 도시화 등이 진행되면서, 공중위생, 교육 등에 대한 정부의 정책대응이 요구되었다.

정책을 통해 정책문제를 해결하기 위해서는 사회의 여러 문제 중에서 특정 문제 상황이 공공의 문제로 인식되어야 하며, 정책이 그 문제에 적합하게 대응할 수 있어야 한다. 2019년 구글(Google)이 개발한 인공지능 바둑 프로그램인 알파고(Alphago)는 학습(프로그램)을 통해 수많은 경우의 수를 자동으로 계산하고 최적의 수를 선택함으로써 프로기사와의 대국에서 완벽한 승리를 거두었다. 알파고와 같이 정책문제를 자동으로 인지·설정하여 대응할 수 있다면 현실의 많은 문제는 빠르게 개선될 것이다.

그런데 안타깝게도 현실은 그렇게 단순하지 않다. 무엇보다 우리가 직면한 정책문제는 전체성, 상반성(trade-off), 주관성(subjectivity) 그리고 동태성과 같은 특징을 갖기 때문에 매우 복잡하다(秋吉 외, 2015: 28-30).

첫째, 전체성이란 개별 정책문제는 다른 정책문제와 서로 연관되어 있으므로 전체 시스템의 관점에서 문제를 검토해야 한다는 것이다.

예를 들어 남녀가 동등하게 사회에 참여하는 문제를 살펴보자. 우리나라는 1980년대부터 여성의 사회 진출이 늘어나면서 1987년도에 「남녀고용평등법」이 제정되고 이듬해부터 시행되었다. 「남녀고용평등법」은 평등이념에 따라 고용에서 남녀의 평등한 기회 및 대우를 보장하고, 근로 여성의 모성을 보호하고 직업능력을 개발하여 지위 향상과 복지 증진을 목적으로 한다. 이에 따라 근로 여성에게 평등한 기회 부여, 성별에 따른 차별 금지, 육아 휴직의 허용, 육아 시설의 제공 등이 의무화되었다. 그러나 육아 시설은 충분하게 갖추어 있지 않았고, 육아 휴직에 대한 사회의 부정적 인식과 제도의 미비로 많은 여성이 결혼이나 출산 이후 회사를 그만두었다. 이렇듯 남녀의 고용 평등을 위한 대책을 수립할 때, 여성의 육아 휴직이나 육아 시설의 정비 등에 대한 대책도 충분하게 고려하여야 한다. 이는 여성이 동등하게 사회에 참여하는 문제가 개별 정책문제가 아닌 시스템 전체의 측면에서 대응해야 할 문제임을 보여준다.

둘째, 상반성이란 하나의 정책문제를 개선하는 것이 다른 문제를 악화하는 것으로 연결될 가능성이 있다는 것을 의미한다.

전형적인 예는 경제발전과 환경보전의 관계이다. 경제를 발전시키기 위해 중화학공업을 육성하고, 자원을 투입하여 생산 활동을 활성화한다. 하지만 그로 인해 환경은 파괴될 수 있다. 한편, 환경보전을 위해 공장으로부터 나오는 폐수나 배기가스의 배출기준을 높이면, 기업은 관련 설비에 투자해야 하고 생산 활동은 정체될 수 있다. 최근에는 지속 가능한 발전이라는 개념이 제시되고 있지만, 개발도상국이나 저개발국가에서는 경제개발과 환경보존을 양립시키기가 쉽지 않다.

물론 모든 정책에 상반성이 있는 것은 아니다. 그렇지만 개별 정책 간에 서로 어긋나는 경우가 적지 않다. 담배산업을 진흥하기 위한 정책을 시행하면서 동시에 국민 건강을 위해 금연 정책을 추진하는 것과 같이 개별 정책의 목표 자체가 서로 어긋나기도 한다.

셋째, 주관성이란 개별 행위자가 정책문제를 다르게 인식할 수 있음을 의미한다.

사람은 현실의 문제를 다룰 때 사실의 일부만을 선택하면서 각자의 주관적 현실 이미지를 구축한다(Dror, 1983: 206-207). 같은 상황이나 문제에 대해 어떤 행위자는 중대한 문제라고 인식하지만, 어떤 행위자는 전혀 문제가 아니라고 인식할 수 있다. 즉 객관적 현실과 주관적 현실 이미지는 같지 않을 수 있다. 그런데 정책문제는 행위자들이 특정 문제 상황을 인식하고 그것을 정의함으로써 형성된다. 따라서 행위자마다 문제로 인식하는 대상과 내용 혹은 문제 상황을 해결하는 방안이 다를 수 있다.

2009년부터 진행되어 2012년에 완료된 4대강 사업이 대표적인 예이다. 4대강 사업은 여러 가지 정책목표를 가지고 추진되었으며, 찬성자들과 반대자들 간의 정책에 대한 인식은 완전히 달랐다(길종백·노종호, 2015). 찬성자들은 홍수 피해에 대응하기 위해서 4대강 사업이 필요하다고 주장하였다. 반면에 반대론자들은 홍수가 주로 4대강 본류가 아닌 지류인 산간지역에서 발생하기 때문에, 4대강 사업이 홍수 예방에 큰 도움이 되지 않는다고 인식하였다. 이 외에도 수질 개선, 생태계 복원 등에 대해서 서로 다른 인식을 지녔다. 이처럼 같은 문제 상황에 대해서도 행위자마다 견해가 다를 수 있다.

넷째, 동태성이란 정책문제의 구조나 요인이 늘 정해져 있는 것이 아니라, 시간이 흐르면서 변할 수 있음을 의미한다. 사회는 끊임없이 변화하므로 정책 문제 상황도 시간의 흐름과 함께 변한다.

예를 들어 한국의 인구문제와 인구정책에 대해 살펴보자. 1960년대 우리 나라는 베이비붐과 의술 보급에 따른 사망률 감소 등으로 인구가 급격히 증가 하였다. 정부는 급증하는 인구가 경제성장을 막는다고 생각하였으며 출산을 억 제하는 인구정책을 폈다. 당시 대표적인 구호는 "덮어놓고 낳다 보면 거지꼴을 못 면한다."였다. 1970년대는 "둘만 낳아 잘 기르자.", 1980년대는 "삼천리는 초만원, 둘도 많다." 등의 구호가 등장하였다. 그런데 2000년대 이후에는 출산 율 저하로 인구감소를 걱정하기 시작했다. 2020년은 최저 합계출산율(0.84)을 기록했고 1970년 통계 작성 이래 처음으로 인구가 자연 감소하는 연도였다. 정 부는 인구감소를 심각한 문제로 인지하고 출산을 장려하기 위한 다양한 정책 을 내놓고 있다. 1960년대는 급격한 인구증가가 문제였다면 2020년대는 인구 감소가 문제가 되는 것이다. 이처럼 정책문제의 구조나 요인은 시대와 함께 늘 변한다. 시대가 지난 대응책은 현대에서는 통용되지 않을 뿐만 아니라, 때에 따라서는 역효과를 내기도 한다.

2. 다양한 정책 행위자

정책은 문제의 복잡성과 더불어 다양한 행위자가 관련되어 있다.

우선 정책과정에 참여하는 행위자는 공식적 행위자와 비공식적 행위자로 구분할 수 있다(Birkland, 2020: 114-115). 공식적 행위자는 정부 기관에서 공식적 인 직위를 가지고 정책과정에 참여하는 행위자이다. 대통령, 국회의원, 관료 등 이 여기에 해당한다. 반면에 비공식적 행위자는 정책과정에 참여해야 할 법률 적 권위나 의무가 명시적으로 부여되어 있지 않은 행위자이다. 이익집단, 미디 어, 전문가, 시민 등이 해당한다. 각 행위자를 구체적으로 살펴보면 다음과 같 다.

첫째, 행정부에 속해 있는 대통령과 관료를 들 수 있다(Kingdon, 1984: 24-37). 대통령제를 채택하는 나라에서는 대통령과 참모들이 정책에서 큰 영향력을 행사한다. 미국에서는 정책을 논의할 때, 대통령 개인보다 대통령부라는 단어를 자주 사용한다(Pfiffner and Davidson, 1997). 우리나라에서도 청와대(또는 대통령실)라고 표현할 때, 여기에는 대통령과 참모를 포함한 의미이다. 그리고 관료도 정책과정에서 중요한 행위자이다. 중앙정부에서는 개별부처의 담당 부서가, 지역에서는 광역자치단체나 기초자치단체의 현장 담당 부서가 특정 정책영역의 문제를 다룬다. 담당 부서의 관료는 문제를 발견하고, 해결책이 되는 정책대안을 작성하며, 정책을 집행한다.

둘째, 국회의원은 국민의 대표로 정책의 중요한 행위자이다. 국회의원으로 구성되는 의회는 정책결정에서 중요한 위치를 차지한다(Kingdon, 1984: 37). 의회는 헌법에서 규정한 입법기관의 책임을 다한다. 의회에는 정책영역별로 위원회가 설치되어 있고, 위원회에 소속된 위원들이 정책문제를 심의한다. 또한, 정당 내부의 정책위원회는 해당 부처로부터 설명이 있거나 위원회 소속 의원이 의견을 제기하면 해당 정책을 심의하여 원안을 수정하기도 한다.

셋째, 이익집단을 들 수 있다(1984: 49-57). 현대 사회는 많은 이익집단이 활동하면서 정책과정에 영향을 준다. 사람들은 다양한 이익집단에 속하고, 자신들의 이익을 실현하기 위하여 활동한다(森脇, 2010: 96-98). 대표적인 이익집단으로는 재계, 노동조합, 시민단체 등을 들 수 있다. 이익집단은 관료나 정치가에게 영향력을 행사하거나 여론에 호소하여 자신들의 이익을 정책에 반영하려고 시도한다.

넷째, 미디어도 정책에서 중요 행위자다(Kingdon, 1984: 61-64). 미디어는 제4의 권력이라고도 불리며, 여론을 움직이는 힘을 통해 정책에 영향력을 행사하다(森脇, 2010: 96-98). 정책에 관한 소식과 정보는 미디어를 통해 사람들에게 전달된다. 미디어를 통해 정책문제가 발견되고, 정책 대안이 검토되기도 한다. 미디어가 전달하는 내용과 방식이 여론을 좌우하는 경우가 많아서 정책결정에 상당한 영향력을 지니고 있다.

다섯째, 전문가도 정책에 관련된다(Kingdon, 1984: 57-61). 관료가 정책 원안을 작성할 때 자문회의 등을 통해 전문가의 의견을 듣는 경우가 많다. 때로는 특정 전문가의 의견이 정책 내용을 좌우하기도 한다. 또한, 전문가 자신이 특정 정책이념을 바탕으로 정책을 실현하려고 한다. 전문가와 비슷한 역할을 하는 행위자로는 싱크탱크(think tank)가 있다. 싱크탱크는 특정한 사안을 연구하고 정보, 아이디어 및 자문을 제공하는 기관, 법인 혹은 전문가집단을 의미한다(Webster 사전). 독립된 연구 집단인 이들은 이념적으로 중립적일 수도 있고 특정한 정치적 견해를 지닐 수도 있다(Birkland, 2020: 179). 우리나라의 경우 중앙부처와 지방자치단체에 소속된 싱크탱크가 정책 관련 연구를 수행하고 있으며, 1971년에 설립된 한국개발연구원(KDI), 1992년에 설립된 서울연구원이 대표적인 사례이다. 미국에서는 싱크탱크에서 정부 고위 관료를 발탁하여 정치적으로 임용하는 경우가 빈번하며, 브루킹스(Brooking) 연구소, 카네기 국제평화재단, 랜드(RAND) 연구소 등은 정책결정에 상당한 영향력을 끼쳐 왔다.

여섯째, 시민도 정책결정에 관여할 수 있다(森脇, 2010: 103-104). 시민은 유권자로 선거에서 투표하거나, 지역에서 직접참여제도를 활용하여 정책에 참여한다. 심의회나 공청회 등에 직접 참여하여 정책 대안에 대한 의견을 표명하기도 한다. 그렇지만 다른 행위자와 비교할 때 영향력은 상대적으로 작다. 최근에는 시민의 참여를 확대하려는 움직임이 나타나면서 시민이 정책과정에 참여하는 폭이 넓어지고 있다. 예를 들어, 광화문1번가라는 국민참여소통 플랫폼에서 시민은 직접 정책을 제안하거나 국민심사나 공모 등으로 참여하였다(www.gwanghwamoon1st.go.kr). 또한, 참여예산제도를 통해 중앙부처나 지방정부의 예산과정에도 참여할 수 있다(www.mybudget.go.kr).

정책에 관련된 다양한 행위자는 정책을 결정하는 무대에서 서로 다른 입장으로 참여한다(秋吉 외, 2015: 32). 정책결정은 문제해결책을 선택하는 것인데, 소수의 행위자가 결정하는 경우는 드물다. 사람들은 처지가 다르면 각자의 이해(利害)가 달라지기 마련이다. 정책결정의 무대에서도 행위자 간의 서로 다른 이해는 목표를 결정하는 단계에서부터 격렬하게 대립한다. 행위자 간에 합의를 통하여 목표를 결정하거나 목표를 달성하기 위한 수단을 선택하는 경우는 드물다.

예를 들면 특정 수입 품목의 관세를 결정할 때도 관료, 정치가, 생산자, 유통관계자, 소비자 등 다양한 입장을 가진 행위자들이 정책결정에 관여한다. 국내 생산자는 자신들이 생산하는 농작물이 값싼 수입품과의 경쟁에서 뒤처지지 않도록 국내 농산물을 보호해야 한다고 주장하고, 수입품에 높은 관세 부과를 요구할 것이다. 수입품의 판매량이 수익과 연결되는 유통관계자는 높은 관세로 물건 가격이 올라가면 소비자에게 불이익이 발생한다고 주장하면서 낮은 관세를 요구할 것이다. 소비자 중에는 수입품의 가격 하락을 바라는 사람이 있는가 하면, 안전한 국산품의 보호를 바라는 사람도 있으며, 식료품의 안전보장을 우선시하는 사람도 있을 것이다. 이처럼 문제해결을 위한 최적의 안을 선택하기보다는 서로 다른 입장을 가진 다양한 행위자가 참여하면서 상호이해의 조정으로서 정책이 결정되기도 한다.

3. 정부 활동의 총체

정부는 정책을 통해 공공의 이익을 달성하려고 한다. 정책은 정부가 미래에 어떻게 행동할 것인가를 결정하는 지침이다(Dror, 1983: 55). 정부가 행동하는 혹은 행동하지 않는다고 결정한 모든 것, 즉 국민 생활에 영향을 미치는 정부 활동의 총체이다(Dye, 2008: 1; Peters, 2010: 4). 정책을 정부 활동의 총체라고 해도, 표현되는 형태는 다양하다(秋吉 외, 2015: 27−28).

첫째, 정책 대부분은 법률이나 조례의 형태로 표시된다. 정책 목적을 달성하기 위해서는 다양한 규칙을 정하거나, 행정 권한을 규정할 필요가 있다. 중앙정부는 법률의 형태로, 지방정부는 조례의 형태로, 의회가 결정하는 과정을 통해 정해진다. 예를 들면 환경정책에 관해서도 기본 방향은 「환경정책기본법」에서 정하며, 대기오염방지를 위한 배출기준은 「대기환경보전법」에서 정하고 있다.

둘째, 정책은 예산의 형태로도 표시된다. 정부 활동의 구체적인 수단은 의회가 결정한 예산을 통해 반영한다. 예를 들어 아동수당제도는 일정 나이 이하의 아동이 있는 가정의 생활 안정과 아동 성장에 도움을 주기 위하여 운영된다. 이 제도는 「아동수당법」이라는 법률로 규정되지만, 각 연도의 예산을 통해 소득 요건 등을 충족한 각 가정에 대해 일정 금액을 지급함으로써 구체화된다. 또 다른 예로 국가장학금제도는 학생들이 경제적 여건과 관계없이 누구나 의

지와 능력에 따라 고등교육 기회를 가질 수 있도록 「한국장학재단 설립 등에 관한 법률」에 따라 한국장학재단을 설립하여 국가장학금 예산을 통해 정책 목적을 실현하고 있다(www.easylaw.go.kr).

셋째, 정책은 행정계획으로도 표현된다. 정부는 정책을 시행할 때, 수년간의 구체적 활동 계획을 정한다. 예를 들면 국토 전체의 장기적인 발전을 실현하기 위해 국토관리정책을 시행한다. 이는 정부가 「국토기본법」에 근거하여 국토종합계획을 수립함으로써 구체화 된다.

넷째, 정책은 행정 명령이라는 형태로도 표시된다. 각 부처의 장관 등은 정책 목적을 달성하기 위해 지방자치단체나 기업 등에 명령 형태로 지시를 한다. 예를 들면 국토교통부 장관은 항공운송에서 서비스 개선이 필요한 경우 관련 법률에 근거하여 사업개선 명령을 내릴 수 있다.

다섯째, 정책은 문장의 형태가 아니라, 정부의 시정연설의 형태로 나타나기도 한다. 대통령은 국회에서 하는 시정연설을 통해 정부의 중요 정책을 표현한다. 예를 들어 2019년 대통령 시정연설에서는 2020년도 국정 운영의 네 가지 목표와 예산안이 제시되었다. 더 활력 있는 경제를 위한 혁신, 더 따뜻한 사회를 위한 포용, 더 정의로운 나라를 위한 공정, 더 밝은 미래를 위한 평화 등이다. 이를 실현하기 위해 정부는 총지출을 전년보다 9.3% 늘어난 513조 5천억(원) 규모로 편성하였다(www.president.go.kr).

제2절 정책의 기본구조

1. 정책의 계층성

정책은 기본방침(basic policy), 프로그램(program, 시책), 사업(project)으로 이루어지며, 여기에는 계층성이 있다(秋吉 외, 2015: 33-34).

첫째, 기본방침은 특정 문제에 대응하기 위한 기본적인 방향 혹은 미래의 모습으로, 구체적인 해결책은 제시하지 않는다. 하지만 어떻게 미래의 모습을 설정하는가에 따라 구체적인 해결책이 달라진다는 점에서 기본적인 방향성은 중요하다. 우리나라의 고등교육정책을 예로 들어 생각해 보자. 급격한 인구감소로 대학입학연령은 2030년에는 입학정원 대비 9.7만 명의 입학생이 미달하는 상황에 직면해 있다(<그림 1-2> 참조). 따라서 고등교육정책에서는 정원미달에 직면한 대학의 관리 방법에 대한 방향성을 검토하고, 학령인구 감소에 대응하는 대학체제의 혁신과 같은 기본방침을 결정하여야 한다.

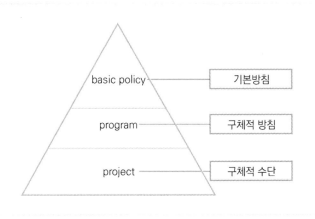

〈그림 1-1〉 정책의 계층적 구조

둘째, 프로그램은 기본방침을 실현하기 위한 보다 구체적인 방침이다. 기본방침은 문제해결을 위한 큰 방향성을 제시하고, 프로그램은 이것을 더 구체적으로 만든 형태로 나타난다. 예를 들어 고등교육정책에서 제시한 학령인구 감소에 대응하는 대학체제의 혁신을 실현하기 위해 국·사립대별 정원감축과 대학·학과 간 통폐합 추진 등과 같은 구체적 프로그램이 결정된다.

셋째, 사업은 프로그램에서 제시된 방침이나 대책을 실현하기 위한 구체적 수단이나 활동이다. 실제로 행정부가 문제해결을 위해 실시하는 수단이나 활동은 대부분 사업의 형태이다. 예를 들면 고등교육정책의 프로그램에서 제시한 국·사립대별 정원감축과 대학·학과 간 통폐합 추진이라는 방침을 실현하기 위해 설립유형별 대학지원이나 위기대학 관리지원 사업과 같은 구체적 수단이 결정된다.

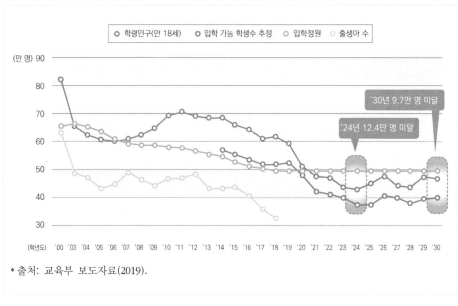

* 출처: 교육부 보도자료(2019).

〈그림 1-2〉 인구구조 변화와 입학정원 미달

2. 정책의 목적과 수단 관계

정책체계에서 기본방침, 프로그램 그리고 사업은 목적-수단의 관계로 서로 얽혀있다(秋吉 외, 2015: 34-37). 위에서 든 예를 적용해 보면, 국·사립대별 정원감축과 대학·학과 간 통폐합 추진이라는 프로그램은 학령인구 감소에 대응하는 대학체제의 혁신이라는 기본방침을 실현하기 위한 수단이며, 기본방침과 프로그램 사이에는 목적-수단 관계를 확인할 수 있다. 동시에 설립유형별 대학지원이나 위기대학 관리지원사업은 국·사립대별 정원감축과 대학·학과 간 통폐합 추진이라는 프로그램을 실현하기 위한 수단이며, 프로그램과 사업 사이에도 목적-수단 관계를 확인할 수 있다.

이러한 정책의 목적-수단 관계는 정책체계 상에서의 상호 관계를 규정한 것으로, 정책평가 단계에서 특히 중요하다. 정책집행 이후에 프로그램이나 사업의 효과를 평가하는 단계에서는 행정이 실질적으로 수행한 활동의 양과 함께 상위의 프로그램이나 기본방침에서 제시한 목표에 어느 정도 공헌하였는가에 관하여 성과지표(performance index)를 설정한다.

예를 들면 설립유형별 대학지원이나 위기대학 관리지원이라는 사업에서 행정이 어느 정도의 건수와 금액을 지원하였는가 하는 산출량(output)과 함께, 그 지원금이 국·사립대별 정원감축과 대학·학과 간 통폐합 추진에 어떻게 공헌하였는가 하는 결과(outcome)의 관점에서 지표를 설정하고 평가한다.

3. 정책의 구성요소

정책은 목적, 대상, 수단, 권한, 재원 등으로 구성된다(2015: 34-39). 첫째, 정책목적은 정책이 지향하는 상태에 관한 것이다. 어떠한 정책목적을 설정하는가에 따라 정책문제 해결의 대상과 수단이 선택된다. 정책목표는 정책목적을 구체적인 형태로 나타낸 것이다. 정책평가에서는 구체적인 수치를 통해 측정할 수 있도록 목표치를 설정하는 것이 필요하다. 인권의식을 확산하는 사업을 예로 들면 인권 관련 상담 및 교육 횟수 등이 측정 가능한 목표치가 된다.

그런데 정책목적은 가치 판단이라는 문제가 연관되어 있다(자세한 내용은

제5장 참조). 다양한 행위자가 관여하기 때문에 무엇이 바람직한 정책목표인가를 결정하기가 쉽지 않다. 예를 들어 정책이 추구하는 가치에서 효율성과 안전은 서로 대치하기도 한다. 복지정책의 목표설정에서도 사회적 약자를 위한 형평성과 자원 배분의 효율성이 대치할 수 있고, 무엇을 우선해야 하는가에 대한 가치 판단을 내리기는 쉽지 않다.

둘째, 정책대상이란 정책의 목표 집단으로 특정 시민이나 시장(market)을 의미한다. 정책대상자 또는 정책대상집단(policy target group)이라고도 부르는데, 정책의 적용을 받는 집단이나 사람들을 의미한다(정정길 외, 2018: 46). 정책은 이러한 목표 집단의 특성과 요구를 포함하여 형성된다. 예를 들어 중학생의 영어 학력 향상정책은 대상이 되는 중학생의 학력(듣기, 쓰기, 문법 등) 현황을 분석하여 대책을 검토한다. 또한, 도서관과 같이 특정 계층이 아니라 주민 모두를 대상으로 할 때는 주민을 몇 개의 소집단으로 나누어, 각 집단의 특성과 요구를 바탕으로 정책을 형성하기도 한다.

시립도서관의 정책대상을 나이별 소집단으로 나눌 경우, 미취학아, 초등학생, 중·고등학생, 대학생, 사회인, 고령자로 구분할 수 있다. 시립도서관에 대한 요구는 각 소집단에 따라 다를 수 있다. 초등학생이라면 독서 활동에 대한 요구가 있을 것이지만, 중·고등학생이 되면 학습에 대한 요구가 있을 것이다. 대학생은 그다지 시립도서관을 이용하지 않을 수 있다. 이렇듯 소집단으로 나누어 보면 정책대상별 대응이 더 명확해질 수 있다.

셋째, 정책수단(policy tool or policy instrument)은 정책목표를 달성하기 위한 구체적인 행동 방안이다. 이는 바람직한 결과를 산출하기 위하여 사용할 수 있는 방법을 의미한다. 이러한 정책수단은 직접 규제·공급, 유인, 기타 등과 같이 구분할 수 있다(자세한 내용은 제4장 참조). 예를 들어 환경오염을 제어하기 위해 공장이 배출하는 폐수 기준을 직접 설정하는 정책수단은 직접 규제이다. 초·중·고·대학 등을 설치해서 정부가 직접 교육 서비스나 재화를 공급하는 것은 직접 공급이다. 그리고 보조금, 세금 혜택, 보상 등을 통해 사람들의 행동을 일정 방향으로 이끌어 가는 정책수단은 유인이다. 기타 수단에는 환경보호를 위한 이벤트나 홍보 활동, 정보 제공 등으로 국민의 인식을 개선하는 시도들이 포함된다. 이러한 정책수단은 정책목표를 달성하기 위해 단독으로 시행되기보다는 여러 개를 조합하여 시행되는 경우가 많다.

넷째, 권한은 법으로 정부 활동을 규정함으로써 부여된다. 환경정책을 예로 들면, 대기오염물질의 배출허용기준 설정은 「대기환경보전법」에 근거하여 환경부령으로 규정한다. 환경부령은 일종의 법규명령으로, 담당 행정 사무에 관한 법률을 시행하기 위해 부처 장관이 정하는 명령이다. 즉 법으로써 환경부장관에게 배출기준설정의 권한이 부여되고 있다.

다섯째, 재원은 정부 활동을 위해 필요하다. 국가 세출은 예산으로 편성된 세입과 국채 혹은 차입금을 재원으로 한다. 재원에는 여러 가지 구분이 가능하지만, 일반재원과 특별재원으로 구분하는 것이 일반적이다. 일반재원은 사용 대상이나 방식을 특정하지 않은 재원으로 자치단체의 지방세와 지방교부금이 해당한다. 한편 특별재원은 사용 대상을 특정한 재원으로 방과 후 보육료, 유치원 보조금 등에서 사용되는 국고보조금을 예로 들 수 있다.

특별재원 중에는 해당 정책으로 이익을 얻게 되는 시민이 부담을 지는 수익자 부담 원칙에 근거하는 것도 있다. 대표적인 예는 도로나 공항을 정비하기 위한 재원이다. 도로를 이용하는 자동차 소유자로부터 걷는 자동차세나 휘발유에 세금을 부과하여 징수한 재원으로 도로를 정비한다. 공항을 정비할 때는 일반재원뿐만 아니라 공항 이용자가 부담하는 공항이용료를 사용한다.

재원을 구분할 때, 자치단체에서는 자체(자립)재원과 의존재원으로 구분한다. 자체재원은 자치단체가 자신의 권한으로 획득한 재원을 말한다. 예를 들면 재산세, 수수료, 사용료 등을 들 수 있다. 반면에 의존재원은 국고보조금, 지방교부세 등과 같이 국가가 징수하여 자치단체에 배분하는 재원을 말한다. 실제 사업에서는 자체재원으로 구성되는 사업보다는 이들의 조합으로 구성되는 경우가 많다. 기초자치단체가 어떤 사업을 진행한다면, 보통 국비·도비·시비를 종합적으로 편성한다. 예를 들어, 2018년도에 전남의 한 기초자치단체가 추진한 일자리창출사업예산은 국비 60억, 도비 15억, 시비 185억 등으로 구성되었다.

1. 개별 정책영역

정책 유형론은 정책의 특성을 이해하기 위한 하나의 방법이다. 정책 유형을 생각하면 가장 먼저 떠오르는 것은 산업정책, 농업정책, 환경정책, 교통정책, 외교정책과 같이 개별 정책영역이다. 이러한 분류는 정책문제의 본질적 내용이 어느 부문에 속하느냐에 따른다. 즉 치안정책은 국내 안전이라는 문제를, 농업정책은 농업부문에서의 생산·유통과 관련된 문제를, 통신정책은 전기통신 문제 등을 다룬다(김정수, 1996: 58-59).

이러한 개별 정책영역은 해당 분야를 담당하는 정부 부처와 연관성이 깊다. 즉 환경정책은 환경부, 교통정책은 국토교통부, 과학기술정책은 과학기술정보통신부가 담당한다. 특정 부처 내의 개별 정책영역에서 정책 유형은 더욱 세분된다. 교육정책을 예로 들면 고등교육정책, 국립대학정책, 사립대학정책, 대입정책, 교원정책 등으로 구분된다. 이러한 정책 유형은 일종의 기능적 분류이며, (국회를 포함한) 정부조직은 이러한 개별 정책별 분류 유형에 따라 영역을 세분화하여 구분하고 있다(유훈, 1983: 140).

그렇지만 유사 기능을 여러 부처가 하기도 하여 정책영역 간 구분이 명확하지 않다는 점에서 유형론으로서는 다소 한계를 갖는다. 실제로 개별 정책영역의 소관 업무와 관련하여 부처 사이에 영역 다툼이 발생하기도 한다. 정부의 물 관리 정책의 경우 국토교통부는 수량, 환경부는 수질, 농림축산식품부는 농업용수, 국민안전처는 소하천, 산업통상자원부는 발전댐 관리로 다원화되어 있었다. 이로 인해 수질 관리를 위한 수계관리위원회와 수량 관리를 위한 하천위원회가 분리 운영되어 유역 내 상·하류 지역의 물 문제와 관련된 갈등이 오랜 기간 해결되지 않았다.

2010년대 후반 물 관리에 관련된 법이 제정 및 개정(「정부조직법」 2018년 6월 개정 공포, 「물 관리 기본법」 2019년 6월 제정, 「물기술산업법」 2018년 12월 제정)되었다. 이를 통해 국토교통부와 환경부가 나누어서 관리하던 수량, 수질, 재해

관리를 환경부에서 통합적으로 연계·관리할 수 있게 되었다. 환경부로 물 관리를 통합하여 수량·수질의 정보체계를 일원화하면서 환경 용수를 활용할 수 있는 기반을 마련하였고 하천을 종합적으로 관리할 수 있게 되었다.

2. 로위의 정책 유형론

로위(Lowi)는 정책의 특징을 바탕으로 정책을 구분하였다. 1964년에는 "정책이 정치를 결정한다(policies determine politics)"는 명제로 정책을 분배정책, 규제정책, 재분배정책으로 구분하였다(Lowi, 1964). 정책 유형에 따라 주요 정치행위자, 정치행위자 사이의 관계, 권력 구조, 의사결정의 주요 무대, 정책집행 등에서 차이가 있음을 주장하였다. 그리고 1972년에는 정부가 적용할 수 있는 강제라는 특징에 주목하면서, 정책을 <표 1-1>과 같이 네 유형으로 구분하였다(Lowi, 1972).

〈표 1-1〉 로위의 4가지 정책 유형

정책 분류		강제의 적용 (applicability of coercion)	
		개인의 행위 (individual conduct)	행위의 환경 (environment of conduct)
강제의 가능성 (likelihood of coercion)	간접적 (remote)	분배정책 (예: 관세, 보조금)	구성정책 (예: 기관 신설)
	직접적 (immediate)	규제정책 (예: 불공정 경쟁)	재분배정책 (예: 사회보장)

* 출처: Lowi(1972: 300)의 Table 1 요약.

강제 가능성은 강제가 간접적인지 혹은 직접적인지로 구분한다. 예를 들어 사립학교 국고보조금이나 정부 기관 신설은 강제가 간접적이지만, 공정거래 위반에 대한 규제나 기초생활보장 대상자에 대한 보조금 지급은 직접적이다.

다음으로 강제의 적용은 정부가 적용할 수 있는 강제력을 개인의 행위에 대해서 적용하는지 혹은 행위가 이루어지는 환경에 대해서 적용하는지로 구분한다. 예를 들어 사기 광고를 규제하는 일반 규칙은 (규칙을 어기는) 특정 광고주의 행위를 강제의 적용 대상으로 한다. 반면에 한국은행이 시중 은행에 돈을 빌려줄 때 적용하는 이자율의 조정은 (시중은행이 적용하는 예금 및 대출 이자율의 변화를 주는 방식으로) 개인의 행위가 이루어지는 환경에 강제력을 행사하여 개인의 투자 성향에 영향을 준다.

첫째, 분배정책(distributive policy)은 개인, 지역사회, 기업을 대상으로 자원을 분배하는 정책이다. 고속도로, 항만시설 등의 사회간접자본 구축, 농어촌 소득증대 및 연구개발사업 보조금, 기업에 대한 수출보조금, 관세 등이 분배정책에 속한다. 분배정책은 개인에게 직접 의무를 부과하지는 않지만, 후원이나 보조금 등을 제공함으로써 특권이나 편의를 제공한다. 예를 들어, 미국은 1862년에 서부의 미개발 토지를 무상으로 나누어 주는 정책(Homestead Act)을 폈다. 토지를 무상으로 받고자 하는 사람은 소액의 수수료를 내고, 5년간 경작하면 해당 토지를 소유할 수 있었다. 이 정책을 통해 미국에서는 1900년까지 80만 에이커의 토지 분배가 이루어졌다(미국 의회 도서관 홈페이지).

분배정책이라는 명칭에서 분배는 후원(patronage)과 같은 의미로 사용된다. 개별 이익에 따라 대립하거나 조정하는 과정을 거치지 않고, 개별 분야별로 엘리트와 행위자가 결합하여 분배의 결정이 이루어진다. 이를테면 정치행위자 사이에 로그롤링(log-rolling) 혹은 포크배럴(pork barrel)의 관계를 형성하면서 분배가 결정된다(Peters, 2010: 99-100).

로그롤링은 자신의 선호와 무관한 대안에 투표하는 전략적 행동을 보이는 집단적 의사결정행태를 말한다. 일종의 담합이라고 할 수 있다. A의원이 선호하는 a법안과 B의원이 선호하는 b법안이 있다고 가정하자. A의원은 b법안에 관심이 없고, B의원은 a법안에 관심이 없다. 이때 두 의원은 이권이 결부된 상대방의 법안이 통과되도록 투표를 거래한다. 로그롤링은 서로의 이권을 위해 의원들이 짜고 법안을 통과시키는 행태(통나무를 협력하여 굴리기)를 의미한다.

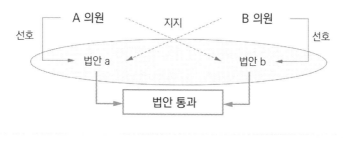

〈그림 1-3〉 로그롤링의 이미지

포크배럴은 특정 지역구의 집단이나 선거구에 환심을 사기 위한 정부 예산(특히 보조금)이 분배되어 불필요하게 낭비되는 현상이다. 정기국회가 끝나면 국회의원들은 각 지역에 어느 만큼의 예산을 가져왔는지 현수막을 내건다. 이러한 행동은 다음 선거를 겨냥한 국회의원이 자신의 능력을 선거구 주민에게 홍보하는 것이며, 그 이면에는 포크배럴의 모습이 숨겨져 있다고 할 것이다.

이처럼 분배정책은 참여자들 간의 갈등이나 대결보다는 갈라먹기식 상호불간섭 혹은 상호 수용으로 결정이 이뤄지곤 하는데, 이는 비용 부담에 대한 자각이 약하기 때문이다.

둘째, 규제정책(regulative policy)은 개인이나 기업이 사회문제를 초래하는 경우 그들의 자유로운 활동에 제한을 가하는 정책이다. 즉 시민 개개인이나 조직 또는 기업체의 행위에 직접 의무나 제재를 부과한다. 규격 이외의 제품, 불공정 경쟁, 독점, 과대광고 등이 규제정책의 대상이다. 분배정책과 달리 규제정책은 이익을 받는 집단과 피해를 받는 집단이 명확하게 구분된다. 따라서 규제정책을 둘러싸고 이익의 대립이 발생하며, 이해관계를 공유하는 집단들은 연합을 형성하여 협상을 시도한다. 그 과정에서 규제 주체가 규제 대상 집단의 로비에 (규제 대상을 제어하지 못하고 거꾸로) 포획되는 현상이 발생하기도 한다.

셋째, 재분배정책(redistributive policy)은 사회를 구성하는 계층 간 (부유층으로부터 빈곤층으로) 자원을 이전하는 정책이다. 소득세, 사회보장 등이 대표적인 예이다. 여기에서는 법이 정한 범주에 근거하여 개인에게 사회적 자격이 부여된다. 그리고 유산자(재산이 많은 사람)와 무산자, 자본가와 노동가 등 이해관계 대립이 사회 계급 간 투쟁의 형태로 나타난다. 이러한 유형에서 의사결정은 각 부처와 정상단체(peak organization, 기업을 대표하는 단체와 노동자를 대표하는 단체 등을 의미) 사이의 대립이나 조정을 통해서 이루어지기도 한다.

넷째, 구성정책(constituent policy)은 위의 세 유형 중 어느 것에도 속하지 않는 정책으로 두 부류로 구분할 수 있다. 첫 번째 부류는 국민에게 일반적 의미의 서비스나 혜택을 누릴 수 있게 해주는 정책으로 국방정책이나 외교정책을 들 수 있다. 두 번째 부류는 헌정 수행에 필요한 운영규칙으로 조직을 신설 또는 변경, 선거구 조정, 퇴직연금정책과 같이 정부 기관에 권력을 부여하거나 관할권의 범위를 규정하는 정책을 들 수 있다. 헌정의 기본질서와 관련된 제도가 안정되어 급격한 변동이 없는 서구 국가에서는 별로 주목받지 않는 정책이다.

정책은 다양한 행위자 간의 정치적 결과물로 존재한다고 생각하기 쉽다. 그러나 실제로는 정책영역에 따라 다양한 유형의 정치가 펼쳐진다. 로위가 제시한 정책이 정치를 결정한다는 명제는 이러한 현상에 대한 통찰이다.

정책학이란 무엇인가?

　　정책학이란 정책문제를 연구의 대상으로 하며, 정부의 정책결정 역량을
증진하려는 목적을 지닌 학문이다. 그러나 정책학이 무엇인가에 관하여 연구
자 사이에서 합의가 있는 것은 아니므로, 이러한 정의는 개략적인 것에 불과
하다. 정책학은 여러 전문영역으로 구성되어 있어서 연구자마다 다양한 견해
와 접근방법을 제시하고 있다. 그렇지만 정책학이 무엇인가를 정리한다면 다
음과 같이 구분할 수 있다. 정책학은 과정에 관한 지식(knowledge of process)
과 (과정에서 논의되고 있는) 내용에 관한 지식(knowledge in process)으로 구성된
다(Lasswell, 1970; 남궁근, 2017; 秋吉, 2018).

　　첫째, 정책학은 정부가 정책문제를 해결해 가는 정책과정에 관한 지식을
다룬다. 정책과정은 정책결정, 정책집행, 정책평가 등의 단계가 있다. 정책과
정이 순차적인 몇 가지의 단계로 구성된다고 가정하는 견해를 단계 모형
(Stage Model)이라고 부른다. 정책과정이 의제설정 단계부터 시작하여 순차적
으로 각 단계를 거쳐 진행된다고 생각하면, 〈그림 1-4〉와 같이 나타낼 수 있
다. 정책과정에 관한 지식은 정책의 각 단계가 어떠한 특성을 갖는가를 설명
한다.

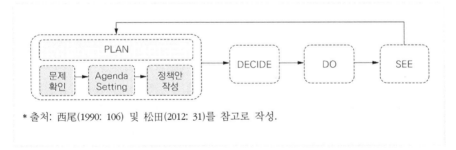

　*출처: 西尾(1990: 106) 및 松田(2012: 31)를 참고로 작성.

〈그림 1-4〉 정책과정 단계 모델

　　예를 들면, 의제설정(Agenda Setting) 단계에서는 어떻게 문제가 인식되어
공식 의제로 설정되는지, 그리고 정책결정 단계에서는 어떻게 정책대안이 형
성되어 결정되는가를 설명한다. 정책집행 단계에서는 채택된 정책목표를 달
성하기 위한 적절한 수단이 무엇인지, 바람직한 정책집행을 위해 정책결정자
가 고려할 요인은 무엇인지를 설명한다. 정책평가 단계에서는 정책목표가 바

람직한지, 최선의 정책수단을 선택하였는지, 정책집행은 제대로 이루어졌는지 등의 정책과정이나 결과로서 성과를 이해하고 그 가치를 판단한다.

정책과정에 관한 지식은 정책과정에 참여하는 행위자와 그들의 행동에 관한 지식도 다룬다. 정책과정의 각 단계에 누가 참여하며, 어떤 이익과 신념을 지니는지, 어떠한 제도의 제약을 받는지, 그리고 단계별 정책에 참여하는 행위자의 행동이 정책결과에 어떠한 영향을 미치는지를 설명한다.

둘째, 정책학은 정책내용에 관한 지식을 다룬다. 정책과정에 투입하는 지식이며, 정책결정에 활용하는 지식이다(秋吉, 2018: 28). 정책과정을 위한 지식(knowledge for process)으로 정책분석론(policy analysis), 정책디자인론(policy design)의 영역에서 필요하다(남궁근, 2017: 33). 정책을 형성할 때는 특정 정책문제를 해결하기 위한 다양한 지식이 요구된다. 여기에는 정책분석을 통해 얻는 지식, 개별 정책영역에 관한 전문지식, 그리고 정책 자체에 관한 지식 등이 포함된다.

우선, 정책분석을 통해 얻는 지식이 있다. 정책분석은 목표를 설정하고 달성하는 최고의 방법을 논리적으로 찾아내는 합리적 의사결정 방법이라 할 수 있다(Stokey and Zeckhauser, 1978: 3). 특정 정책문제를 해결하기 위해 문제의 구조화, 문제 상황의 예측, 정책대안의 사전 평가 등 다양한 분석을 한다. 예를 들면 미래의 인구 추계, 정책 대안의 효과분석 등은 정책분석을 통해 제공하는 지식이다. 정책집행 후에 이루어지는 정책평가도 평가를 통해 얻은 지식을 다른 정책결정에 활용하기 때문에 정책분석이라고 할 수도 있다. 정책분석을 통해 얻은 지식은 정책결정을 할 때 객관적인 판단자료가 된다.

다음으로, 개별 정책영역에 관한 전문지식도 포함된다. 예를 들면 환경정책을 결정할 때는 환경학에 관한 지식이 필요하고, 교통정책에서는 교통경제학이나 교통공학에 관한 지식이 필요하다.

마지막으로, 정책 그 자체에 관한 지식이 있다. 정책을 결정할 때 법제화를 위한 지식이나 가치 판단도 필요하다. 즉 정치체계나 정책의 구성요소와 같은 정책 자체에 관한 지식이 없으면 정책을 형성할 수 없다. 또한, 정책안의 설계를 위해 정책디자인론과 같은 구체적인 내용을 다룬다.

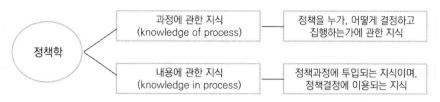

* 출처: 남궁근(2017: 23)의 표 수정.

〈그림 1-5〉 정책학이 다루는 두 가지 지식(연구 분야)

CHAPTER

02

의제설정

정책문제는 어떻게 무대에 오르는가?

제1장에서 언급하였듯이 우리 사회에는 수많은 문제가 있다. 이 중에는 개인이 스스로 해결할 수 있는 문제와 공동체가 해결할 수 있는 문제가 있다. 또한, 정부의 대응이 필요한 문제도 있다. 빈부격차, 빈곤, 경기 불황, 주택난, 식품 표시 위조, 미세먼지, 재난관리, 감염병, 청년실업 등 조금만 생각하면 우리 사회의 심각한 문제가 끝임없이 떠오른다.

만약 이러한 문제가 논의의 무대에 오르지 못한다면 정책으로 결정될 가능성은 매우 낮다. 정책에서는 어떤 문제를 검토할 것인가를 고르는 단계, 즉 정책결정 이전의 단계인 의제설정의 단계가 중요하다. 의제설정은 정책결정 단계보다 앞에 위치하기에, 이전(以前) 결정이라고 불리기도 한다. 의제설정 이론은 이와 같은 결정 이전의 단계를 중시하면서 정책과정을 설명한다.

그렇다면 정부는 무대에 오를 의제를 어떻게 선택하는 것일까? 이때 정책결정자가 검토하는 내용은 무엇일까? 제2장에서는 킹던(Kingdon, 1984)의 논의를 중심으로 정책과정에 관한 지식에서 중요한 위치에 있는 의제설정(Agenda Setting) 이론을 소개한다.

02 의제설정 :
정책문제는 어떻게 무대에 오르는가?

| 제1절   **의제설정 이론**

1. 의제와 정책대안

의제는 일상에서 다양한 의미로 사용한다. 회의를 개최하면서 오늘의 의제(議題)라고 한다면, 그것은 회의에서 의논할 주제라는 의미이다. 사회과학에서 의제란 제도(정부), 미디어, 대중이 논의하고 있거나 행동하려는 리스트를 뜻한다(Birkland, 2020: 207-211).

의제는 정부 공직자와 대중들이 관심을 두는 문제들로 법안 목록과 같이 구체적일 수도 있다. 정책에서 의제라고 할 때는 정부 공직자 및 이들과 밀접하게 관련된 정부 내외의 사람들이 특정 시점에 진지하게 주의를 기울이는 주제(subjects)나 문제(problems)의 리스트를 말한다(Kingdon, 1984: 3). 정책 결정에 관여하는 참여자나 기관은 검토가 필요한 문제 목록(list), 즉 의제를 가지고 있다. 어떤 문제를 해결하기 위한 정책을 채택하려면, 그 문제가 정부의 의제로 올라가야 한다.

한편 정책대안(해결책)은 정책문제와 별개로 생성된다고 보는 견해가 있다(1984: 3-4). 이러한 입장에 따르면 의제설정과 정책대안이 생성되는 과정은 서로 다르다. 예를 들어 의제설정에서는 대통령이나 국회의원의 역할이 중요하다면, 정책대안을 형성할 때는 전문가의 역할이 크다. 양자를 구별할 경우, 양자가 어떤 시점에서 결합하는가를 논의하는 것이 중요하다.

그런데 현실에서는 무엇이 정책문제인지 혹은 정책대안인지 구별하기가 쉽지 않다(秋吉 외, 2015: 50-51). 예를 들면, 비정규직의 정규직화, 대학구조조정, 지방분권 등이 정책대안으로 논의될 때 이에 대응하는 정책문제는 비정규직으로 인한 사회적 비용 문제, 취학연령인구 감소, 경직화한 중앙집권적 통치시스템 등이다. 하지만 우리가 인지하게 되었을 때는 정책문제와 정책대안이 분리하기 어려울 정도로 결합하여 사람들 사이에서 오르내리고, 이미 정책의 도입 자체가 정책문제로 다루어지곤 한다.

2. 자원의 유한성과 의제설정의 필요성

현실에서 정책에 투입할 수 있는 재원과 인력 그리고 정책결정자의 시간이나 관심 등은 무한대로 존재하지 않는다. 이러한 자원의 유한성으로 인해 정책문제를 처리할 수 있는 정책결정 시스템의 용량에도 한계가 있다(Kingdon, 1984). 예를 들면 정책결정의 중심에는 대통령이 있다. 그렇지만 대통령이 사회에서 일어나는 모든 상황에 주의를 기울이고 문제를 해결하는 것은 불가능하다. 따라서 각 부처의 장관이 담당 업무를 분담하여 처리한다. 그러나 각 부처의 인력이나 예산에도 한계가 있어서 모든 정책문제를 다룰 수 없다.

이렇듯 자원은 한정되어 있어, 대다수 정책문제는 서로 경쟁하다가 (정책을 결정하는 무대의) 진입로에서 탈락한다. 탈락된 문제는 검토나 결정 대상이 되지 않기에 정책이라는 산출물로 전환되지 못한다. 무엇을 논의할 것인가의 범위나 순서를 결정하는 것이 최종적으로 무엇을 정책으로써 선택할 것인가를 좌우하게 된다. 논의의 범위나 순서를 결정하는 것을 비유적으로 표현한 것이 의제다. 정책문제가 의제로 되었다고 해서, 대책이 채택된다는 보장은 없다. 그러나 의제에 오르지 않으면, 아예 대책은 검토되지도 않기에 정책으로 채택될 가능성은 사라진다(秋吉 외, 2015: 51).

많은 정책문제(과제)가 다양한 경로를 거쳐 담당 부처로 몰려온다. 대통령이나 장관의 지시에 의하거나 혹은 관료가 담당 업무를 처리하는 가운데 제기한 문제도 있다. 이익집단이나 여당 정치가로부터의 영향력이 작용하여 국회가 먼저 다루려는 과제도 있다. 어떤 사회문제는 대안 없이 그냥 해결해 달라고 투입되기도 하고, 반면 해결책이 연구자의 제안으로 이미 마련되어 있을 때도 있다.

현실의 정책과정은 복잡하며, 여러 단계를 거쳐 정책이 결정된다. 법률의 형식으로 나타나는 정책을 생각해 보자. 법률 대부분은 해당 부처가 법안을 작성한다. 작성된 법안은 국무회의, 국회의 심의·의결 등을 거쳐 법률로 제정·시행된다.

정책결정시스템의 용량에 한계가 있다는 점은 국회에서 법안이 통과할 때 분명하게 나타난다. 국회는 위원회제도를 운영한다. 교육문제는 교육위원회에서, 국방문제는 국방위원회와 같이 정책과제·법안 분야에 대응하여 각 위원회가 심의한다. 본회의에서 심의하기 이전에 분야별 위원회를 운영함으로써 훨씬 효율적으로 법안을 처리한다. 그렇지만 국회의 회기는 제한되어 있기에 위원회가 처리할 수 있는 법안의 수도 한계가 있다. 특정 위원회에서 심의를 기다리는 법안이 줄지어 있다면, 당연히 우선순위를 매겨 선별해야 한다.

이렇게 정책결정에 사용할 자원은 한정적인데, 해결해야 할 법안이 쇄도하는 상황을 정책결정시스템의 병목현상(bottle neck)이라고 한다(Kingdon, 1984). 정책결정이 이루어지는 과정에서 병목현상이 가장 심한 곳은 국회다. 국회가 병목 지점이며, 여기에 도달하기 전에 중요도나 처리의 난이도에 따라 과제를 구분하여 순서를 매길 필요가 있다. 즉, 의제설정이 필요하다. 물론 국회 이외에도 각 부처나 대통령도 병목 지점이 될 수 있다.

Break Time ┃ 2-1 한국 국회의 법안 발의의 병목현상

엄청난 수의 법안이 국회에서 발의되지만 모든 과정을 거쳐 통과되는 법안은 극소수에 불과하다. 20대 국회를 예로 들면 1만 363개 법안이 발의되었고, 공포된 법안은 495개로 5%도 채 되지 않았다. 통과하지 못한 법안은 20대 국회 임기 종료 때 자동 폐기된다. 빛을 보지 못하고 자동 폐기되는 법안이 훨씬 더 많음을 알 수 있다. 20대 국회에서의 법안별 평균 발의자 수는 13.4명에 불과하고 발의에 필요한 최소 의원 수인 10명에 가깝다. 최소요건을 아슬아슬하게 도달한 법안이 4,383개로 전체의 42%이다(김범준, 2019: 168-171; 참여연대 의정감시센터 홈페이지).

의원당 평균 발의 법안은 456개로 상당히 크다. 1,940개의 법안 발의에 참여한 의원이 있는가 하면, 20개의 법안 발의에만 참여한 의원도 있다. 지명도가 높은 의원은 법안 발의를 오히려 적게 하였다. 이미 유명세가 있는 의원은 의정활동에 대한 평가가 앞으로의 정치 경력에 영향을 미치지 않기 때문에 굳이 법안 발의에 힘쓸 필요가 없다고 짐작할 수 있다.

20대 국회의 법안 발의의 참여자들은 소속 정당별로만 명확히 나뉘어 있었다. 이는 의원 각자의 정치적 성향이 아니라 소속 정당이 어디인지가 법안 발의에 있어서 훨씬 더 중요했다는 것을 보여준다. 법안 발의는 의원들이 자신들이 소속된 정당을 넘어 전문영역이나 관심 분야에 따라 공동체를 형성하고 정책문제의 우선순위와 난이도에 따라 순서를 매겨 의제를 설정하는 것이 더 바람직할 것이다.

3. 의제-관심 사이클의 역동성

의제는 어떤 시점에서 갑자기 관심을 받게 되고, 일정 기간 관심을 받은 후에는 관심이 적어지거나 사라지는 순환을 반복한다. 이것을 의제-관심 사이클(issue-attention cycle)이라고 한다(Downs, 1972).

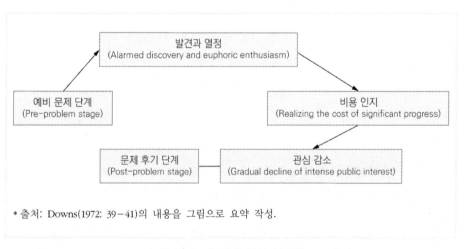

* 출처: Downs(1972: 39-41)의 내용을 그림으로 요약 작성.

〈그림 2-1〉 의제-관심 사이클

의제-관심 사이클은 살아 있는 생명체가 단계를 밟아 가듯이 의제(issue)

가 관심을 받게 되는 역동적 단계를 설명한다(<그림 2-1> 참조). 첫 번째 단계는 문제(problem)가 존재하지만, 그것을 정책의제(policy issue)로 인지하는 사람은 아주 적다. 전문가나 이익집단 등은 알아차리고 있지만, 대중은 아직 상황의 심각성을 모르는 단계이다.

두 번째 단계는 사람들의 많은 관심이나 우려를 일으키는 사건이 발생한다. 대중은 문제의 심각성을 알게 되고, 짧은 시간 안에 문제를 해결할 수 있을 것이라는 열정을 지니게 된다.

세 번째 단계는 문제가 복잡하고 이를 해결하는 데 비용이 많이 소요되는 것이 발견된다. 예를 들어 자동차가 교통혼잡, 대기오염, 교통사고 등의 문제를 초래하는 것을 사람들은 모두 인지하고 있다. 그렇지만, 이동의 편리함, 부의 과시 등의 이유로 자동차 이용을 포기하지 않는다. 과학기술이 발전하면서 문제를 어느 정도 해결할 수 있지만, 대중은 문제해결에 금전적·사회적 비용이 크다는 점을 알게 된다.

네 번째 단계는 문제에 대한 대중의 관심이 줄어든다. 해결하는 것이 어렵고 비용이 많이 들수록 대중은 실망하고 지루해한다.

다섯 번째 단계는 이슈가 대중의 관심에서 사라진다. 이슈는 잊힌 의제(issue limbo)가 되고, 대중은 다른 문제에 관심을 가진다. 이렇게 의제-관심 순환이 이루어지면서 정책문제가 의제에서 차지하는 위치도 역동적으로 변화한다.

정책문제의 지위가 바뀌는 전형적인 패턴은 공중의제 → 정책의제로 되는 형태이다(Baumgartner & Jones, 1993; 재인용, 秋吉 외, 2015: 55-58). 사회지표의 악화나 중대 사건의 발생 등을 대중매체가 보도하고, 문제가 공중의제의 상위를 차지하고, 그 결과 정책의제로 채택되는 것이다. 반대로 정책의제 → 공중의제로 되는 형태도 있다. 정치지도자가 제안한 정책을 통과시키기 위해 일반 대중을 동원하는 경우이다. 즉 정부의 정책 제안과 발맞추어 대중매체 보도가 증가하고, 그 영향으로 문제가 공중의제의 상위로 올라간다.

의제-관심 사이클이 한쪽으로 향하는 것과 다르게 정책의제 → 공중의제 → 정책의제 → … 등을 반복하는 자기 보완적 사이클도 있다. 자기 보완적 패턴은 문제를 담당하는 정부조직과 대중매체와의 상호작용으로 발생한다. 먼저 대중매체의 관심이 올라가면서 문제가 정책의제로 올라가고, 정부 제도나 조직이 만들어진다. 대중매체의 관심이 줄어들어도 담당 조직이 지속해서 문제에 대처함으로써 정책의제의 지위는 유지된다. 정부 활동이 활성화되면 다시 대중 매체의 관심이 높아진다. 이외에 문제가 공중의제에 오르지 않은 채 바로 정책 의제에 오른 후에 정책결정으로 이어지는 형태가 있고, 특정 문제가 의제로 상 정되는 것을 이익집단이나 정치문화가 방해하는 예도 있다.

 Break Time ┃ 2-2 의제의 종류

의제는 여러 가지 기준에 따라 분류될 수 있으나, 의제모집단(agenda universe), 체제의제(systemic agenda), 제도의제(institutional agenda), 결정의제(decision agenda) 등으로 구분할 수 있다(Birkland, 2020: 212-215).

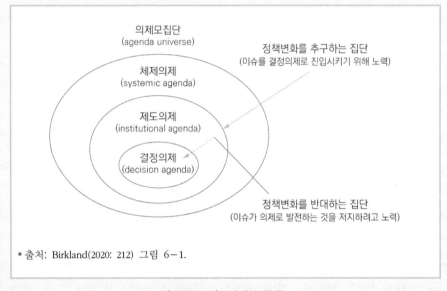

* 출처: Birkland(2020: 212) 그림 6−1.

〈그림 2-2〉 의제의 종류

첫째, 의제모집단은 사회나 정치시스템에서 논의할 수 있는 (모든) 아이디어의 목록이다. 민주주의 사회에서는 아주 예외적인 주제(예: 인종차별, 파시즘)를 제외 하고는 어떤 주제에 대해서도 생각하고 토의할 수 있다.

둘째, 사회적·정치적·이념적·법규범에서 볼 때 아이디어가 문젯거리가 되지 않는다면, 정책과정에 참여하는 사람들이 고려할 수 있는 이슈, 문제, 아이디어를 체제의제라고 한다. 이는 정부가 해결하기를 (대중이) 기대하는 이슈나 사회문제 이며, 공중의제(public agenda)라고도 부른다(Cobb and Ross, 1997: 6-7).

셋째, 제도의제는 정부의 공식 제도에서 논의되고 있는 문제 목록이다. 정부가 적극적으로 고려하고 있는 정책 방안(options)들이라고 할 수 있다(1997: 6-7). 공식의제(formal agenda), 정책의제(policy agenda), 정부의제(governmental agenda) 등으로 불리기도 한다.

넷째, 결정의제는 법안, 규제(안)와 같이 구체적인 대안을 마련하여 결정을 앞둔 의제를 말한다. 의사결정을 하려고 제도의제가 더 줄어든 목록이라고 할 수 있다. 즉 정부 공직자들이 각별하게 주목하는 정부의제 중에서 결정을 앞둔 후보 목록이다(Kingdon, 1984: 4). 물론 정책문제가 결정외제에 올라가도 반드시 정책으로 이어지는 것은 아니다. 그렇지만 정책결정 대상으로 진지하게 고려되고 있다는 의미에서 정책으로 연결될 가능성은 커진다. 다만 정책의제와 결정의제를 구별하는 지표를 발견하는 것이 어려워서 이러한 구별은 이론적인 논의에 그친다(秋吉 외, 2015: 50-53).

한편 대중매체가 보도하는 단계의 미디어의제(media agenda)를 공중의제와 구별하기도 한다. 이러한 구별은 대중매체가 여론에 어느 정도 영향을 주는가를 연구하는 데 필요하다. 하지만 대중매체 보도를 공중의제의 지표로 설정하는 정책연구가 많아서 미디어의제와 체제의제를 거의 같은 것으로 다루기도 한다.

그런데 체제의제는 정책의제와 일치하는가? 즉 일반 대중이 중요하다고 생각하는 정책문제를 정책결정자도 중요하다고 생각할까? 반대로 정치지도자가 본인의 신념에 근거하여 다루고자 하는 정책문제가 대중매체 보도에 빈번하게 등장하면서 일반 대중이 주목하는가? 또한, 정부가 공중의제를 조작하기도 할까? 정책의제가 되는 것이 정책결정의 필요조건이라고 할 수 있는가?

공중의제와 정책의제 사이에는 양방향성을 지닌다. 즉 미디어의제에 오른 정책문제가 일반 대중의 주목을 받아서 공중의제가 되고, 그것이 정치가의 관심을 받게 되어 정책의제가 되는 단순한 구조가 아니라는 것이다. 정책문제에 관한 관심은 쉽게 변하곤 한다.

제2절 의제를 움직이는 것

그렇다면 문제를 정책의제의 상위로 밀어 올리는 것은 무엇일까? 일반적으로 사회지표(indicators), 중대사건(focusing events), 정책안(alternatives), 선거(election) 등이 의제에 영향을 준다. 킹던(Kingdon)의 정책의 창(policy window) 모형은 정책의제를 움직이게 하는 요인들을 크게 세 가지로 구분하여 설명한다.

1. 문제 흐름: 지표 악화, 중대 사건 등

지표의 악화는 문제에 대한 사회의 관심을 강화하는 역할을 한다(Kingdon, 1984: 95). 출생아 수의 감소는 출생률과 같은 사회지표로 표현하는데, 예를 들어 출생률 1.0 붕괴는 저출산 문제의 심각함을 느끼게 하여 더 많은 관심을 끄는 계기가 된다. 경제 상황에 관해서는 소비자물가지수, 제조업생산지수, 실업률 등 여러 가지 지표가 있다. 사회 분야에서는 1㎡당 부동산 가격 상승률, 강력범죄 발생률 등의 지표가 있다. 이러한 지표가 나빠지면 정부는 관련 대책을 제시하라는 압박을 받는다. 환경 분야에서도 미세먼지나 초미세먼지와 같이 대기오염 상황을 나타내는 지표가 있고, 최근에는 평균기온 상승이 지구 온난화 지표로서 주목을 받고 있다.

사람들의 주목을 받을 만한 중대 사건도 의제에 영향을 준다(1984: 99-100). 큰 사건이나 사고가 일어나면, 대중매체가 한꺼번에 보도를 시작하고, 사람들은 문제에 주목하게 된다. 비행기 사고가 생기면 비행기 안전과 관련된 문제가 의제로 등장할 수 있다. 아동학대로 인해 아동이 사망하는 사건이 발생하면 사람들은 아동학대라는 문제에 관심을 둔다. 음주 사고로 많은 희생자가 발생하면 사람들은 음주운전 문제에 관심을 가진다. 중대 사건은 이전부터 존재했었던 문제에 대한 사람들의 인식을 강화하고, 이미 사람들의 마음 깊은 곳에 있던 문제를 다시 주목하게 한다. 그리고 중대 사건은 다른 유사한 사건과 연결되어 문제 범위가 확장되고, 서로 영향을 주기도 한다. 항공기 사고, 철도 탈선 등의 문제가 연이어서 발생하면 교통안전에 관한 문제가 주목의 대상이 되고 의제에 영향을 준다.

그리고 정부 정책의 평가결과가 기대에 부합하지 않거나 전혀 예상하지 못했던 부정적 결과가 나타나는 것도 의제에 영향을 준다(1984: 106-108). 정부 관료는 기존 프로그램의 집행과 관련하여 되먹임(feedback)을 받는다. 예를 들어 부동산 가격을 안정시키기 위해서 수요규제정책을 시행하였으나, 그 정책이 충분한 성과를 거두지 못할 수 있다. 규제지역의 부동산 가격은 안정되지만, 다른 지역의 부동산 가격이 폭등하는 풍선효과가 발생하기도 한다. 그렇게 되면 부동산 규제정책의 구체적 내용을 수정할 수 있고, 또는 공급을 확대하는 정책을 펼칠 수도 있다. 관료는 집행을 평가하고, 불만을 청취하는 과정에서 문제를 발견할 수 있다. 입법 의도와 다르게 집행이 이루어지거나, 설정된 목표를 달성하지 못하거나, 프로그램 비용이 과다하거나, 정책결정자가 예상하지 못했던 부정적 결과에 직면하는 등의 상황은 문제로 해석된다.

전문가가 문제와 피해 사이의 인과관계를 해명하거나, 법원이 내리는 판결도 해결을 압박하는 효과로 작용한다. 2019년 헌법재판소는 「형법」의 낙태죄가 헌법 불합치에 해당한다고 판결하였다. 이는 낙태 문제를 의제로 떠오르게 하였고, 정부가 문제를 해결하도록 만들었다.

2. 정책의 흐름

정책안도 문제를 의제의 상위 목록으로 밀어 올린다. 정책안이란 정부의 공직자나 그들과 밀접하게 관련된 사람들이 진지하게 검토하는 정부 활동을 위한 선택지를 의미한다(1984: 4). 그럴듯하고(plausible) 유효한 정책안이 제안되면, 문제를 진지하게 검토할 가능성이 커진다. 반대로 채택할 만한 마땅한 정책안이 없으면 그 문제는 나중으로 미뤄진다.

보통 정책안은 정책공동체(policy community)에서 초안이 만들어져서 심도 있게 논의되면서 수정된다(1984: 122-128). 정책공동체는 조사원, 의회 스텝, 계획·평가·예산부처의 관료, 학자, 이익집단의 분석가 등 특정 정책 분야의 전문가로 구성된다. 예를 들어 환경정책·보건정책·주택정책 공동체 등이 있다. 전문가들은 자기 생각, 장래의 방향성에 대한 견해 등을 제시하고, 구체적인 제안을 하고, 심의회나 자문회의에 참여해서 관료들이 담당하는 정책안 정리에 도움을 준다.

정책공동체는 여러 정책안을 검토하는데, 그중에서 하나의 정책안이 주목받아서 새로운 정책으로 선택된다(1984: 128-138). 이러한 과정을 설명하기 위해서 아이디어(idea)라는 개념이 사용된다(아이디어에 대해서는 제9장 참조). 예를 들어 열악한 철도교통에 대처하려고 할 때, 완전 국유화, 민영화, 규제완화 등 다양한 아이디어가 있다. 이러한 아이디어는 정책공동체에서 논의되는데, 아이디어는 서로 충돌하기도 하고, 연계되어 보완되기도 한다.

다수의 아이디어에서 하나 혹은 소수의 아이디어가 남게 되는 과정은 진화론적 과정과 유사하며, 일종의 선택과정이라고 할 수 있다(1984: 130-146). 생물학은 생명체의 탄생과 관련하여 다양한 가설을 제시하는데, 그러한 가설의 하나가 원시 수프(primeval soup, 유기물 분자들이 떠다니고 있는 상태)에서 생명이 탄생하였다는 것이다. 정책 아이디어도 원시 수프와 비슷한 과정을 통해 등장하는 것이라고 비유할 수 있다.

물론 생존 경쟁에서 살아남으려면 아이디어가 기술적으로 실행할 수 있고 (feasibility), 전문가가 수용할 수 있을 정도의 가치가 있어야 하며, 미래에 예상되는 제약(예산이나 시민 동의 등)을 이겨낼 수 있어야 한다. 예를 들어 1950년대까지만 해도 고속철도는 기술적으로 실행할 수 없는 아이디어였다. 토지공개념은 전문가 사이에서 논쟁의 대상이지만, 해당 분야에서 다수가 수용하는 아이디어라고 말하기 어렵다. 기본소득이라는 아이디어도 예산 제약을 이겨내고, 시민들이 얼마나 받아들일 수 있는가와 연관될 것이다.

이러한 정책안은 문제 흐름과는 독립적으로 생성되는 경우가 많다. 따라서 어떤 시점에서 정책문제와 결합할 필요가 있다. 정책안이 의제의 상위 목록에 있는 문제와 결합한다는 것은 경합하던 많은 제안 중에서 선택되었다는 것을 의미하며, 그러한 정책안은 그럴듯하고 유효성이 높을 것이다. 검토되었으나 선택받지 못한 정책안이 새로운 문제와 결부되어 다시 주목받고 채택되는 경우도 발생한다.

3. 정치 흐름: 선거, 중요 인물 교체, 국민 분위기

의제설정은 대체로 하향식(top down)으로 이루어진다. 대통령이나 여당의 유력 정치가가 문제 검토의 순서를 결정한다. 관료가 의제설정에 담당하는 역할은 상대적으로 작다. 의원내각제를 운용하는 국가에서는 의회 제도를 통해 정치가가 의제를 제어한다. 이처럼 의제설정에 대한 정치적 영향력은 매우 크다.

학문적으로 정치적이라는 표현은 가치의 권위적 배분이나 편익과 비용의 배분에 관한 활동이 포함된다(Kingdon, 1984: 152). 그렇지만 여의도나 청와대에서 사용하는 정치적이라는 표현은 선거, 당파, 압력집단에 관련된다. 의제설정에서 사용하는 정치적이라는 표현은 후자의 의미이다. 여의도나 워싱턴에서 정치가가 의제를 좌우한다면, 정치가의 행동을 좌우하는 것은 선거이다. 선거를 통해서 발생한 의석 배분의 변동은 의제에 영향을 준다.

예를 들어 1964년 미국 선거에서 당시 민주당은 상원에서 2석 증가한 68석(전체 100석)을 차지하였고, 하원에서는 37석이 증가한 295석(전체 435석)을 차지하였다. 같은 해 치러진 대통령 선거에서 승리한 존슨(Johnson) 정부가 빈곤과의 전쟁(the war on poverty)을 포함하여 각종 사회복지프로그램과 시민권법 등을 추진할 수 있게 한 동력은 상·하원에서의 승리가 뒷받침했다고 할 수 있다(1984: 161).

한국에서도 선거가 의제에 영향을 주는 것을 발견할 수 있다. 2016년 19대 국회의원 선거에서 당시 여당이었던 새누리당은 146석에서 122석으로 줄면서 제2당이 되었고, 당시 102석이었던 더불어민주당은 123석을 얻어 제1당이 되었다. 국민의당은 38석을 확보하여 제3당이 되었고, 정의당은 6석을 얻었다. 더불어민주당, 국민의당, 정의당 등 야당이 얻은 의석수를 합치면 167석으로 19대 국회는 여소야대가 되었다. 이러한 의석수는 고위공직자범죄수사처설치와 같은 정책문제가 의제로 선정되고 관련 법률이 제정될 수 있게 한 동력이었다.

그리고 대통령(의원내각제에서는 수상)의 교체 또는 정권 교체도 의제에서 중요한 의미를 지닌다(1984: 23-37; 160-162). 대통령제에서 정부를 구성하는 가장 중요한 요소는 대통령이며, 다음으로 대통령 참모, 대통령이 임명하는 공직자 등이 포함된다. 정부는 정책형성 무대(area)에서 활동하는 행위자의 목록에서 가장 상위에 있다. 특히 정권이 교체된 직후의 1년은 의제가 진입할 수 있는 중요한 시기(golden time)이다.

1992년 12월 대통령 선거에서 승리한 김영삼 정부는 1993년 8월에 금융실명제, 1995년에 부동산실명제를 실시하였다. 1982년에 제정된 금융실명제에 관한 법률이 이미 있었으나, 현실에서는 금융실명제가 온전하게 운영되고 있지 않았다. 노태우 정부에서도 금융실명제 전면 실시를 추진하였으나 여러 가지 문제점을 이유로 그 시행이 미루어지고 있었다. 그러나 1993년 2월 새롭게 시작한 김영삼 정부는 1993년 8월 대통령의 금융실명제 실시 긴급명령을 내렸다. 이에 따라 모든 금융기관과 금융거래를 할 때 거래자의 실명 사용을 의무화하고, 금융기관에서 실명 여부를 확인하도록 하였다.

또한, 국민 전체의 분위기도 중요한 정치 흐름을 구성한다(1984: 153-157). 사람들은 공통된 흐름에 따라 무언가를 생각할 때가 있고, 국민 전체의 분위기는 시간이 지나면서 알아차릴 수 있는 형태로 나타난다. 이러한 분위기나 흐름의 변화는 정책의제나 정책결과에 큰 영향을 준다. 국민 전체의 분위기는 선거 결과, 정당의 성쇠, 이익집단의 로비에 대한 정부 의사결정자의 수용성 등에 큰 영향을 준다. 국민 전체의 분위기가 변하면, 과거에는 실행할 수 없었던 제안을 실행할 수 있게 된다.

제3절　의제설정에서 정책결정으로

　　문제가 정책의제로 설정된다고 해도 그것이 바로 정책 선택으로 이어지는 것은 아니다. 정책결정에 대해서는 별개의 고찰이 필요하다.

1. 문제 정의, 비결정, 참여 확대

　　우리가 정책의제에 주목할 때, 무엇이 의제로 결정되는가에만 초점을 두는 것은 아니다. 결정되지 않는 문제는 무엇인지에도 주의를 기울일 필요가 있다. 문제를 어떻게 정의하는가는 의제설정에 큰 영향을 준다(Kingdon, 1984: 3).

　　사람들은 평소에 악천후, 불치병, 빈곤, 전염병 등 다양한 종류의 문제 상황(conditions)에 직면하면서 살고 있다. 그러한 문제 상황 중에서 우리가 긴급한 대응이 필요하다고 인식하면, 그 문제 상황은 정책의제로서 눈에 띄게 된다. 빈곤이나 미세먼지와 같은 문제 상황은 손을 써야 한다고 인식하게 되면서 그때 처음으로 정책의제가 된다. 어떤 상황이 문제로 정의(definition)되면 그 이후에는 정의된 문제를 해결하려고 노력한다. 그렇기에 문제 정의는 배우들이 연기를 펼치는 연극무대로 비유할 수 있다(노화준, 1985: 62).

　　예를 들면 기업은 불황을 고려하여 고정비(인건비)를 줄이는 방안을 시도할 수 있다. 우리나라의 기업들도 인건비 절감을 위해 정규직 사원을 줄이고, 임시직, 아르바이트, 파견사원, 계약사원 등 비정규직 고용을 늘려왔다. 이러한 조치는 소수 정규직 사원에게는 업무량의 증가를 가져올 수 있고, 비정규노동자에게는 생활의 불안함을 겪게 한다. 그런데 이러한 상황 자체가 문제로 인식되기 전에는 노동자 개개인이 이러한 상황을 감수해야만 한다. 정부가 손을 쓰려면 비정규직 노동자의 상황을 무언가의 형태로 정의하고, 정책문제로서 인지할 필요가 있다. 만약 노동자 3인 중 1인이 비정규직 고용 상태이며, 가계를 지탱하는 사람이 대부분 비정규직 고용으로밖에 취업할 수밖에 없는 상황이라고 하자. 이러한 현상이 연구나 보도를 통해 명확해지면, 비로소 정책문제로서 인식한다. 공중의제 목록에서 상위를 차지하며, 정부도 해결하기 위한 대책을 검토한다.

그런데 정책문제를 인지하고 정의하는 것은 권력구조의 특성과도 관련된다. 권력을 행사하는 데 지배적인 위치에 있는 사람들은 그들에게 해(害)가 되는 문제가 의제에 오르지 못하도록 억제하는 힘을 가진다(Bachrach and Baratz, 1962: 948). 권력을 지닌 행위자들은 (그들의 이익에 해가 되지 않는) 안전한 주제에 대해서만 다른 행위자들이 관심을 기울이도록 설계함으로써 지배적인 위치를 지킬 수 있다. 이처럼 문제가 의제에 오르지 않도록 하는 조작을 비결정(nondecision making, 무의사결정 또는 결정회피)이라고 한다.

비결정이라는 상황에서 권력을 덜 가진 사람들은 두 가지 어려움에 직면한다(Cairney, 2020: 42). 첫째, 어느 사회든 상대적으로 더 선호되는 이념이 있고, 그 사회에서 지배적인 견해가 그들의 참여를 제한할 수 있다. 빈곤이라는 이슈를 개인의 책임이라고 정의하는 사회에서는 이 문제가 정책의제로 등장하기 쉽지 않다. 둘째, 정책을 결정하는 조직은 불평을 가진 사람들을 의제로부터 떨어뜨려 놓으려고 한다. 예를 들어 비선출직에 현상 유지를 선호하는 사람들을 임명하여 특정 이슈는 공식적인 토론에서 논의되지 못하게 할 수 있다.

이러한 비결정은 특정 공중의제가 중요함에도 왜 정부의제로 등장하는 데 실패하는지를 설명한다(김인철, 2000: 300). 심각한 사회적 이슈라고 할지라도 사회의 엘리트 집단이 보이지 않는 권력을 행사하면 공식의제로 등장하지 못한다. 따라서 정책결정과정은 사회 내 다양한 개인(과 집단)의 다원주의적 영향력이 행사되는 측면(한쪽 면)을 인정해야 하지만, 그 이전에 정책의제로 진입하는 과정에서 행사되는 비결정을 위한 영향력(다른 면)도 해석하는 것이 중요하다. 즉, 권력이란 이슈를 해결할 수 있는 능력뿐만 아니라 이슈를 회피할 수 있는 능력으로도 정의할 수 있다.

그렇다면 이러한 비결정의 상황에서 벗어나는 방안은 무엇일까? 사람들이 문제를 주목하도록 만드는 것이다. 특정 문제에 대해 사람들의 관심이 커지면 정책결정자도 해당 문제를 무시하기 어려워진다(Cobb and Elder, 1983; 재인용, 박천오, 2000: 406-414). 특히 사람들은 갈등이 확산할 때 문제에 대해 높은 관심을 보인다. 문제에 관련된 범위가 넓어지면 참여가 확대되고, 참여자가 많아짐에 따라 갈등이 확대된다.

갈등으로부터 문제가 드러나고 대안들이 부상한다(Schattschneider, 1960). 갈등은 대중이 개입할 수 있는 문제들을 보여준다. 사람들을 얼마나 끌어들이거나 배제하느냐에 따라 승자가 되기도 하고, 패자가 되기도 한다. 예를 들어 실업에 대해 대책이 필요하다고 주장하는 행위자는 실업이 단지 개인의 문제가 아니라 누구라도 처할 수 있는 시대적인 문제로 정의하려고 한다. 기존의 문제를 새롭게 정의함으로써 사람들의 관심을 불러일으킨다. 상대방도 이러한 움직임을 막으려고 노력하며, 정책문제의 정의(definition)를 둘러싼 다툼이 시작된다. 게임이 무엇에 관한 것인지를 결정하는 사람이 게임에 들어올 수 있는 사람도 결정하기 때문이다(1960: 174).

2. 합류와 정책변동

제2절에서 살펴본 것과 같이 정책의 창 모형에서는 정책과정이 문제(problem), 정책(policy), 정치(politics)의 세 흐름으로 구성된다. 정치적 이벤트나 중대사건 등으로 문제, 정책안, 정치 흐름이 합류하고, 문제가 의제에서 차지하는 지위가 상승하면 정책결정이 이루어진다(Kingdon, 1984; 松田, 2012: 35-38).

정책의 창(policy window)이란 "다양한 제안을 주장하는 사람들이 자신들의 마음에 든 해결책(pet solutions)을 밀어붙이거나, 자신들의 특정 문제에 주의를 쏟도록 몰아갈 기회"(Kingdon, 1984: 173)를 의미한다. 예컨대 우주선을 발사할 때, 발사에 가장 적합한 기회를 창(window)이라고 표현할 수 있다. 발사 기회는 다시 오겠지만, 한번 기회를 놓치면 오랜 기간 기다려야 한다. 즉 정책의 창이란 특정 계획(initiatives)을 위해 행동할 좋은 기회가 도래했음을 의미한다.

위에서 살펴본 것과 같이 문제 흐름, 정책 흐름, 정치 흐름은 서로 다른 기능을 담당한다. 문제 흐름에서는 문제를 인식한다. 문제 인식을 촉진하는 요인은 지표(예: 유아 사망률, 실업률, 출생률), 극적인 사건이나 위기 발생(예: 항공기 사고로 항공정책의 안전성이 이슈로 등장), 현재 프로그램에 관한 되먹임(예: 정기적 평가 결과, 시민의 불만) 등이 있다. 정책 흐름에는 국회의원, 관료, 전문가 등 다양한 행위자가 공급하는 많은 아이디어가 존재한다. 아이디어는 논의를 거쳐 수정되고, 적은 수의 아이디어만이 검토 대상이 된다. 정치 흐름에는 정책형성에 관련되는 사람들이 특정 시기에 특정 정책안에 대해 어느 정도 받아들일 자세를 보이는가와 관련된다. 여기에는 선거결과, 국민 분위기, 이익집단의 지지, 국회에서의 세력 지형의 변화나 행정부에서 중요 인물의 교체 등이 좌우한다. 특히 정권 교체 등 중요한 참여자의 교체는 정치 흐름에 큰 영향을 준다.

이러한 세 가지 흐름은 서로 독립하며 동등한 지위를 차지하고, 각 흐름에는 고유의 역동성이나 규칙이 존재한다. 따라서 문제가 인지된 다음 정책형성에 관련되는 사람들이 순차적으로 정책안을 작성하고 검토에 나서는 것이라고 말할 수 없다. 즉 <그림 2-3>의 모형은 <그림 1-4>의 단계 모형에서 상정하는 것과는 완전히 다른 과정을 묘사한다.

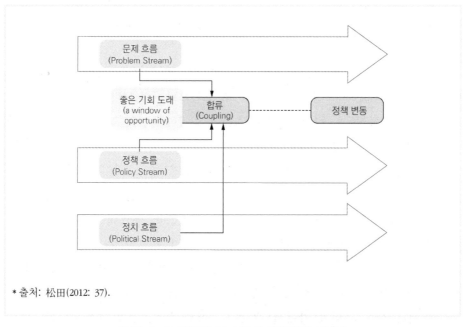

* 출처: 松田(2012: 37).

〈그림 2-3〉 정책의 창 모형의 정책과정 이미지

세 개의 독립된 흐름으로부터 어떻게 특정 이슈가 의제로 설정되고, 특정 정책대안이 채택될까? 정책의 창 모형은 세 흐름이 하나로 합류(coupling)할 때 이루어진다고 설명한다(1984: 181-193). 정책의 창이 열리는 결정적 순간에 문제, 정책, 정치의 흐름은 합류하고, 때로는 큰 정책변동이 일어난다. 즉 해결책은 문제와 결합하고, 이 두 가지가 호의적인 정치 세력과 결합한다. 이 결합은 정책의 창이 열렸을 때 발생하기 쉽다. 정책의 창은 뭐라고 말할 수 없는 문제(커다란 위기)가 등장하거나 정치 흐름 중에서 우발적 사건에 의해 열린다. 그리고 정책안은 정책 흐름 속에서 나타난다.

물론 합류가 빈번하게 발생하는 것은 아니다. 임계점이라고 말할 수 있는 결정적 순간이 있다. 정책안을 추진하는 사람은 언제든지 정책안을 구사할 수 있는 상태에 있으면서 이 순간을 정부 안팎에서 기다리고 있다. 정책안이 적합할 것으로 보이는 문제가 등장할 때, 또는 정치 흐름이 자신에게 유리하게 될 것처럼 전개되는 것을 기다린다. 이러한 결정적 순간이 나타난 것을 정책의 창이 열렸다고 표현한다.

정책의 창이 열렸을 때, 정책선도자(policy entrepreneur, 정책혁신가 또는 정책기업가)는 세 흐름이 합류하도록 하는 데 중요한 역할을 한다(1984: 188-193). 정책선도자는 정책안을 옹호하거나 아이디어의 탁월함을 주창하는 사람들이다. 정치인, 관료, 전문가, 시민단체 등의 일원인 경우도 있고 조직이나 단체가 될 수도 있다. 이들은 자신의 시간, 에너지, 명성, 자금과 같은 자원을 투입하여 합류 가능성을 높인다. 이러한 활동을 통해 정책선도자는 자신들이 추진하고자 한 정책을 실현할 수 있고, 정책에 참여했다는 만족감을 얻을 수도 있고, 승진과 같은 개인적 권력을 증대시킬 수도 있다.

그런데 정책의 창이 어떠한 조건에서 열릴 것인가에 대해 규칙성이 있는 것은 아니다(1984: 198-218). 어떠한 조건이 갖추어져야 정책결정이 이루어지는가를 예측할 수 없다. 그렇다고 해서 주사위를 던져서 결정하듯이 모든 과정이 무작위로 이루어진다는 의미는 아니다. 첫째, 문제·정책·정치의 흐름이 무작위성을 제약한다. 예를 들어, 모든 문제가 비슷한 비율로 부상하는 것은 아니다. 지표나 사건을 통해 관심을 받게 된 사건은 다른 사건에 비해 더 강조된다. 둘째, 결합에서도 차이가 발생한다. 참여자들은 문제에 대해 어떤 해결책이 적절한가에 대해 어느 정도의 감각이 있다. 셋째, 사회 시스템은 참여자에게 어떤 행동을 할 것인가에 대해 기본적인 구조를 제공한다. 예를 들어 한정된 예산은 결정에서 큰 제약이다. 정책의 창이 잘 열리지 않는다는 사실도 참여자의 행동을 제약한다.

쓰레기통모형

　제2장에서 킹던(Kingdon)의 정책의 창 모형을 다루었다. 킹던의 모형은 코헨 등이 제창한 쓰레기통모형(Garbage Can Model)에 바탕을 둔 것이다(Cohen 외, 1972). 그렇다면 쓰레기통모형이란 무엇인가?

　우선, 정책결정모형 중에서 합리모형은 목적과 수단의 관계가 명확하다고 가정한다(자세한 내용은 제6장 참조). 조직에서의 결정은 늘 조직 전체의 목적을 달성하도록 의식적으로 조정된 것으로 간주한다. 원칙적으로 이용 가능한 대안·선택지와 그 결과를 숙고한 이후에 의식적으로 하는 의사결정(decision making)이라고 할 수 있다(田尾, 2003: 114-119).

　그런데, 현실의 조직에서 결정이 늘 합리적인가? 왜 결정이 내려지는 시점(timing)에 따라서 동일 문제라고 해도 결정되는 내용에 상당한 차이가 발생하는가? 결정이 반드시 조직의 목적달성이나 문제해결에 이바지하는가? 쓰레기통모형은 합리모형의 기본 가정을 거부하며, 현실적인 조직에서 나타나는 결정(decision)을 다루고 있는 모형이다. 쓰레기통모형은 행동 목적과 그것을 달성하기 위한 수단을 모르는 상황에서의 결정 프로세스를 분석의 대상으로 삼는다. 쓰레기통모형의 주요 내용에 대해 살펴보면 아래와 같다.

　첫째, 쓰레기통모형은 조직을 조직화된 무질서(organized anarchies) 상태로 간주한다. 대학과 같이 계층제는 있지만, 위계질서가 그다지 엄격하지 않은 조직의 상태를 조직화된 무질서 상태라고 한다(김정수, 2016: 225). 조직화된 무질서 상태는 크게 불확실한 선호(problematic preferences), 불명확한 기술(unclear technology), 그리고 유동적 참여(fluid participation)라는 특징이 있다(Cohen 외, 1972: 1).

　불확실한 선호란 정책결정 참여자나 조직이 자신의 선호를 명확하게 가지고 있다고 단언하기 어렵다는 것을 뜻한다. 합리모형이나 제한된 합리모형은 사람들이 미리 선호를 지니고, 선택지에 대해 지식을 가지며, 자신의 효용을 만족시키려고 자신의 선호에 근거하여 합리적으로 행동한다고 가정한다. 반면에 쓰레기통모형은 정책결정 참여자나 조직이 정책결정과정에 참여하면서 자신의 선호를 발견하거나, 발견하지 못한 채 행동한다고 가정한다.

　그리고 불명확한 기술이란 조직화된 무질서의 구성원은 조직과정을 충분히 이해하고 있지 못하다는 것이다. 정책결정 참여자나 조직은 문제, 해답,

결정 시스템의 전체 모습 등 정책결정에 필요한 지식을 충분히 지니는 것이 아니다. 단편적으로 이해하고 있는 것에 머문다. 목적에 관한 합리적 수단을 선택하는 것이 기술적으로 불가능하기에 어떠한 행동이 어떤 정책을 만들어 낼 것인가에 대해 불명확한 상태이다. 시행착오, 경험에 의한 학습, 위기 상황에서 대응 등을 통해 일을 진행한다.

또한, 유동적 참여란 조직에서 정책결정 참여자는 고정적이거나 안정적이지 않고, 유동적이라는 것을 나타낸다. 참여자가 정책결정에 관련되는 정도는 늘 일정하다고 말할 수 없으며, 시간과 함께 변화할 수 있다. 특정 문제에 대해서도 같은 행위자가 비슷하게 관련된다고 장담할 수 없다. 누가 정책결정에 참여하는가에 대해 명확한 것은 없다. 유동적 참여는 정책결정에 큰 차이를 생기게 한다.

둘째, 문제(problems), 해결방안(solutions), 참여자(participants), 선택기회(choice opportunities) 등 네 개의 독립적 흐름(streams)을 상정한다(1972: 2-3). 조직의 결정은 이러한 것이 우연적 요소로 합류함으로써 이루어지는 모호한 것이다. 즉 조직에서의 결정을 수단과 목적의 연쇄로 보지 않고, 느슨하게 연결된 개별 과정의 연쇄가 가져오는 우연의 산물로 해석한다. 문제, 해결방안, 참여자, 선택기회 등의 흐름이 어떻게, 언제 연결되는가에 따라 조직의 결정내용과 그 과정이 변화한다. 예를 들면 같은 구성원이 같은 문제에 대처하려고 해도, 양자가 만나는 선택기회가 다르면 도출되는 해결책은 달라진다.

우선, 문제란 조직 내외의 사람들이 지니는 관심사이다. 생활방식, 가족, 업무 좌절, 재원 배분, 이념(ideology) 등 다양한 주제를 둘러싸고 문제가 제기된다. 그리고 해결방안이란 누군가 만들어낸 것이다. 만약 복잡한 임금 관리, 회계 등의 문제를 해결하는 방안으로 컴퓨터가 사용되고 있다고 하자. 우리는 임금 관리의 문제를 해결할 목적으로 컴퓨터가 만들어진 것이 아니라는 점을 알고 있다. 컴퓨터는 이미 존재하고 있었으며, 단지 문제에 대처하기 위하여 발견된 해결방안이다. 즉 (문제를 해결하기 위해 방안을 만드는 것이 아니라) 해결방안이 적극적으로 문제(questions)를 찾아다니고 있다고 말할 수 있다. 참여자는 결정에 참여하는 행위자이며, 수시로 오고 간다. 참여자들이 (결정에 늘 참여하는 것은 아니며) 결정에 참여할 때 발생하는 (참여의 실질적) 차이는 그들이 다른 일에 얼마나 시간을 사용해야 하는가와 관련이 있다. 선택기회는 조직이 결정을 내릴 것으로 기대하는 기회들이다.

다시 말해 쓰레기통모형은 결정을 흐름으로 간주하고, 잡다한 결정요인의 흐름이 시점에 따라 의사결정에 투입되거나, 그 결과가 산출되는 단순한 기회이거나, 무대에 불과하다고 생각한다(遠田, 1998). 스마트폰이라는 새로운 상품시장이 생겨나는 과정을 생각해 보자. 소비자는 스마트폰으로 표현될 수 있는 어떤 상품에 대한 불명확한 욕구가 있을 수 있다. 그리고 과학기술의 발전을 통해 새로운 기술이 늘 생겨나고 있다. 소비자의 욕구와 생산자의 기술이 시장에서 타이밍 좋게 만나고, 서로 어울릴 수 있도록 구체화되었을 때 스마트폰이라는 새로운 상품시장이 생겨나는 것이다.

셋째, 쓰레기통에서 이루어지는 결정 스타일은 세 가지이고, 결정의 특징은 여덟 가지가 있다(March and Olsen, 1976: 33-35). 우선 결정의 스타일에는 대충 보기(oversight)가 있다. 선택기회가 왔지만 심의해야 할 문제가 다른 선택기회에 할당되었고, 새로운 선택을 빠르게 할 수 있는 에너지가 있다면, 최소한의 시간과 에너지로 (기존 문제에 대하여 큰 관심을 기울이지 않고) 대충 결정을 해버리는 것이다. 다음으로 미루기(flight)가 있다. 문제해결을 다음 기회로 미루어 두는 것이다. 문제에 대해 더 매력적인 선택이 나타날 때까지 상당 기간 문제에 대한 선택을 미루어 둔다. 그리고 문제해결(resolution)이 있다. 일정 기간 작업이 이루어진 후 문제가 해결되는 것이다.

결정에서 나타나는 특징으로는 크게 여덟 가지가 있다.

① 결정의 스타일 중 대충 보기와 미루기가 일반적이며, 문제해결은 오히려 일반적인 스타일이 아니다.

② 결정과정은 작업량의 정도에 민감하다. 문제가 시스템에 가하는 부담이 클수록, 미해결 문제가 선택상황에서 다루어지는 비율(problem activity), 의사결정자의 활동성, 결정의 난이도, 대충 보기와 미루기 등의 비율이 증가한다.

③ 의사결정자와 문제는 함께 선택기회를 통하여 이동하는 경향이 있다. 따라서 의사결정자는 선택기회는 다르지만, 같은 문제를 조금 다른 맥락에서 일하고 있다고 느끼게 된다.

④ 결정과정의 효율성을 결정하는 3개의 주요 지표 사이의 중요한 상호

작용이 있다. 쓰레기통 결정과정에서는 미해결의 문제가 의제에 올라가 있는 시간량(problem activity), 문제가 선택의 무대에 등장하지 않고 떠 있는 시간량(prblem latency), 결정에 도달하기까지의 시간(decision time) 등의 지표 사이에 상충관계(trade-off)가 있다. 해결을 통해 문제를 감소시키는 바람직한 조직의 모습이 보이지 않는다.

⑤ 의사결정과정은 서로 영향을 미치는 경우가 많다. 조직에서 이루어지는 결정 대부분은 선택기회, 문제, 참여자 등이 도착하는 타이밍에 의존한다. 그래서 관찰자가 보았을 때 의사결정과정이 변덕스럽다고 생각한다.

⑥ 중요한 문제는 중요하지 않은 문제보다 해결될 가능성이 크다. 그리고 일찍 발생한 문제(early-arriving problem)는 늦게 발생한 문제보다 해결되기 쉽다.

⑦ 중요한 선택기회일수록 문제해결은 이루어지지 않고, 대충 보기나 미루기에 의한 선택이 일어난다. 반면에 중요하지 않은 선택기회에는 문제해결을 통한 선택이 이루어진다.

⑧ 선택기회 대부분에서 선택은 이루어지지만, 가장 중요한 선택기회와 가장 중요하지 않은 선택기회에서는 선택이 이루어지지 않는다.

쓰레기통모형은 불확실성 아래에서 조직의 의사결정을 설명하기 위해 제창된 이론이다. 조직 구성원이 스스로 무엇을 하고 있는가를 이해할 수 없는 상황에서도 어찌 되었든 선택은 이루어지고, 조직이 살아남는 것을 보여준다. 쓰레기통모형에서의 결정은 합리성과는 상당히 거리가 있다. 문제가 선택되어도 해결방안이 있는 것은 아니다. 해결방안은 문제와는 독립하여 만들어지며, 이미 만들어진 후에 문제를 찾기도 한다.

CHAPTER

03

정책문제의 구조화:

엉성한 문제의 특성을
파악하는 방법은?

사람들은 문제가 있다는 말을 들으면 문제를 해결해야 한다고 생각할 것이다. 그렇지만 무엇이 문제인가를 파악하는 것은 생각보다 어렵다. 예를 들면 청년실업이 매우 증가하고 있다고 하자. 청년실업의 문제는 주변에 취업하지 못하고 있는 젊은이들을 만나거나, 청년실업률 지표의 상승으로 확인할 수 있다.

하지만 청년실업의 원인이 무엇인가를 파악하기는 쉽지 않다. 중소기업이 인력난에 허덕이고 있다는 점을 예로 들면서, 일자리 미스매치(mismatch)를 청년실업의 원인으로 지목하더라도, 여전히 의문점은 남는다. 대기업을 선호하는 청년 개개인의 인식이 문제인가? 대기업 임금의 60% 수준인 중소기업의 처우가 문제인가? 산업구조의 변화로 경력이 없는 청년을 선호하지 않는 대기업의 고용방침이 문제인가? 노동시스템의 변화에도 불구하고 제조업 중심의 고용시스템을 강조하는 정부 고용정책이 문제인가? 실업에 빠진 사람들에 대한 사회보장시스템과 재취업시스템이 온전하게 갖추어져 있지 않은 것이 문제인가?

정부는 사회가 직면한 다양한 문제 중에서 공공의 문제를 정책의제로 인식한다(제2장에서 자세히 논의). 하지만 문제의 요인은 대체로 복잡하여 문제를 파악하기 위한 문제 구조는 매우 엉성하다. 문제 구조를 촘촘하게 파악하지 않으면 잘못된 해결안을 도출할 수 있다. 따라서 제3장에서 다루어야 할 중요한 주제는 엉성한 구조의 정책문제를 어떻게 명확하게 구조화할 것인가이다.

정책문제의 구조화를 위해서는 정부가 대응해야 할 문제의 특성을 파악해야 한다. 제3장에서는 정책문제의 특성과 구조화 방법을 소개한다. 그리고 최근에는 구조화의 초점이 어떻게 변화했는지를 살펴본다.

03 정책문제의 구조화:
엉성한 문제의 특성을 파악하는 방법은?

제1절 문제 구조에 주목

문제란 현재 상황과 이상적 상황(목표)의 괴리라고 정의할 수 있다. 즉 정책문제는 바람직하다고 생각하는 상황과 현재 상황과의 괴리이며, 정책대안은 그 괴리를 메우려는 조치라고 할 수 있다. 그리고 문제를 구성하는 요인들 사이의 관련성을 문제 구조라고 할 수 있다(秋吉, 2018: 55).

사회에서 어떤 문제 상황이 발생했을 때, 그것을 문제로 인식하면, 정책을 통해 해결해야 하는 의제로 설정한다. 하지만 해결안이 쉽게 결정되는 것은 아니다. 제1장에서 논의한 것처럼 정책문제의 상반성으로 어떤 요인을 해결하는 것이 다른 문제에는 부정적 효과를 낳게 할 수 있다. 그리고 무엇을 문제로 생각할 것인가 자체가 논쟁 대상일 수도 있다. 또한, 문제 상황과 관련되는 사람이 많아지면 합의가 어려워지고 갈등상황이 또 다른 문제가 될 수 있다.

이처럼 문제 상황을 구성하는 요인은 다양하고 복합적이다. 각 요인에 대한 대응책으로 정책안을 형성하려면 먼저 어떠한 요인이 있는가를 분석하는 것이 필요하다. 문제의 규모가 커지면 요인을 인지하고 분석하는 것이 더욱 어렵게 된다. 또한, 요인 사이의 관계에 대해서도 검토해야 한다. 즉 문제 상황을 인식한 후에는 그 문제의 구조에 주목할 필요가 있다.

1. 정책문제의 특성: 엉성한 구조

제1장에서 정책문제는 복잡성이라는 특성이 있음을 서술하였는데, 복잡성의 상대적 정도를 기준으로 정책문제를 세 가지 유형으로 구분할 수 있다 (Dunn, 2018: 75-77).

우선 촘촘한 구조(well structured, 좋은 구조)를 갖는 문제는 의사결정자가 1인 혹은 소수이다. 지향해야 할 목표(효용)도 명확하고, 목표에 대한 합의도 가능하다. 제한된 범위에서 대안이 선택되고, 그 결과는 명확하거나 작은 오차 범위 내에 있다. 이러한 문제의 원형은 컴퓨터 프로그램으로 구성한 대안들을 알고리즘에 따라 결정하는 것과 유사하다.

프로야구의 일정표를 작성하는 기술적 문제를 예로 들어 보자. 담당자를 중심으로 비교적 적은 수의 사람들이 의사결정을 한다. 각 팀이 이동하는 거리를 최소화하는 것을 목표로 설정하고, 이 목표에 대하여 합의한다. 각 대안의 결과(총거리)를 계산하여 예측하고, 의사결정도 쉬운 편이다. 다른 예로 시립도서관의 서비스 만족도 향상을 생각해 보자. 도서관을 이용하는 시민들의 서비스 만족도를 향상하기 위해 나이별·성별·동네별로 대출회원의 현황과 주제별 도서의 회전율 등을 파악한다. 그 후에 회원 맞춤형 서비스라는 명확한 목표를 달성하면 된다.

반면에 엉성한 구조(ill structured, 나쁜구조)는 촘촘한 구조와 대조적이다. 일단 의사결정자가 다수이다. 각자가 지향하는 효용(목표)은 알 수 없고, 안다고 해도 그 순서를 매기는 것이 어렵다. 서로 경쟁하는 효용(목표)에 대하여 합의하기 어렵고, 거래를 통해서도 해결되지 않는다. 대안의 수도 무수히 많다. 대안이 가져올 결과는 알 수 없거나, 확률적으로 추론하는 것에 위험성이 도사린다. 사공이 많으면 배가 산으로 간다는 속담이 있다. 예컨대 글로벌 경기 상황과 같은 문제는 미래에 어떻게 될 것인지가 불확실하며, 예측하는 것도 힘들다.

<표 3-1> 정책문제의 구조

문제 요소	문제의 구조		
	촘촘한 구조 (well structured)	중간 구조 (moderately structured)	엉성한 구조 (ill structured)
의사결정자	1인 또는 소수	소수(few)	다수(many)
대안	고정(fixed)	제한(limited)	무제한(unlimited)
효용(가치)	합의(consensus)	거래(bargaining)	갈등(conflict)
결과	확실(certain)	불확실(uncertain)	위험(risky)
확률	결정적(deterministic)	계산 가능(estimable)	계산 가능(estimable)

* 출처: Dunn(2018: 76) 표 3-1의 내용 일부 수정.

과학이 다루어 온 문제들은 크게 세 유형으로 나눌 수 있다. 단순한 문제들(problems of simplicity)은 두 변수 사이에서 나타나는 문제들로 문제 정의나 해결이 쉽다. 복잡한 문제는 비유기체의 문제들(problems of disorganized complexity)과 유기체의 문제들이 있다. 전자는 당구대 위에서 구르는 여러 개의 당구공의 움직임과 같이 통계학이나 확률의 개념으로 설명과 해결을 할 수 있다. 그렇지만 후자는 복잡하고 미묘한 인간 감정의 문제, 예측하기 힘든 생명의 신비 등과 같이 알파고와 같은 인공지능으로도 쉽게 풀리지 않는 문제들이다(정석, 2010: 35). 엉성한 구조의 문제는 이러한 복잡한 문제 중에서 유기체의 문제들(problem of organized complexity)의 성격이 강하다.

정책문제는 대체로 엉성한 구조의 문제이다. 부동산 정책을 예로 들면 다음과 같다. 부동산 정책은 주무 부처인 국토교통부(의 장과 관료) 외에도 경제부처(의 장과 관료), 청와대 참모, 여당, 지방자치단체장 등이 의사결정에 참여한다. 정책목표도 수요 억제, 수요 확대(를 통한 경기 활성화), 공급 확대(를 통한 주거 안정 도모), 과잉공급 억제(와 주거 환경 개선) 등 다양하다. 수요를 억제한다면 세금을 통해서 할 것인가, 대출규제를 통해서인가? 세금이라고 해도 보유세를 강화할 것인가, 거래세(양도세·취득세)를 강화할 것인가? 여기에 대내적·대외적 경기 상황을 포함하여 불확실한 요인들이 정책에 영향을 주기 때문에 대안의 결과를 예측하기가 매우 어렵다.

촘촘한 구조의 문제에서는 합의가 된 명확한 목표가 있다. 의사결정은 목표를 달성하는 수단을 좁은 범위에서 선택하는 단순한 작업이다. 그렇지만 엉성한 구조의 문제에서 의사결정은 목표가 불명확하며 수단을 선택하는 작업도 상당히 복잡하고 어렵다. 게다가 정책을 만드는 과정은 거래, 경쟁, 갈등을 포함한다. 문제에 대하여 모든 대안을 인지하는 것은 불가능하다. 그런 점에서 엉성한 구조의 문제는 정책에서 중요하다고 할 수 있다.

2. Ⅲ종 오류

엉성한 구조의 특성을 갖는 정책문제에 직면한 의사결정자는 정책문제를 공식화하는 단계에서 Ⅲ종 오류에 빠질 가능성이 크다(秋吉 외, 2015: 70). 통계학에서 Ⅲ종 오류 개념은 Ⅰ종 오류, Ⅱ종 오류 개념과 대비하여 제시된다.

통계학의 검정에서는 옳은 귀무가설(null hypothesis, 영가설)을 틀린 것으로 판단하여 기각하는 오류를 Ⅰ종 오류, 틀린 귀무가설을 옳은 것으로 판단하여 채택하는 오류를 Ⅱ종 오류라고 한다(浅野, 2012: 68-70). 예컨대 범죄 사건이 발생하였는데 경찰이 용의자로 홍길동을 체포하였다. 경찰은 홍길동이 범인이라고 생각하고 체포하였을 것이다. 그렇다면 홍길동은 진짜로 범인일까?

이러한 상황을 통계학으로 표현하면 홍길동이 범인이 아니라는 가설(귀무가설)과 홍길동이 범인이라는 가설(대립가설)이 있는 셈이다. 여기에서는 경찰이 수집한 정보(표본 데이터)를 바탕으로 귀무가설(홍길동이 범인이 아님)이 옳은지, 아니면 옳지 않은지를 판단하는 것이다. 달리 표현하면 홍길동이 범인이 아니라는 점을 검정하는 것이다. 「헌법」 제27조에서 말하는 무죄 추정의 원칙을 생각해도 좋다.

때로는 홍길동이 진짜 범인이 아니지만, 범인이라고 판단되고 기소될 수 있다. 이런 상황의 오류가 Ⅰ종 오류이다. 반면에 Ⅱ종 오류는 홍길동이 진짜 범인이지만 범인이 아니라고 판단하여 풀어 줄 때 나타나는 오류이다.

<표 3-2> 제1종 오류와 제2종 오류

가설 검정의 판정	귀무가설 기각	귀무가설을 기각하지 않음
귀무가설이 참	Ⅰ종 오류(type Ⅰ error)	옳은 판단
귀무가설이 거짓	옳은 판단	Ⅱ종 오류(type Ⅱ error)

* 출처: 淺野(2012: 68) 그림 3-3.

이러한 Ⅰ종 오류와 Ⅱ종 오류는 정책결정에 대한 평가에서 발견할 수 있다. 앞에서 예를 들었던 부동산 정책을 평가한다고 하자(여기에서는 정책효과가 없다는 가설이 귀무가설에 해당). 만약 정책이 효과가 없음에도 정부가 효과가 있다고 인식하고 정책을 계속 추진하고 있다면 Ⅰ종 오류에 빠진 것이다. 반면에 정책의 긍정적 효과가 있음에도 정책효과가 없다고 인식하여 정책 추진을 그만두어야 한다고 주장한다면 이는 Ⅱ종 오류에 빠진 것이다.

이러한 Ⅰ종·Ⅱ종 오류와 달리 설정이 잘못된 문제를 올바르게 정의되었다고 인지하여 빠지는 오류가 있다. 이를 Ⅲ종 오류(Error of the third kind: the error committed by giving the right answer to the wrong problem)라고 한다(Kimball, 1957: 134). Ⅲ종 오류는 문제 정의의 오류(메타오류)라고도 부른다(배귀희 외, 2016). Ⅲ종 오류는 어떠한 문제로 정의할지에 대한 문제 설정이 의사결정에서 중요하다는 점을 보여준다.

Ⅲ종 오류는 기업 현장과 정부의 정책 결정에서 자주 발견된다. 일본의 자치단체에서 추진한 시가지 상점의 활성화 정책을 예로 들 수 있다(秋吉 외, 2015: 70-71). 과거에는 번화했던 상점가에 손님이 줄고, 빈 점포가 늘고 있다고 가정해 보자. 상점가를 활성화하는 정책에는 진흥정책(소매점 상업 활동을 진흥하기 위한 정책)과 조정정책(규모가 다른 소매점 사이의 이익을 조정하기 위한 정책)이 대표적이다. 정책은 주로 중소 소매점과 대형 소매점을 대립 관계로 간주하고, 어떻게 중소 소매점을 보호할 것인가에 초점을 둔다. 조정정책에서는 대형 소매점의 출점 조정(점포 면적, 개점일, 연간 휴업 일수 등)이 이루어진다.

이러한 조정정책으로 대형 소매점은 지역 중소 소매점과 충돌하는 중심 시가지로의 출점을 피하고, 근교에 출점하게 되었다. 나아가 대형 소매점포의 입지에 관한 법률에서 점포 면적에 대한 제한이 완화되자 교외 신규 출점이 가

속화되었고, 중심 시가지의 상점가는 금세 쇠퇴하였다. 중심 시가지에 있는 상점들이 어려움을 겪자 국가나 지방자치단체는 상점 개장이나 통로 정비에 많은 보조금을 투여하였다. 사람들이 상점가를 찾을 수 있도록 이벤트 개최를 포함하여 여러 대책을 마련하였으나, 근본적인 문제해결로 연결되지 않았다.

여기에서 작은 의문이 생길 것이다. 처음에 중소 소매점과 대형 소매점의 관계를 대립 관계로 파악한 것이 옳았던 것일까? 양자가 상생하는 관계는 없었을까? 최근에는 인구 구성의 변화, 온라인 쇼핑 시장의 활성화 등으로 대규모 소매점도 어려움을 겪고 있다. 때로는 대규모 소매점이 폐점하자 인근의 중소 소매점의 매출이 감소하는 상황이 나타나기도 한다. 이처럼 풀어야 할 문제의 요인을 잘못 파악한 상태에서 문제를 정의하고 대책을 논의하는 Ⅲ종 오류는 의외로 자주 발생한다.

🌱 Break Time ┃ 3-1 가설 연역법과 귀무가설

보통 가설은 이론에 대한 심사숙고 과정의 결과물이다. 이론에 따른 가설이 옳으면 우리 세계에서 발생하는 일을 예측할 수 있다. 인과효과의 가설검증을 추구하는 연구 설계를 가설 연역법(Hypothetico-Deductive Method)이라고 한다 (Babie, 1986: 31; 久米, 2013: 99-101; 212-213).

가설 연역법은 다음과 같이 연구를 설계한다. 첫째, 현재 보유하고 있는 데이터를 활용하여 귀납적으로 가설을 설정한다. 예를 들면 선진국의 복지정책 확충과정에 관한 관찰로부터 진보 정당의 세력이 확장되면 복지정책이 확충된다는 가설을 세운다. 둘째, 설정된 가설이 옳다면 관찰 가능한 사례가 무엇인지를 생각한다. 한국에서도 진보 정당 세력이 커질수록 복지가 확충될 것이라는 예상을 가설로부터 추론할 수 있다. 이러한 추론은 전제가 옳으면 결론도 옳을 것이라는 의미에서 진리 보존적이며 연역 추론적이다. 셋째, 추론이 맞을지를 실험 및 관찰을 통해 확인한다. 위의 예는 실험할 수 없는 대상이므로, 데이터를 관찰함으로써 확인한다. 넷째, 추론이 옳았음이 확인되면 가설 자체도 옳다고 결론 내린다. 즉 진보 정당 세력의 확대가 복지확충을 가져온다는 일반적 가설은 확증된다. 이러한 가설 연역법에서 중요한 것은 인과효과이다. 인과효과는 한국에서 진보 세력이 약했던 시기와 강했던 시기의 복지정책 확장 여부를 비교함으로써 확인할 수 있다.

그렇다면 가설 중에서 귀무가설(Null Hypothesis, 영가설)이란 무엇인가?

누군가 염력으로 물건을 움직이는 힘이 있다고 주장한다. 이 사실을 믿을 수 있을까? 대개는 믿지 않는다. 그 사람이 초능력이 있는지를 검증하고 싶어서 1,000개의 동전을 앞면이 나오도록 던지게 한다. 몇 개의 동전이 앞면으로 나오면 초능력이 있다고 믿을 수 있을까? 어떤 사람은 700개라고 대답하고, 또 어떤 사람은 1,000개라고 대답할 수 있다. 700개라고 대답한 사람에게 699개는 안 되느냐고 물어보면 고민에 빠진다. 1,000개라고 대답한 사람에게는 1,000개 전부 앞면이라도 우연일 수도 있지 않냐고 물어보면 궁지에 빠진다. 초능력이 있는지를 검증하고 싶어도 앞면이 나오는 동전이 몇 개이면 초능력이 있다고 판단할지를 정하기 어렵다. 그래서 귀무가설을 이용한 검증 방법이 고안되었다.

위에서는 초능력이 있다는 가설을 검증해 보려고 시도했다. 어떤 증거가 있어도 가설이 증명되었다고 결정하는 것은 어렵다. 그래서 발상의 전환이 필요하다. 그 사람에게 초능력이 없다는 가설을 세운다. 이를 귀무가설이라고 한다. 그리고 동전을 1,000번 던진 결과 앞면이 542번 나왔다고 가정하자. 초능력이 없는데도, 즉 귀무가설이 옳음에도 우연히 이 결과가 나올 확률은 어느 정도나 될까? 속임수 없이 앞면이 나올 확률은 0.5이다. 1,000개의 동전을 던지면 앞면이 나올 수의 기대치는 500번이다. 그렇다면 앞면이 524번 나올 확률은 얼마일까? 계산은 조금 복잡하지만, 그 결과는 1% 이하가 된다.

1% 이하의 드문 결과가 발생했다면, 초능력이 없다는 귀무가설은 틀린 것이 아닐까? 가설검정에서는 귀무가설 하에서 일어날 가능성이 낮은 결과가 실현되었을 때, 귀무가설이 기각되고 대립가설이 받아들여진다. 이 결과에서는 초능력이 없다고 설정한 귀무가설이 옳다고 보기 어렵다. 달리 이야기하면 1%의 유의수준에서 초능력이 없다는 귀무가설을 틀렸다고 결론을 내릴 수 있다. 일반적으로는 1%의 유의수준에서 초능력은 있다는 표현방식이 사용된다. 이는 I종 오류를 범할 가능성이 1%라는 의미를 포함한다.

3. 문제해결로부터의 전환

정책학은 정책결정의 개선을 중요하게 생각한다. 그렇기에 계량적 기법을 정책결정에 활용하는 것이 강조되며, 고도의 분석기법을 활용하여 합리적으로 의사결정을 하고자 노력한다. 여기에는 목적에 대한 합의가 되어 있고, 목적을 달성하기 위해 최적의 수단을 선택한다는 전제가 있다(Rosenhead and Mingers, 2001).

정책이 정책문제를 해결하는 수단이기 때문에 정책결정은 문제해결이라는 관점에서 다루어진다(秋吉 외, 2015: 71-72). 합리적 의사결정은 주어진 목적을 실현하기 위한 최적의 수단을 선택하는 것이며, 그러한 관점에서 다양한 기법을 검토한다. 실제로 계량 분석의 정밀화가 이루어졌으며, 합리적 정책결정기법들이 개발되었다. 또한, 정치 개입을 배제하려는 합리적 정책결정시스템이 선택되었다. 예산편성 시스템인 계획예산제도(PPBS)는 그러한 노력의 정점이었다. 하지만 합리적 의사결정을 지향한 정책분석기법은 현실 정책문제를 앞에 두고 우왕좌왕하였다.

앞에서 설명하였듯이 문제 구조가 촘촘하다면(well-constructed), 목적이 명확하게 부여되고, 한정된 대안 중에서 최적의 수단을 비교·선택하면 된다. 그러나 현실의 정책문제에서 촘촘한 구조를 지닌 문제를 만나는 일은 드물다. 목적도 명확하지 않고, 무엇이 문제인지 그 자체가 불명확할 때도 많다. 의사결정자들의 생각은 다양하며, 아주 많은 대안 중에서 선택해야 하는 상황이 대부분이다.

정책문제가 갖는 엉성한 구조의 특성과 정책분석기법의 한계로 문제해결보다 문제의 구조화가 더 중요할 수 있다(Dunn, 2018).

제2절 구조화의 전통적 기법

1. 정책문제 구조화의 사이클

정책문제란 실현되지 않고 있는 요구, 가치, 또는 개선할 기회라고도 볼 수 있다. 정책문제의 특성, 범위, 심각성 등에 관한 정보를 만들어내는 것이 정책문제의 구조화이다(Dunn, 2018: 69). 즉 정책문제의 구조화는 문제의 본질과 심각성에 관한 다양한 이해관계자의 인식을 토대로 해결해야 할 정책문제를 정의하는 과정이다(남궁근, 2017: 557-560). 그렇다면 정책문제의 구조화는 어떻게 진행되는가?

문제 구조화는 네 단계를 갖는 과정으로 이해할 수 있다(Dunn, 2018: 76-80). 네 단계는 ① 문제인지(problem sensing), ② 문제탐색(problem search), ③ 문제정의(problem definition), 그리고 ④ 문제 명확화(problem specification)이다. 각 단계를 통해 정책 관련 정보가 문제 상황 → 메타 문제 → 실질적 문제 → 공식적 문제와 같이 변환되어 간다(<그림 3-1> 참조).

문제 구조화의 첫 번째 단계에서는 사회에 뭔가 이상한 상태가 있다는 것이 인지된다. 즉, 문제인지를 통해 이상한 상태를 특정 문제 상황으로서 인식한다. 예를 들어 어느 지역의 부동산 가격의 흐름에 이상한 상태가 있다는 것을 인지할 수 있다. 혹은 특정 지역의 감염병이나 범죄율이 급증하는 이상한 상태를 인지할 수 있다.

다양한 행위자가 문제 상황을 인식하면, 두 번째 단계로 문제를 탐색한다. 정책문제는 대부분 엉성한 구조라는 특성이 있으므로, 문제 상황으로부터 바로 정책문제로 구조화되기가 쉽지 않다. 가령 생활고를 겪는 젊은이가 속출하는 문제 상황이 인식되더라도, 이를 젊은이의 빈곤 문제로 간단하게 정의할 수 있을까? 여기에는 다양한 문제가 개입되면서 복잡한 구조의 모습을 띤다. 또한 그 문제 상황을 어떻게 대응할 것인가를 다루어야 한다. 이것은 메타 문제(meta problem)라는 상태에 직면하였다고 표현할 수 있다. 메타 문제란 구조화가 안 된 문제들의 문제(problem of problems)를 뜻한다.

문제를 정의하려는 시도를 통해 메타 문제가 어떠한 문제인가를 검토(문제 정의)하게 되면, 세 번째 단계로 실질적 문제(substantive problem)를 정의한다. 이 단계에서 초점은 문제가 어떠한 유형·성격인가에 있다. 예를 들어, 문제의 경제적·정치적·문화적 틀이 정의된다. 경제적 문제라는 틀이 설정되면 재화와 서비스의 생산이나 분배 문제로서 다루어지고, 정치적 문제라는 틀이 설정되면 사회 계급 혹은 집단 간의 권력 투쟁의 문제로 다룬다.

마지막으로 문제의 명확화 단계에서는 실질적 문제에 대한 명확화가 이루어지고, 공식적 문제로 설정된다. 여기에서는 문제를 구성하는 요소와 그 관련성이 수량적으로 분석된다. 다만 엉성한 구조의 정책문제는 수량적으로 분석하는 것이 실질적으로 어렵다.

이렇게 문제 구조화 단계를 통해서 산출된 공식적 문제가 문제 상황의 핵심을 꿰뚫는 문제(right problem)라면, 다음 단계는 문제를 해결하는 과정(problem solving)을 통해 올바른 해답(right solution)을 제안한다(2018: 71).

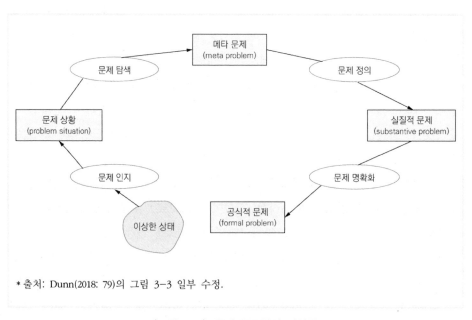

* 출처: Dunn(2018: 79)의 그림 3-3 일부 수정.

〈그림 3-1〉 문제 구조화의 사이클

2. 요인 탐색

문제 구조화에서는 문제를 구성하는 요인을 탐색하는 것이 중요하다.

우선 요인을 탐색하는 방법으로는 정부 부처나 연구소가 시행하는 인식조사를 떠올릴 수 있다. 인식조사에서는 주로 설문의 항목을 질문자가 설정하기 때문에 조사 결과로부터 중요한 요인은 파악할 수 있다. 그렇지만 요인 사이의 관계성은 알 수 없다. 따라서 이 방법으로는 모든 요인을 파악하지 못할 가능성이 크다(秋吉, 2018: 55-56).

다음으로 계층분석(hierarchy analysis)이라는 방법이 있다(Dunn, 2018: 96-99). 계층분석은 요인탐색 기법의 대표적인 방법이며, Logic Tree라는 이름으로 불리기도 한다. 계층분석이란 문제 상황을 논리적으로 나누고, 문제요인을 찾는 기법이다. 계층분석을 통해 문제 상황의 가능 요인(possible cause), 그럴듯한 요인(plausible cause), 행동할 수 있는 요인(actionable cause) 등을 식별한다.

가능 요인은 문제 상황에 영향을 줄 수 있는 간접적 요인이라고 할 수 있다. 예를 들어 빈곤이라는 문제 상황을 가능하게 하는 요인으로는 일하지 않으려는 성향, 실업, 엘리트 중심의 부와 권력 분배 등을 생각할 수 있다. 그럴듯한 요인은 연구와 경험에 근거하여 문제 상황이 발생하는 것에 중요하게 영향을 준다고 생각하는 요인이다. 일하지 않으려는 성향은 빈곤의 그럴듯한 요인이 아니며, 실업은 빈곤의 그럴듯한 요인이라고 할 수 있다. 그리고 행동할 수 있는 요인은 정책결정자가 다룰 수 있는 요인이라고 할 수 있다. 빈곤을 해결하려는 의도를 가진 어떤 정책도 사회 구조를 바꿀 수는 없다는 점에서 엘리트 중심의 부와 권력 분배는 행동할 수 있는 요인에 해당하지 않는다. 반면에 실업은 그럴듯한 요인이며, 행동할 수 있는 요인이라고 할 수 있다.

계층분석은 <그림 3-2>에서 나타내는 것처럼 피라미드 구조가 된다(秋吉, 2018: 55-56). 먼저 문제(A)가 설정되면, 그 상태를 A-1, A-2, A-3 등으로 나눈다. 그리고 다시 A-1 상태를 A-1-1, A-1-2, A-1-3 등으로 나눈다. 그래서 뭐(So what?)라는 질문을 반복하면서 논리적으로 분할하고, 최종적으로 구체적 요인을 발견한다.

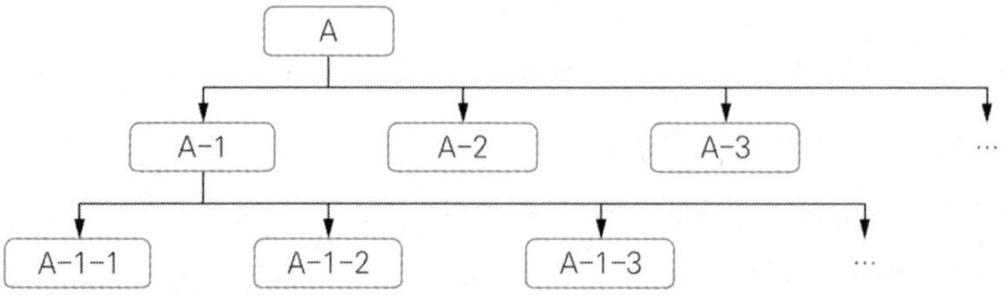

* 출처: 秋吉(2018: 56)

〈그림 3-2〉 계층분석의 이미지

예를 들어 계층분석을 통해 화재원인(A)을 살펴보면 다음과 같다. 우선 인재(A-1)와 사건(A-2)으로 구분할 수 있다. 인재는 다시 직접(A-1-1), 간접(A-1-2)으로 구분하고, 직접적 원인으로는 점등사고(A-1-1- 1)와 흡연(A-1-1-2)으로 구분할 수 있다. 점등사고의 원인은 초(A-1-1-1- 1)와 석유등(A-1-1-1-2), 흡연 사고의 원인은 담배(A-1-1-2-1)와 성냥(A-1-1-2-2) 등으로 나눌 수 있다. 이와 비슷하게 인재의 간접 원인, 사건 등을 논리적으로 나누고 구체적 원인을 발견할 수 있다(Dunn, 2018: 98).

계층분석을 할 때 중요한 것은 MECE(Mutually Exclusive and Collectively Exhaustive, 겹치지 않으면서도 빼놓지 않는) 원칙이다. 문제를 분할하고, 요인을 찾을 때 중복하지 않으면서 빼놓지 않아야 한다. 이러한 원칙은 분류분석(classification analysis)에서도 중요하다. 논리적으로 분할(logical division)하고, 구성요소를 다시 결합하는 과정(logical classification)을 거친다는 점에서도 계층분석과 분류분석은 유사하다. 양자의 차이는 분류분석이 문제 상황을 정의하고 분류하는 데 사용되는 개념을 논리적으로 나누는 것에 초점을 둔다면, 계층분석은 문제 상황의 원인에 초점을 두고 가능 요인, 그럴듯한 요인, 행동할 수 있는 요인으로 구분하여 사용한다는 것이다(2018: 93-99).

계층분석은 논리적인 문제 분할을 통해 요인을 탐색하는 기법이므로 문제 요인을 놓칠 가능성은 적다. 그렇지만 이 기법을 현실에서 적용하기는 쉽지 않아 브레인스토밍(Brain Storming) 방법을 사용한다. 브레인스토밍은 문제해결을 위해 보통 소규모(5인에서 10인) 구성원이 서로 아이디어를 교환하는 집단의사 기법이다. 문제 상황을 개념화하는 것에 도움이 되는 아이디어, 목적, 전략들을 만들어내는 방법이다(2018: 100).

3. 요인 간 분석

계층분석 등의 기법으로 문제를 구성하는 요인을 추출할 수 있지만, 문제 구조를 보려면 요인 간의 관련성이 중요하다. 즉, 문제요인이 검색되면 이후에 필요한 것은 요인 관계(casuality) 분석이다(秋吉, 2018: 60-65).

요인 관계 분석은 먼저 각 요인 사이의 영향관계를 검토한다. A와 B라는 두 요인이 있다면 둘 사이의 영향관계를 A(원인) → B(결과)라는 형태로 나타낸다. 예를 들면 출생아수가 줄어드는 것을 문제라고 한다면, 육아 환경(A)은 출산 의욕(B)에 영향을 주고 있으며, A와 B 사이에는 영향관계가 있다고 설정할 수 있다.

다음으로 그러한 영향관계의 방향에 대해서 살펴본다. A와 B 사이에는 정(正)과 부(負)의 영향관계가 있다. 정(正)의 관계란 A와 B의 변화가 같은 방향으로 움직이는 것이다. A가 증가하면 B도 증가하는 것이다. 미래의 예상 수입(A)이 높아질 때 출산 의욕(B)도 높아진다면, 둘 사이는 정(正)의 관계다. 반면에 부(負)의 관계에서는 A와 B의 변화가 역방향이 된다. A가 증가하면 B는 감소하고, A가 감소하면 B는 증가하는 것이다. 노동 시간(A)이 많아질 때 출산 의욕(B)은 낮아진다면, 둘 사이의 관계는 부(負)의 관계이다.

그런데 요인 간 분석에서 중요한 것은 되먹임 고리(feedback loop)이다. 즉 A → B → C → D → A → B → C → D → A → … 등의 관계이다. 정책문제에서 주목해야 하는 것은 악순환 고리이다. 악순환 고리가 존재하면 문제가 악화하여 간다. 대표적인 사례가 디플레이션이다. 물건 판매 부진 → 가격 하락 → 기업의 수익 감소 → 노동자의 임금 감소 → 물건 판매 부진 → … 등과 같은 고리에서는 문제가 더욱 나빠진다. 악순환 고리를 단절하고 선순환 고리를 어떻게 만들 것인가가 정책을 추진할 때 중요하다.

1990년대부터 논변(argument), 담론(discourse), 프레임(frame) 등을 통한 문제 구조화에 관심이 높아졌다. 정책과정연구에 등장한 논변이라는 개념은 기존의 정책과정분석과는 사뭇 다른 관점을 제시하였고, 문제 구조화 방법에도 영향을 주었다. 또한, 정책과정을 분석할 때 담론, 프레임을 활용한 연구가 등장하기 시작했다.

1. 논변에 주목하기

기존의 정책분석은 서로 상충하는 정책목표를 달성하는 가장 효과적인 자원 배분을 찾는 것이다. 도구적 합리성을 추구하며 주어진 목표 달성을 위한 최적의 대안을 선택한다고 가정한다. 여기에는 논리학이나 수학과 유사한 논리 구조를 지닌다.

그런데 정책과정은 변증법적 과정에 가깝다(Majone, 1989: 6–7). 논리학이나 수학은 공리(axioms), 또는 그 공리로부터 유추된 명제(propositions)에서 출발하는데, 변증법의 전제는 단지 그럴듯한 것에 불과하다. 변증법적 논쟁의 출발점은 추상적인 가정이 아니라, 그 사회에 이미 존재하고 있는 견해이다. 결론도 공식을 증명하는 것을 통해서 도출하는 것이 아니라, 논변의 대상이 된 문제에 대한 공통의 이해(理解)가 결론이 된다. 게다가 변증법은 (전문가만이 이용 가능한 전문적 형태의 지식이 아니라) 누구라도 논변을 비판하거나 변호할 기회를 얻고 활용할 수 있다.

그러므로 정책 주장은 정책이 얼마나 그럴듯하고(plausible), 얼마나 설득력(convincing)이 있는가에 관한 토론이다(1989: 6–7). 정책분석에서 합리적이라는 의미는 이성을 갖춘 청중이 정책을 수용할 수 있도록 설명하고, 정당화하는 것이다. 정책분석은 비판, 정책제언, 교육을 통해 공적 토의에 공헌한다. 양질의 정책분석은 데이터 해석이나 모형 해석 이상의 것으로 공적 토론을 위한 논변의 수준과 지적 구성을 제공한다. 정책분석가에게 중요한 과제는 엄격한 사실을 사용하지 않을 때, 가치나 견해에 관한 일견 신뢰할 만한 추론의 기초를 어떻게 형성하는가에 있다.

　사실 민주주의 사회가 토론(discussion)에 의한 통치시스템을 기본으로 한다면, 정책에서 토론은 핵심적인 부분이다(1989: 1-2). 정부, 정당, 이익집단, 언론, 전문가 등은 논쟁(debate)과 상호 설득의 과정에 참여한다. 공적인 토론을 통해 한정된 범위의 쟁점으로 관심을 좁히고, 각자의 지식, 경험, 생각을 동원한다. 상호 설득과정을 통해 참여자들은 현실에 관한 견해를 조정한다. 때로는 각자의 가치관을 바꾸도록 요구받는다. 즉, 정책결정자나 시민이 정책을 선택하거나 도의적 판단을 할 때 논변은 반드시 거쳐야 하는 과정이다.

　논변에 관한 관심은 기존의 정책분석이 지닌 한계와 연결된다. 기존의 정책분석은 모든 정책 문제를 기술적인 관점에서 다루고자 하였다(Fischer, 2003: 5-11). 마치 자동차의 연료 분사 시스템이 투입, 외부 온도, 습도 등을 적절하게 조합해서 조정하면 자동차는 잘 굴러가는 것과 같이, 전문지식을 지닌 정책분석가는 사회문제를 풀 수 있는 분사 시스템을 설계할 수 있다고 생각했다. 그러나 빈곤과의 전쟁, 베트남 전쟁 등에서 정책분석은 큰 효과를 발휘하지 못했다. 오히려 합리적 의사결정의 기법(techniques)의 결함이 노출되었다. 정량적인 수단은 계획된 목적을 달성하는 데 신뢰하기 어렵다는 점도 나타났다. 또한, 정책분석은 특정 정책결정을 정당화하기 위해 사용되는 경우가 많다. 예를 들면 비용이 너무 많이 들고 효과는 작아서 타당성이 없는 사업이라는 분석 결과가 나왔던 정책이 정권이 바뀐 후에는 이전과 정반대의 분석 결과를 주장하면서 특정 정책을 결정하는 사례를 때때로 발견할 수 있다. 정책분석이라는 행위 자체도 분석 대상의 선정부터 각종 변수 설정, 분석 결과의 해석과 판단까지 분석자가 가진 가치에 의해 영향을 받는다.

2. 담론과 구조화

　담론(discourse, 언설)이란 개념은 철학자 푸코(Foucault)의 작품으로 널리 알려졌다. 푸코에게 담론이란 "공통의 가정에 의해 통합된 특정 주제에 대해 말하거나 사고하는 방식"을 말한다(Giddens, 2006: 109). 예를 들어 중세 시대에 미치

광이들은 무해한 사람이라고 믿어졌다. 그러나 근대사회에서는 질병과 치료를 강조하는 담론 때문에 광기라는 관념이 형성되었고 유지된다. 이처럼 언어로 표현되는 담론은 생각, 개념, 범주의 총체라고 정의될 수 있고, 이를 통해 사회적 현상과 물리적 현상에 의미를 부여한다(Hajer, 2005: 300). 정책은 언어로 구성되어 있으므로, 논변이 정책과정의 모든 단계에서 핵심적이듯 특정 언설이 정책에 일정한 영향을 미치고 있는 것은 필연적이다.

담론은 사람들에게 특정 인상을 강하게 주는 효과가 있다(秋吉, 2018: 49-50). 예를 들면 부모가 자식에게 회초리를 들어서 훈육하는 것을 예전에는 가정교육의 하나로 생각하였다. 그렇지만 부모의 아동학대라고 표현하면 사회의 보호가 필요한 문제로 인식하게 된다. 여기에는 학대라는 담론이 가지고 있는 효과가 큰 영향을 준 것이다. 문제의 명칭에 사용하는 담론도 중요하다. △△ 문제, △△ 정책 등으로 나타낼 때 △△ 등의 담론은 사람들이 문제에 대해서 가지는 인상에 영향을 준다. 예를 들면 2020년도 초반에 코로나19가 유행하고 있을 때, 우한 바이러스라는 명칭을 두고 있었던 논쟁은 담론이 가지는 효과와 관련이 있다.

정책에서 담론분석은 특정 담론이 정책과정에 어떻게 영향을 미치는가에 초점을 둔다. 실증주의 전통에서 언어는 현상을 기술하는 중립적인 기호로서, 수단으로 간주 되었다(Hajer, 1993: 44). 그러나 후기 실증주의 관점에서 언어는 매체로 인식된다. 즉 언어는 (세상을 단순하게 기술하는 것에 사용되는 것이 아니라) 세상을 만들어내는 의미의 시스템으로 받아들여진다. 문제의 구조화에서 주목하는 것은 은유로서의 언설이나 이야기의 줄거리와 같은 개념이다(Hajer, 1993, 2005).

은유(metaphor)는 사람들이 다른 관점에서 현상을 이해하고 경험하게 한다. 은유는 어떤 현상을 강하게 인상 짓고, 사람의 문제 인식에 큰 영향을 준다. 은유로서의 담론은 문제의 구조화에 영향을 미친다. 예를 들면 환경문제에서 산성비(acid rain)라는 은유를 살펴보자. 우리 주변에 죽어 가고 있는 나무들이 있다. 어떤 사람들은 추위, 더위, 가뭄 등과 같이 자연현상의 결과로 인식할 수 있다. 그렇지만 환경오염이 일으킨 결과로 인식하는 사람들도 있다. 만약 죽은 나무가 산성비라는 은유를 통해 설명된다면, 죽은 나무는 정책문제가 될 수 있다. 즉, 죽은 나무에 특별한 의미를 부여하며, 이는 단순한 사건이 아닌 구조적인 문제를 의미한다. 이제 산성비라는 말을 들으면 문자 그대로 산(酸)비를 연상하고 환경오염에 대하여 강한 인상을 받게 된다.

다음으로 담론 안에 있는 줄거리(story line)가 문제 구조화에 영향을 준다. 우리는 복잡한 현실에 직면할 때 하나의 이야기(narratives)로 인식하려고 한다. 이야기를 압축한 줄거리는 손쉽게 논의의 대상이 될 수 있다. 줄거리는 인과적 이야기(causal stories)라고 말하듯(Stone, 1989), 일정한 인과관계를 포함하고 있다. 사람들은 그것을 바탕으로 문제를 구조화한다. 예를 들면 산성비 문제에서는 영국의 석탄 화력발전소에서 배출한 이산화유황(에 의한 산성비)이 스웨덴 호수를 산성화한다는 줄거리가 있다. 산성비는 아주 복잡한 작동방식을 가진 현상이지만, 위의 줄거리와 같이 단순화하고, 원인(석탄 화력발전소로부터의 이산화유황)과 결과(호수의 산성화)로 특정화되며, 문제의 인과관계가 표현된다.

이러한 은유와 (이야기) 줄거리는 사람들이 문제를 인식하고 구조화하는데 큰 영향을 준다. 사람들이 호수에서 물고기가 죽어 있는 현상을 목격하면, 산성비라는 은유의 강한 영향으로 물고기의 떼죽음을 단순한 자연현상으로 간주하지 않고, 환경오염의 문제로 인식할 것이다. 또한, 이야기 전개를 통해 석탄 화력발전소의 생산 활동으로 이산화유황이 배출되었다는 인과적 줄거리로 환경오염문제가 구조화되는 것이다.

전통적 정책분석에서는 중립적인 정책분석가가 문제를 구조화한다고 가정하였으나, 실제로는 특정 담론이 문제의 구조화에 일정 부분 영향을 미치는 것이다.

3. 프레이밍, 구조화, 그리고 합의 형성

문제를 구조화하는 단계에서는 행위자가 문제 상황을 어떻게 인식하고 있고, 어떻게 행동할 것인가를 이해하는 것이 중요하다. 즉, 사람들은 지금 무슨 일이 일어나고 있는지를 궁금해하며, 어떻게 대응해야 하는지를 결정해야 한다. 개인이 상황을 인식하고, 대안을 선택하는 인식 틀을 프레임(frame)이라고 한다(Goffman, 1974; 김창수, 2007: 133). 개인은 각자의 프레임에 근거하여 사회상황을 정의하고 행동한다.

만약 어떤 결정을 내려야 한다면, 그 결정은 선택과 관련되는 상황, 결과, 행동에 대한 인식에 근거한다(Tversky and Kahneman, 1981). 프레임을 통해 특정 문제를 이해하고, 행동을 선택한다. 그 때문에 행위자 사이에서 프레임의 차이는 정책문제를 복잡하게 얽힌 고약한(wicked) 문제로 만든다.

따라서 정책문제의 구조화에서는 이 프레임이 어떻게 조정되는가가 중요하다. 그런데 프레임은 다른 프레임으로 설정하여 수정하는 것이 가능하다. 인식의 틀을 짜는 것이 프레이밍(framing)이라면, 특정 현상에 대해 프레임을 다시 설정하는 것을 리프레이밍(reframing)이라고 한다. 문제 구조화의 프로세스에서는 관련된 다양한 행위자 사이에서 프레임의 재형성이 필요하게 된다(秋吉, 2018: 50-51).

예를 들면 출생아 수가 감소하는 것을 저출산 문제라고 프레이밍을 할 수 있다. 저출산이라는 프레임을 사용하면 정책의 초점은 아이를 낳고 키우는 여성에게 초점이 두어지며, 아이를 키우는 환경의 문제로 치환된다. 그런데, 경제적으로 발전한 국가 중에서 저출산 대책이라는 표현을 사용하는 국가는 상당히 예외적이며, 많은 국가에서는 가족 정책이라는 프레임을 적용한다. 저출산 정책에서 가족 정책으로 프레임이 바뀌면, 정책의 대상이 출산과 양육에 한정되지 않고, 일·가정 양립이나 워라벨(Work and Life Balanc)과 같이 더 포괄적으로 제시될 수 있게 된다(배정아 외, 2019).

정책과정에서는 리프레이밍이 자연스럽게 생겨나기도 한다. 정책문제의 상태는 시간이 흐르면서 변하기 때문에 문제의 프레임도 변한다. 또한, 특정 행위자가 정책과정을 관리하려고 리프레이밍을 할 때도 있다. 그리고 정책과정에서 어떤 문제가 발생했을 때 문제를 해결하려고 일부러 프레임을 재설정하기도 한다.

한편, 문제 설정에서는 어떻게 문제를 설정하는가가 중요하다(Tversky and Kahneman, 1981). 문제가 제시되는 방식에 따라 의사결정 내용이 달라진다. 예를 들면 새로운 의료기술을 도입할 때, 그 효과가 사망률 10%라고 표현하는 것보다 생존율 90%라고 표현하는 편이 찬성 비율을 높인다. 사망과 같은 부정적 틀에서 설정하는 것보다 생존이라는 긍정적 틀에서 문제를 설정하는 편이 사회의 수용성을 높이기 때문이다. 이처럼 프레임이 달라지는 것으로 인하여 판단이나 선택이 변하는 것을 프레이밍 효과라고 한다(友野, 2006: 78).

실제로 문제 구조화의 과정에서는 행위자 간의 프레임 대립이 명확해진다. 예를 들면 과학기술의 위험이라는 문제에서는 전문가, 관료, 소비자 사이의 프레임 대립이 생기곤 한다. 유전자조작 작물(GMO: Genetically Modified Organism) 문제에 관해서 관련 전문가(생물학 등)는 GMO 작물에 의한 내성 병원체 등의 생태 위험과 같은 자연과학에서 평가 가능한 위험에 한정하여 인식(자연주의적 프레이밍)한다. 반면에 소비자는 소규모 농가에 미치는 영향과 소비자 선택권 침해와 같은 사회적 차원을 포함한 위험을 인식(비자연주의적 프레이밍)한다.

1990년대 이후 유전자조작(GM) 식품을 둘러싼 안전성 논쟁에서도 관료와 전문가들은 GM 식품의 안전성이 본래의 식품과 같다고 인식하지만, 시민단체 활동가나 인문사회학자들은 안전성 문제가 과학적 불확실성과 기술의 상업적 이용에서 비롯된다고 인식한다(최용선, 2015: 23-48). 행위자들은 서로 다른 관점에서 문제의 원인과 대안에 대하여 자신만의 이론이나 모형을 가지고 문제를 구조화한다. 그리고 상징과 은유적 표현 등을 사용하면서 정책논쟁에 참여한다. 예를 들어, 바이오 녹색 혁명, 제2의 녹색혁명, 유전자의 마술, 마법의 기술 등 기술적 편익과 새로운 가능성을 의미하는 상징이 있다. 반면, 파우스트의 선택, 악마의 씨, 유전자 오염, 파멸의 기술 등 생명공학 기술의 위험성, 비윤리성을 강조하는 상징이 있다. 그렇기에 각 행위자가 어떠한 프레임을 지니고, 어떠한 프레임 대립이 발생하는가를 명확하게 할 필요가 있다.

리프레이밍을 통한 문제의 구조화는 정책결정에서의 합의형성이라는 측면에서 관심을 받고 있다(秋吉 외, 2015: 82). 정책결정에서는 비선호시설 입지문제 등의 님비(NIMBY: Not In My Backyard, 내 집 뒤뜰에는 안 됨) 문제로 대표되듯이, 서로 다른 이해를 지닌 주체 사이에서의 합의 형성이 중요하다. 그런데 다양한 주체 사이에서 일단 합의를 형성하는 이른바 동상이몽 상태를 의도적으로 만들어내기 위한 움직임이 있다.

지금까지 합의형성에서는 행위자가 해당 문제에 관한 각자의 가치를 상호토의 등을 통해 어떻게 통일적으로 형성할 것인가를 중요하게 생각했다(2015: 82). 예를 들면 시민참여에 의한 정책형성으로 주목받는 시민 토론에서도, 정책

대안의 평가를 위해 참여자 전원의 일반적 가치로부터 구체적인 판단 기준까지 계층화한 가치 체계(value-tree)를 구축한다. 그러나 이해(利害)가 격렬하게 대립하는 문제에서는 상대 입장이나 가치관을 이해(理解)하더라도, 자신의 가치관을 크게 변경하는 것은 어렵다.

　　그렇기에 행위자 사이에서 갑작스럽게 가치 통일을 시도하는 것이 아니라, 각자 가능한 수준에서 동상이몽으로서의 합의 형성이 요구된다(2015: 82-83). 총론 찬성, 각론 반대라는 문제는 남지만, 일단 가능한 수준에서 합의하는 것이 필요하다. 이러한 동상이몽이라는 상태를 만들어내는 데 중요한 역할을 하는 것이 리프레이밍을 통한 문제 구조화이다. 특정 문제에 관해 서로 다른 프레임을 가진 행위자 사이에 큰 프레임을 재설정하여 일정 부분 합의를 시도한다.

한걸음더 3 **라스웰의 정책과학**

정책학은 1950년대 미국에서 정책과학(Policy Sciences)이라는 이름으로 시작되었다. 정책과학을 처음으로 구상한 사람은 라스웰(Harold D. Lasswell)이다. 라스웰은 당시 미국 사회과학에서 융성하고 있던 행태론(behaviorism) 정치학의 대표적 연구자였다.

행태론 정치학은 몇 가지의 가정이 있다(Hay, 2002: 12-13). 첫째, 귀납의 논리가 타당하다. 즉 경험적 관찰로부터 일반이론을 도출한다. 둘째, 정치적 행동은 시간이 흐르면서 규칙성을 보이며, 이러한 규칙성은 법칙과 같은 언명(statements)을 귀납적으로 형성한다. 셋째, 가공되지 않은 정치 데이터를 중립적이고 공평하게 분석하는 것이 가능하다. 넷째, 실제(reality)와 표면상의 모습(appearance)은 분리되어 있지 않다. 이러한 가정에서 정치 데이터를 분석할 때 통계적 기법을 엄밀하게 사용하며, 집합적 수준에서 인간 행동의 계량적 분석에 기초한 예측(가설)으로 귀납적인 정치 과학의 발전을 추구하였다.

정치학의 과학을 강조한 라스웰은 1940년대 초반 정책과학이라는 학문을 구상하였다. 1943년에 작성한 3개의 문서(memorandum)는 정책과학에 관한 개인적 목적, 정책연구기관의 형태, 그리고 지도자 양성 기관 등에 관한 내용을 담고 있는데, 정책학에 관한 라스웰의 초기의 생각을 엿볼 수 있다(Lasswell, 2003). 정치학, 경제학, 사회학, 사회심리학, 법학 등 관련 학문의 통합을 고려하면서, 종합과학으로서의 정책과학을 제시한다. 체계적인 정책과학의 이론 구축을 추구하였고, 도덕(morals)·과학(science)·정책(policy)을 통합하는 것을 강조하였다. 특히 정책과학은 자유 사회의 중심에 있는 가치, 즉 인간성의 존엄(dignity of the human personality)을 지키는 수단이라는 점을 강조한다.

정치학의 핵심 주제인 권력을 다룬 「Power and Personality」에서 라스웰이 생각하는 정책과학의 기본 개념을 발견할 수 있다. 정책과학을 사회에서의 정책형성과정을 해명하고, 정책문제에 대해 합리적 판단을 하는 데 필요한 자료를 제공하는 과학으로 정의한다(Lasswell, 1948: 147).

그렇지만 정책과학이라는 이름이 세상에 정식으로 모습을 보인 것은 1951년이다. 스탠퍼드 대학의 후버 연구소에서 실시된 심포지엄에서 라스웰은 정책과학에 관한 구상과 개념을 구체적으로 소개하였다. 이후 사회학자

러너(Daniel Lerner)와 공동 편집의 형태로 심포지엄 보고서 「The Policy Sciences」(1951년)가 발간되었으며, 이는 정책학의 학술적 출발점이 된다.

저서에 수록된 논문 「Policy Orientation」에서 라스웰은 정책과학을 정책결정과 집행과정을 설명하는 것과 관련되며, 또한 주어진 시기에 정책문제에 관련되는 자료와 해석을 제공하는 학문(disciplines concerned with explaining the policy-making and policy-executing process, and with locating data and providing interpretations which are relevant to the policy problems of a given period)으로 표현하고 있다(Lasswell, 1951: 14). 정책과정을 학문의 대상으로 삼는 것은 정책결정의 합리성을 증진하려는 바람과 관련된다.

1951년 논문에서 제시한 정책과학의 방향성의 주요 내용을 살펴보면 다음과 같다. 첫째, 정책결정과 집행과정을 연구하는 것, 둘째 다양한 학문을 적용하는 것, 셋째 이론 모델의 구축과 수치 데이터를 통해 검증하는 것, 넷째 실증주의적 분석뿐만 아니라 사회적 가치도 분석의 대상으로 하는 것, 다섯째 문제구조와 사회의 시간적 변화에 관심을 가지는 것, 여섯째 민주주의 확립에 공헌하는 것 등이다(Lasswell, 1951).

또한, 라스웰은 정책과학이 크게 두 가지 연구 분야로 구성된다고 보았다. 첫째, 정책과정 전체를 고찰하고 경험적으로 기술하는 분야이다. 둘째, 정책결정에 대해 필요한 지식이나 정보제공을 목적으로 하는 연구이다. 그리고 「A Preview of Policy Sciences」(1971년)에서 정책과학은 정책이 어떻게 결정되는가를 분석하는 knowledge of process와 정책결정에 필요한 지식을 제공하는 knowledge in process로 구성된다고 서술하여 1951년 논문에서 제시한 표현을 더 구체적으로 나타냈다(木暮, 2012: 17-18).

1971년 책에서 라스웰은 정책과학의 구체적 분석 방법도 제시하였다. 그중에서 중요한 것은 맥락지향성(contextuality), 문제정향성(problem-orientation), 다양성(diversity)으로 일종의 정책분석을 위한 지침에 해당한다.

첫째, 맥락지향성이란 행위자 간의 상호작용이 이루어지는 사회적 프로세스를 분석하는 것이다. 라스웰은 하나하나의 정책결정과정을 미시적으로 다루고, 각 결정을 둘러싸고 있는 거시적 작용이 존재한다는 전제에 입각한다. 즉 사회 전체의 시스템에 영향을 줄 수 있는 메커니즘이 있고, 이러한 메커니즘이 정책결정이라는 개별 과정에도 관련되어 있다는 것이다.

정책결정은 행위자 사이의 상호의존이나 권력관계 속에서 이루어지며, 행위자나 권력구조가 변화하면 정책결정은 완전히 다른 결과를 낳을 가능성이 있다. 따라서 정책결정과정을 경험적으로 기술하면서도, 어떠한 행위자가 어떠한 권력 획득을 지향하고 있는가 하는 구조를 명확하게 할 필요가 있다. 맥락지향성(또는 문맥적 분석)은 결정과정의 전체 모습을 명확하게 하면서, 어디에 문제가 있고, 어떠한 해결책인 있는가에 연결되는 분석이다.

둘째, 문제정향성은 문제해결을 향한 전략을 중시하는 것이다. 정책과학에서 구체적인 정책을 제안할 때 요구되는 내용이며, 다섯 개의 구성 요소가 문제해결에서 중요하다. 목표의 명확화, 역사적 기술, 조건 분석, 예측, 대안 제시와 평가이다. 목표의 명확화는 어떠한 정책을 실현해야만 하는가 하는 우선순위에 관련된 것이다. 역사적 기술은 과거의 정책결정에 관한 사례에서 성공이나 실패의 원인을 분석하는 것이다. 조건 분석이란 역사적 기술에서 얻은 지식에 근거하여 더 좋은 정책이 이루어지는 조건을 찾는 것이다. 예측이란 특정 정책이 집행될 때 야기되는 결과에 관한 것이다. 대안의 제시란 정책 목적을 달성하기 위해 어떠한 개선이 되는가를 고려하며, 정책평가에 관련되는 내용이기도 하다.

셋째, 다양성은 정책과정과 정책문제의 복잡성에 대응하기 위해 다양한 분야의 지식과 기법을 이용하는 것이다. 여기에는 contextual mapping(사회적 프로세스를 파악하기 위해 행위자의 관계 등을 포함한 복잡한 상황을 도식화하는 것), developmental constructs(가설적 성격을 띠며, 정책으로 어떠한 결과가 나타날 것인가를 제시하는 것), prototyping technique(자연과학과 달리 부분적으로만 측정할 수 있는 변수를 분석 대상으로 하는 기법), computer simulation(복잡한 상황을 파악하기 위해 컴퓨터를 이용하여 이루어지는 분석), participant observation(정책결정에 관여하는 사람을 직접적으로 관찰하는 기법) 등이 있다.

라스웰은 정책결정 흐름의 합리성을 개선함으로써 민주주의를 향상하는 것을 정책과학의 궁극적인 목적으로 보았다. 1948년 저서에서도 당시 세계의 불안정한 정치적 환경에서 "정책과학은 민주주의 가치를 지키고 신장하기 위해서 제한된 지적 자원을 활용하는 전략을 발전시켜야 함(It makes sense to develop a strategy of using our limited intellectual resources for the defense and extension of our values)"을 제시하고 있다(Lasswell, 1948: 149). 이는

정책과학이 합리적인 정책결정을 위한 객관성과 복잡한 모형을 연구하는 것
에만 머무는 것이 아니라, 정책에 관련되는 가치를 궁극적인 목표로 삼아야
함을 강조한 것이다. 여기서 가치란 전쟁보다 평화, 독재보다 민주주의와 같
이 선호의 범주를 뜻한다. 인간 존엄(dignity of human)의 완전한 실현에 관
련되는 지식 발전을 강조하며, 이를 민주주의의 정책과학(policy science of
democracy)이라고 한다(Lasswell, 1951: 10).

CHAPTER

04

정책수단:

어떻게 정책의 목적을
실현할 것인가?

정부가 정책의 목적을 실현하려면 정책수단이 필요하다. 그런데 정책수단이 효과를 발휘하려면 정부는 국민을 통제할 수 있는 강제력이 있어야 한다. 2020년 코로나19가 전 세계적으로 유행이 시작되었을 때, 일부 국가의 혼란스럽고 무질서한 상황을 떠올려 보자. 정부가 국민을 통제할 수 없다면 정책은 국민의 삶에 거의 도움이 되지 않는다. 정부는 공공의 이익을 실현하기 위해 때로는 국민을 통제해야 한다.

유신 독재를 경험했던 우리나라 국민은 정부의 국민 통제에 거부감을 가지고 있다. 그렇지만 정부가 공익을 실현하려면 국민의 행동을 일정 부분 통제할 수 있는 능력이 불가결하다. 물론 정부는 자신을 통제할 수 있는 제도적 장치를 마련해야 한다. 매디슨(Madison)은 「연방주의자」(The Federalist Paper)에서 정부의 국민 통제와 함께 정부에 대한 자율 통제를 중요 명제로 제시한다.

"만약 인간이 천사라면 어떤 정부도 필요 없을 것이다. 또한, 천사가 인간을 다스린다면 정부에 대한 외적, 내적 통제도 필요 없을 것이다. 인간을 통치하는 인간의 정부를 구성하는 데 큰 어려움은 바로 여기에 있다. 우선 정부가 피치자(被治者)들을 통제할 수 있도록 해야 하고, 다음으로 정부가 그 자신을 통제할 수 있도록 해야 한다."(Madison, 1788: 316).

그렇다면 어떻게 국민을 통제할 것인가? 정부는 정당한 강제력을 독점하는 유일한 존재이다(Weber, 1919: 9-10). 사익(私益)에 근거한 개인이나 단체 행동이 공익과 충돌하면, 정책을 통해 영향력을 행사하고, 개인의 행동을 공익을 위한 행동으로 유도하려고 한다.

제4장에서는 정책수단으로 직접 공급, 직접 규제, 유인(incentives) 등을 살펴볼 것이다. 정책수단을 통한 정부개입의 필요성은 경제학에서 발달한 '시장실패(market failure)'라는 개념을 사용하여 설명하고자 한다. 시장실패는 공공재, 자연독점, 외부성, 정보의 비대칭성 등으로 시장 기제가 제대로 작동하지 않을 때 발생한다.

04 정책수단:
어떻게 정책의 목적을 실현할 것인가?

제1절 직접 공급

정부는 공공재와 자연독점 서비스 등이 시장을 통해 사회에 충분하게 제공되지 않을 때 직접 공급한다. 때로는 민간기업과 계약을 맺어 도로·다리 등을 건설하여 공급하기도 한다.

1. 공공재 공급

시장에서 거래되는 많은 재화와 서비스는 사적재(private goods)이다. 내가 사과나 휴가 패키지를 구매하면, 그 재화나 서비스는 나만 소비할 수 있다 (Chang, 2014: 370). 시장에서 공급자는 재화를 어느 고객이 어느 정도 소비하는지를 특정할 수 있고, 그 대가를 징수하는 것이 가능하다. 이를 배제원칙 혹은 수익자부담원칙이라고 한다. 또한, 그 재화를 누군가 소비·이용하면 다른 소비자는 그 재화를 소비·이용할 수 없는 성질을 지닌다. 이를 경합성이라고 한다(長峰, 2014: 45-47).

그러나 어떤 재화나 서비스는 대가를 내지 않은 사람이 소비하는 것이 가능하다. 이런 재화와 서비스를 공공재(public goods)라고 한다(Chang, 2014: 370). 공공재란 여러 사람이 동시에 소비할 수 있고(즉, 소비가 경합하지 않으며), 요금을 내지 않는 사람을 소비로부터 배제하는 것이 불가능하다. 이를 공공재의 비경합성과 비배제성이라고 한다. 달리 말하면 여러 사람의 공동소비를 위해 생산된 재화나 서비스를 공공재라고 한다(이준구·이창용, 2015: 271).

예를 들어 등대를 설치하고 유지하는 비용을 내지 않았다고 해서 특정 배에 등대의 불빛이 비치지 않게 할 수는 없다. 밤거리의 가로등도 거리를 오가는 모든 사람에게 어둠을 밝혀준다. 이쯤 되면 등대나 가로등을 설치하는 것에 비용을 내지 않는 것이 합리적 선택일 수 있다. 즉 사람들은 공공재 소비에 대해 자발적으로 요금을 내지 않는 무임승차자(free rider)가 되려고 할 것이다. 소비에 대한 비용을 내지 않으면 당연히 시장에서는 공급이 원활하지 않게 될 것이다.

이러한 공공재에는 등대, 가로등 이외에 국방, 경찰, 도로 등이 포함된다. 국방을 떠올려보면 소비의 비경합성과 비배제성 때문에 정부가 강제력을 사용하여 세금을 걷고, 모병제나 징병제이든, 국가의 안전보장을 위해 서비스를 직접 공급한다.

물론 공공재라고 해서 정부가 모든 서비스를 직접 공급하는 것은 아니다. 예를 들어 일기예보는 공공재의 성격을 지니는 서비스다. TV, 라디오, 인터넷 등에서 누구라도 무료로 서비스를 받을 수 있다. 그렇지만 최근에는 민간의 일기예보 회사가 등장하면서 특정 지역, 특정 시각의 날씨를 유료로 제공하기도 한다.

과거에는 정부가 직접 공급하던 공공재였으나, 최근 민간이 직접 공급하는 서비스가 증가하고 있다. 경찰을 통해 유지되던 치안 서비스가 있지만, 사설 경비업체가 유료로 제공하는 안전 서비스도 늘어나고 있다. 정부가 직접 건설한 무료 도로(세금을 사용해서 건설·유지하지만, 이용자에게는 무료라는 점에서)뿐만 아니라 민간회사가 건설해서 통행료를 징수하는 유료 도로도 주변에서 쉽게 찾아볼 수 있다.

공공재 개념은 1954년 새뮤얼슨(Samuelson) 논문에 잘 정의되어 있다(Samuelson, 1954: 387). 재화에는 사적으로 소비되는 재화(private consumption goods, 私的財)와 집합적으로 소비되는 재화(collective consumption goods, 公共財)가 있다.

사적재 X는 다른 개인 x_i (i = 1, 2, 3, …, n) 사이에서 나눌 수 있는 재화이며, 각 개인이 소비하는 양의 합계는 전체 소비량 $X[X = x_1 + x_2 + x_3 + … x_n]$와 같게 된다. 반면에 공공재 Y는 각 개인 y_i (i = 1, 2, 3, …, n)의 소비가 다른 개인의 소비 감소를 가져오지 않는다는 의미에서 공동으로 누릴 수 있는 재화이며, 공공재의 사회 전체의 소비량이 각 개인의 소비량과 같은 관계$[Y = y_1 = y_2 = y_3 = … = y_n]$가 성립한다.

그런데, 공공재는 비경합성(nonrivalness)과 비배제성(nonexcludability)이라는 특성을 가지며, 이러한 특성으로 소비에 따른 비용을 부담하지 않고 편익만 누리려는 무임승차자 문제가 발생한다.

올슨(Olson)은 1965년 저서에서 공공재와 무임승차의 문제를 집합재의 공급실현이라는 의미에서 집합행위문제(collective action problem)라고 지칭한다. 이러한 문제는 개별집단 혹은 지역사회로부터 국제사회에 이르기까지 어디에서나 발생할 수 있는 보편적인 문제라고 보았다. 지역 안전이나 국제평화, 지구환경보호 등의 문제가 여기에 포함되며 공공재 공급에서 발생하는 집합행위의 딜레마로 다뤄지고 있다.

올슨은 집합행위 문제를 집단규모와 관련하여 설명한다. 즉 규모가 작은 집단보다는 큰 집단에서 무임승차가 발생하기 쉽다고 주장한다(Olson, 1965: 34-65). 규모가 작은 집단에서는 재화 없이 지내기보다는 직접 공급하거나 비용을 내고 공급받으려는 구성원이 존재할 것이며, 비용을 내지 않고 재화만 소비하는 구성원은 눈에 띄기 쉬울 것이다. 집단규모가 커질수록 집합재 공급을 위해 구성원 1인당 부담하는 비용이 적어질 것이며, 비용을 내지 않아도 눈에 띄지 않을 것이다. 따라서 올슨은 규모가 큰 집단의 집합재 공급을 위해서는 구성원에게 선택적 유인을 제공해야 한다고 주장한다. 선택적 유인이란 제재와 포상이다. 협력하는 구성원에게는 포상을 제공하며, 협력하지 않는 구성원에게는 제재를 가해 집합재 공급을 실현해야 한다는 것이다(足立·森脇(編), 2003: 21-22).

2. 자연독점 서비스의 공급

수도, 가스, 전력, 통신 등은 막대한 초기 자본이 필요하므로 규모의 경제가 작동하는 자연독점 서비스에 해당한다. 1개 기업이 독점하여 생산할 때 2개 이상의 기업이 나누어 생산하는 것보다 생산비가 적게 소요될 때 발생한다(배용수, 2013: 23). 이러한 서비스는 최초로 그러한 서비스를 공급한 주체가 독점적인 지위를 지니게 되고, 새로운 공급 주체가 진입하여 경쟁이 성립하기 어렵다. 소비의 비경합성이 공공재와 비슷하게 존재하지만, 공공재와 달리 배제가능성도 존재한다. 서비스에 대한 요금을 내지 못하면 공급을 중지하여 배제할 수 있다.

수도(水道)를 예로 들면 지방자치단체가 직접 공급하는 경우가 많다. 지방자치단체에 상수도와 하수도 사업부서가 설치되어 서비스를 직접 제공한다. 수도 사업은 국가, 지방자치단체 또는 한국수자원공사가 경영하는 것이 원칙이다. 물론 필요할 때는 지방자치단체 등을 대신하여 민간 사업자가 공급할 수 있다.

가스는 한국가스공사와 지역별 도시가스 회사가 공급하고 있다(2013: 205-207). 한국가스공사는 외국으로부터 천연가스를 수입하여 인수·저장하는 서비스를 전담하고 있다. 수송과 도매도 한국가스공사 소유의 전국적 주 배관망을 통해 이루어진다. 천연가스의 배송과 소매는 지역별로 독점체계를 구성하는 다수의 일반 도시가스업자 소유의 지역 배관망을 통해 이루어진다. 다만 자동차용 대규모 천연가스 수요자는 해외로부터 직접 천연가스를 수입할 수 있다.

전력산업은 대규모 발전설비의 건설과 전국적인 송·배전 네트워크 구축과정에서 규모의 경제가 나타나는 전형적인 자연독점산업이다(2013: 200-205). 전기요금은 산업통산자원부 장관의 인가와 전기위원회의 심의를 거쳐야 하며 발전, 송전, 배전 및 판매를 통합한 수직적 독점 체제로 운영된다. 한국전력공사는 정부가 50% 이상의 주식을 소유하는 공기업으로서 경영상의 감독과 규제의 대상이면서 설비·재원 등에서 제도적·정책적 지원을 받고 있다.

통신은 정부가 공급하거나 공사 또는 민간회사가 공급한다. 한국의 경우 체신부(현재 과학기술정보통신부)가 유선 전화망을 정비했었다. 1981년에 전기통

신공사(현 KT)가 설립되었고, 2002년에는 민영화되었다. 현재는 여러 개의 민간 회사가 경쟁하면서 전화 서비스를 공급하고 있다. 다만 일반 가정집의 유선전화를 네트워크로 연결하는 사업은 현재 KT가 독점하고 있고, 다른 회사는 사용료를 지급한다. 유선전화 요금도 공공재로서 규제를 받고 있다.

이처럼 자연독점의 경우는 정부가 직접 공급하거나, 지역 독점을 인정하는 대신에 요금을 공공요금으로써 규제한다(秋吉 외, 2015: 88). 그러나 물, 전기, 가스도 물병에 든 물, 전지, 프로판가스와 같이 사적재의 성격을 갖게 되면 시장에서 공급된다.

 Break Time ▎ 4-2 유선전화에서 스마트폰

1970년대에는 유선전화기 한 대가 집 한 채 값이 될 정도의 가격이었다(강준만, 2009). 1971년부터 시작된 전화가입청약신청은 국가기관과 공공기관을 제외한 청약자가 청약가납금을 예치하고 나서 1년 이상을 기다려야 했다. 1981년 전화기자급제(자유화)가 실시되면서 이른바 전화혁명 혹은 통신혁명이 시작되었다. 이후 1985년에는 전국의 전화 대수가 700만 대를 돌파하였고 1999년 휴대전화 가입자 수는 유선전화 가입자를 처음 앞질렀다. 1991년에서 2001년까지 한국인 가계 소비지출 항목 중 연평균 증가율에서 통신비가 11.06%로 1위를 차지했다.

2000년에는 휴대전화 가입자가 2,542만 8,000여 명으로 전체 인구(4727만 명) 중 53.8%로 집계되었다. 2005년 조사에 따르면 집안에서 유선전화 대신 휴대전화로 받는 경우(56.3%)와 거는 경우(45.7%)가 절반에 육박하는 것으로 나타났다. 2008년에는 휴대전화 가입자가 총 4,561만 명으로 전체인구의 93.8%가 휴대전화를 가지게 되었다.

스마트폰의 등장은 휴대전화와는 또 다른 생태계를 창조하였다(정지훈, 2012). 휴대전화는 내 목소리를 절대 들을 수 없는 먼 곳에 있는 친구와 이야기를 할 수 있게 해주었다. 한편 스마트폰은 디지털 라이프 스타일이라고 표현된다. 스마트폰으로 사람들은 마켓컬리에서 다음 날 새벽에 배송되는 재화를 사고, 넷플릭스(Netflix)로 전 세계 개봉 영화를 보며, 밀리의 서재에서 한 달 최대 5만 권의 책을 볼 수 있다. 사람들은 소셜 미디어(SNS), 트위터(Twitter)를 구독하고 링크를 달거나 호감을 표현하면서 지구촌 곳곳에서 정보의 유통자인 동시에 생산자가 되면서 일종의 공동체를 형성한다.

디지털 세상에서는 기업이 물건을 잘 만들어서 파는 것도 중요하지만, 외부 사람들과 좋은 관계를 맺고 그들에게 가장 좋은 경험을 남길 수 있도록 적절한 서비스를 제공하는 것이 중요하다. 소비자들은 스마트폰으로 가격을 비교하고 상품을 평가하면서 정보를 공유한다. 좋은 상품과 서비스는 시간이 지날수록 신뢰가 쌓이고 기업의 경쟁력을 결정하게 된다. 기업의 경영혁신도 소비자들과의 소통으로 가능하다. 대표적인 예로 미국에는 세금을 계산해주는 서비스 회사가 있는데 고객수가 많아지면서 고객관리 업무량이 늘어나게 되자 고객들이 서로 답변을 달게 하는 시스템을 만들었다. 어려운 문제를 문의하면 그걸 처리해 본 사람이 와서 답을 하고 답변을 잘하는 고객에게는 상을 주어 업무량 증가의 어려움을 해소하였다.

3. 직접 공급의 문제점

공공재와 자연독점 그리고 가치재의 경우는 수요와 공급의 균형이 근본적으로 시장 메커니즘을 통해 잘 작동되지 않기 때문에 정부가 직접 공급한다(秋吉 외, 2015: 91). 정부는 이러한 서비스를 직접 제공하거나 공기업을 통해서 제공한다.

국가공기업에는 한국가스공사, 한국전력공사, 한국조폐공사 등이 있다. 지방공기업은 「지방공기업법」에 근거하여 설립하며 도시철도, 시설관리공단, 공영개발 등이 있다. 공기업은 요금이 수입원이 되며 공기업 특별회계를 통해 운영된다. 민간기업처럼 경쟁의 원리가 발휘되면서, 그 본래의 목적인 공공의 복지를 증진할 수 있도록 운용된다.

그렇다면 정부가 직접 공급하는 방법에는 문제가 없을까? 정부는 선의를 가지고 시장에 개입하지만, 그 결과가 시장이 공급할 때보다도 좋지 않을 수 있다(이준구·이창용, 2015: 378). 정부나 공기업은 수익에 대한 걱정이 없으므로 경영이 방만해질 수 있고, 비용 감각을 잃기도 한다. 예를 들어, 한국석유공사는 2020년도의 당기순손실이 2조 4,300억(원)을 넘었다. 선출직 정치인도 자신의 선거구에 적자가 예상되거나, 비용 대비 편익이 작은 공공시설을 유치·건설하려고 한다. 우리나라의 공항 중에는 적자 상태에 있는 공항이 있는데, 일본에서도 중앙정부가 관리하는 공항 중 상당수는 적자 상태이다.

그렇다고 민영화가 이러한 문제를 모두 해결하는 것은 아니다. 결국, 시장과 정치의 메커니즘을 적절하게 조합해야 하는 숙제가 남는다.

Break Time ▮ 4-3 가치재(merit goods) 공급

시장은 소비자의 선택에 따라 자원이 배분되는 것이 원칙이며(소비자주권), 개인의 선택이 존중된다. 그런데 소비자들이 시장가격으로 구매하기를 원하는 것보다 사회가 더 많은 양을 제공하는 것이 바람직하다고 생각하는 재화나 서비스가 있다(김문환, 1997: 117). 정부는 온정주의(paternalism)의 입장에서 국민의 충분한 소비를 바람직하게 생각하여 소비를 권장하는데, 이러한 재화나 서비스를 가치재라고 한다(이준구·이창용, 2015: 374).

예를 들어 정부는 문화라는 영역에서 국공립박물관, 국공립미술관, 국공립극장, 예술의 전당 등을 설립하거나 전통문화의 진흥을 위해 다양한 보조금을 지급한다. 민간에서도 박물관, 미술관, 극장 등을 설립하여 운영하고 있다. 그렇지만 국공립 시설은 상대적으로 저렴한 가격으로 높은 품질의 서비스를 제공하고, 민간이 유지하기 어려운 사업을 추진할 수 있다.

물론 문화도 다른 상품처럼 수요와 공급의 원칙이 적용되는 시장을 통해 생산, 유통, 소비의 단계를 거치기도 한다(이대희, 2001: 7). 문화를 상품으로 생산, 유통, 소비하는 산업을 문화산업이라고 한다. 생활 수준의 향상과 더불어 영화, 음반, 공연 등 문화산업의 영역은 점점 커지고 있다. 그러나 소비자의 선택에만 맡겨 두면 전통문화와 같이 사회적으로 가치가 높은 문화예술의 공급이 줄어들거나 사라질 수 있다.

문화예술은 소비자들이 받는 직접적인 이익을 넘어서는 사회 전체를 위한 외부적 편익을 산출한다(김문환, 1997). 문화예술은 (역사적 구조물과 같이) 한번 사라지면 복원할 수 없기에 지니는 가치, 다음 세대로 이어가려고 하지 않으면 단절될 수도 있는 가치, 시민에게 긍지를 느끼게 하고 문화적 정체성의 유지에 공헌하는 가치, 사회의 창조성을 높이고 문화예술 활동의 창조성·수용력 등을 높이는 가치를 지니고 있다. 이러한 가치는 일종의 외부효과라고 할 수 있으며, 정부가 문화예술을 지원해야 하는 이유이다. 2008년 화재로 2층 누각이 거의 불탄 우리나라 국보 1호 숭례문의 사례는 정부가 문화예술과 같은 가치재를 지원해야 할 필요성을 짐작하게 한다.

공중 또는 정부가 사람들이 소비할만한 가치가 있다고 동의하여 지원하기로 한 재화에는 교육, 주택, 의료 등이 포함된다. 시장에서도 사립학교, 민간 주택, 개인 병원을 통해 재화나 서비스를 생산·공급하고 있다. 그러나 정부는 국립·공립학교를 통해 의무 교육 서비스를 받도록 하며, 국립·공립병원이나 공영주택을 설립·운영하여 의료서비스와 주택을 직접 공급한다.

정부는 환경오염과 같은 외부성의 존재 혹은 정보의 비대칭성으로 인해 시장실패가 나타나면 규제(regulation)와 유인(incentives) 등의 정책수단을 사용하여 시장에 개입한다.

1. 직접 규제

직접 규제란 국가가 강제적 규칙을 설정하고, 규칙을 위반하면 일정한 제재를 가하는 것이다(Mankiw, 2015: 238). 제재에는 벌금, 과태료, 기소, 투옥 등이 있고, 정부만이 독점적으로 가진 정당한 강제력으로 행사한다.

환경오염과 같이 외부성이 존재할 때 시장실패가 발생한다. 외부성(외부효과)은 한 주체의 행위가 시장의 거래를 경유하지 않고 다른 주체의 효용이나 이윤에 직접 영향을 주는 것을 말한다. 다른 주체에게 긍정적 효용(만족이나 이윤)을 주는 경우를 외부경제(긍정적 외부효과)라고 하고, 부정적 효용을 주는 경우를 외부불경제(부정적 외부효과)라고 한다. 외부성은 시장을 통하지 않고 발생하므로(바로 그러한 이유로 외부성이라는 이름을 사용함), 사적인 편익과 사회적 편익, 또는 사적인 비용과 사회적 비용 간에 괴리가 생긴다(배용수, 2013: 25).

어느 집의 정원에 멋진 크리스마스 장식이 있다고 하자. 그 집 주변의 주민들이 그 정원을 감상하고 행복감을 얻는다면 그것은 외부경제를 발생시켰다고 할 수 있다. 나아가 그 장식으로 인해 관광객이 몰려와 지역 경제가 좋아진다면 그것도 외부경제라고 할 수 있다. 반면에 어느 집의 정원에서 쓰레기를 태워서 주변 사람에게 불쾌감을 준다면 그것은 외부불경제를 발생시켰다고 할 것이다.

그렇다면 외부불경제는 어떻게 해결해야 할까? 만약 상류에서 오염물질을 배출하는 기업 때문에 하류에 거주하는 주민이 오염으로 인한 피해를 봤다면 첫 번째 해결 방법은 당사자 사이에 협상 등을 통해 오염물질의 배출량을 줄이거나, 오염으로 인한 손해배상에 합의하는 것이다. 그렇지만 공해문제와 같이 다수의 피해자가 존재할 때, 당사자 사이의 자발적 협의나 거래를 통한 해결은 쉽지 않다. 그래서 정부가 정책을 통해 개입하는 것이 필요하다(長峰, 2014: 41 -45).

예를 들어 정부는 공해를 배출하는 기업에 대해서 공해배출기준을 설정하고, 개별 기업의 발생원별로 배출기준을 잘 준수하고 있는지를 관찰·감시한다. 오염기준이나 배출기준을 넘는 기업이 있으면, 해당 기업을 조사하거나 벌칙을 부여한다. 벌칙에는 해당 기업 이름의 공표, 벌금이나 관계자처벌 등이 포함된다.

정부의 직접 규제는 일반적으로 경제적 규제와 사회적 규제로 구분한다. 경제적 규제는 기업의 본원적 활동에 대한 규제를 말한다. 인허가 등 새로운 기업이 자유롭게 시장에 진입하거나(진입규제), 기업 사이의 자유로운 가격 경쟁을 제한하거나(가격규제), 그 밖의 영업활동의 구체적 사항에 대한 규제(행동규제) 등이 포함된다. 반면, 사회적 규제란 기업 활동으로 파생되는 사회적 영향에 대한 규제를 말한다. 환경규제, 소비자 안전규제, 근로자 안전규제, 사회적 차별에 대한 규제를 포함한다(배용수, 2013: 176; 218).

경제적 규제는 공공요금 규제가 대표적인 예이다. 상수도나 전기 그리고 도시철도와 같은 자연독점 산업에서 기업들은 마음대로 요금을 결정하지 못하며, 정부규제기관이 요금을 결정한다(Mankiw, 2015: 377). 그 외에 특정 산업의 육성 및 강화나 경쟁력 확보 등을 이유로 산업정책 영역에서 규제가 이루어지기도 한다. 합병을 통해 높은 시장 점유율을 가지게 되는 것을 규제하거나 중소기업 산업 분야에 대기업이 참여하는 것을 규제한다.

정부가 특정 형태의 분야에 자격을 부여하는 규제도 있다. 의사나 변호사 자격이 대표적 예이다. 의료행위나 변호행위를 하려면 국가가 시행하는 의사국가고시나 변호사 시험에 합격해야만 한다. 이러한 자격 규제를 설명하기 위해 정보의 비대칭성(information asymmetry)이라는 개념을 사용한다(秋吉 외, 2015: 92). 의사나 변호사와 그 고객 사이에는 정보나 지식에 격차가 있다. 정보나 지식이 한편에는 있고, 다른 한편에는 없기에 비대칭적이다. 정보의 비대칭성이 있을 때, 고객은 자신의 선호로부터 자신이 좋아하는 것을 고를 수 없다. 의사가 약을 처방할 때를 떠올려 보면 알 수 있듯이, 의사는 우리를 대신하여 결정한다.

정보 격차로 인해 의사나 변호사가 대충 무엇을 해도 고객은 알 수 없기에 속을 가능성이 있다. 이러한 것을 막기 위해서 일정한 직업에 대해서는 자격이 없는 한 영업을 금지하는 것이다.

이를 달리 표현하면 정보의 비대칭성이 있을 때 도덕적 해이(moral hazard)와 역선택(adverse selection)의 문제가 발생한다는 것이다. 우선 도덕적 해이는 계약 후에 발생하는 이기주의의 한 형태로, 타인의 이익을 희생시켜 자신의 이익을 추구하기 때문에 발생한다(Milgrom & John, 2010: 181). 이 용어는 보험업계에서 처음으로 사용되었는데, 사람들이 보험에 가입한 후에는 그 행동이 보험회사의 부담이 증가하는 방향으로 변한다는 경향을 나타냈다. 예를 들어, 보험에 가입하면 사고를 피해서 운전하려는 주의력이 줄어들 수 있다는 것이다.

이러한 도덕적 해이의 문제는 주로 대리인(agent)이 사용자(principal)를 위해 어떤 임무를 수행할 때 발생한다(Mankiw, 2015: 543). (사용자를 위해 어떤 행위를 하는 사람인) 대리인이 그를 고용한 사용자가 원하는 수준만큼 열심히 일하지 않는 경우이다. 대리인이 사용자보다 자기가 일을 얼마나 열심히 하는지 잘 알고 있을 때(감춰진 행동, hidden action), 대리인은 부정직하거나 바람직하지 못한 행동을 하는 경향이 발생한다. 사용자가 대리인의 행동을 완벽하게 감시할 수 있다면 도덕적 해이는 없어질 수 있다. 그렇지만 완벽한 감시가 현실적으로 가능한가? 가능하다면 비용은 얼마나 많이 드는가? 등의 과제가 있다. 여기에 더하여 감시의 범위를 윤리적으로 어느 정도 허용할 것인가에 관한 논의가 다루어져야 한다.

다음으로 역선택은 감춰진 유형(hidden characteristics)이 존재하는 상황에서 정보 보유자가 정보를 지니지 못한 행위자를 착취하는 현상을 말한다. 감춰진 유형이란 (거래하는) 두 행위자의 효용에 영향을 끼치지만, 한 행위자만이 알고 있는 상품의 특성, 상대방의 유형 등을 말한다(김영세, 2011: 501-502). 시장에서 판매자가 파는 물건의 속성에 대해 구매자보다 정보가 많을 때 자주 발생한다. 정보가 부족한 구매자는 불리한(adverse) 물건을 선택(selection)한다. 역선택 현상이 발생하는 전형적인 시장은 중고차 시장, 노동시장, 보험시장 등이다(Mankiw, 2015: 544-545).

시장에 역선택 문제가 발생하면 보이지 않는 손이 제대로 작동하지 않게 된다. 예를 들어 중고차 시장에서의 역선택 문제는 중고차 매매를 감소시켜 시장을 통한 수요와 공급이 충분하게 이루어지지 않게 한다. 중고차 매매를 통해 피해를 본 구매자는 중고차 시장에 대하여 낮은 신뢰를 보이고, 정부에 대책을 촉구하기도 한다. 구매자에게 높은 신뢰를 받는 대기업이 중고차 시장에 진입할 수 있지만, 기존의 중고차 사업자는 대기업이 시장에 진입하는 것을 반대할 것이다. 정부가 대기업의 시장 진입을 막는 정책(규제)을 시행한다면, 중고차 시장에서의 역선택 문제를 해결하는 정책도 함께 전개해야 한다.

시장에서 완전경쟁이 작동하려면 생산자와 소비자 모두 시장에 대한 완전한 정보를 지니고 있어야 한다. 그러나 정보 획득에는 비용이 들며, 완전한 정보란 있을 수 없다(이준구·이창용, 2015: 342). 특히 거래하는 경제 주체 모두에게 정보가 비슷하게 분포되지 않는 경우가 많다. 비싼 정보비용으로 인하여 경제 주체 사이에 양적·질적인 면에서 정보의 불균형이 존재하게 된다(배용수, 2013: 26-27).

그렇다면 직접 규제는 효과가 있는가? 직접 규제에서는 강제되는 것에 대하여 반발이 있기 마련이다. 규제를 어느 정도 회피하는 것이 개인적 이익에 적합하다면 규제에 반대한다. 그리고 규제가 시행되는 단계에서도 규제되는 것을 회피하려는 마음이 생겨난다. 일정 지역의 부동산을 규제하면, 다른 지역의 부동산 가격이 오르기도 한다. 아파트가 규제 대상의 초점이 되면 오피스텔과 같이 규제 대상이 아닌 부동산 수요가 증가한다. 규제를 대하는 사람들의 마음을 조금은 엿볼 수 있다.

 Break Time ┃ 4-4 조물주 위에 건물주

초·중·고등학생을 대상으로 장래의 희망이 무엇이냐고 물었을 때, 건물주라고 대답하는 학생들을 발견할 수 있다. 그러한 현상은 지대(Rent), 지대추구(Rent Seeking)라는 개념과 관련되어 있다.

과거에 토지 소유자는 직접 토지를 경작하기도 했지만, 소작인에게 토지를 빌려주고 그 대가를 받았다. 우리는 그것을 지대(地代, ground rent)라고 한다. 즉, 토지 사용에 대하여 지급되는 가격이다(Smith, 1789). 토지 소유자는 그 토지를 다른 용도로 사용할 수 있지만, 소작인에게 빌려주고 (자신은 별다른 노력을 기울이지 않으면서) 대가를 받는 셈이다.

그런데 정책에서 지대라고 할 때, 그것은 토지의 지대를 의미하는 것이 아니다. 즉, 지대추구라고 할 때 토지의 지대를 모으는 것을 뜻하지 않는다. 노동자가 특정 직업을 받아들일 수 있도록 하거나, 또는 기업이 특정 산업에 참여하는데 필요한 최저한의 수익을 초과해서 발생하는 차익(差益) 부분을 지대(rent)라고 한다 (Milgrom & Paul, 2002: 298). 예를 들어 미국의 프로야구에는 최저한의 수입만을 받는 선수들이 많이 있다. 그렇지만 고액의 연봉을 받는 선수도 적지 않다. 이때 고액 연봉선수의 급여에는 지대 부분이 많이 포함되어 있다고 할 수 있다. 여기서 지대란 자원 소유자가 그 자원을 다른 용도로 사용하였을 때 얻을 수 있는 보상 (payment)의 일부분이다. 달리 말하면 기회비용을 초과하는 대가(receipt)이다 (Buchanan, 1980; 남궁근, 2017: 68).

만약 예비 기업가인 홍길동이 이전에는 발견되지 않았던 자원의 사용이나 자원의 조합을 발견했다고 하자. 누구도 그 자원의 잠재적 기회를 발견하지 못하고 있다. 홍길동은 다른 일(alternative employment)을 했을 때 벌 수 있는 것 이상으로 보상을 얻을 수 있다. 즉, 홍길동의 기업 역량으로 경제적 지대(economic rent)를 받게 되며, 지대에 대한 전망이 홍길동의 초기 활동을 장려한다(Buchanan, 1980).

기술이나 마케팅 등을 사용하여 경쟁하고, 시장 점유율을 높이려는 경제적 지대 추구는 정당한 이익 추구라고 할 수 있다. 지대가 발생하더라도 새로운 생산자가 참여하면 지대는 소비자의 이익으로 스며들며, 자원은 효율적으로 배분된다. 이러한 홍길동의 활동을 정책학에서는 지대추구라고 하지 않는다. 오히려 이윤 추구 (profit seeking)라고 한다(加藤, 1999: 267).

시장에서 개인은 효용 극대화, 기업은 이윤 극대화를 추구한다. 시장경쟁 메커니즘에서 경제활동에 대한 공헌에 대응하여 이윤이나 임금 등을 보수로 받는다. 정부에서 공공사업을 발주한다고 가정하자. 민간 건설회사는 자신들의 공사 기술을 연마하고, 쓸데없는 낭비를 줄이고, 입찰경쟁에 참여하여 공사를 발주받고 정당하게 이윤을 얻을 것이다(長峰, 2014: 85).

이러한 정당한 이윤 추구와 달리, 기업가가 정치가·관료를 통하여 규제를 만들고 특정 사업자만이 이익을 얻을 수 있는 경제 환경을 만드는 것이 (기업가에게) 합리적일 수 있는 상황도 있다. 즉 정부 (규제) 정책으로 개인이나 기업이 정치적 이득을 얻을 수 있다. 정책에 수반하여 발생하는 특수이익으로 정의되는 정치적 지대(political rent)를 추구하는 지대추구행위를 할 수 있다. 예를 들어 공공사업에 참여하는 기업은 시장경쟁이 아니라 소관 부처로부터 전직 관료를 임원으로 받아들이고, 부처와의 관계를 구축하는 것으로 입찰에서 유익한 정보를 얻으려고 할 수도 있다. 기업이 공공사업 등의 일을 획득하는 것으로 얻는 이득(rent)이 정치 활동에 투자하는 비용보다 크다면, 기업은 창의적인 활동보다는 그러한 활동에 힘을 쏟을 것이다. 그 투자가 사회적으로 생산적인가와 상관없이, 가치가 있다면 지대추구를 할 것이다. 그러한 활동에 대한 투자는 접대받는 사람의 만족이나 전직 관료의 만족으로 전환될 뿐이며, 사회적으로 보면 불필요한 자원의 낭비이다(長峰, 2014: 86).

정책학에서 말하는 지대추구행위란 이러한 정치적 지대를 추구하는 행위와 연관된다. 지대란 특권 추구(a quest for privilege)를 통해 노력 없이 얻는 보상(unearned reward)으로 일종의 특권화된 이익(privileged benefit)이며(Tullock, 1989), 한 사회 안에서 주인 없이 떠도는 이권이라고 정의할 수 있다(이준구·이창용, 2015: 376). 그리고 지대를 먼저 차지하려고 노력하는 것을 가리켜 지대추구행위(rent seeking activities)라고 한다.

지대추구행위는 소수의 사람에게 이익이 되지만 전체 자원을 효율적으로 사용할 수 없게 하는 문제점을 지니고 있다. 만약 기업이 정부(규제)에 의존하여 이익을 얻는다면, 기술혁신을 통한 비용절감, 효율화를 위해 최선의 노력을 하지 않을 것이다. 그리고 그러한 지대추구사회(rent seeking society)에서는 경제성장이나 경제발전을 기대하기 어렵다.

2. 유인

유인은 당근과 채찍(Carrot and Stick)을 말한다. 공익의 관점에서 바람직한 행위에 보답하고, 바람직하지 않은 행위를 규제한다. 즉 처벌 가능성이나 보상과 같이 사람을 행동하게 하는 그 무엇을 의미한다(Mankiw, 2015: 9).

우선, 정부는 원하는 방향으로 개인이나 기업의 특정 행위를 이끌기 위한 정책을 펼친다(秋吉 외, 2015: 94). 예를 들면 기업이 유해물질을 제거하는 설비에 투자할 수 있게 유도하고 싶다면, 보조금을 지급하거나 낮은 이자를 융자하는 등의 당근을 통해 설비 구매에 대한 투자를 유도하고 환경 악화를 막는 것이다. 또는 설비 투자에 세제상의 우대 조치를 하고, 세금 부담을 가볍게 할 수도 있다. 친환경자동차 구매를 유도하기 위해 관련 세제를 줄이거나 보조금을 제공하고, 이를 통해 환경을 개선하고 소비를 확대할 수 있다. 예를 들어 구매 보조금 및 개별소비세 세제 감면과 공영주차장 주차료 50% 할인, 고속도로 통행료 50% 감면 등을 지원한다.

그리고 그만두게 하고 싶은 행위를 하는 사람에게는 제재를 가하여 특정 행위를 유도할 수 있다(2015: 95). 예컨대, 과제를 제출하지 않은 학생에게 낮은 학점을 주는 것이다. 정부는 벌금이나 과징금을 징수하기도 한다. 금연 시설에서 담배를 피운 사람에게는 과태료를 징수할 수 있다. 주정차 위반이나 신호 무시 등의 가벼운 교통법규 위반에 대해서는 사전에 정해져 있는 범칙금을 내야 한다. 음주운전과 같은 중대한 위반은 더 강한 제재를 가한다.

금전적 부담이나 신체적 구속이 억제책으로서 작동하면 사람들은 그러한 행동을 하지 않으려 하고, 이득이 되는 행동은 하려고 한다. 바로 정부가 바라는 것이다.

다음으로 사람들이 일정 행동을 계속하여 유지할 수 있는 틀을 구축하는 방안을 생각할 수 있다(2015: 95). 예컨대 오염물질 1톤당 일정 금액의 세금을 부과하는 환경세가 있다. 오염물질을 몇 톤 이상 배출하는 행위에 대해서만 벌금을 부과하는 것이 아니라, 배출하는 양만큼 세금을 내게 하는 방식이다. 직접 규제에서는 규제 기준보다 조금이라도 낮으면 문제가 없고, 조금이라도 높아지면 벌칙을 부과한다. 중요한 점은 기준보다 조금이라도 낮으면 된다는 것이다.

반면에 환경세는 오염물질을 줄이는 유인책이 존재한다(2015: 95). 규제나 벌칙과 같은 유도 방식일 때에는 규제 기준보다 낮다면 그 이상 줄일 유인이 없다. 그렇지만 환경세는 오염물질을 줄일수록 세금이 적어지기 때문에, 궁극적으로는 오염물질 배출 제로(zero)를 지향할 수 있다. 환경세에 의한 유인은 오염을 실질적으로 줄어들게 한다는 견해가 있다. 그러나 생각을 달리하면 돈만 내면 오염물질을 마음껏 배출해도 괜찮다는 식으로 받아들여질 수 있다.

다른 예로는 새롭게 시장을 만드는 방법이 있다(Mankiw, 2015: 269). 이것은 지금까지 소유물로 생각할 수 없었던 것에 소유권을 설정하고, 그것을 시장 거래에 맡기는 형태로 시장을 창설하는 것을 말한다. 코끼리에 소유권을 설정하여 멸종 위기에 있는 코끼리를 보호할 수 있다. 코끼리가 멸종 위기에 처한 것은 코끼리 사냥을 금지하는 규제를 해도, 상아를 노리는 업자가 은밀하게 코끼리를 사냥하고 상아를 거래하기 때문이다. 광활한 대지에서 밀렵꾼들을 규제하는 것은 어렵다. 사냥꾼 등이 코끼리 사냥을 할 수 있는 것은 코끼리가 누구의 소유물도 아니기 때문이다. 코끼리를 최초로 발견한 사람이 코끼리를 사냥한다. 이때 코끼리에 소유권을 설정하는 것이 하나의 해결책이다. 코끼리는 누구의 소유물도 아니지만, 누군가에게 소유권을 부여하고 그 사람에게 처분권을 부여하는 것이다. 즉 코끼리 사냥을 허용하되, 자기 소유의 토지에서만 사냥을 할 수 있도록 하여 사실상 코끼리를 사유재산으로 하는 것이다. 그렇게 하면 소유권을 가진 사람이 코끼리를 지키고 늘리려고 하는 유인은 증가한다. 소나 돼지가 멸종하지 않는 것도 비슷한 이유이다.

배출량이나 배출권의 거래도 이와 유사하다. 국가나 기업별로 온실효과 가스의 배출 규모를 정한다. 배출 규모가 남은 국가나 기업이 배출 규모를 넘겨서 배출한 국가나 기업과 배출량을 거래하는 제도이다. 이 경우에도 삭감에 대한 유인이 발생한다. 즉, 오염 배출 행위에 대하여 대가를 치르게 하여 환경오염을 줄이려는 것이다(2015: 243). 예컨대 온실효과를 유발하는 이산화탄소를 국제적으로 줄이려는 것을 목적으로 한 교토의정서에서는 삭감목표를 달성할 수 없는 국가가 달성 가능한 국가로부터 배출권을 구매하는 배출량거래(ET) 등의 시도를 인정하고 있다.

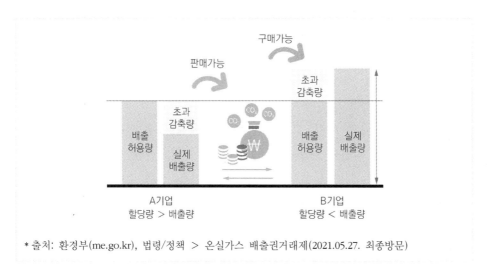

* 출처: 환경부(me.go.kr), 법령/정책 > 온실가스 배출권거래제(2021.05.27. 최종방문)

〈그림 4-1〉 온실가스 배출권 거래제도

환경세와 같이 세금을 부과하거나, 배출량을 거래하는 방안은 외부효과의 내재화를 통해 부정적 외부효과를 줄이려는 시도에 해당한다(Mankiw, 2015: 234-243). 외부효과의 내재화(internalizing an externality)란 사람들을 유인하는 구조를 바꾸어 자신들의 행동이 초래하는 외부효과를 의사결정에서 고려하게 만드는 과정을 말한다. 환경세와 같이 세금이 부과되면, 오염물질의 생산자들은 예전에는 부담하지 않았던 외부비용을 이제는 직접 부담해야 하므로, 생산량을 결정할 때 오염의 외부비용을 고려한다. 그리고 생산자에게 부담되는 세금이 시장가격에 반영되기 때문에 소비자들은 높아진 가격으로 인해 소비를 줄일 유인이 있다.

이처럼 부정적 외부효과를 시정하기 위해 고안된 세금을 교정적 조세(corrective tax)라고 하며, 이 세금의 사용을 주창한 경제학자의 이름을 따서 피구세(Pigovian tax)라고도 한다. 이는 개별 의사결정자들이 부정적 외부효과에서 비롯되는 사회비용을 고려할 수 있도록 고안된 조세를 의미한다(2015: 239). 그리고 긍정적 외부효과를 창출하는 재화에 보조금을 지급하는 방식도 외부효과를 내재화하는 방식에 해당한다(2015: 236).

그런데 소유권이나 권리를 설정하고, 그것을 시장에서 거래할 수 있다고 생각하는 것을 반대하는 의견도 있다(秋吉 외, 2015: 96). 무엇을 소유할 수 있다고 규정하고, 소유물을 매매해도 좋은가 하는 것은 윤리적 문제일 수 있다. 예를 들어, 육체(매춘의 옳고 그름)나 장기(장기이식이나 장기매매의 옳고 그름)의 경우 스스로 소유하고 있다고 해서, 그것을 자유롭게 매매할 수 있을까? 이에 대해서는 사람들 사이에 의견이 나뉘며, 사회적 토론이 필요한 정책과제이다.

그리고 유인은 얼마나 효과가 있을까? 유인을 정책 수단으로 사용할 때, 우리는 다음과 같은 가정을 한다. 합리적인 사람은 어떤 행동을 하고자 할 때 그 행동에 따른 이득과 비용을 비교해서 의사결정을 하므로 유인에 반응한다는 것이다(2015: 97). 휘발유에 세금을 높게 부과하면 소형자동차를 더 활용하거나, 대중교통 수단을 이용할 유인을 제공한 것이다. 또는 사람들이 전기자동차나 수소자동차를 탈지도 모른다. 자동차 생산업자는 그러한 소비에 대응하는 자동차를 생산하게 될 것이다.

그런데 유인을 정책수단으로 사용할 때 조심해야 할 것이 있다. 대부분의 정책수단은 예상하지 못한 부작용이 나타날 수 있다(Mankiw, 2015: 9–10). 1960년 대 말에 미국에서 자동차 안전에 대한 국민의 관심이 높아지면서, 미국 정부는 미국 내 자동차 제조회사들이 안전띠 등 승객 보호 장치를 설치하는 것을 의무 화하였다. 자동차 안전띠의 의무화 이후, 교통사고로 인한 운전자 사망률은 감 소하였다. 그렇지만 교통사고 건수는 증가하였다. 왜냐하면, 안전띠는 운전자 가 속도를 더 내고 덜 안전하게 운전하는 효과를 가져왔기 때문이다. 운전자 사망률은 감소하였지만, 보행자 사망률은 높아지게 되었다.

특히 유도나 유인을 통해 사람들의 행동이 어느 정도 바뀔 것인가를 예측 하는 것은 어렵다(秋吉 외, 2015: 97). 배부른 사자는 미끼에 유인되지 않는다. 교 도소에 들어가는 것을 원하는 사람에게 벌칙은 의미가 없다. 이처럼 벌칙이 역 효과를 낼 수도 있다.

> 법률소비자연맹에서 2018년 대학생 3,656명을 대상으로 실시한 조사결과에 따르면 "10억 원을 주면 1년 정도 교도소 생활을 할 수 있는가?"라는 질문 에 조사대상자의 51.39%가 '동의한다.'고 대답했다.
> – 중앙일보, 2018.04.24. 수정, https://news.joins.com/article/22563752
> (2021.05.26. 최종방문).

제3절 그 외의 수단

1. 정보제공과 설득

규제를 만들거나 당근과 채찍을 사용하지 않고 정부는 정보만을 제공하여 사람들의 행동을 바꾸려고도 한다(秋吉 외, 2015: 99-100). 강제력을 사용하지 않고 물질적 유인을 부여하지도 않기에 비용이 적게 든다.

예를 들어, 자격 규제의 경우 정부는 자격시험을 설정하고, 시험에 합격하지 못한 사람이 영업하는 것을 금지하고 있다(제2절 참조). 어떤 의미에서는 직접 규제이지만, 관점을 달리하면 정부는 특정 직종의 사람들은 일정 이상의 자격을 지니고 있다는 것을 보증하고, 정보를 제시하는 셈이다.

18세기 산업혁명이 본격적으로 시작된 시대와 달리 현재는 일용품이나 생활필수품의 매매에도 정보의 비대칭성이 존재하게 되었다. 정부는 사람들이 식품에 대해 알아야 할 정보를 표시하는 것을 의무로 규정하고 있다. 19세기까지는 많은 화학물질이 식품 등에 사용되지 않았으나, 현재는 건강에 나쁜 영향을 주는 화학물질이 식료품에 들어갈 수도 있다. 우리는 식품에 표시된 정보를 참고해서 재화나 서비스를 구매한다. 별로 신경을 쓰지 않고 물건을 구매하는 사람도 있다. 그렇지만 원산지나 첨가물을 꼼꼼하게 점검하고, 구매하려는 사람도 많다. 정보제공을 통해 우리는 안심하고 물건을 안전하게 구매하는 기회가 높아진다.

외무부가 실시하는 해외 안전 정보제공도 비슷하다. 외무부 홈페이지에 가면 국가 및 대륙별로 해외 안전에 관한 정보가 표시되어 있다. 여행유의사항, 여행자제, 철수권고, 여행금지 등의 정보를 제공하고 있다(외교부 홈페이지 참고). 정부는 기본적으로 정보를 제공할 뿐이며, 어떻게 대응할 것인가는 개인의 자유이다. 정부가 강제력을 동원하여 정책을 집행하는 것을 비판하는 사람들은 이런 방식을 호의적으로 생각할 수 있다. 자유와 안전이 양립할 수 있기 때문이다.

그렇다면 정보제공을 통한 설득은 효과가 있을까? 효과가 크지 않을 수 있다. 예를 들면 정부가 여행자제로 지정한 국가가 있어도 개인은 정부의 의견을 무시하고 해당 국가를 방문하는 일이 적지 않다.

> 국내 이동통신 3사의 해외로밍 현황에 따르면 여행금지국가로 여행을 다녀
> 오고도 적발되지 않은 불법 여행자가 월평균 500여 건인 것으로 추정된다.
> － 중앙일보, 2019.07.15. 수정, https://news.joins.com/article/23525077
> (2021.05.26. 최종방문).

2. 환경에 영향력 행사하기

정부가 선택할 수 있는 정책수단으로 직접 공급, 직접 규제, 유인 등을 살펴보았다. 그 외의 수단으로 국민의 행동에 영향을 줄 수 있는 환경을 이용하는 것이 있다(2015: 101).

예컨대 한국은행이 기준금리를 올리거나 내려서 시중의 통화유통량을 조정하는 금융정책이 있다. 금융정책을 통해 사람들의 경제활동에 영향을 준다. 기준금리가 내려가면 은행은 대출 금리를 낮출 수 있고, 그 결과 투자나 소비가 원활하게 이루어진다. 디플레이션의 경우 취해지는 정책수단이다. 반대로 금리를 올리면, 투자가 조금 어려워지고 저축은 쉬워지며 경기 과열을 억제하는 것이 가능하다. 물가 상승이 지나치게 빠르다고 판단하면 취해지는 정책수단의 하나이다. 부동산 투기라는 행동을 제어하기 위해서 한국은행이 기준금리를 올리는 것을 생각할 수 있다. 한국은행이 시중에 유통되고 있는 국채를 매입하거나 파는 것을 통해 같은 효과를 발휘할 수 있다.

이런 경우 국민을 규제하는 것은 아니며, 당근과 채찍으로 직접 유도하는 것도 아니다. 그렇지만 사회적·경제적·문화적 환경에 일정한 영향력을 행사함으로써 정부는 국민의 행동을 바꾸려는 것이다. 이처럼 우리도 모르는 사이에 정부는 국민의 행동에 영향을 줄 수 있다.

또한, 규제의 일종으로 생각할 수 있지만, 억지(抑止)라는 것도 있다(2015: 102). 도로의 일정 부분에 장해물을 설치하고, 그 부분을 통행할 수 없게 한다. 공항에서 도로를 설계하고, 출입국관리나 세관, 검역을 반드시 통과하게 하는

것이 이에 해당한다. 여기에서도 정부는 환경에 영향력을 가하고, 국민은 주어진 환경에 대응하기만 할 뿐이다. 그리고 그 결과로 사람들의 행동을 공익으로 유도하는 것이다.

이처럼 다양한 수단을 통해서 정부는 국민의 행동을 제어하려고 하며, 정책이 공공의 이익을 실현할 수 있도록 노력한다. 그렇다면 어떠한 수단이 어떠한 상황에서 유효한가? 어떠한 국가가 어떠한 수단을 주로 사용하는가?

한 걸음 더 4 구름과 시계(Clouds and Clock)

제4장에서는 정책수단을 다루었다. 우리는 적절한 정책수단을 선택하면 정책의 목적을 달성할 것이라고 가정한다. 그런데 이러한 가정은 얼마나 타당할까? 인간의 지식은 얼마나 완전할까? 포퍼(Popper)의 주장을 살펴보면서 정책의 의미를 생각해보자.

인간의 행동은 어떻게 결정되는가? 흄(Hume)의 명제에 따르면 비슷한 원인은 비슷한 결과를 만든다. 동시에 비슷한 결과는 반드시 비슷한 원인으로부터 도출된다. 따라서 사람의 동기나 성격으로부터 그 사람의 행동을 추론할 수 있다(Popper, 1972: 248). 이러한 명제는 결정론적 시각을 반영하는 것으로 인간의 행동은 태엽을 감으면 정확하게 움직이는 시계로 비유할 수 있다(藥師寺, 1989: 15).

이러한 생각에 대해 포퍼는 인간의 행동을 혼돈으로 보았으며, 이를 구름으로 비유하였다(Popper, 1972: 235). 여기서 구름은 대단히 불규칙적이며, 질서가 없고, 예측할 수 없는 물리적 체계를 나타낸다. 이는 비결정론의 시각을 반영한다. 이 둘을 그림으로 나타내면 인간의 행동은 완전히 무질서한 구름과 같은 상태와 규칙적이며 질서정연하고 매우 신뢰할 수 있는 시계의 양극단에서 이루어진다.

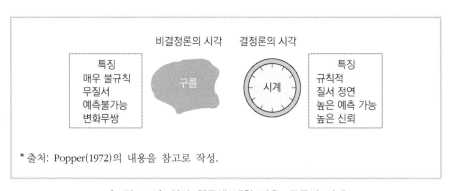

* 출처: Popper(1972)의 내용을 참고로 작성.

〈그림 4-2〉 인간 행동에 대한 비유: 구름과 시계

인간의 행동을 시계로 비유하면 목적을 실현할 수 있는 최선의 정책이 존재한다고 가정할 수 있다. 즉 정책수단을 통해 정책을 집행하면 사람들은 기계와 같이 정해진 어떤 반응을 할 것으로 예측된다. 개별 행위는 그 이전의 동기나 성격에 의해 예측할 수 있으므로 동기나 성격을 조작하면 바라는 정책효과를 얻을 수 있다고 생각한다. 반면, 인간의 행동이 구름이라면 개개인의 행동은 따로따로이며 전체적인 움직임은 예정할 수 없다. 따라서 정책을 집행해도 예상되는 효과를 얻는다는 보장은 없다(藥師寺, 1989: 16-17).

그렇다면 인간은 (정책을 포함하여) 외적 환경에 어떻게 반응할까? 이에 관해서는 여러 논의가 있지만, 그중 하나가 제어 스위치론(Master Switch)이다(Popper, 1972: 263). 여기에서는 인간을 스위치를 통해 통제할 수 있는 기계로 비유한다. 인간에게는 신체 어딘가에 제어 스위치가 있고, 스위치를 작동함으로써 행동을 하게 한다.

이와 반대되는 것으로 플라스틱 통제(Plastic control)가 있다(Popper, 1972: 264-270; 藥師寺, 1989: 19-20). 시행착오와 오류를 배제하는 방법을 통해 다양한 가능성을 잠정적으로 선택하고, 적절하지 않다고 생각하는 것은 배제한다. 일종의 성숙 과정을 통해 인간의 행동은 이루어진다고 본다. 인간의 아무렇지도 않은 작은 결정이 증폭되어 미래의 어떤 상태가 결정될 가능성이 있다. 인간에게는 시행착오의 기능이 있고, 아주 작은 결정이라도 시행착오를 거친다. 특히 비판적 논의는 오류를 배제하는 유연한 제어 수단이다. 다양한 경합적 이론이나 가설을 잠정적으로 제출함으로써, 또는 오류를 배제하는 목적으로 비판적 논의와 경험적 테스트를 시도해 봄으로써 인간은 문제를 해결한다. 플라스틱 통제란 인간의 문제해결 프로세스가 설득과 논쟁을 통해 해결될 수 있다는 것을 나타낸다.

인간은 설득과 논쟁에서 언어를 활용한다는 점에서 동물과 구별된다(Popper, 1972: 266-269; 藥師寺, 1989: 17-19). 언어로 소통한다는 점에서는 인간과 동물은 차이가 없다. 인간은 언어의 의미와 내용을 생각하고 이해하여 행동한다는 점에서 동물과 차이가 있다.

언어에는 표현(또는 징후), 신호, 서술, 검증 또는 논쟁과 같은 기능이 있다. 사자가 화가 나면 포효한다. 새가 어떤 신호를 동료에게 발송하고, 날아오르는 것을 재촉한다. 이렇듯 표현과 신호 기능은 동물과 인간이 모두 사용하는 언어의 기능이다.

반면에 서술과 검증기능은 인간만이 사용하는 고도의 언어 기능이다. 정원에 꽃이 피었다거나, 마음이 아프다거나 등과 같이 사실이나 감정을 서술한다. 서술은 그 내용이 반드시 참(眞)일 필요는 없다. 서술(언명)은 참일 수도 있고 거짓일 수도 있다. 다만 언어에 서술기능이 있기에 이론이나 가설을 서술하여 검증할 수 있다.

검증기능은 가장 높은 수준의 언어 기능이다. 인간은 검증기능을 사용하여 논쟁을 벌이고, 과학의 진보에 공헌한다. 검증기능은 인간의 시행착오를 되먹임한다. 서술한 내용의 타당성과 개연성을 검증하여 지식을 늘리고, 세상을 바꿔 간다.

선택설계는 마치 시계와 같은 인간의 마음을 움직이는 것이 아니다. 오히려 언어의 서술과 검증기능을 통해 되먹임을 반복하면서 구름과 같은 인간의 마음을 움직여 결국 행동을 변화시키는 것이다(藥師寺, 1989: 21-22).

CHAPTER

05

규범적 판단:

지향해야 하는
가치는 무엇인가?

정책은 실현하고자 하는 가치를 포함한다. 그렇다면 정책이 지향해야 하는 규범, 혹은 가치란 무엇일까? 정책을 형성하고 집행하는 목적은 무엇일까? 우리는 정부가 정책을 통해 공공의 이익을 실현하고 있다고 생각한다. 그렇지만 공공의 이익이라고 해도 그 내용이 구체적으로 무엇인지는 명확하지 않다.

정부가 지향해야만 하는 규범, 즉 공익을 인류는 끊임없이 추구해왔다. 프랑스는 대혁명을 기점으로 자유, 평등, 박애를 국가 규범으로 지향해 왔다. 한국도 현대 사회의 질곡을 벗어나면서 자유, 안전, 공정 등과 같은 공적 규범을 지향하고 있다.

공익은 누구라도 추상적 수준에서는 찬성할 것 같은 개념이다. 그렇지만 구체적인 상황에서 정부가 추구해야 하는 규범이 무엇을 의미하는가를 질문하면 사람들은 서로 다른 견해를 보인다. 다양한 견해를 하나로 정리하는 것은 어렵다. 이러한 상황은 「총론 찬성, 각론 반대」라는 표현으로 잘 알려져 있다. 그런데 바로 각론이야말로 정책학의 주요 무대이다. 제5장에서는 Stone(2012)의 논의를 중심으로 규범이나 가치가 어떠한 역할을 담당할 것인가를 살펴본다.

CHAPTER

05 규범적 판단:
지향해야 하는 가치는 무엇인가?

제1절 정책과 가치

사람들은 사회생활을 하면서 다양한 가치를 추구한다. 어떤 가치를 추구할 때, 다른 가치는 수단으로 삼기도 한다(Lasswell, 1948). 이처럼, 개인이 가치를 추구하듯이 정부에게도 지향해야 할 가치가 있다.

정부는 바람직한 규범을 실현하려고 노력한다. 정부에 관한 국민의 불신감이 높아도, 정부가 없는 상황은 상상하기 어렵다. 홉스(Hobbes)에 따르면, 정부가 없는 상황에서는 만인의 만인에 대한 투쟁(The war of all against all)을 매일 반복한다(Hobbes, 1651: 95).

> 만약 두 사람이 동일한 사물을 욕구하는데 둘 다 원하는 것을 얻을 수 없다면, 그들은 서로 적이 된다. 그리고 자신의 목적을 달성하는 과정에서 상대방을 멸망시키거나 복종시키려고 노력하게 된다. (중략). 경쟁은 인간이 원하는 것을 얻기 위해 상대방을 공격하게 만든다. 자기 확신의 결핍은 안전을 확보하기 위해 상대방을 공격하게 만든다. 명예는 명성을 얻기 위해 상대방을 공격하게 만든다. (중략). 모든 사람을 떨게 하는 공공의 힘이 없는 상태에 사는 인간은 누구나 전쟁상태에 놓이게 된다. 이와 같은 전쟁은 만인의 만인에 대한 투쟁(Bellum omnium contra omnes)이라 할 수 있다 (Hobbes, 1651: 94-95).

정부가 없다면 우리가 안전하다고 느낄 수 있는 시간이 한순간도 없을 것이다. 정부는 정책을 통해서 자유, 공정, 안전과 같은 공공의 이익을 실현하려고 한다. 보이지 않는 손(invisible hands)을 통해 공익이 실현될 수 있다는 견해(Smith, 1789)와는 다른 관점이다.

정치가나 관료도 정책을 통해 자신의 사적 이익을 실현하려고 노력할 수 있다(秋吉 외, 2015: 104). 그렇다고 개인의 이익을 정책의 전면에 내세우고 활동을 하기는 어렵다. 정책이라면 어찌 되었든 해당 정책이 공익을 위해 중요하다는 담론(언설)이 필요하다. 예를 들어, 이명박 정부 시절에 정부는 4대강 사업을 추진하였다. 정책 추진 과정에서 다양한 행위자의 사적 이익이 실현되었다 하더라도 당시 4대강 사업은 홍수의 방지, 일자리 창출 등과 같은 공익실현 측면을 강조했다.

이처럼 정부의 행동은 규범적인 언어와 연결된다(2015: 105). 그리고 규범적 언어에는 아이디어, 개념, 담론(언설)이 포함된다. 이들을 통해 정책이 만들어지거나 재발견된다. 최근에 정책 담론에서 자주 언급되는 개념으로는 탄소중립, 양성평등, 그린뉴딜 등이 있다. 이 중에는 이전부터 존재하고 있었으나, 그렇게 자주 사용되지 않았던 개념이 활동가나 전문가, 학자 등에 의해 새롭게 조합되거나 재발견된 규범도 있다.

규범이란 바라는 것, 지향해야 하는 것이라는 의미가 있다(2015: 105). 그런데 바라지 않는 것, 있어서는 안 되는 것도 규범에 포함된다. 이 중에는 성희롱, 가정폭력, 아동학대, 스토커 등과 같이 규범적 언어를 통해 해결해야 할 정책대상이 된다.

이러한 단어를 생각해 내는 것 자체는 비용이 들지 않지만 보급하기 위해서는 어느 정도의 비용이 든다. 만약 그 단어가 시대에 적합하여 자연스럽게 확산한다면, 아주 적은 비용으로도 큰 정책의 변화를 끌어내는 것이 가능하다.

이전에도 성희롱이나 스토킹 등으로 괴로움을 겪었던 사람들이 많았을 것이다. 그러나 당시에는 그러한 행동의 부정적 측면을 인식하고 그 행동의 문제점을 명확하게 나타내는 단어나 개념이 없었다. 스토킹 같은 행위는 끈질김이나 집요함 등으로 표현되거나, 경범죄 정도로 규제할 뿐이었다. 그러나 새로운 단어가 나타나서 사람들의 인식에 영향을 주고, 참혹한 사건이 계기가 되어 정책대상이 된다. 우리나라도 2021년 4월에 스토킹 범죄를 처벌하는 법률이 제정되었다. 지금은 성희롱이나 스토킹 등의 단어는 누구라도 범죄행위로 인식한다.

그렇다면 이러한 규범적 언어에는 어떠한 것이 있을까? 여기에서는 정책이 지향해야 하는 몇 가지의 가치·목표를 논의하고자 한다(Stone, 2012). 바로 공평성, 효율성, 안전, 자유, 복지 등이다. 이러한 가치가 바람직하다는 것은 분명하다. 그렇지만 구체적인 상황에서 이러한 가치는 어떠한 의미와 함의를 지니는 것일까?

제2절　공평성, 효율성, 안전, 자유, 복지

1. 공평성

공평성의 사전적인 의미는 한쪽으로 치우치지 않고 균형이 맞음이다. 때로는 형평성, 평등(equality)이라는 개념과 함께 사용한다. 정책학에서 공평성은 크게 두 가지 의미를 포함한다. 첫째, 동등한 것은 동등하게 다루는 것으로 수평적 공평성이라고 한다. 만약 동등한 것을 동등하지 않게 다루면 불공평하다고 할 수 있다. 둘째, 동등하지 않은 것은 동등하지 않게 다루는 것으로 수직적 공평성이라고 한다. 만약 동등하지 않은 것을 동등하게 다루면 불공평하다고 할 수 있다. 즉 공평성은 수평적 공평성과 수직적 공평성을 포함한다.

예컨대, 대학의 정책학 개론 중간시험에서 열심히 공부해서 엉성한 구조에 대해 명확하게 답을 쓴 평강과 전날 종일 게임을 하는 통에 아무것도 쓰지 못한 온달이 같은 점수를 받았다고 하면 평강은 불공평하다고 느낄 것이다. 확실하게 편차를 두어서 채점하였다면 수직적 공평성이 있다고 할 것이다. 또한, 비슷하게 공부를 한 길동과 영희가 비슷한 답안을 썼음에도 점수에 큰 차이가 있다면, 이것도 불공평하다고 할 것이다. 이것은 수평적 공평성이 실현되지 않았다고 할 것이다.

세금을 매기는 것에 대해서 생각해 보자(秋吉 외, 2015: 106). 과세의 공평성 측면에서 수평적 공평은 동등한 경제 상황에 있는 사람들에게 동등한 과세를 하는 것이다. 수직적 공평은 서로 다른 경제 상황에 있는 사람들은 서로 다른 과세 부담을 져야만 한다는 생각으로 연결된다.

그러나 수평적이든 수직적이든, 정책문제에서 어떤 것과 어떤 것이 동등하다는 것과 동등하지 않다는 것은 무엇을 의미하는가? 조금만 생각하면 이러한 점이 분명하지 않다는 것을 알 수 있다.

먼저 정책에서 공평성이 문제가 될 때는 무엇인가를 분배할 때다. 예를 들면 코로나19로 인한 긴급재난지원금을 분배하거나, 백신 예방주사를 누가 먼저 접종할 것인가를 생각할 때 공평성이 요구된다.

이러한 분배에는 세 차원이 있다(Stone, 2012: 57). 분배를 받는 사람이 누구인가 하는 문제, 분배받는 것이 무엇인가 하는 문제, 분배 과정이 어떠한가 하는 문제이다. 각각의 문제에 대해 어떻게 대응하느냐에 따라 공평한 분배라고 생각되는 것이 불공평하게 되거나, 반대로 불공평한 것이 공평하게 되기도 한다.

첫째, 분배를 받는 사람이 누구인가의 문제이다(2012: 42-45). 여기에서는 누구에게 분배되어야 하는가? 어느 범위의 사람까지 공평하게 분배되어야 하는가? 등이 중요하다. 누가 구성원자격(membership)을 지니는가의 문제라고 해도 좋다.

예를 들면 선거권을 생각해 보자. 선거권은 누구에게 분배되어야 하는가? 현재 선거권은 만 18세 이상의 남녀 동등하게 1인 1표가 주어진다. 납세권이나 성별에 의해 선거권의 차이가 발생하는 일은 없다. 그러나 선거권이 부여되어 있지 않은 사람도 있다. 많은 국가에서는 외국인에게 선거권이 부여되어 있지 않다. 정주 외국인의 지방 선거권 부여는 국가마다 차이가 있는데 구성원자격을 국민으로 할 것인가 혹은 주민으로 할 것인가에 따라 다르다.

또한, 선거연령에서도 분배의 문제가 제기될 수 있다. 1948년에 대통령과 국회의원 선거연령은 21세였다. 그 후 시간이 흐르면서 선거연령은 20세, 19세로 낮아졌고, 2020년 1월부터는 18세로 조정되었다. 그렇지만 중등 학생에게는 선거권을 부여하지 않고 있다. 중등 학생은 아직 이성적 판단을 할 수 있는 수준에 도달하지 못했다는 것이 중요한 이유로 제시된다. 그러나 성인이라고 해도 그러한 사람은 얼마든지 있을 수 있다. 같은 이유로 글자를 읽을 수 있는가의 독해 테스트, 정치나 상식에 관한 테스트 등을 하고 합격자만 선거권을 부여할 수도 있다. 실제로 1960년대 미국의 지방정부 중에서는 유권자 등록을 원하는 사람에게 헌법 구절을 읽고 해석할 수 있는 능력을 요구하였다. 이는 흑인 거주민들을 투표 명부에서 제외하려는 의도를 지녔던 것으로 해석된다(Crenson & Ginsberg, 2004: 131).

정부는 세금을 걷고, 그것을 재원으로 정책을 펼친다(秋吉 외, 2015: 107). 따라서 일정 금액 이상의 세금을 내는 사람만을 유권자로 한정하는 것도 가능하다. 그렇게 되면 세금을 내지 않는 저소득 계층은 선거권이 배제될 것이다. 그

대신에 정주 외국인이 들어가거나 법인세를 내는 법인이 선거권을 가질 수 있다. 이처럼 같은 것을 분배한다고 해도 누구에게 분배할 것인가를 생각해야 한다.

구성원자격 다음으로 수혜자에 관해서 수직적 공평의 문제가 있다(Stone, 2012: 53-54). 어떤 조직이 있다고 할 때 구성원 전원에게 급여를 똑같이 지급하는 것이 공평하다고 생각하는 사람은 적을 것이다. 동일노동 동일임금 원칙에 따르면 노동 수행에서 요구되는 기술, 노력, 책임 등을 기준으로 동일 가치의 노동에 대해서는 같은 임금을 지급하도록 하고 있다. 반면, 수직적 공평은 경험, 노력, 기능에 따라 다른 취급을 받아야만 한다고 생각한다. 사장과 신입사원과의 급여 차이는 어느 정도여야 하는가? 트럭 운전사, 버스 운전자, 택시 운전사의 급여 차이는 어느 정도면 공평할까? 한마디로 말하기 어렵다.

> 정의당은 4·15 총선(21대) 3호 공약으로 국회의원과 공공기관, 민간기업의 최고임금을 최저임금과 연동시키는 최고임금제를 도입하겠다고 밝혔습니다. 정의당이 제안한 최고임금제는 국회의원 보수는 최저임금의 5배, 공공기관 최고임금은 최저임금의 7배, 민간기업의 최고임금을 30배로 제한하는 내용입니다. (중략). 50대 기업 등기 임원의 평균임금은 13.2억 원으로 최저임금과 70배 차이가 나고 삼성전자의 등기임원은 305배까지 차이가 난다며, 이는 건전한 시장경제 하의 정당한 임금 격차로 볼 수 없다고 덧붙였습니다.
> – KBS 뉴스, 2020.01.29. 수정, https://news.kbs.co.kr/news/view.do?
> ncd=4370909(2021.05.26. 최종방문).

수혜자와 관련하여 개인의 특성보다 그 개인이 속하고 있는 집단을 중시하고, 집단에 대한 분배의 공평성을 우선해야 한다는 주장이 있다(2012: 50-52). 예컨대 인종이나 성별에 주목하여 특정 집단이 겪은 역사적 차별과 불공평을 바로잡기 위해 일정 비율(quota)을 사전에 확보하여 우선 분배해야 한다는 것이다.

물론 평등주의 사회에서도 어느 정도의 불평등은 용인된다. 하지만 불평등이 특정 집단에 속한 사람들의 다양한 생활영역에서 누적하여 나타나면, 평등의 이념에 비추어볼 때 받아들이기 어렵다. 여기에서 차별의 문제가 등장한다. 차별이란 특정 집단에 대하여 그들이 지닌 특징 때문에 그들을 이질적으로 대우하고, 그들이 희망하는 평등한 대우를 거부하는 것이다. 문제는 차별 철폐가 즉각적으로 집단의 평등을 실현하는 것은 아니라는 점이다. 구체적인 성과를 거두기 위해서는 상당한 시간이 걸린다. 따라서 적극적 차별 시정 조치(affirmative action), 소득 재분배 정책 등이 결과의 평등을 보장하기 위해 우선 고안되었다.

개인주의가 강했던 미국에서는 1960년대 흑인인권운동의 영향을 받아 인종차별을 완화하기 위해 적극적 차별 시정 조치가 시행되었다(阿部, 1991: 188-199). 한국에서도 1991년 장애인고용촉진에 관한 법률이 시행되면서 장애인의 고용이 의무가 되었다. 사회 연대 이념에 근거하여 각 사업주가 법으로 정한 고용 비율에 맞게 신체장애인이나 지적장애인을 고용하도록 하고 있다.

둘째, 분배되는 것에 관한 것이다. 분배할 때 똑같은 것만을 분배하는 것이 공평할 수 있다(Stone, 2012: 52-53). 그렇지만 똑같은 것이 의미하는 것은 무엇인지를 조금만 생각하면 호락호락한 주제가 아니라는 점을 알 수 있다. 예컨대 모든 지역에 방한용 코트를 똑같이 나누어 준다면, 따뜻한 지역의 사람에게는 무용지물이 될 것이다. 또한, 덩치가 작은 사람, 큰 사람이 있음에도 똑같은 크기의 옷이라면 곤란할 것이다. 코로나19 상황에서 가정마다 (어른이 쓰기에는 조금은 작은) 천 마스크를 2장씩 분배했을 때 생겼던 일본의 상황을 생각하면 분배의 공평성이 무엇인지를 고민하게 한다. 마찬가지로 정부가 모든 국민에게 임대 주택을 공급할 때 가족 수에서 차이가 있음에도 같은 평수의 임대주택만 공급한다면 분배의 공평성에 문제가 있을 것이다.

개인이나 지역의 요구와 가치관에 맞추어 분배하는 편이 똑같게 분배하는 것보다 공평할 수 있다. 그러나 어느 정도까지 그러한 상황을 고려해서 분배할 수 있는가?라는 현실적인 어려움이 있다.

분배되는 것의 범위를 바꾸어 공평성을 만들어 낸다는 생각도 가능하다(秋吉 외, 2015: 108-109). 예컨대 점심을 먹은 후에 모두가 커피와 쿠키를 주문했다고 하자. 사람 수만큼 커피와 쿠키는 같은 종류로 해서 가격을 같게 하는 것이 공평하다고 생각할 수 있다. 그렇지만 특별한 커피를 마시고 싶은 사람도 있을 수 있다. 이 경우에 비싸고 특별한 커피를 마시는 사람은 쿠키를 적게 주문할 수 있다. 이는 커피와 쿠키를 종합해서 보면 공평하게 되는 것이다. 어떤 시점에서는 공평하지 않은 것을 분배방식으로 상쇄하려고 하는 것이다. 이처럼 생각하면 분배의 대상과 범위를 바꾸는 것으로 공평성의 의미가 달라진다.

셋째, 분배 과정에 관한 것이다(Stone, 2012: 54-55). 우리의 공평에 대한 인식에는 분배가 어떤 과정을 통해 이루어지는가도 큰 영향을 받는다. 특히 같은 양으로 분배하는 것이 어렵고, 결과적으로 어떻게 해도 불공평하게 될 때는 공평한 과정을 통해서 하는 것이 중요하다.

예를 들면, 쓰레기 소각장이나 하수처리장 등 사람들이 선호하지 않는 시설은 주변 주민들의 반대가 예상된다. 그렇지만 어디인가를 선정해서 만들어야만 하므로 그 장소 선정과정에서의 공평성이 중요하다. 선정과정을 공정하게하여 분배가 공평하게 되고 있음을 보여주면, 결과의 불공평도 어느 정도 수용할 수 있는 여지가 있다.

과정의 공평성을 위한 방법으로 경쟁이나 추첨이 있다(2012: 56). 예컨대 케이크를 먹기 위해 참가자들이 2m 떨어져 포크 하나를 들고 서 있는 규칙이 있으면, 같은 자원과 같은 위치로부터 출발하기에 공평하다고 말할 수 있다. 학생들이 고등학교를 선택할 때, 추첨은 학교를 공평하게 배정하는 방법이다. 군대에서 훈련병을 배치할 때 추첨을 하는 것도 과정의 공평성을 위한 것이다. 이는 기회균등(또는 기회의 평등)의 상태를 보장하는 것이다. 그렇지만 이때 결과의 평등은 충족되지 않을 수 있다. 운과 재능, 노력 여하에 따라 결과는 달라진다.

1965년 발표된 Coleman Report는 정책에서 결과의 평등을 요구하는 논의의 출발점이다(阿部, 1991: 188-199). 보고서는 다른 인종(흑·백)의 학교가 가진 교육자원의 차이가 인종 사이의 교육 수준의 차이를 가져온다는 점을 실증하려고 하였다. 그런데 다른 인종의 학교 사이에 물적 설비, 공식 커리큘럼 등에서는 거의 차이가 없었다. 성적의 차이는 1학년부터 존재하였으며, 졸업할 때까지 차이는 더 확대되었다. 학교의 교육자원은 어떤 차이도 가져오지 않는다는 것이 밝혀졌다. 그 후 불평등에 관한 연구에 따르면 사람들의 성공 여부는 가족적 배경, 학교 교육, 성적 등과는 제한된 연관성만 있으며, 행운이나 일의 적성(competence)에 좌우된다는 주장이 제기되었다. 이러한 주장에 따르면 성공한 사람이 소득이나 지위에 관해 특별한 대우를 받는 것은 윤리적으로 정당성이 없다고 할 수 있다.

이처럼 분배의 세 차원에 착안하면, 서로 다른 의미의 공평성이 있음을 알 수 있다(秋吉 외, 2015: 110). 중요한 것은 공평의 의미와 내용을 다른 형태로 정의하는 정부의 노력이다. 받아들이는 사람을 명확하게 규정하고, 분배되는 것의 정의를 명확하게 바꾸는 것으로 현재의 정의에서는 불공평한 것을 공평하게 할 수 있다는 것이다. 또한, 과정을 바꿈으로써 다른 결과를 만들어 내려는 것이다.

2. 효율성

효율성(efficiency)은 산출(output)과 투입(input)의 비율을 의미한다(Stone, 2012: 63). 예컨대 산출을 결과, 투입을 노력이라고 할 때 최소한의 노력으로 최대한의 결과를 만들어 내면 효율성이 높다거나 효율적이라고 표현한다. 최대한의 편익(benefit)과 최소한의 비용(cost)의 비율로 사용되기도 한다.

효율성은 능률성과 경제성의 개념을 포함하기도 한다. 기말시험을 보기 직전에 공부를 3시간 하고 A를 얻으려는 방법은 가장 효율적인 공부법일 것이다. 이것은 능률성으로 부르기도 한다. 반대로 운전면허 필기시험을 통과하기 위하여 최저 점수인 70점을 얻으면 충분할 때, 필기시험 공부 시간을 줄이고 다른 것을 하는 것도 효율적인 공부법이다. 이것은 경제성이라고 불리기도 한다.

이처럼 투입이 일정할 때 산출을 최대로 하거나, 산출이 일정할 때 투입을 최소로 하는 것이 효율성이다(Simon, 1997: 250-251). 다른 관점에서 정의하면 효율적이라는 것은 낭비나 중복이 없는 것을 의미한다. 그래서 작은 정부를 지지하는 사람들에게 효율성은 중요한 가치라고 할 수 있다.

결국, 효율성이란 무언가 바람직한 목적을 실현하는 방법 또는 수단과 관련된 개념이다(1997: 12). 어떠한 목표라도 효율적으로 달성하는 것이 바람직할 것이다. 그런 의미에서는 효율성은 누구도 반대하지 않는 목표이다. 그러나 효율성이라는 개념을 더 깊게 생각하면 실제로는 그렇게 간단하지 않다.

정책학에서는 가외성(redundancy)이라는 개념이 있다. 이는 무엇인가 여벌이 있음을 뜻한다(김영평, 2008). 혹시 모를 사고에 대비하기 위하여 비행기 엔진을 여분으로 설치하는 것이 좋은 예이다. 효율성의 관점에서는 여분의 엔진은 낭비지만, 완전하지 않은 부품들로 구성된 장치를 더 신뢰할 수 있는 전체로 만든다는 점에서 필요하다. 특히 불확실한 상황에서 문제들을 다룰 때 최소한의 투입으로 최대한의 성과를 내는 것은 달성하기 어려운 과제일 수 있다. 예를 들어 복지정책에서는 사회안전망을 겹겹이 펼치는 것이 필요하며, 이는 가외성의 측면에서 이해할 수 있다.

시장이 효율성을 가장 잘 산출한다는 주장이 광범위하게 제기되면서 효율성을 중요하게 생각하는 경향이 있다. 정부가 아니라 시장에 맡기는 편이 효율적이며 쓸데없는 낭비가 없어진다는 견해이다. 신자유주의라는 이름으로 유럽의 정치경제에 큰 영향을 주고 있다.

 Break Time ┃ 5-1 효율성과 신자유주의(Neo-Liberalism)

원래 자유주의(liberalism)의 고전적 의미는 개인의 자유에 우선을 두는 입장이다. 경제학적으로는 개인이 자기 재산을 이용할 권리, 특히 돈을 벌기 위해 재산을 이용할 권리를 보호하는 것을 의미한다. 바람직한 정부는 그런 권리를 행사하는데 도움이 되는 법과 질서 등 최소한의 조건만을 제공하는 정부이다. 이런 정부 또는 국가를 최소 국가(minimal state)라고 한다.

신자유주의는 1980년대 이후 경제학의 주류로 자리 잡은 견해를 의미한다. 고전적 자유주의와는 최소 정부를 옹호한다는 점에서 비슷한 측면을 지닌다. 그렇지만 신자유주의와 고전적 자유주의와는 아래와 같은 큰 차이점을 가진다.

첫째, 고전적 자유주의에서는 화폐의 발행도 경쟁해야 한다고 주장하지만, 신자유주의는 중앙은행이 발행권을 독점해야 한다고 생각한다. 둘째, 20세기 중반까지 고전적 자유주의자들의 대부분은 민주주의를 옹호하지 않았다. 개인의 권리보다 전통과 사회적 위계질서를 우선해야 한다는 견해에는 찬성하지 않았으나, 모든 사람에게 개인의 권리를 누릴 자격이 있다고 생각하지 않았다. 반면에 신자유주의자들은 공개적으로 민주주의에 반대하지는 않는다. 그렇지만 개인의 재산권과 자유시장을 지키기 위해서라면 민주주의를 희생할 용의가 있다고 생각한다(Chang, 2014: 75−76).

영국의 대처(Thatcher) 정부와 미국의 레이건(Reagan) 정부는 신자유주의를 적극적으로 펼친 대표적인 정부이다. 대처 정부(1979년~1990년)는 고소득자에 대한 세율을 낮추고, 교육, 주택, 교통 부문을 중심으로 정부 지출을 삭감하였다. 가장 상징적인 정책은 민영화(privatization)였는데, 가스, 수도, 전기, 철강, 항공, 자동차, 그리고 저소득층을 위한 공영 주택의 일부가 개인에게 팔렸다. 영국의 탄광촌을 배경으로 한 영화 「Billy Elliot(빌리 엘리어트)」(2001년 개봉)는 1980년대의 상황을 잘 보여주고 있다.

레이건 정부(1981년~1989년)는 고소득자에 대한 세율을 낮추고, 가난한 사람들에 대한 보조금을 삭감하고 최소 임금을 동결하였다. 영국과 비슷하게 물가를 잡기 위해 이자율 인상이 감행되었다(2014: 95-96).

그렇다면 효율성이라는 개념은 순수하게 기술적인 측면만을 가지고 있는가? 공공 도서관의 예를 들어 생각해 보자(Stone, 2012: 63-67).

공공 도서관은 정부가 비용을 전부 부담하거나 일부를 보조한다. 도서관은 도서 및 기타 자료를 수집·정리·보전하여 여러 사람이 활용할 수 있도록 도와주는 곳이다. 이때 도서관을 효율적으로 운영해야 한다면 어떻게 해야 할까? 우선 도서관의 목적이 많은 종류의 책을 수집하는 것이라면 책을 많이 늘리는 것이 효율적이라고 생각할 수 있다. 인건비는 줄이고, 도서 구매에 충당하는 것이 바람직할 것이다.

그러나 이것이 정말로 효율적이라고 할 수 있을까? 도서관의 장서 수를 늘리는 것 이외에 도서관에는 다양한 기능이 있다. 예컨대 독서회, 소리로 듣는 도서 작성 등도 도서관의 기능이라 할 것이다. 참고 문헌 서비스가 필요하다면 사서를 고용해야 한다.

많은 종류의 책을 수집하는 것이 목적이라면, 비싼 책은 사들이지 않고 가격이 저렴한 책이나 문고판 등을 모으는 것이 효율적이다. 그렇지만 이것으로 도서관의 역할을 달성할 수 있을까? (소장하는) 도서의 수가 아니라 도서관 출입자 수나 대출 권수를 최대로 하는 것을 도서관의 목적으로 바꾸면 어떻게 될까? 그 경우 인기 높은 만화, 잡지, 도서를 많이 갖추는 것이 효율적인 도서관이 되는 지름길이다. 실제로 판타지와 무협 소설이 대학 도서관의 대출 순위에서 상위권을 형성했었던 시절(2002년과 2003년)이 있었는데, 대출 권수를 최대로 하는 것을 고려하면 학생들에게 인기가 있는 일부 장르의 책을 집중적으로 구매해야 할 것이다. 그런데 이것을 도서관의 역할이라고 할 수 있을까? 도서관의 목적이 무엇인가에 따라 도서관이 모으는 책은 바뀌게 된다. 동화책을 어느 정도 살 것인가? 개인이 사기 어려운 비싼 책을 모으는 것을 우선으로 할 것인가? CD나 DVD를 사야 하는가? 이것은 공공의 결정이 필요한 사항이다.

셋째, 도서관이 담당하고 있는 기능을 넓게 생각하면, 지역의 고용, 아동의 보육·놀이터, 수험생을 위한 자리 제공도 생각할 수 있다. 우리나라는 도서관이라고 할 때 독서실이라는 이미지와 기능이 강조되곤 한다. 그렇지만 인구 감소가 문제가 되고 보육의 중요성이 강조되면, 도서관은 독서실의 기능에 한정되는 것이 아니라 아동을 위한 놀이터가 되거나 보육을 위한 거점 시설로서의 소임을 수행하기도 한다. 이러한 것을 어느 정도 산출로서 생각할 것인가에 대해서는 토론이 필요하다.

넷째, 사서의 참고 문헌 서비스의 효율성을 생각하면, 무엇을 분모·분자로 할 것인가에 따라 정반대의 결과가 나온다. 사서가 1명만 있는 경우, 인건비는 적게 들지만, 그 서비스를 받기 위해서는 긴 줄을 서고 기다려야 한다. 이용자의 대기 시간은 낭비라고 할 수 있다. 이에 반해 사서가 여러 명이 있다면 이용자는 바로 상담을 받을 가능성이 커진다. 그러나 바로 서비스를 받을 수 있다는 사실은 일하지 않고 있는 사서가 있다는 것이기도 하다. 이용자에게 효율적인 시간 이용은 사서가 쓸데없는 시간을 보내고 있는 것을 의미하며, 사서를 효율적으로 관리한다는 것은 이용자가 기다리는 시간의 비효율성이 있다는 것을 의미한다.

책을 사는 방식도 비슷하게 말할 수 있다. 같은 책이 여러 권 있는 것을 낭비라고 한다면 지방자치단체에 하나의 중앙도서관만 세우고 여기에서 모든 책을 관리하는 것이 효율적이다. 면적이 큰 자치단체라면 작은 도서관을 분산해서 세울 때, 주민의 편의성은 높아진다. 그렇지만 같은 책을 몇 권 사야 한다는 중복(낭비)이 생길 수 있음을 의미한다. 하나의 도서관에서도 똑같은 이야기를 할 수 있다. 인기 도서에 대해서는 이용자의 요구가 쇄도한다. 여러 권의 책을 사서 빠르게 이용하도록 하는 것이 좋은가? 어느 정도까지 책을 중복하여 배치할 것인가? 한정된 예산으로 가능한 많은 종류의 책을 사는 편이 좋은가? 효율성만으로는 판단하기 쉽지 않다.

3. 안전

우리는 전쟁과 테러가 없고, 흉악한 범죄도 없고, 의·식·주와 관련하여 안심하고 살 수 있는 사회를 바라기 때문에 코로나19와 같이 전염병이 유행하면 크게 불안하다. 불량식품이 유통되고 있다는 뉴스를 접하면 혹시나 하고 불안해진다. 국민이 안전하면서 안심하고 생활할 수 있도록 하는 것은 정부가 지향해야 할 중요한 목표이다.

그렇다면 안전이란 무엇인가? 안전이라고 할 때 여기에는 크게 세 가지 개념이 포함되어 있다(Stone, 2012: 129–135).

첫째, 완전한 안전(an ideal of perfect safety)이다. 나쁜 일이 전혀 일어나지 않고, 걱정이 전혀 없는 상태를 말한다. 두려움으로부터 자유로운(freedom from fear) 상황을 그려보면 좋을 것이다. 부모가 지켜주고 있는 상황에서 평화롭게 잠자고 있는 아이를 상상해도 좋다. 전쟁이 일어나지 않을 상태를 생각해도 좋다. 정부는 좋은 정책을 만들어서 나쁜 일(안전하지 않은 일)이 일어나는 것을 막으려고 한다.

둘째, 심리적 안전(psychological ideal of security)이다. 사람은 통제할 수 없는 사건에 대해서 불안한 감정을 느끼며, 저마다 다르게 위험을 지각하고 반응한다. 내가 운전을 할 때보다 다른 사람이 운전할 때 느끼는 불안감을 떠올리면 좋을 것이다. 사람의 마음은 저마다 다른 불완전한 감정(inchoate feelings)이 섞여 있다. 이러한 심리적 안전은 안심이라고 부를 수도 있다.

셋째, 과학적인 안전(scientific ideal of security)이다. 예를 들어 사고가 날 확률은 거의 0%이며, 현재의 과학기술로는 안전하다고 말할 때의 의미이다. 위험(risk)은 나쁜 일이 일어날 가능성이며, 비가 내릴 확률이 25%라고 표현한다. 최악의 상황에서도 위험은 분석할 수 있고, 면밀하게 계획할 수 있고, 방지할 수 있다고 가정한다. 이러한 입장에서는 주어진 상황과 현실의 불확실성을 고려할 때 완전한 안전을 달성할 수 없다고 보며, 위해(harms)를 최소화하고 안전을 극대화하려고 노력한다.

현실에서 정책의 안전(성)을 둘러싼 갈등과 논쟁은 안전을 둘러싼 서로 다른 견해, 그리고 어떻게 안전을 확보할 것인가와 연관된다. 특히 안전에 관한 많은 이슈는 사건이 일어날 낮은 확률과 강한 영향력이라는 상황을 포함한다. 원자력 발전소나 핵폐기물장의 안전(성)을 둘러싼 사회적 논쟁은 안전을 둘러싼 입장의 차이를 대변한다. 정부가 안전하다고 할 때의 의미는 과학적인 안전을 강조하는 것이지만, 그렇다고 해도 안심이 되지 않은 사람들이 많다. 2008년 미국산 쇠고기 수입과 관련하여 나타났던 촛불집회는 정부가 생각하는 안전과 국민이 생각하는 안전이 서로 다르다는 점을 보여주는 예이다.

4. 자유

자유도 정부가 정책으로 실현해야만 하는 목표·가치이다. 정부는 국민의 발언이나 행동의 자유를 존중해야만 한다. 독재 정권 시절의 엄혹한 환경에서 개인의 자유와 언론 통제를 경험했던 한국에서는 자유가 무엇보다도 실현되어야 할 가치로 생각된다. 대한민국의 「헌법」은 제12조(신체의 자유)부터 제22조(학문과 예술의 자유)까지 국민의 자유권에 대하여 선언하고 있다. 제11조에 평등권을 선언한 것과 비교하면 자유를 얼마나 강조하는지 알 수 있다.

그렇다면 자유란 무엇인가? 자유에 대한 가장 간략한 정의를 살펴보면 다음과 같다. 자유란 자기가 원하는 바를 하는 것(doing what one desires)이다(Mills, 1859: 181). 그리고 자유는 아주 예외적인 경우에만 제한된다고 본다.

> 인간사회에서 누구든, 개인이든 집단이든, 다른 사람의 자유를 침해할 수 있는 경우는 오직 한 가지, 자기 보호를 위해 필요할 때뿐이다. 다른 사람에게 해(harm)를 끼치는 것을 막기 위한 목적이라면, 당사자의 의지에 반해 권력이 사용되는 것도 정당하다고 할 수 있다. 이 유일한 경우를 제외하고는 문명사회에서 구성원의 자유를 침해하는 그 어떤 권력의 행사도 정당화될 수 없다(Mills, 1859: 32).

밀(Mills, 1859)에 따르면 인간은 다른 사람에게 위해(harm)를 끼치지 않는 이상 자신이 바라는 대로 행동할 수 있다. 그리고 정부는 이를 존중해야 한다. 행동의 자유를 제한하는 것은 예외적이며, 어떤 사람의 행동이 타인에게 위해를 가할 때로 한정된다. 그때에만 정부는 그 행동을 할 수 없도록 개입하는 것이 허용된다.

이렇게 자유를 정의하면, 초점은 타인에 대한 위해 개념이다. 정부가 (개인의 자유에) 개입해서라도 멈추게 해야 하는 위해는 다음과 같다(Stone, 2012: 108-113).

첫째, 가장 명백한 것은 살인이나 상해, 폭행 등 신체에 대한 위해(physical injury)이다. 이러한 위해를 가하는 자유는 제한되어야 한다. 그런데 아주 소량이 포함되어 있어 금세 부정적 효과가 나타나지는 않지만, 일정 동안 복용하면 인체에 치명적 영향을 줄 수 있는 약물이나 발암성 물질 등으로 생겨나는 위해는 어떻게 해야 하는가? 담배를 피울 자유와 간접흡연의 해로움을 비교해서 생각하면 좋을 것이다. 복잡한 인과관계로 생명이 서서히 위협받으면 이러한 행위를 어떻게 제한해야 하는가는 어려운 문제이다.

둘째, 타인의 소유권에 대한 위해(economic and material harms)가 있다. 타인의 물건을 파손하는 것은 허용되지 않는다. 저작권을 위반한 해적판 드라마나 음악도 허용되지 않는다. 그런데 쓰레기 처리장이 근처에 설치되어 본인의 토지 가격이 낮아졌다면 어떻게 해야 하는가? 개인이 거주지에 쓰레기를 대량으로 쌓아 두는 자유를 제한하는 것은 가능할까?

셋째, 쾌적한 생활(amenity)에 대한 위해이다. 풍력발전소는 주변에 소음을 발생시키고 풍경을 엉망으로 할 수도 있다. 또는 볼썽사나운 간판 광고가 동네의 미관을 해칠 수도 있다. 정부는 이러한 위해를 그만두도록 하는 것이 가능할까?

넷째, 심리적 위해(psychic harms)가 있다. 예를 들어 인종차별적이거나 성차별적인 표현과 행동은 다른 사람의 자존감을 낮추고, 부정적인 고정관념을 조장할 수 있다. 혐오 발언(hate speech)을 제한하는 것은 심리적 위해를 그만두도록 하려는 노력이다. 그런데 이러한 노력이 언론의 자유와 충돌할 때는 어느 정도까지 혐오 발언의 자유를 제한해야 할까?

다섯째, 정신적·도덕적 위해(spiritual·moral harms)도 있다. 예를 들면 스토킹 행위는 피해자에게 현저한 정신적 불안감과 엄청난 정신적 고통을 주기에 그러한 행위를 규제해야 한다. 낙태를 반대하는 사람들은 낙태가 도덕적으로 옳지 않기 때문에 반대하며, 그러한 행위를 규제해야 한다고 생각한다.

한편, 개인적 위해를 초월한 집단이나 공동체에의 구조적·누적적 위해도 있다(Stone, 2012: 109-110; 秋吉 외, 2015: 118-119).

먼저 구조적 위해란 공동체가 사회로서 기능하는 능력에 위해를 가하는 것이다. 예를 들면 사립 초등학교에 아이를 보내는 것은 개인의 선택이다. 학교법인으로서 초등학교를 자유롭게 개교하기를 희망한다. 그러나 초등학교는 다양한 가정환경의 아이들이 함께 배우는 것을 통해 사회 통합을 하는 기능도 가지고 있다. 부유한 집안의 아이가 사립 초등학교에 가고, 공립학교는 중산층 이하의 아이만이 가게 되면 사회가 분리될 가능성도 존재한다. 사회가 하나의 공동체로서 존재할 수 없을지도 모른다. 그렇다고 정부가 사회를 위한다는 명목으로 사립 초등학교의 설치를 금지하는 규제를 할 수 있는가는 또 다른 논의의 대상이 된다.

다음으로 누적적 위해(cumulative harm)이다. 한두 명이 할 때 문제가 되지 않지만, 많은 사람이 함께하면 위해가 되는 경우가 있다. 예를 들면 강에 쓰레기를 버리는 것이다. 또는 연금 제도도 미납자가 적을 때에는 어떻게든 연금을 운용할 수 있다. 그렇지만 미납자의 수가 일정 규모 이상으로 늘어나면 제도 자체가 성립할 수 없다. 은행도 소수의 사람이 돈을 찾아갈 때는 통상적인 상태이지만, 일정 수 이상의 사람이 한꺼번에 돈을 찾아가면 엄청난 소동이 벌어진다. 교실에서도 한두 명이 작은 소리로 말하는 동안에는 전체에 영향을 주지 않는다. 그렇지만 어느 정도를 넘어서면 전체에 불편함을 주며, 학급 붕괴로 연결될 수도 있다.

5. 복지

복지란 좋은 건강, 윤택한 생활, 안락한 환경 등이 어우러져 행복을 누릴 수 있는 상태이다(국어사전). 「헌법」 서문에는 "우리들과 우리들의 子孫의 安全

과 自由와 幸福을 영원히 확보할 것을 다짐하면서"라는 표현이 등장한다. 미국의 독립선언서에도 생명, 자유, 행복 추구 등의 권리를 명시하고 있다. 현대 국가에서는 정부가 국민 생활의 최저 수준을 보장하는 것을 의무로 삼고 있다.

「헌법」제34조에서는 인간다운 생활을 할 권리와 국가가 재해를 예방해야 할 의무를 규정하고 있다. 그리고 제35조에서 쾌적한 환경에서 생활할 권리, 제36조에서 보건에 관한 국가 보호 의무를 규정하고 있다. 법학에서는 생존권이라고 불리는 권리를 가짐으로써 최저한의 생활이 보장된다. 최저한의 생활이란 최저한의 필요(needs)가 충족되는 상태를 뜻한다.

그렇다면 '최저한의 필요'란 무엇인가? 그리고 정부가 어느 정도의 필요를 충족시켜야만 하는가? 이는 정책에서 중요한 논점의 하나이다. 사람들은 무엇인가 절실히 필요할 때, 사회의 도움을 바란다(Stone, 2012: 85). 정부에 대한 요구는 무엇을 갖고 싶다는 것보다는 무엇이 필요하다는 표현을 사용하는 경우가 많다. want보다 need라고 하는 편이 근원적인 요구라고 하는 것은 아이도 잘 알고 있다. 아이가 부모에게 무엇인가를 요구할 때는 "갖고 싶어."라는 말보다 "필요해."라는 말이 더 효과적이다.

그렇다면 이 필요는 어떻게 구체화하는 것일까? 필요와 욕구(desire)는 어떻게 구별할 수 있을까? 분명한 것은 생존이 가능할 정도의 음식일 것이다(2012: 85-87). 2013년에 개봉한 영화 「설국열차」에서 열차의 꼬리 칸에 있는 사람은 비좁은 공간에서 최소한의 생존이 가능할 정도의 음식만을 배급받는다. 아주 좁은 공간에서 생존할 정도의 음식을 제공하는 것을 최소한의 필요로 인식하는 사람은 거의 없을 것이다. 「헌법」에도 건강하고 쾌적한 환경에서 생활할 권리를 적시하고 있다. 생존 가능한 정도로는 충분하지 않다. 그렇다면 인간다운 생활이란 어떤 의미인가? 정책학에서는 어느 정도를 어떻게 결정해 갈 것인가 등에 대해 생각할 필요가 있다. 다음에서는 필요에도 여러 가지 측면이 있음을 살펴보려고 한다(2012: 88-99).

첫째, 필요에는 상징적 측면이 있다. 예컨대, 먹는다는 것은 살아남기 위해 열량을 섭취한다는 것 이상의 의미가 있다. 동료 의식, 사회적 지위, 정신적 가치를 나타내기도 한다. 식구(食口)란 한 집에서 같이 살며 끼니를 함께 하는 사람을 의미한다. 음식물을 함께 먹는다는 것은 우정, 친근함, 가족의 구성원이라는 상징적 의미를 지닌다. 종교에 따라서는 술을 먹지 못하는 사람도 있고, 돼지나 소를 먹지 못하기도 한다. 우리가 무엇인가 필요하다고 할 때, 물질적인 것뿐만 아니라 상징적인 측면이 있다는 점을 인식하면, 복지란 사람들의 정체성을 보호하는 것을 의미할 수 있다.

둘째, 필요는 상대적이다. 한국인의 최저 수준의 필요 수준과 미국인, 네팔인, 베트남인, 케냐인 등의 최저한의 필요 수준은 다르다. 따라서 빈곤이라는 것도 금액과 같이 절대적인 지표로 표시하기 어렵다. 보통 일 년 수입이 전 국민의 일 년 수입의 중간치의 반에 미치지 못하는 국민을 빈곤층으로 인정한다. 실제로 빈곤이라고 느끼는 것은 다른 국가의 빈곤층과 비교해서가 아니라, 자국 내에서 상대적 위치로부터 그렇게 느끼기 때문이다. 이때 그 국가가 얼마나 경제발전을 하더라도 빈곤층은 없어지지 않는다.

셋째, 필요에는 인간관계도 관련된다. 혼밥, 혼술 등의 단어가 유행처럼 사용되고 있지만, 사람이 혼자서 살 수 있을까? 사람은 우정과 사랑, 존엄성, 존경, 자존, 명예, 공동체, 결속, 소속감 등이 필요하다. 예를 들어 사람은 다른 사람으로부터 무언가를 받는 것이 필요한 만큼 다른 사람에게도 주고 싶어 한다. 우리는 돌봄을 받을 필요가 있지만 동시에 돌봄을 줄 필요성도 지니고 있다. 소설 「로빈슨 크루소」에서 로빈슨 크루소는 의식주에 관한 최저한의 필요를 충족하였으나, 다른 사람(Friday)을 만나 인간관계의 필요성을 채우게 된다.

이처럼 필요에도 여러 측면이 있다. 필요를 객관적으로 정의하고 그것을 충족하면 된다는 인식으로는 충분하지 않다. 이것이 필요 불가결하다는 것은 대체로 사회적·정치적 주장이다. 그중에서 민주적 절차에 따라 승인된 것이 공식적인 필요이다. 그렇게 인정될 수 있도록 정책과정에서 주장이 반복된다.

제3절 가치의 대립과 정책의 판단 기준

1. 온정주의(후견주의) – 자유와 안전의 교환관계

각 규범·가치가 무엇인지에 대해서는 다양하게 정의(definition)를 내릴 수 있다. 행위자는 나름대로 정의를 내리면서 정부의 의사결정에 참여한다. 논의·교섭 중에는 규범·가치를 다시 정의하기도 한다.

하나의 가치가 지닌 정의를 둘러싸고 발생하는 충돌만으로도 정책은 엉성한(ill) 구조라고 말할 수 있다. 그런데 추구하는 가치 사이에서도 충돌이 있을 수 있다. 특히 하나의 가치를 추구할수록 다른 가치의 달성이 어려워지는 교환관계가 성립할 수도 있다.

온정주의는 안전과 (개인의) 자유 사이에서 무엇을 우선할 것인가의 문제로 나타날 수 있다(Stone, 2012: 118-119). Paternal이라는 단어는 아버지와 같은 것을 의미하는데, Paternalism이란 정부나 국가가 아버지를 대신하여 온정주의적 간섭을 한다는 의미로 사용한다. 좋게 말하면 부모의 마음, 나쁘게 말하면 쓸데없는 간섭 정책을 시행하는 것이다. 우리가 정부로부터 안전을 원할수록 더 많은 자유를 포기해야 하는 딜레마에 빠지게 된다(Birkland, 2020: 313-322).

예를 들면 미국에서는 9.11 테러 이후 자유보다 안전을 더 강조하는 법률이 제정되면서, 개인의 사생활이 침해당하는 확률이 높아졌다. 코로나19가 유행할 때 사람들은 안전을 위하여 자유의 일정 부분을 포기해야 했다. 물론 코로나19를 아주 예외적인 상황으로 상정하고 안전과 자유 사이의 관계를 논의하는 것은 옳지 않다고 생각할 수 있다. 그렇지만 일상에서도 안전과 자유 사이의 교환관계는 쉽게 관찰된다.

대부분 국가에서는 자동차 운전 중에 안전띠, 오토바이 운전 중에 안전모 착용을 의무로 하고 있다(Stone, 2012: 119). 사고가 났을 때 다치는 것은 운전자 본인이다. 개인에게 위해가 생긴다는 것은 별개로 하고, 손해를 보는 것은 본인뿐이다. 물론 사고로 인해 보험사의 손해가 누적되고, 그로 인해 운전자들의 보험비가 상승하기에 사회적으로 문제라는 인식이 내재하여 있을 수 있다. 그렇지만 정책의 전면에는 안전띠나 안전모를 착용하는 편이 운전자에게 안전하다는 이유를 내세워 의무로 하고 있다. 그렇게 하라고 설득하는 것에 그치는 것이 아니라, 벌칙을 정하고 착용을 강제하고 있다. 이것은 개인의 자유보다도 안전이라는 목표를 상위에 두고, 그 목표를 실현하려고 생각하기 때문이다. 부모가 아이를 위하여 안전모를 착용하게 하는 것은 별개로 하고, 정부가 당신에게 좋다고 하여 강제하는 것이 바람직한가? 안전과 자유라고 하는 두 개의 가치 사이에 교환관계가 일어나고 있다.

그렇다면 어떤 가치를 우선해야만 하는가? 이는 정책에서 중요한 질문이다. 자유를 존중하는 자유주의자는 원칙적으로 온정주의를 인정해서는 안 된다고 생각한다. 안전띠를 할 것인가의 여부는 개인의 자유에 맡겨져야만 하는 문제이며, 정부가 개입해서는 안 된다고 생각한다. 그렇게 하는 것이 좋다고 강제하거나, 좋지 않다고 해서 그러한 행위에 벌칙을 부여하는 것은 쓸데없는 일에 불과하다는 것이다. 개인의 자유를 존중해야 하며, 개인의 책임에 맡겨야 한다는 것이 자유주의자 논의의 핵심이다.

밀(Mills)은 자유주의자의 입장에서 온정주의를 부정한다(2012: 118–119). 물론 예외는 있다. 자신을 노예로 하는 계약은 금지해야 한다. 자유를 존중하므로 자유가 상실될 수 있는 계약은 허용하지 않는다. 이 경우 역설적으로 자유가 사라질 자유는 없고, 사람은 자유를 갖는 것이 강제되는 상황에 빠진다. 자유를 부정하려는 단체에 자유를 부여해야만 하는가? 자유주의에서 고민하는 딜레마와 비슷한 상황이 여기에서 발견된다.

자유가 사라진다는 것과 비슷한 상황도 고민해 보아야 한다. 안락사를 선택할 자유가 있는가? 종교적 가치관에 따라 수술에서 수혈을 거부할 자유가 인정되는가? 이런 상황에서 Mills의 예외 상황과 비슷하게 처리한다면, 그러한 자유를 인정할 수는 없을 것이다.

마약도 타인에게 위해를 가할 우려가 있지만, 본인의 자유라고 주장할 수 있다. 한국에서는 마약류의 하나로 금지하고 있는 대마초를 판매·흡연하는 것이 합법적인 국가도 있다. 오히려 담배가 대마초보다 건강에 더 해롭다는 주장도 있다. 대마초는 당신에게 좋지 않다는 의미에서 금지하는 것인가? 대마초가 당신의 자유를 빼앗기 때문에 예외적으로 금지하는 것인가? 청나라와 영국 사이의 아편전쟁이 발생할 때의 상황과 같이 국가의 안전이 위협받을 수 있으므로 금지하는 것인가? 결과는 같지만 생각해 볼 필요는 있다.

타인에 대한 위해 가능성이 상당히 큰 담배나 음주가 대상이 되면 판단은 더욱 어려워진다. 정부는 어느 수준까지 국민의 안전을 위해 정책을 마련해야만 하는가? 그때 선택의 자유는 어디까지 존중해야 하는가? 이러한 것은 어려운 정책문제이다. 개인의 선택을 존중하는 자유주의의 국가에서도 실제로 다양한 형태의 온정주의의 요소가 있다. 구체적인 정책사례에서 어떤 가치를 어느 정도 중시할 것인가에 대해 논의를 하고, 정책과정에서 안전과 자유 사이에 균형을 잡아간다. 여기에서 합리적 의사결정의 요소를 적용하는 것은 어렵다고 할 것이다.

2. 두 개의 자유 - 자유와 평등의 교환관계

자유와 평등 사이에도 교환관계가 있는 경우가 많다(Stone, 2012: 125). 사람은 서로 다른 재능, 기술, 능력 등을 가지고 있다. 자유를 중시하고 개인의 자유로운 활동을 인정한 결과로 개인 사이의 격차는 확대될 수 있다. 그 때문에 불평등한 상태가 되기도 한다. 반대로 평등을 실현하려면 부유층의 행동을 규제하거나, 그들로부터 세금을 누진과세로 징수하고, 가난한 사람에게 분배해야만 한다. 여기에서는 자기 돈을 마음대로 사용하는 자유를 제한하게 된다.

물론 여기에 대해서는 반론도 존재한다. 그것은 자유란 무엇인가에 대한 서로 다른 견해에서 기인한다. 한편에서는 자유를 제한이 없는 것으로 생각한다. 이것을 소극적 자유라고 한다(2012: 125). 우리를 구속하는 수갑이 있다거나 자유를 빼앗는 옷을 생각하면 좋을 것이다. 수갑 등이 없다면 자유롭게 두 팔을 흔들 수 있다.

다른 한편으로는 자유를 의미 있는 선택을 할 수 있는 것으로 바라보기도 한다. 좋아하는 직업을 선택하거나, 살고 싶은 곳을 정할 수 있는 것은 자유가 있기 때문이다. 하지만 선택한다고 해도 강도에게 총으로 저격당할 것인가? 아니면 돈을 건네줄 것인가? 양자를 고르게 하는 선택에서는 자유가 있다고 말할 수 없다. 의미가 있는 선택이라는 것은 이러한 상황이 아니라는 것을 의미한다. 이것을 적극적 자유라고 한다(2012: 125).

　소극적 자유에서는 자유와 평등 사이에 교환관계가 성립할 수 있다. 평등을 실현하기 위해서는 많이 가진 사람에게서 그렇지 않은 사람에게로 금전의 이전이 필요하다. 이것은 부유한 사람에게는 제한이 되며, 그들이 가진 자유를 빼앗는 것이 된다. 한편 적극적 자유의 경우, 평등을 실현하는 것을 통해 가난한 사람이 의미 있는 선택을 하는 자유가 늘어난다. 이러한 사람은 전에는 결핍에서 벗어날 수 없었다. 자유롭게 사용할 수 있는 돈이 없었기 때문이다.

　이렇게 자유와 평등 사이의 교환관계를 묻는 말에는 자유를 소극적으로 받아들이면 교환관계가 있으나, 적극적 자유라는 의미에서는 교환관계가 없다고 할 것이다.

　여기에서 규범적 개념을 정의하는 방식이 중요하다는 것이 분명해진다. 정치적 다툼은 규범적 개념을 정의하거나, 재정의하는 것을 통해 발생한다.

3. 파레토 최적과 칼도-힉스 기준

　어떤 정책을 펴야 하는가를 규범적으로 판단할 때 파레토 기준과 칼도-힉스 기준을 사용하기도 한다.

　어떤 정책을 통해 적어도 한 명의 상태가 개선되고, 누구라도 악화하지 않는 상태가 있다면 이 정책을 펴는 것이 바람직하다고 생각할 수 있다. 이러한 기준을 파레토 기준이라고 한다. 즉 한 사람의 복지를 증진하기 위하여 적어도 다른 한 사람의 복지를 희생시키지 아니하고는 자원을 배분할 수 없는 상태(a situation where no individual or preference criterion can be better off without making at least one individual or preference criterion worse off or without any loss thereof)를 파레토 최적이라고 말한다(김성태, 2000: 382).

　예를 들면 고등어를 좋아하는 평강과 돼지고기를 좋아하는 온달 두 사람이 있다고 가정하자(長峰, 2014: 40-41). 그런데 식사 시간에 평강은 돼지고기, 온달은 고등어를 배분받았다면, 두 사람의 효용 수준의 합은 파레토 최적이라고 할 수 없다. 반면에 고등어와 돼지고기를 교환한다면 두 사람의 효용 수준을 개선할 수 있으며, 파레토 최적의 상태에 도달할 수 있다.

이러한 파레토 최적 기준에 따르면 사회구성원 가운데 누구의 상황도 나빠지지 않으면서 일부의 상황이 나아지는 정책을 펼쳐야 하며, 그러한 정책을 통한 사회적 변화를 개선이라고 할 수 있다. 그런데 실제 세상에서 누구에게도 피해를 주지 않는 변화란 거의 존재하지 않는다(Chang, 2014: 126-127). 실제로는 어떤 정책을 통해 누군가가 이익을 얻고, 다른 누군가는 손실을 볼 수 있다. 파레토 최적 기준으로 보면 이러한 정책을 인정할 수 없다. 그러나 이 경우에도 정책을 판정할 수 있는 기준이 있는데, 잠재적 효율성 기준(칼도-힉스 기준)이 해당된다.

이 기준은 보상 원칙(compensation principle)에 근거한다(2014: 128). 어떤 정책을 통해 이익을 얻는 사람과 손해를 입는 사람이 있어도, 전자의 이익 총합이 손해를 본 사람들에게 보상하고도 남을 정도로 크다면 그 정책은 유의미하다고 할 수 있다. 사람들 대부분이 어떤 정책변화 후에 복지가 증진되고 일부 사람들은 복지가 희생되었을 때, 복지가 증진된 사람들이 희생자들을 화폐 또는 재화로 충분히 보상하여도 복지가 증진된다면 그 변화는 칼도-힉스 기준을 만족하게 되고, 경제적 효율성은 향상된다(김성태, 2000: 382).

예를 들어 만약 갑(甲)이 10만 원, 을(乙)이 100만 원을 가지고 있다고 할 때, 어떤 정책으로 갑이 20만 원, 을이 99만 원이 되는 결과가 되었다고 하자. 이때 을의 상태는 이전보다 나빠졌으므로 파레토 기준은 충족되지 않는다. 그러나 칼도-힉스 기준에서는 이 변화를 받아들인다. 갑이 1만 원보다 많고 10만 원보다 낮은 보상을 을에게 건네면 두 명 모두 상태가 개선되기 때문이다. 여기서 생각해야 할 것은 이전의 <10만 원+100만 원>보다 후의 <20만 원+99만 원>이 전체로서는 자원이 더 많아진다는 점이다. 따라서 보상하면 양자의 상태가 개선된다. 이 때문에 경제학자는 때때로 파레토 효율, 칼도-힉스 효율이라고 부른다. 한편 재분배를 통해 공평한 소득 분배를 지향할 때는 전체 몫이 늘어날 필요가 없다.

그런데 정책을 시행하면서 개인 사이에 서로 보상을 주고받아야만 하는 것은 아니다. 예를 들면 원자력 발전소가 대도시에 건설되지 않는 이유 중의 하나를 칼도-힉스 기준에서 찾을 수 있다(長峰, 2014: 52). 즉 원자력 발전소를 지방에 짓는 경우, 대도시 사람들의 이익(의 합)이 원자력발전소 주변 사람들의 불이익(의 합)보다 훨씬 크다. 지방에 건설할 때 사회 전체의 잠재적 순편익이 크다고 할 수 있다. 정부는 전기 이용에 세금을 매기고, 그 돈으로 인근 주민에게 보상해도 여전히 이익이 남는다면, 이 발전소를 건설하려는 정책은 칼도-힉스 기준에 의해 받아들여진다.

물론 칼도-힉스 기준에 따라 보상이 실제로 이루어지고 있는가는 별개의 문제이다. 그리고 모든 것을 금전적인 보상 문제로 해결하려는 시도 자체도 문제가 있다. 원자력 발전소의 경우 실제로 사고가 발생할 위험은 언제든지 존재하며, 얼마나 큰 피해가 생길지는 충분히 알 수 없다. 2011년 동일본대지진으로 발생한 원자력 사고는 그러한 위험성을 명확하게 드러냈다.

 Break Time ┃ 5-2 최종 제안 게임(ultimatum game, 최후 통촉 게임)

파레토 최적 기준이라면 누구라도 그것을 받아들일까? 예능 프로그램에서는 때때로 최종 제안 게임이라고 불리는 실험을 토대로 한 게임이 펼쳐진다. 게임의 기본구조는 참가자 2명(제안자와 응답자)이 주어진 금액을 나누어 가지는 분배 문제이다. 제안자는 초기 금액 중 얼마를 응답자에게 건네준다는 제안을 한다. 응답자는 그 제안을 수락할지 거부할지를 결정한다. 제안자의 제안대로 분배될 수도 있고 상대방이 거부권을 행사하여 두 사람 모두 한 푼도 받지 못할 수 있다. 상대방에게 얼마를 제안할지에 관한 문제이므로 최종 제안 게임이라고 부른다(友野, 2006: 262－272).

예를 들어 실험을 주재하는 사람이 당신(갑)에게 10만(원)을 주면서, 이것을 을(乙)과 나누어 가지라고 말을 한다. 이때 갑이 을에게 일정 액수를 주고, 갑은 나머지 액수를 가지는 제안을 한다. 을이 좋다고 답하면 (갑의) 제안대로 두 명(갑과을)은 해당하는 액수의 돈을 받는다. 을이 싫다고 거절하면 둘 다 0원을 받는 규칙이다. 당신이라면 어떠한 제안을 할 것인가? 만약 당신이 을이라면 어떠한 제안에 좋다고 할 것이며, 또는 싫다고 할 것인가?

파레토 최적 기준의 관점에서 보면 을에게는 5천(원)도 1만(원)도 현상(0원)으로부터 개선이라고 할 수 있다. 싫다고 말하면 아무것도 얻지 못한다. 그렇다면 을은 1만(원), 당신은 9만(원)이라는 제안에도 을은 좋다고 대답해야 한다. 그런데 각 국가에서 실시한 실험에 따르면 평균적인 제안 액수는 45% 전후이며, 최대치는 50%다. 30% 이하를 제안한 경우 응답자의 반수 정도가 거부했다. 그렇다면 왜 이런 결과가 나타나는 것일까?

사람은 이전 상태로부터 더 좋아지는 것에만 관심이 있는 것이 아니라, 다른 사람과의 관계에도 관심을 가진다. 제안자의 행동 동기 중 하나는 공정성에 대한 선호다. 대략 반반이라는 제안이 공정한 사고방식과 합치하기 때문에 사람들은 공정함을 추구하여 행동한다. 따라서 제안하는 측도 자신이 9만(원)이나 8만(원)을 가진다는 제안은 대체로 하지 않는다. 응답자는 불공정하게 대우받고 있다고 느끼면 그 상태를 받아들일 수 없다고 생각한다. 제안을 거부하는 것은 감정을 표현하는 방법이다. 따라서 1만(원)이나 2만(원)의 제안은 거부하게 된다.

　이러한 실험과 가정에 따르면 파레토 최적 기준보다 우리가 가진 공정성(fairness)에 관한 감각이 중요해진다. 공정성의 관점에서 볼 때, 이상하거나 불공평하다고 느끼면, 파레토 최적 기준을 충족한다고 해도 그 이익 분배를 받아들이기는 어려워진다.

　최종 제안 게임을 변형한 독재자 게임에서도 공정성이 중요하다는 점을 발견할 수 있다. 갑의 역할을 한 사람이 독재자와 같이 행동하고, 을의 역할을 한 사람은 갑의 제안을 그대로 받아들이는 게임이다. 독재자 역할을 한 사람은 최종 제안 게임보다는 상대적으로 적은 몫을 제안하지만, 0에 가까운 금액을 제시하지는 않는다(이준구·이창용, 2015: 451-452).

계획예산제도(Planning Programing Budgeting System)의 도입과 좌절

초기의 정책학(정책과학이라고 불렸음)은 정책결정을 어떻게 합리화할 것인가, 특히 의사결정에서 정치를 어떻게 배제할 것인가에 초점을 두었다. 그것은 비용편익분석을 핵심으로 한 계획예산제도(PPBS) 도입에서 정점을 이루었다. 계획예산제도는 목표를 설정하고(Planning), 목표를 달성할 수 있게 사업계획을 짜고(Programming), 사업계획에 자금을 체계적으로 배정하는(Budgeting) 예산제도를 말한다(박영희·김종희, 2014: 341). 장기적인 계획수립과 단기적인 예산편성을 유기적으로 연결하여 자원배분에 관한 의사결정을 합리적으로 하려는 예산제도이다.

미국 케네디 행정부에서 국방부 장관에 취임한 맥나마라는 랜드 연구소(The RAND Corporation)에서 시스템 분석에 관여하였던 히치(Hitch)를 국방부 예산담당 차관보에 등용하고, 계획예산제도를 국방부에 적용하였다(박영희·김종희, 2014:342). 국방부는 기밀성이라는 베일에 가려져 의회 및 정치로부터 상대적으로 독립적인 권한을 가졌고, 예산결정 프로세스가 독립되어 있었기 때문에 계획예산제도는 일정 부분 성공을 거두었다(藥師寺, 1989: 168-169).

그리고 계획예산제도는 미국 연방정부의 예산 개혁 흐름과 연관이 있었다. 미국 정부는 예산 및 회계법(Budget and Accounting Act, 1921년) 성립을 계기로 예산의 지출 통제가 중시되었다. 1930년대 후반의 뉴딜 정책 이후에는 예산의 관리 기능을 지향하였다. 1949년 후버 위원회에서 검토된 성과예산(Performance Budgeting)에서는 행정 활동과 평가를 축으로 한 예산편성이 이루어지고, 예산의 관리 기능을 강화하였다. 1960년대에는 예산을 바탕으로 한 계획을 지향하고, 장기계획과 예산편성이 연계된다. 이러한 흐름 속에서 존슨 정부는 계획예산제도를 모든 부처에 도입하기로 하고, 1968년도 예산부터 실시하게 되었다.

계획예산제도에서 예산편성은 1) 계획(Planning) 2) 프로그램작성(Programming) 3) 예산편성(Budgeting)의 세 개의 단계로 이루어진다(박영희·김종희, 2014: 343-344).

첫째, 계획 단계는 각 부처의 목적(objective)을 설정하고, 목적을 달성하기 위한 대안이 되는 프로그램을 개발·선택한다. 각 부처는 사회의 바람직한 상황, 예를 들어 고용정책이라면 실업자 수 감소 등의 목표(goal)를 확인하며,

현황과 목표와의 차이 해소를 목적으로 설정한다. 목적을 달성하기 위한 프로그램을 개발하고, 장기적 관점에서 비용편익분석 등에 따른 최적의 프로그램 선택을 시도한다. 이러한 일련의 분석에서 예산편성절차를 위한 기본 문서로서 각 부처에서 중요정책과제를 해결하기 위한 대안의 편익(효과)과 비용을 비교한 프로그램 요강(PM), 이를 분석하기 위한 기초 정보에 관한 특별 분석서(SAS)를 작성한다.

둘째, 프로그램작성 단계는 선택한 프로그램에 관해서 구체적 실행계획을 작성한다. 계획 단계는 비교적 장기간에 걸친 비용과 편익을 분석한다. 프로그램작성 단계는 5년이라는 기간에 해당 프로그램이 가져올 산출(효과)과 각 부처가 실제로 지출하는 예산 비용을 분석한다. 그리고 분석 결과를 바탕으로 해당 프로그램을 실행할 수 있는지를 검토한다. 각 부처는 5개년에 관한 연차별 프로그램의 산출(output)과 예산 비용을 명시한 프로그램 재정계획서(PFP)를 작성한다.

셋째, 예산편성 단계에서는 프로그램작성 단계를 바탕으로 선정한 프로그램에 관해서 구체적으로 1차연도분의 예산 배분 작업을 한다. 이때 대통령 예산국이 각 부처로부터 제출받은 프로그램 요강, 특별 분석서, 프로그램 재정계획서 등을 바탕으로 심사하고, 대통령에게 권고안을 작성한다.

〈표 5-1〉 농업 부문의 계획예산제도 프로그램의 예

Program Category	Sub-Category	Program Element
식량 증산	영농개선	종자개량, 지력증진, 기계화, 다모작 장려 등
	농업용수 개발	—
	경지 확장	야산개발, 간척, 하천유역 개발, 경지정리 등

* 출처: 박영희 · 김종희(2014: 344)의 내용에서 일부 발췌.

미국에서 도입한 계획예산제도는 불과 3년 만에 폐지되었다. 계획예산제도 실패는 실제 정부 활동과의 불일치, 집행상의 부담, 예산편성의 정치성 등 시스템 자체가 지닌 문제점이 원인으로 거론된다(2014: 345).

정부 활동과의 불일치로는 먼저 각 부처의 독자성 문제가 있다. 각 부처는 각각 다른 활동을 하고 있다. 계획예산제도는 각 부처가 담당하는 프로그램을 정부 전체의 측면에서 체계화하는 것을 전제로 한다. 그런데 프로그램 범주(Program Category, 각 부처의 기본 목적에 대응하는 분류 항목)에서 하위 범주(Sub-Category, 더 구체적 활동으로 연결하기 위한 분류) 이하에 해당할수록 부처가 독자적으로 그 내용을 설정하게 된다. 그렇기에 정부 전체의 관리 시스템을 구축하기가 어렵다. 또한, 정부 프로그램은 여러 부처에 걸쳐 있는 경우가 많다. 환경보호와 경제개발과 같이 부처 사이에 서로 대립하는 목적의 프로그램도 많고, 정부 전체의 차원에서 최적의 자원배분은 어렵다.

집행상의 부담은 먼저 분석 스텝이나 자금이 불충분했다. 각 정책과제에 대해 시스템 분석을 하고 가능한 대안을 모든 검토하기 때문에 유능한 분석 인력이 필요하고 분석을 위한 막대한 비용이 요구된다. 또한, 방대한 사무 작업이 필요하다는 것이 지적된다. PPBS는 Paper Producing Budgeting System으로 야유를 받았던 것과 같이 많은 분석 자료 작성이 필요하기에 사무비용이 막대하였다.

최대 문제점은 예산편성의 정치성에 대한 이해 부족이었다(주기완·윤성식, 2014: 394). 예산은 정치적 합리성과 경제적 합리성을 동시에 추구해야 하지만, 정치적 요인을 고려하지 못한 계획예산제도는 예산편성의 정치 앞에서 좌절되었다. 계획예산제도의 핵심인 비용편익분석은 사회 전체의 비용과 편익이라는 관점에서 판단하지만, 정치적 의사결정의 무대에서는 '누구에게로'가 아주 중요하다. 즉 누구의 편익인지, 누구의 비용인지를 원칙적으로 문제로 삼지 않는 경제학적 비용편익분석은 의사결정의 정치학 앞에서 때때로 무력하다. 누구에게 편익이 발생하는가를 분석하는 기법도 개발되고 있지만, 편익이 가는 곳을 안다고 해도, 그것을 판단하는 것은 정치의 세계이며, 경제 분석을 근거로 일률적으로 결정하는 것은 불가능하다.

계획예산제도의 실패로부터 얻을 수 있는 교훈을 정리하면 다음과 같다(藥師寺, 1989: 166-172).

첫째, 관리 통제 증후군(manage control syndrome)으로 부를 수 있는 착각이다. 이 착각은 모든 인간 활동은 통제할 수 있다는 생각이다. 과학적 방법을 사용하면 인간 활동도 합리적으로 관리할 수 있다는 오해로부터 성립한다.

둘째, 방법론의 역설이라고 부를 수 있다. 과학적 방법론이 인기가 있으면, 방법론의 효과가 없을수록 더욱 과학적 방법론을 추구하게 된다는 것이다. 약을 과용하는 환자는 약의 효과가 떨어질수록 약을 더 많이 찾는 것과 비슷하다.

셋째, 동업자 조합(guild)의 문제가 있다. 계획예산제도를 국방부에 도입할 때 중요한 역할을 한 랜드 연구소의 경제학자들은 계획예산제도라는 이름으로 거대한 동업자 조합을 만들었다. 즉 이들은 각 부처나 대기업에 고용되었고, 하나의 압력집단이 되었다. 계획예산제도에 대한 비난에 맞서고, 자신들의 기득권을 지켰다.

넷째, 데이터의 역설(paradox of data)이다. 계획예산제도가 실패하기 전 미국 의회예산국(GAO)은 각 부처가 데이터를 충분하게 처리하지 못한다는 보고서를 제출하였다. 계획예산제도의 본질적인 문제를 지적하는 것이 아니라, 각 부처가 게을러서 데이터를 충분하게 이용하지 않는다고 결론을 내렸다. 데이터만 충분하면 좋은 결과가 나올 것이라는 생각을 한 것이다. 그렇지만 이러한 생각은 착각이었다. 방법론 자체에 문제가 있다면 문제를 개선할 수 없기 때문이다. 각 부처는 보고서의 조언에 따라 많은 데이터를 사용하였으나 컴퓨터 사용료만 더 많이 지불하는 결과를 맞이하였다.

계획예산제도는 목표를 계량화를 할 수 있고, 정치적 간섭을 덜 받는 국방부에서 사용하였던 제도다. 따라서 목표를 계량할 수 없고, 의회의 통제를 받는 부문에서 사용한다는 것은 처음부터 무리였다고 할 수 있다.

CHAPTER

06

정책결정과 합리성:
합리적 의사결정은
가능한가?

정책문제의 구조화가 이루어지고, 문제해결을 위한 대안들이 개발되면, 다음 단계로서 바람직한 대안을 선택하는 정책결정에 직면한다.

우리는 결정을 할 때 합리적인 결정을 한다고 생각한다. 예컨대 여름에 휴가를 간다고 할 때, 다양한 종류의 휴가 패키지 상품 중에서 합리적으로 고르려고 한다. 여행 기간, 여행 장소, 가격, 서비스 등과 같이 자신에게 중요한 것을 기준으로 판단한다. 휴가 패키지 상품에 관하여 가격을 지급할 때, 휴가를 통해 얻게 될 것으로 생각하는 만족, 행복감 등이 가격과 비교해서 타당한지 아닌지를 판단한다. 그리고 그 후에 특정 패키지 상품을 고른다.

마찬가지로 우리는 정치가나 관료 등의 정책결정자가 정책결정에서 합리적 결정을 하도록 요구한다. 특정 정책문제의 대안 중에서 국민에게 가장 바람직한 것을 선택하도록 요구한다.

휴가에 관하여 어떤 패키지 상품을 고를 것인가와 같은 개인 수준의 의사결정에서 합리적 선택은 그리 어렵지 않을 수 있다. 그렇다면 각기 다른 목적을 가진 행위자가 참여하는 사회 전체에서의 의사결정도 그와 같은 합리성을 추구하는 것이 가능할까?

06 정책결정과 합리성:
합리적 의사결정은 가능한가?

제1절 합리적 의사결정 구조

1. 완전 합리성의 개념

우리는 무엇을 결정할 때 합리적이라는 것을 중시한다. 휴가의 예에서도 가격은 비싸지만, 형편없는 패키지를 고르면 큰 손해를 보았다고 생각한다. 정부의 정책결정에서는 국민으로부터 걷은 세금을 사용하는 결정이기 때문에 더욱 합리성이 요구된다.

그렇다면 합리성이란 무엇인가? 보통 합리성이라고 할 때는 행동의 결과를 평가할 수 있는 일련의 가치 체계의 관점에서 바람직한 대안적 행동을 선택하는 것과 관계가 있다(Simon, 1997: 84–85). 이러한 정의에도 합리성이라는 개념은 명확하지 않다. 전쟁터에서 적의 기관총 발사대가 있을 때, 자기의 목숨을 걸고 수류탄으로 적의 기관총 발사대를 파괴하는 것이 합리적인가, 아니면 숨어서 기회를 기다리는 것이 합리적인가?

그래서 합리성이라는 표현 앞에는 여러 수식어가 붙곤 한다(1997: 85). 예를 들면, 어떤 결정이 주어진 상황에서 주어진 가치를 극대화하려는 올바른 행동이라면 그 결정은 객관적으로(objectively) 합리적이라고 할 수 있다. 만약 자신이 어떤 주제에 대한 실제 지식(actual knowledge)에 비례해서 성과를 극대화하려고 하는 것이라면, 그 결정은 주관적으로(subjectively) 합리적이다. 목적에 수단을 적용하려는 과정이 얼마나 의식적인가에 따라 의식적으로(consciously) 합리적이라는 표현을 쓸 수 있다. 목적에 수단을 적용할 때 얼마나 숙고하였는가에 따라 신중하게(deliberately) 합리적이라고 할 수 있다.

이처럼 합리성의 개념은 다양한 의미를 지닌다. 그렇지만 합리적 의사결정이라고 말할 때는 의사결정의 주체로 전통적인 경제이론에서 가정하는 경제인(Economic Man)을 생각한다(Simon, 1957: 427-429). 경제인은 본인이 처해 있는 환경과 관련되는 여러 상황에 대해 완전하지는 않지만, 적어도 압도적으로 명확하며 풍부한 지식을 가지고 있다. 또한, 충분하게 짜여 있고 안정된 선호 체계를 가진다. 그리고 선택 가능한 대안적 행동 중에 어떤 것이 본인의 선호 척도에서 가장 높은 상태에 도달하는가를 계산할 수 있는 계산능력을 지니고 있다.

즉, 경제인은 완전 합리성을 가지며, 자기의 목적을 최대화하는 것을 지향한다고 여겨진다(이준구·이창용, 2015: 7-8). 완전 합리성을 충족하는 의사결정이란 모든 대안으로부터 의사결정자의 목적을 최대로 달성하는 안을 선택하는 것이다. 예컨대 휴가에 관한 의사결정에서 당신이 값이 싸고 편안하게 쉬고 싶다는 목적을 설정하면, 선택할 수 있는 모든 패키지 상품에서 가격 대비 가장 편안하게 쉴 수 있는 휴가 패키지를 선택하는 것이 합리적 의사결정이다.

그런데 경제인이 가정하는 합리성은 수단의 합리성을 뜻하며, 목표 그 자체의 합리성이나 윤리성을 의미하는 것은 아니다(2015: 7-8). 어떤 목표를 두고 그러한 목표를 추구하는 것이 합리적인가라는 의문을 제기하지는 않는다.

2. 합리적 의사결정 프로세스

완전 합리성을 요구하는 의사결정은 정부의 정책결정에서 어떻게 이루어질까? 합리적 의사결정을 위해서는 문제 분석, 대안 탐색, 결과 예측 등의 포괄성을 요구한다(足立, 2009: 134-135). 구체적으로 합리적 의사결정은 목적의 명확화, 대안 열거, 대안 평가, 대안 선택이라는 단계로 이루어진다(村松, 1999: 18-19).

첫째, 의사결정자는 문제를 가장 잘 해결할 수 있는 목적과 목표를 설정한다. 다양한 행위자가 참여하는 의사결정은 각 행위자의 목적이 다르기에 사회 전체의 합의가 필요하다. 따라서 사회의 모든 가치를 분명하게 하고, 그러한 것을 바탕으로 사회 전체의 통일적 가치 체계를 구축한다. 또한, 복수(複數)의 가치를 비교한다는 것은 가치 사이에 순위를 매기는 형태로 나타나므로 가치의 상대적 중요성에 관한 정보가 필요하다(Dror, 1983: 174-179).

둘째, 목적을 달성하는 수단으로 모든 대안을 탐색한다. 어떠한 수단이 목적을 달성하는가를 보여주는 인과관계를 밝힌다. 그러한 인과관계를 바탕으로 모든 대안이 검토되므로 대안들에 관한 정보가 필요하다.

셋째, 열거된 모든 대안을 평가한다. 먼저 각 정책 대안으로 발생하는 모든 결과에 대한 정보가 필요하다. 그리고 그 결과에 관한 정보를 바탕으로 각 대안의 순편익을 계산하며, 처음 구축한 가치 체계를 바탕으로 평가를 한다.

넷째, 각 평가 결과를 바탕으로 대안을 비교하고, 목적을 달성할 수 있는 최적의 대안을 선택한다.

〈그림 6-1〉 의사결정 과정

합리성이란 주어진 상황에서 어떤 행동이 특정 목표에 적절하다는 것을 의미한다(Simon, 1985: 294). 즉 주어진 조건과 제약 요인의 한계 속에서 주어진 목표를 달성하는 데 적합한 행동을 합리적이라고 한다(김영평, 2000a: 11). 이러한 합리성은 크게 실질적(substantive) 합리성과 과정적(procedural) 합리성으로 구분된다.

만약 선택하는 주체에게 어떤 제약도 없다면, 선택에 관해서는 그 주체의 외적 상황이 부과하고 있는 제약만 생각하면 된다(Simon, 1985: 294). 여기에서는 그 상황에서 가장 잘 적응한다고 객관적으로 판단할 수 있는 행동에 관해서 이야기한다. 외적 환경의 여러 조건이 행위 주체에게 부과하는 제약을 주어진 조건으로 하고, 행위 주체가 주어진 목표를 달성할 때 가장 합리적인 선택을 하는 경우, 그 주체의 행동은 실질적으로 합리적이다(Simon, 1976: 66).

즉 실질적 합리성은 (행위자의) 목표라는 하나의 관점으로부터 판단된다(김영평, 2000a: 11). 여기에서는 행위자가 목표를 가지고 있고, 행위자가 내용상으로 합리적인 존재라는 가정을 필요로 한다.

그런데 선택하는 주체의 인식이나 계산능력의 한계를 고려한다면, 객관적으로 최적의 선택은 불가능하다(Simon, 1985: 294). 의사결정과 문제해결 수단으로 허용되는 범위 내에서 효과적인 선택 방법을 사용한다면, 과정적 합리성에 관해서 이야기할 수 있다. 행동이 적절한 심사숙고(deliberation)의 결과일 때, 그 행동은 과정적으로 합리적이다(Simon, 1976: 66).

즉 과정적 합리성은 행동을 산출하는 과정에 의존한다. 과정적 합리성의 관점에서는 문제해결에 관심이 있는 것이 아니라, 해결책을 발견하는 데 사용되는 방법에 관심이 있다(김영평, 2000a: 11). 심리학자들이 합리적(rational)이란 용어를 쓸 때, 그것은 과정적 합리성을 마음에 둔다. 사유(reasoning)라고 불리는 사고 과정을 합리성이라고 부르기도 한다.

양자의 근본적 차이는 합리적 행동을 설명하는 방법이다(Simon, 1985: 294). 실질적으로 합리적인 행동(선택)을 설명할 때는 행위 주체가 내건 목표와 행동이 전개되는 환경의 객관적 특성 두 개만 이해하면 된다. 과정적으로 합리적인 행동(선택)을 설명할 때는 행위 주체의 목표에 더하여, 환경에 관해 그 주체가 지닌 정보나 해석, 그리고 그러한 정보로부터 주체가 추론을 끌어내는 능력 등을 고려해야만 한다.

실질적 합리성과 과정적 합리성의 구별은 헌법에서 빌린 개념이다(Simon, 1985: 294). 실질적으로 적정한 법절차(substantive due process)와 과정적으로 적정한 법절차(procedural due process)는 각각 실질적 합리성과 과정적 합리성과 연결된다. 전자는 결과 그 자체의 내용(substance)으로 공정함(fairness)을 평가하며, 후자는 결과에 도달하기 위해 사용된 절차(procedure)로 공정함을 평가한다. 우리는 누군가가 선택을 할 때 합리적(reasonable) 과정을 사용했다면 합리적인 사람이라고 판단하며(과정적 합리성), 합리적 선택에 도달한 사람을 합리적인 사람이라고 판단할 수 있다(실질적 합리성).

결국, 문제에 대해서 인과 지식이 갖추어져 있으면 실질적 합리성에 의존하며, 불확실성으로 인하여 실질적 합리성이 불분명할 때는 과정적 합리성에 의존한다 (김영평, 2000a: 14). 실질적 합리성과 과정적 합리성의 선택은 지식의 함수라고 할 수 있다. 문제에 대한 해답이 분명하지 않을수록 과정적 합리성에 의존한다.

이러한 합리적 의사결정은 실제로는 어떻게 정책결정의 무대에서 이루어질까? 여기에서는 합리적 의사결정에서 많이 사용되는 대기행렬 모형, 선형계획법, 비용편익분석 등을 살펴본다.

1. 대기행렬 모형

개인에게 서비스를 제공하는 기관은 서비스 능력을 어느 정도 보유해야 할 것인가에 대해 결정을 내려야 한다. 서비스가 필요하여 방문한 고객에게 충분한 창구를 배치하지 않으면 고객은 줄을 서서 기다리며, 기다리는 것 자체로 비용이 발생한다. 병원의 긴급병상이 부족하여 환자가 입원하지 못하면, 기다리는 것은 단순하게 시간 문제가 아니라 생명과 관련된다. 대기행렬 모형은 서비스 제공 창구를 최적으로 배치하려는 기법이다(Stokey and Zeckhauser, 1978: 81-103).

물론 창구를 충분하게 배치하면 대기행렬은 없어질 수 있다. 그렇지만 기다리는 행렬을 줄이기 위해서 처리능력을 확대하면 비용이 발생한다. 서비스 제공 능력이 한정되어 있어 고객 전원에게 즉각적 서비스를 제공할 수 없을 때 줄서기, 즉 대기행렬의 문제가 발생한다. 서비스 창구를 최적의 수로 설계하는 것은 경영관리에서 중요한 문제이며, 공공부문에서도 시청의 창구, 진료소, 재판소, 공공주택 입주까지 기다리는 행렬의 대응 문제는 많은 곳에서 관찰된다.

현실에서 대기행렬 문제와 관련하여 정책을 결정할 때는 두 가지의 사항을 고려해야 한다. 첫째, 서비스 공급능력을 확대하기 위하여 어느 정도의 비용이 드는가. 둘째, 대기 시간이 길어지는 것에 대해 어느 정도의 가치를 부여해야 하는가. <표 6-1>을 참고로 그러한 점을 생각해 보자.

당신이 진료소의 소장이며, 진료소에는 현재 2대의 진찰 기계가 있다고 생각하자. 현재 긴 대기행렬이 발생하고 있다. 긴 대기행렬로 사람들의 불평이 높고, 기사들은 식사도 하지 못한 채 일을 하고 있다. 그렇다면 진찰 기계 1대를 더 도입해서 3대로 운영해야 할까? 도입한다면 점심 휴식을 어떻게 해야 할 것인가?

　여기서는 몇 가지의 가정을 한다. 1대의 진찰 기계를 유지·운영하려면 기사 급료 외에 하루 평균 10만(원)의 비용이 든다. 기사에게 1시간의 점심 휴식을 주면 하루 급료가 30만(원), 작업을 하면서 점심을 먹는다면 하루 36만(원)을 지급한다. 환자의 대기 시간은 1시간당 3만(원)으로 평가한다. 그리고 진찰 기계가 2대일 때 1인당 평균 20분, 3대일 때 1인당 평균 3분, 3대이면서 점심 휴식이 있는 경우에는 1인당 평균 11분을 기다린다. 환자는 하루 평균 72명이 찾아온다. 각 대안에 따른 비용은 <표 6-1>에 표시되어 있다.

<표 6-1> 하루 평균 진료소 비용

(단위: 만 원)

	진찰 기계 2대일 때	진찰 기계 3대일 때	진찰 기계 3대일 때 (단, 점심 휴식 있음)
① 운영·유지비용(만 원)	20	30	30
② 기사 임금(만 원)	72	108	90
예상 총 대기 시간			
(분)	72×20=1,440	72×3=216	72×11=792
(시)	24	3.6	13.2
③ 대기 시간의 가치(만 원)	72	10.8	39.6
영업일 하루 평균 총비용(만 원) = ① + ② + ③	164	148.8	159.6

* 출처: Stokey and Zeckhauser(1978: 87) 표 5-1.

　결과를 보면 점심 휴식 없이 진찰 기계 3대를 사용하는 것이 가장 적은 비용이 드는 것으로 나타난다. 그렇지만 사람들이 도착하는 시간과 서비스에 필요한 시간, 운영·유지비용, 기다리는 시간의 가치 등을 어떻게 계산할 것인가에 따라 결과는 달라질 것이다.

　이러한 대기행렬 모형은 고객의 도착과 서비스에 필요한 시간을 각각 특정 통계 분포를 바탕으로 모형을 만든다. 고객의 도착과 각 고객이 필요로 하는 시간이 통계분석을 근거로 실험적으로 산출된다. 구체적으로 최초 고객에게 서비스 시간이 몇 분 필요하며, 두 번째 손님은 첫 번째 손님 몇 분 후에 창구에 나타나고 서비스 시간이 몇 분 필요하며, 세 번째 손님은 두 번째 손님 몇 분 후에 창구에 나타나며 등의 식으로 모의실험(simulation)을 한다. 그것에 따라서 일정한 수의 창구가 있을 때 행렬이 발생하는가? 혹은 놀고 있는 창구가 발생하는가? 등이 분석된다. 그 실험을 반복함으로써 적절한 창구의 수를 탐색한다. 이것을 몬테카를로 시뮬레이션(Monte Carlo Simulation)이라고 부른다.

2. 선형계획법

회사에서는 이익의 최대화라고 하는 목적을 달성하기 위해서 생산설비 등 자원을 투입하는데, 자원이 무한대로 존재하지 않으므로 일정한 제약 조건이 있다. 그러한 조건에서 최적 자원의 배분을 구하려고 한다. 공공사업을 추진할 때도 인적 자원부터 자재 배분까지 각 활동에 관한 자원을 최적으로 배분하고 싶어 한다. 예산편성도 제약 조건을 지닌 자원을 최적으로 배분하고, 공공의 이익을 가장 크게 하도록 요구한다.

선형계획법은 제약 조건(constraints)이 있는 희소 자원에 대해 특정 목적을 최대화하기 위해서 그 자원을 최적으로 배분하는 기법이다(1978: 187-189). 최소 비용으로 영양을 충족시키는 식사 메뉴를 결정하는 것은 선형계획법을 초기에 적용한 예에 해당한다. 도서관에 자원을 배분하는 것부터 대규모 발전계획에 이르기까지 선형계획법을 적용할 수 있는 분야는 많다.

선형계획법에서 선형(linear)이라는 것은 크게 세 가지를 가정한다. 첫째, 변수 사이의 관계가 비례적이다. 투입을 2배로 하면 산출도 2배가 된다. 둘째, 가분성(divisibility)으로, 모든 투입량과 산출량은 무한대로 나눌 수 있다. 셋째, 가산성(additivity)이다. 만약 하루에 정책학 교과서를 100페이지 공부하거나, 아니면 소설책 돈키호테를 200페이지 읽을 수 있다고 하자. 그렇다면 하루에 정책학 교과서를 50페이지 공부하고, 돈키호테를 100페이지 읽을 수 있는 것을 가산성이라고 한다.

다음 <표 6-2>를 통해 선형계획법을 간단하게 살펴보자. 두 부서가 협동하여 두 서비스를 몇 회 실시하고, 어떻게 부서별로 배분하면 좋을까하는 의사결정 문제이다.

　　C부서는 서비스 A만을 제공하면 9건을 제공할 수 있고, 서비스 B만을 제공하면 4건을 제공할 수 있다. D부서는 서비스 A만을 제공하면 5건을 제공할 수 있고, 서비스 B만을 제공하면 10건을 제공할 수 있다. 그리고 서비스 A를 1회 제공하면 얻게 되는 사회적 순편익을 화폐로 환산하면 6만(원), 서비스 B를 1회 제공하면 얻게 되는 사회적 순편익을 화폐로 환산하면 8만(원)이라고 하자. 서비스는 한 부서만으로 제공할 수 없고, 두 부서가 함께 해야 한다.

〈표 6-2〉 월별 서비스 처리 능력

(단위: 서비스 제공 건수)

부서	서비스 종류	
	A	B
C	9	4
D	5	10

　　이러한 가정에서 먼저 의사결정자는 무엇을 최대로 하여야 할 것인가를 결정해야 한다. S = (서비스 제공으로 인한) 총편익, X_1 = 서비스 A 제공 건수, X_2 = 서비스 B 제공 건수라고 한다면, <계산식 1>과 같이 나타낼 수 있다. 여기에서 S의 값을 최대로 하는 것이 목적이 된다. 다음으로는 능력의 제약이라는 문제를 다룬다. C부서가 모든 능력을 서비스 A에 사용하면 9건의 서비스를 제공할 수 있다. 이는 1건의 서비스를 제공할 때 전체 역량의 1/9이 필요하다는 의미이다. 비슷한 이유로 서비스 B를 제공하는데, 1/4이 필요하다. C부서와 D부서에 이를 적용해 보면 <계산식 2>와 <계산식 3>을 도출할 수 있다 (<표 6-3> 참조).

〈표 6-3〉 적절한 서비스 제공 건수를 구하는 계산식

〈계산식 1〉 ··· $S = 6X_1 + 8X_2$
〈계산식 2〉 ··· $(1/9)X_1 + (1/4)X_2 \leq 1$ (C부서의 능력 제약)
〈계산식 3〉 ··· $(1/5)X_1 + (1/10)X_2 \leq 1$ (D부서의 능력 제약)
〈계산식 4〉 ··· $X_1 \geq 0$ (서비스 A의 제공 횟수는 양의 값)
〈계산식 5〉 ··· $X_2 \geq 0$ (서비스 B의 제공 횟수는 양의 값)

우리가 구하고자 하는 S는 〈그림 6-2〉에서 여러 형태의 그래프(①, ②, ③ 등)로 나타낼 수 있다. 그렇지만 S의 값은 네 개의 제약 조건을 만족해야 한다. 그리고 네 개의 제약 조건을 만족하는 부분은 〈그림 6-2〉에서 사각형 0abc의 안쪽 부분이다(선 부분을 포함). 그리고 S의 가장 큰 값은 〈그림 6-2〉에서 그래프 S가 c를 지나게 될 때다(c의 값은 독자 여러분이 구해 보세요). 즉 S 그래프가 ②일 때 S의 값은 가장 크게 된다.

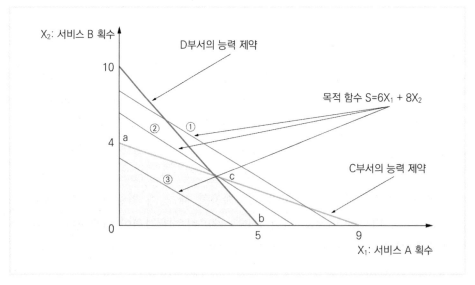

〈그림 6-2〉 공공 서비스의 집행 가능성 영역과 편익의 최대화

　본문에서 예로 든 대기행렬 모형과 선형계획법은 OR의 대표적인 예에 해당한다. OR은 의사결정에 관한 과학적 접근방법이다(Pollock 외, 1994). 대부분 한정된 자원을 배분한다는 조건에서 시스템을 설계하고 운용하는 가장 뛰어난 방법을 과학적으로 결정하는 것에 관련된다. 산업, 기업, 정부, 방위 부문에서 인원, 기계, 원료, 자금과 같은 큰 시스템의 방향을 설정하거나 관리에서 생겨나는 복잡한 문제를 조사, 연구하기 위해 수학 모델을 이용하는 것으로 정의할 수도 있다.

　OR은 제2차 세계대전을 겪으면서 등장하였다. 영국은 전쟁 중에 독일군의 폭격에 직면하면서 고도의 수학적 기법을 바탕으로 데이터 분석 및 모의실험을 하였다. 그 후에 영국의 방공능력은 현저하게 향상되었다. OR의 수리적 접근은 다른 군사작전에서도 성공하였고, 미국도 적극적으로 도입하였다. 전쟁 이후에는 기업 경영에 도입하였고, 정부 부문에서도 개별 업무의 관리나 최적 자원 배분의 수단으로써 OR을 이용하였다.

　그렇다면 OR은 다른 정량적 분야와 어떤 차이가 있을까?

　첫째, 비용효과분석과 비용편익분석은 다각적인 평가기준을 가지고 있는 문제를 다루기 위해서 사용되는 특정 방법을 나타낸다. 이러한 분석은 기본적인 접근방법이기보다는 특정한 실행 수단에 대하여 더 많은 것을 서술하고 있다.

　둘째, 시스템 분석은 활동의 시스템적 성질을 탐구할 때 더 고도의 문제에 관한 분석과정을 기술하기 위해 사용되는 경우가 많다. 또한, 시스템 분석은 상황 특성을 추출하고, 더 광범위한 내용으로 치환하려고 하는 시도를 의미할 때가 많다.

　셋째, 경제학과 OR은 프로세스의 정량화를 시도하여 특정 결과를 개선하고, 최적화하는 정책을 탐구한다는 점에서 비슷하다. 그러나 경제학에서는 시장, 소비에 대한 개인의 선호, 정보수집 등의 요인이 개인 행위를 지배하는 상황을 고찰 대상으로 한다는 점에서 OR과 차이가 있다. 또한, 경제학과 OR은 프로세스의 특정화 결정에 초점을 두는 점에서 비슷하다. 그러나 경제적 행동 연구를 위해 독자적으로 개발된 모델이나 기술을 다루거나 다른 분야에 적용하는 것에는 한계가 있다.

　그런데 이러한 차이는 확실하게 정해져 있는 것은 아니라고 할 수 있다. 왜냐하면, OR의 목표는 알고리즘이 아니라 운용에 있고, 나아가 다른 조건이나 입력이 결과에 미치는 영향을 결정하기 위해서 상세하게 프로세스를 이해하는 것이기 때문이다. OR이 무엇이든지, OR을 적절하게 사용하면 문제점을 최소한으로 줄이고, 어디에서 판단이 필요한가, 어디에서 필요하지 않은가를 명확하게 하는 것이 가능하다는 점에 주목할 필요가 있다.

　OR은 군사전략 분석 외에도 도시교통, 항공운송, 긴급시설(경찰서, 소방서, 구급차 등) 배치, 수질과 대기 관리, 위험시설 배치, 스포츠 등 다양한 분야에서 활용된다. 예를 들면 1976년 OR 연구를 통해 미국 대학 농구 시즌에 참여한 각 대학 농구팀은 전년도 시즌보다 이동 거리는 29.3%가 줄고, 이동회수는 78회에서 50회로 줄어들었다. 연구에서는 10개 팀이 참여하는 시즌에서 각 팀은 다른 모든 팀과 홈경기-원정 경기 합계 두 시합을 하며, 모든 시합은 매주 토요일과 월요일에 하고, 이동은 2주 연속으로 이루어지면 안 된다는 조건이었다.

이 책을 읽는 여러분이 야구를 좋아한다면, 투수를 언제 교체할 것인가? 고의사구를 언제 하는 것이 좋은가? 타순은 어떻게 배치하는 것이 좋은가? 이런 궁금증은 OR 연구의 대상이 될 수 있다. 여러분이 낯설게 느끼지만, 사실은 OR을 우리 주변에서 많이 발견할 수 있다.

3. 비용편익분석(BC 분석)

비용편익분석은 (공공재를 공급하는) 사업을 통해 얻게 되는 사회적 비용과 편익을 비교하는 분석이다(Mankiw, 2015: 262). 특정 사업(project)을 선택하였을 때 모든 사회구성원이 얻게 되는 편익과 비용을 체계적으로 망라하는 것이며, 이를 통해 공공 지출에 관한 결정사항을 평가하고 분석할 수 있다(Stokey and Zeckhauser, 1978: 138).

비용편익분석은 편익과 비용을 모두 금전으로 환산하는 것이 특징이다. 예를 들어 공공사업으로 도로를 건설한 경우, 도로가 가져오는 편익 중에는 시간을 단축하는 효과가 있다. 시간 단축 효과는 보통 30분 단축과 같은 형태로 시간 단위로 나타내지만, 비용편익분석에서는 시간 단축으로 생기는 가치를 모두 금전으로 환산한다. 다시 말하면 정부 프로그램의 가치와 비용을 화폐 개념으로 비교하는 것이다(김성태, 2000: 383).

비용편익분석의 대원칙은 선택이 필요한 어떤 경우에도 최대의 순편익(Net Benefit, 편익-비용)을 가져오는 선택을 고른다는 것이다. 어떠한 선택을 해도 편익이 마이너스(-)라면, 아무것도 하지 않는 것이 최선이다(Stokey and Zeckhauser, 1978: 138-186).

길동과 영희가 사는 마을이 있다고 가정하자. 새로운 소방서를 북쪽과 남쪽 어느 곳에 설치할 것인가를 결정하려고 한다. 선택지의 순편익은 <표

6-4>에 나타나 있다. 소방서를 남쪽에 설치하는 것이 북쪽에 설치하는 것보다 순편익이 더 크다는 것을 알 수 있다. 위에서 말한 원칙에 따르면 소방서를 남쪽에 설치해야 할 것이다(제5장의 카를로스-힉스 기준 참조).

그런데, 정부가 추진하는 정책 대부분은 장기간에 걸쳐 영향을 준다. 장기간에 걸친 사업일 때 해마다 얻게 되는 편익과 비용을 계산해야 한다. 예를 들어 <표 6-5>와 같이 <사업 A>와 <사업 B>가 있다(사업을 시작한 첫해는 0으로 표시하였음). <사업 A>는 1년 동안 건설하고, 초기비용이 10억(원)이 소요되며, 그 후 5년 동안 편익을 얻는다. <사업 B>는 2년 동안 건설하고, 초기비용은 15억(원)이 소요되며, 그 후 4년 동안 편익을 얻는다. 이때 어떤 사업을 선택해야 할까?

〈표 6-4〉 소방서 설치의 순편익 비교

	현재 소방서	순편익의 변화	
		북쪽	남쪽
길동	0원	− 120원	+ 330원
영희	0원	+ 250원	− 140원
합계	0원	+ 130원	+ 190원

* 출처: Stokey and Zeckhauser(1978: 143)의 표 9−1.

〈표 6-5〉 시간에 따른 사업별 편익과 비용

	연(年)					
	0	1	2	3	4	5
사업 A	− 10	+ 5	+ 4	+ 3	+ 2	+ 1
사업 B	− 10	− 5	+ 6	+ 6	+ 6	+ 6

* 출처: Stokey and Zeckhauser(1978: 170)의 표 10−1.

여기에서 중요한 점은 미래의 편익과 비용을 고려해야 한다는 것이다. 그리고 이때 할인(discount)이라는 방법을 사용한다. 할인에서 핵심은 복리(複利)식을 사용하여 비용과 편익을 현재가치(Present Value)로 변환하는 것이다. 현재가치 계산이란 비용과 편익이 생기는 시점을 고려해서 순편익을 산출하는 것이다. 따라서 비용편익분석의 대원칙에서 말하는 순편익이란 할인된 순편익의 합계(흐름)로서의 현재가치라는 의미이다.

할인이 필요한 것은 현재의 100원과 1년 후의 100원의 가치가 다르기 때문이다. 현재 내 손에 있는 화폐는 미래 어느 시점의 같은 액수보다 더 가치가 있다. 투자하면 이전보다 이득을 얻을 수 있기 때문이다. 예를 들어 당신이 일정 금액(X)을 오늘 은행에 저축하였을 때 1년 후에 10,000원이 된다고 하자. 이때 10,000원보다 적은 그 금액(X)이 1년 후 10,000원이라는 금액의 현재가치가 되는 것이다.

그렇다면 얼마를 투자할 때 1년 후 10,000원이 될까? 여기에는 1년 동안 이익을 얼마나 얻을 것인가에 대한 가정에 따라 다르다. 만약 수익률이 5%라면 오늘 10,000원을 투자해서 1년 후 10,500원을 얻을 것이다. 거꾸로 생각해서 오늘 5%의 이자로 투자해서 1년 후에 10,000원이 되려면 9,524원을 투자해야 한다.

즉 <그림 6-3>의 계산식이 성립하는 금액(X)이 있다. 이때 5%의 할인율(Discount Rate, r로 표시)로 1년 후에 지급되는 1만(원)의 현재가치는 9,524원이라고 한다. 만약 수익률이 10%라면 1년 후 1만(원)의 현재가치는 9,091원(10,000원÷1.1)이 된다.

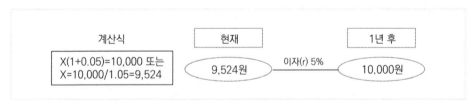

〈그림 6-3〉 5% 이자일 때 1년 후 10,000원의 현재가치와 계산식

이자율과 할인율은 수학적으로는 같은 것이며, 부르는 명칭만 다르다. 일정 액수의 화폐에서 시작해서 미래의 수익을 계산할 때는 이자율이라고 한다. 반면에 미래의 어느 시점에서 주어진 액수에서 시작해서 현재 시점으로 돌아와 계산하고, 현재가치를 구할 때는 할인율이라고 한다.

〈표 6-6〉 이자율과 할인율

S_1은 1년 후의 금액, r은 이자율. S_0은 최초의 금액
- $S_1 = (1+r)S_0$

할인할 때는 할인 인자(1+r)을 양변으로 나눔. r은 여기서는 할인율이라고 부름
- $S_0 = \dfrac{S_1}{(1+r)}$

〈표 6-7〉 현재가치를 구하는 일반식

할인율을 r이라고 가정하고, 1년 후에 지급되는 금액 S_1의 현재가치(PV)
- $PV = \dfrac{S_1}{(1+r)}$

현재로부터 n년 후의 지급 가능한 S_n의 현재가치(PV)
- $PV = \dfrac{S_n}{(1+r)^n}$

그렇다면 <표 6-5>에서 제시한 <사업 A>와 <사업 B>의 현재가치를 계산해 보자. 관례에 따라 비용과 편익은 매년 말에 발생하는 것으로 간주한다. 가장 중요한 정보는 적정한 할인율이 얼마인가이다. 여기서는 할인율을 5%라고 가정하자.

<사업 A>는 지금 당장은 (단위는 억(원)) -10의 순편익이 생기며, 그 현재가치는 -10이다. 1년 후에는 +5의 편익이 생기며, 그것의 현재가치는 5/1.05이며, 2년 후 +4의 편익의 현재가치는 4/(1.05)2=3.63이 된다. 같은 방식으로 구하면 <사업 A>의 현재가치의 합은 3.41, 즉 3억 4,100만(원)이 된다. 같은 방식으로 <사업 B>의 현재가치를 구하면, 현재가치의 합은 5.50, 즉 5억 5,500만(원)이 된다. 할인율이 5%라면 <사업 B>로 결정될 것이다.

그런데, 할인율을 바꾸면 어떻게 될까? <표 6-8>은 할인율의 변화에 따른 <사업 A>와 <사업 B>의 현재가치의 합을 나타내고 있다. 할인율이 13%보다 작으면 <사업 B>, 할인율이 13%에서 20% 사이라면 <사업 A>를 선택할 것이다. 그리고 할인율이 20%를 넘으면 두 사업의 현재가치의 합이 마이너스(-)가 되므로 사업을 시행하지 않게 된다.

〈표 6-8〉 할인율에 따른 사업 A와 사업 B의 현재가치의 합

할인율	0	0.04	0.08	0.12	0.14	0.16	0.18	0.20
사업 A의 현재가치 합	5.00	3.71	2.59	1.64	1.20	0.78	0.41	0.05
사업 B의 현재가치 합	9.00	6.14	3.77	1.81	0.95	0.16	− 0.56	− 1.23

* 출처: Stokey and Zeckhauser(1978: 175)의 표 10−2를 축약해서 정리.

우리나라에서도 대규모 공공사업을 시작할 때 예비타당성조사를 한다. 이때 비용편익분석을 실시하며, 사회적 할인율을 적용한다. 2021년 현재 예비타당성조사에서는 사회적 할인율을 4.5%로 하고 있다(기획재정부훈령 제436호). 2007년도부터 10년 동안은 사회적 할인율을 5.5%를 적용하였으나, 시장금리와 경제성장률의 하락 추세를 반영하여 2017년도부터 사회적 할인율을 4.5%로 하고 있다. 사회적 할인율은 경제 및 사회여건 변화 등을 고려하여 3년마다 조정을 검토하며, 중대한 경제·사회적 상황 변화가 발생하거나 긴급한 국가 정책적 필요가 있는 경우에는 3년 이내에 사회적 할인율을 조정할 수 있다.

그리고 공공사업을 수행하는 기관은 민감도 분석(sensitivity analysis)을 시행한다. 민감도 분석은 미래의 위험(risk)을 판단하는 것이다. 즉 비용편익분석의 기본 가정에 영향을 줄 수 있는 요인(예: 사업비, 운영비, 교통수요, 할인율 등)이 일정량 변화하였을 때 분석의 결과가 어떻게 변화하는지를 파악하는 것이다. 만약 에너지 가격이 큰 폭으로 변동하거나 인구가 많이 감소하면 사업의 비용은 증대하고 편익은 감소할 수 있다. 즉 민감도 분석은 가정한 값을 변화시켰을 때 최종 계산 결과가 어떻게 변화하는가를 계산하는 것이다. 예를 들어 어느 시설의 이용객, 원유가격의 변동이 비용과 편익에 영향을 준다고 하자. 이때 원유가격을 5% 인상, 10% 인상, 15% 인상할 때, 비용이 어느 정도 변화하는가를 계산한다. 또는 이용객이 5%, 10% 감소할 때 편익의 변동 정도를 계산한다.

비용편익분석을 통해 정책을 선택할 때 현재가치의 총합(NPV: Net Present Value) 외에 비용편익비율 등을 사용하기도 한다. 비용편익비율(benefit−cost ratio)이란 편익의 현재가치를 비용의 현재가치로 나눈 것이다(秋吉, 2018: 85−88). 비율이 1보다 크면 사회적 편익의 현재가치가 사회적 비용의 현재가치를 넘는 것을 의미한다. 하나의 정책 분야에 비슷한 예산 규모를 가진 사업이 반복되고

있는 상황에서는 해당 연도에 시행하는 사업의 단절이나 계속 여부를 판단하는 자료로 유의미하다.

 Break Time ┃ 6-3 사회후생(Social welfare)

　사회후생이란 경제 주체의 행위에서 발생하는 사회적 편익에서 사회적 비용을 뺀 것이다(배용수, 2013: 37-39). 사회후생은 소비자가 평가하는 가치와 실제 지불하는 가치와의 차이를 의미하는 소비자잉여(consumer surplus)와 총수익에서 총비용을 제외한 순이익을 의미하는 생산자잉여(producer surplus)로 구성된다. 사회후생은 시장 전체의 만족도라고 할 수 있다.

　시장의 수요곡선·공급곡선은 주어진 가격에서 개별 소비자가 자신의 효용을 극대화하고, 개별 기업도 자신의 이윤을 극대화하며, 이를 시장 전체로 집계한 결과로써 계산된다. 이러한 시장의 수요곡선·공급곡선에 의해 시장균형으로 가격이 결정되며, 그 가격에서 개별 소비자와 생산자는 자신들의 소비량과 생산량을 결정한다(長峰, 2014: 32-33).

　다음 그림에서 어떤 상품의 공급곡선과 수요곡선이 만나는 점(x)에서 시장가격(p1)과 시장거래량(q1)이 있다고 가정하자. 소비자는 높은 가격을 지불하고도 소비하고 싶은 상품을 그보다 낮은 가격에 사므로, △axp1의 소비자잉여를 확보한다. 생산자도 총수익에서 총비용을 제외한 △bxp1의 생산자잉여를 확보한다. 이 상품의 시장에서는 △abx의 사회후생이 실현된다. 그런데 독점 등으로 시장가격이 p2로 상승하면 거래량은 q2로 감수한다. 이때 사회후생은 △abyz로 바뀌게 되며, 가격이 p1일 때와 비교하면 사회후생이 △xyz 만큼 감소한다.

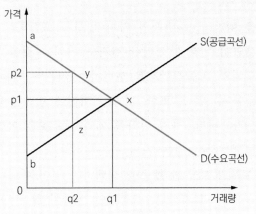

* 출처: 배용수(2013: 38)의 그림 2-1.

| 제3절 | 합리적 의사결정의 한계 |

합리적 의사결정의 개념은 이른 시기부터 문제점이 지적되었고, 새로운 결정 모델이 제시되었다.

1. 제한된 합리성

완전 합리성의 개념에 이의가 제기되었다. 목적의 명확화, 대안 열거, 대안 평가, 대안 선택이라는 완전 합리성을 근간으로 한 의사결정은 인간 능력의 한계를 고려하지 못했다는 비판이 제기되었다. 합리적 의사결정은 지식의 문제, 가치 예측의 곤란성, 인간 행동이 가진 범위의 한계 등 세 가지 한계가 있다는 것이다(Simon, 1997).

첫째, 합리적 의사결정에 필요한 지식이 인간 능력의 한계를 넘어서고 있다. 합리적 의사결정은 모든 대안 결과를 예측할 수 있어야 한다. 그러나 현실에서 인간이 보유하고 있거나 탐색 가능한 정보나 지식은 제한적이거나 단편적이다. 인간은 자기 행동을 둘러싸고 있는 조건에 대해 부분적인 지식을 가지며, 현재와 미래를 연결하는 인과적 규칙성에 대해서도 약간의 통찰력만 가질 뿐이다(안서원, 2006: 48).

둘째, 대안을 평가하고, 미래의 가치 변화를 포함하는 것이 어렵다. 합리적 의사결정은 대안이 미래에 어떠한 결과를 가져올 것인가를 예측·평가한다. 그런데 그러한 결과가 바람직한가를 판단하는 기준이 되는 가치는 현재와 미래에 일관되지 않을 수 있다. 또한, 가치가 미래에 변화할 때 그것을 정확하게 예측하는 것은 불가능하다. 가치 변화를 예측하는 것은 어렵고, 어떠한 가치로 변화할 것인가를 예측하는 것은 거의 불가능하다.

셋째, 인간은 원래 다양한 행동을 선택하는 것이 어렵다. 합리적 의사결정은 가능한 대안을 모두 열거한다. 그렇지만 인간이 할 수 있는 행동은 물리적으로 제한되어 있고, 현실에서는 제한된 범위만 상정할 수 있다.

이러한 점에서 Simon은 완전 합리성의 개념의 비현실성을 지적하고, 의사결정을 하는 인간 능력에는 제약이 있다는 제한된 합리성의 개념을 제시하였다(Simon, 1957, 1983, 1997). 인간은 지식과 계산능력의 한계로 인하여 완전 합리성의 가정과 다르게 행동한다. 실제 인간의 모습은 다음과 같을 것이다(Simon, 1983: 17-20).

첫째, 당신은 어떤 결정을 할 때 아주 제한된 분야에만 관심을 가질 것이다. 만약 자동차를 산다는 결정을 할 때, 동시에 다음 주에 어떤 주식에 투자할지를 결정하지 않는다. 둘째, 당신은 아주 중요한 결정을 할 때도, 선택할 대안의 확률분포, 미래의 자세한 시나리오 등을 따져보지 않는다. 인생의 대략적인 전망이나, 가까운 미래의 한두 가지의 커다란 변화 정도만 고려할 것이다. 셋째, 당신이 자동차를 사려고 생각하고 있다는 사실은 당신이 삶의 일부에 관심을 집중한다는 것이며, 다른 부분의 가치는 상대적으로 무시하고 있다는 것이다. 넷째, 당신이 자동차를 사려는 결정에 들이는 노력의 상당 부분은 (관련된) 사실을 모으고, 관련된 가치를 끌어내는 것이다. 친구와 상의하기도 하고, 자동차 대리점에 갈 수도 있다. 오히려 실제로 결정하는 시간은 오래 걸리지 않을 것이다. 제한된 합리성의 행동 모형에 따르면, 인간은 무한대의 시간을 가질 수 없고, 모든 가치를 포함해서 선택할 필요도 없다.

이러한 제한된 합리성에 근거하는 의사결정모형으로 만족(Satisfying, 최소만족) 모형이 제시되었다(Simon, 1997). 완전 합리성에 근거하는 의사결정에서는 결정의 주체로 경제인을 상정하였으나, 새롭게 경영인(Administrative Man)이라는 개념이 제시되었다. 경제인이 최적화를 지향한다면, 경영인은 자신의 요구 수준을 만족시키는 것을 지향한다. 따라서 경영인은 먼저 대안을 모두 탐색하는 것이 아니라, 요구 수준을 만족시키는 대안을 발견하면 대안 탐색을 중지하고, 그 대안을 선택한다.

2. 대안으로서 연속적 제한 비교

완전 합리성의 비현실성은 정치과정·행정과정의 관점에서도 점증주의(incrementalism) 개념으로 표현되었다(Lindblom, 1959; 하태권, 2000: 3-9). 점증주의는 여러 연구에서 다양한 형태로 제시되었는데, 연쇄적 제한 비교(Successive

Limited Comparison) 접근이 원형이다(점증주의에 대해서는 제7장 제1절 부분 참조). 이는 완전 합리성을 바탕으로 한 합리적-포괄적 의사결정(Rational Comprehensive) 접근방법과 대비된다. 합리적 의사결정의 문제점은 목적과 수단의 연관성, 분석의 한계, 합의로서의 결정 등이다.

〈표 6-9〉 합리적-포괄적 의사결정과 연속적 제한 비교

합리적-포괄적 (Rational-Comprehensive)	연속적 제한 비교 (Successive Limited Comparison)
가치 또는 목적의 명확화가 대안의 경험적 분석과 구분되며, 선행한다.	가치 목표의 선택과 필요한 행동의 경험적 분석은 명확하게 구분할 수 없고, 밀접하게 연관되어 있다.
정책형성은 목적-수단분석을 통해 이루어진다. 먼저 목적이 분리되고, 다음으로 목적을 달성하는 수단이 분석된다.	목적과 수단은 구분할 수 없고, 목적-수단 분석은 종종 부적절하거나 제한적이다.
좋은 정책인지를 검증하는 것은 바람직한 목적에 대해 최적 수단이었는가를 보여주었는가를 묻는 것이다.	좋은 정책인지를 검증하는 것은 다수 분석자의 동의를 얻었는가를 묻는 것이다. 합의한 목적에 대해 최적의 수단이었는가에 관한 동의가 없어도 무방하다.
분석은 모두 포괄적이다. 모든 중요한 연관요인을 고려한다.	중요하게 일어날 수 있는 결과, 중요한 잠재적 대안, 그리고 중요한 가치가 무시되면서 분석은 상당히 제한된다.
종종 이론에 크게 의거한다.	연속적으로 대안을 비교하기 위하여 이론에 의거한 결정은 이루어지지 않게 된다.

* 출처: Lindblom(1959: 81).

첫째, 현실의 의사결정은 목적과 수단이 분리되지 않는 때가 많다. 선택할 수 있는 수단이 먼저 정해져 있는 때가 있고, 새로운 수단을 발견함으로써 목적을 설정할 때도 있다. 또한, 합리적 의사결정에서는 사회 전체의 통일적 가치 체계가 필요한데, 그러한 가치 체계는 아주 드물게만 존재한다. 가치 체계를 구축하기 위해 가치들을 비교·평가하는 기준은 존재하지 않는다.

둘째, 분석은 다양한 제약을 받기에 불완전하다는 한계를 가진다. 특히 인간의 분석 능력의 한계가 강조된다. 인간의 능력에는 한계가 있고, 시간의 제

약도 있다. 따라서 모든 대안, 각 대안이 가져올 결과, 사회에 있는 가치를 완전하게 파악하는 것은 어렵다. 동시에 분석의 비용 문제도 있다. 특히 분석에 필요한 정보를 모두 모으려면, 그 비용은 체증된다. 정보를 완전하게 하려면 막대한 비용이 든다.

셋째, 합리적 의사결정은 바람직한 목적에 대한 최적 수단을 선택한다고 간주하지만, 사회에서 바람직한 목적을 설정하거나 개별 수단의 평가 기준을 설정하는 것은 어렵다.

🌱 Break Time ┃ 6-4 갈팡질팡하는 개인

개인주의 경제학 이론에서는 완전 합리성을 기본 전제로 한다. 개인은 미래에 일어날 수 있는 모든 일을 예상하고, 각각의 일이 일어날 가능성을 계산하며, 자신의 선호를 정확하게 파악하고 결정을 내리는 존재이다(Chang, 2014: 199-200).

이러한 입장과 달리 경제학 분야에서 인간의 완전 합리성을 부정하면서 제한된 합리성을 근간으로 인간이 실제로 어떻게 행동하는지, 그 결과로 어떠한 사회현상이 발생하는가를 고찰하는 학문으로 새롭게 등장한 것이 행동경제학이다(友野, 2006: 12-35). 의사결정에 필요한 모든 정보를 입수하는 일은 비용의 측면에서도 물리적인 측면에서도 불가능하다. 모든 정보를 입수했다고 해도 그것을 모두 분석하는 것은 더 어렵다. 또한, 인간은 행동을 결정할 때 합리적인 계산이나 추론이 중요한 역할을 하지만, 그에 못지않게 감정이나 직감도 중요한 역할을 한다.

완전 합리성의 시각에서 보면 비합리적으로 보이는 행동이지만, 그러한 행동은 충동적이거나 맥락 없이 이루어지지 않는다. 일정한 경향이 있으며, 그런 점에서 예측 가능하다(Ariely, 2008). 예를 들면 한번 내린 결정은 끝까지 고수하는 태도(각인효과 또는 앵커(anchor)), 다른 사람의 행동을 기준으로 상황을 판단하고 따라 하는 양떼현상(herding), 소유하고 있던 것에 대한 깊은 애착과 상실에 대한 두려움(손때 묻은 잡동사니를 팔지 못하거나, 팔더라도 말도 안 되는 가격을 부르는 이유) 등은 합리적 결정을 어렵게 하지만, 그러한 행동은 일견 이해가 되기도 한다.

완전 합리성에 근거한 의사결정이론에서는 사람들이 자유롭게 선택할 수 있는 대안이 많을수록 좋고, 만족도도 커질 것이다. 최대화 모형에 따르면 인간은 선택 대안이 증가하면 그것을 자세히 검토하고, 더 나은지 아닌지를 확인해야 직성이 풀린다. 그런데 사람들은 선택 대안이 너무 많으면 오히려 잘못된 선택을 하지 않을까 하는 일종의 후회스러움 또는 실패할지 모른다는 감정에 빠질 수 있다. 오히려 적당한 선택 대안을 발견하면 선택 대안이 증가해도 신경을 쓰지 않는 편이 더 만족도가 높을 수 있다(友野, 2006: 187-189). 인간은 선택 기회가 너무 없을 때 괴로워하지만, 너무 많은 기회가 있어도 괴로워한다.

한편 인간은 여러 가지 원인의 결과로 나타나는 다양한 인식의 오류를 지닌다 (Chabris & Simons, 2010). 예를 들면 사람들은 눈에 보이는 세상의 특정 부분의 모습이나 움직임에 주의를 집중하고 있을 때, 예상치 못한 사물이 나타나면 이를 알아차리지 못하는 경향이 있다. 이러한 오류는 고릴라 실험에서 잘 나타나는데 (www.theinvisiblegorilla.com), 사람들은 종종 자신이 보고 싶은 것만 보고 기억하고 싶은 것만 기억한다.

세계적으로 유명한 건축한 가우디는 1866년에 스페인의 사그라다 파밀리아 성당의 건축을 지휘하면서, 10년 후면 성당이 완공될 것이라고 장담했다. 하지만 2022년 시점에서도 여전히 미완이다. 간단하고 쉬워 보였던 일이 현실과 맞닥뜨려야 비로소 복잡한 일이라는 사실이 드러나기 때문에, 예측할 때는 시간이나 비용을 과소평가하기 쉽다. 이러한 지식 착각에서 벗어나려면 낯선 프로젝트에 대해 우리가 추정한 소요 기간과 비용 예산이 다를 수 있다는 사실부터 인정해야 한다.

이러한 인간의 비합리적 행동은 심리학에서 중요 연구과제이다(Sutherland, 2007). 아래 제시된 문장이나 질문에서 인간이 가지고 있는 비합리성은 무엇인지 생각해 보자.

1. 줄담배 우리 아버지, 100살까지 사셨지. (2007: 278)
2. 재미없는 영화를 끝까지 보는 이유는? (2007: 136)
3. 제2차 세계 대전의 아른헴 전투에서 몽고메리 장군의 오류는 무엇일까? (2007: 193)

최적 모형은 드로아(Dror)가 제시한 정책결정모형이다. 기존의 정책결정 모형을 비판하면서, 의사결정의 마땅한 모습을 나타낸 규범 모형으로 최적 모형(optimal model)을 제시하였다(Dror, 1983; 오석홍, 2000: 259-269; 藥師寺, 1989: 65-67).

첫째, 최적 모형은 정책과학을 구축하고 이를 충분하게 활용하면 정책결 정의 질을 상당히 향상하는 것이 가능하다고 가정한다. 정책 지식(policy knowledge)은 양적·질적으로 증가·향상하고 있고, 실현할 수 있는 정책결정 의 질(quality)도 향상하고 있다. 그런데 현실의 정책결정의 질은 아주 완만하 게 개선된다. 현실의 정책결정은 실현할 수 있는 수준과 필요한 수준을 크게 밑돌고 있다. 정책결정을 통해 만족할 수 있는 성과와 발전을 실현하려면, 정책결정의 끊임없는 개선이 필요하다. 이러한 개선을 가능하게 하는 것이 최적 모형이라고 할 수 있다.

둘째, 최적(oiptimal)이라는 개념은 OR에서 논의된 최적화 문제를 배경 으로 한다. 예를 들어 제2차 세계대전 중 미국에서 유럽으로 향하는 배는 독 일의 U보트 공격을 받는 위험에 처했다. 운송 선단을 편성할 때 호위함이 많 으면 방위력은 향상되지만, 비용이 많이 들고 발견될 가능성이 커진다. 호위 함이 적으면 발견되었을 때 침몰할 가능성이 커진다. 이러한 상황에서 호송 선단을 어떻게 편성하는 것이 최적일까? 이것은 불확실성에서 정치적 의사 결정의 문제이지만, 과학적 분석기법을 통해 의사결정의 정밀도를 향상하는 것이 기대되는 문제다. 수량적으로는 다룰 수 없는 복잡한 현상인 정책결정 에 최적화의 개념을 확장·적용한 것이 최적 모형이다. 최적은 정책효과가 최 대가 될 수 있게 이용할 수 있는 자원을 적절하게 배치하는 것이다. 즉 자원 이나 인재 등을 공간적으로 배치하거나 시간적인 배분을 최적화하여 일정 제 약 조건에서 성과를 최대화하는 것이 가능하다. 달리 말하면 자원의 제약이 라는 상황에서 실현할 수 있는 가장 좋은 상태를 지향하는 것이다. 최적의 정책결정을 위한 일반 모형을 통해 최적의 자원을 배치하여 성과 향상을 도 모하는 것이라고 할 수 있다.

셋째, 최적 모형은 초합리성 모형이라고도 부른다(Dror, 1983: 171-193). 완전 합리성 모형은 인간이 완전하게 합리적으로 행동하는 것을 가정하지만,

완전 합리적 정책결정은 현실적으로 불가능하다. 정책결정에서는 직관 (intuition: 추리 등의 사유 과정을 거치지 않고, 대상을 직접적으로 파악하는 작용), 판단과 같은 초합리적(extrarational) 과정이 중요한 역할을 한다. 예를 들어 경험이 풍부한 정책결정자는 자신의 결정 대부분을 직관이나 판단 등으로 설명한다. 이론적으로 초합리적 과정이 정책결정에서 담당하는 최적의 역할이 무엇인가를 결정할 수는 없지만, 실제로 정책결정자는 직관이나 판단 등에 의존한다. 따라서 요점은 합리성과 초합리성을 어떻게 하면 최상의 방법으로 조합할 것인가, 정책결정에서 두 개의 이질적인 요소를 함께 작용하는 조건을 어떻게 만들어낼 것인가를 찾는 것이다. 최적 모형은 그러한 것을 가능하게 하는 규범적 모형이다.

넷째, 최적 모형의 주요 특징은 정성적 측면 중시, 합리적·초합리적 요소 포함, 경제적 합리성 중시, 메타정책결정 중시, 되먹임(feedback) 중시 등이다(1983: 195-202).

① 정책결정의 정성적 측면과 정량적 측면을 구분하였다. 모형화하기 쉬운 정량적 측면과 대비하여, 정성적 측면에 관한 모형을 구축하고자 하였다.

② 정책결정에서 합리적 요소와 초합리적 요소가 모두 필요하다고 보았다. 자원의 유한성, 불확실한 상황, 지식 부족 등은 정책결정의 합리성을 제약하며, 정책결정자는 초합리적 요소에 의존한다. 그리고 정책결정자가 새로운 대안을 만들어낼 때는 창조성이 필요한 것과 같이 초합리적 요소만이 효과적인 국면이 있다. 따라서 합리적 요소를 강화하면서, 초합리적 요소를 촉진하는 것이 필요하다.

③ 정책결정의 각 단계의 자원 배분에서 완전 합리적인 배분이 아니라, 경제적으로 활용할 수 있도록 배분하는 것을 중시한다. 합리화를 위한 비용이 정책 산출 편익보다 낮은 경우에만 합리적 의사결정을 하게 된다(경제적 합리성).

④ 정책결정을 위한 정책을 중요하게 생각한다. 정책결정을 어떻게 할 것인가를 결정하는 것이 중요하며, 메타(meta)정책결정을 중시한다고 표현할 수 있다.

⑤ 정책결정의 단계에서 예측되는 것과 실제 나타난 결과가 종종 다르다. 따라서 정책을 수정하거나 정책결정시스템 자체를 개선하는 되먹임 기능

이 중요하다.

다섯째, 최적 모형은 정책결정과정이 메타정책결정, 정책결정, 포스트정책결정(post policymaking), 되먹임의 네 단계로 구성되며, 단계(stage)마다 세부적인 의사결정의 국면(phase)이 있다고 간주한다.

① 메타정책결정은 정책결정을 어떻게 할 것인가를 결정한다(〈표 6-9〉 참조). 즉 정책결정시스템의 작동방식과 개선을 다루는 것이다. 정책결정 시스템 전체의 설계와 관리, 정책결정 전반에 관한 원칙과 규칙(rule)을 확립하는 데 필요한 주요 과정이다.

국면1은 정책을 통해 실현할 가치를 정한다. 가치는 행동의 방향을 제시하기에 놓쳐서는 안 되는 가치들의 순위를 개략적으로 정해서 구성한다.

국면2는 객관적 현실로부터 추출된 사실들로부터 주관적인 현실 이미지(現實象)을 구성한다. 정책결정자의 주관적인 현실 이미지는 어떠한 문제를 인지할 것인지에 영향을 주는데, 객관적 현실의 추상(抽象)인 주관적인 이미지는 객관적 현실과 다르다. 따라서 객관적 현실로부터 되먹임을 통해 주관적인 현실 이미지를 개선해야 한다.

국면3은 무엇이 문제인가를 정하는 것이다. 예를 들어 홍수로 댐의 내구성이 저하되고 있는데, 댐을 계속 가동하는 것이 중대한 사회적 가치라고 하자. 댐이 약화되고 있고, 앞으로 붕괴될 수 있다는 정보가 정책결정자의 주관적 이미지에 포함되지 않으면, 댐을 보강하는 것은 주관적 문제가 되지 않고 아무런 대책도 세우지 않을 것이다. 객관적 문제가 저절로 주관적 문제로 전환되는 것은 아니므로 양자를 어느 정도 연관시키는가가 중요하다. 그리고 이러한 문제의 구성에는 현실적인 주관적 문제들을 확립하려고 노력할 뿐만 아니라 구체적이고 조작적으로 정식화하고 상대적인 중요성에 따라 순서를 매기는 것도 포함된다.

국면4는 자원의 조사·처리·개발이다. 자원의 조사·처리는 주관적 문제를 해결하는 데 어떤 자원을 활용할 수 있는가를 확인하는 것이다. 지식은 자원을 구성하는 요소의 하나인데, 현재와 미래의 문제를 해결하는 데 도움이 되는 지식을 체계적으로 개발하는 것은 정책결정 개선에 중요하다. 최적의 정책결정은 현재·미래의 문제와 자원의 주기적·체계적 조사, 지식과 직관을 통한 잠재적 이득 추론, 자원의 수요와 공급 평가, 새로운 자원개발을 시행해야 한다.

국면5는 정책결정 시스템의 설계·평가·재설계이다. 시스템 설계는 하위 최적화를 통해 일부분 실행할 수 있지만, 개별적으로 정책을 시행하는 조직은 모순된 정책을 만들어낸다. 따라서 정책결정 시스템은 평가받고, 필요하면 재설계를 해야 한다. 통합 메커니즘을 확립·강화하고, 환경으로부터 시스템으로 투입되는 문제·가치·자원의 끊임없는 변화를 가능하게 한다.

국면6은 문제, 가치, 자원 배분 등 세 개의 하위 국면으로 구성된다. 우선, 문제 배분은 국면3에서 순서가 매겨진 특정 문제를 하위 문제로 나누고, 다양한 정책결정단위와 하위시스템에 나누어주는 것이다. 개별 문제를 하나의 단위(unit)로 할당하고, 관리할 수 있는 범위에 둠으로써 집합적 수준에서 더 바람직한 문제해결을 가능하게 한다. 다음으로 가치 배분은 특정 문제가 지향하는 가치나 그 문제에 대해 정책결정으로 영향을 받을 수 있는 가치를 문제 배분과 같은 방식으로 나누어주는 것이다. 그리고 자원 배분이란 국면4에서 특정·평가받은 자원을 문제와 가치의 배분에 따라 배분하는 것이다.

국면7은 정책결정의 전략으로서 정책결정자의 기본적 방향성이나 자세를 확정한다. 예를 들면 시스템의 안정성을 우선하는 점증적 변화를 지향할 것인가, 아니면 편익의 최대화를 가져올 수도 있는 위험(risk)을 동반하는 혁신을 지향할 것인가 등을 결정한다.

② 정책결정 단계에서는 실제로 결정을 한다. 목표와 가치를 우선순위와 함께 설정하고, 복수의 정책 대안을 탐색한다. 그리고 각 대안의 비용편익분석을 하고, 예측한 비용과 편익을 근거로 비교·선택을 하며, 최선의 대안 집단을 형성한다. 완전 합리성에 근거한 의사결정에서는 대안을 선택한 단계에서 종료한다. 그러나 최적 모델에서는 대안집단이 가져올 결과에 대하여 정책문제나 가치의 관점에서 좋은(good) 것인가를 판단한다.

③ 포스트 정책결정 단계에서는 이전 단계에서 결정한 정책을 집행한다. 정책집행을 위해 공식적 승인이나 자원 할당, 집행을 독려하는 동기부여를 한다. 그리고 정책을 집행하고, 집행 후에 사전 예측과 실제 귀결과의 차이 등 정책결정에 관한 평가를 한다.

④ 이러한 세 단계에 더하여 강조되는 것이 되먹임 단계이다. 예컨대 국면14에서 대안의 기준이 바람직하지 않으면, 국면11로 되돌아가 대안을 준

비하고, 국면12에서 비용과 편익 예측을 한다. 이처럼 국면 사이에 의사소통과 되먹임을 반복하면서 결정을 진행하며, 최적 모델에서는 국면18로 자리매김하고 있다.

〈표 6-10〉 최적 모델의 구조

단계(Stage)	국면(Phase)
(1) 메타정책결정	① 가치 처리 ② 현실 처리 ③ 문제 처리 ④ 자원 조사·처리·개발 ⑤ 정책결정 시스템 설계·평가·재설계 ⑥ 문제와 가치와 자원 배분 ⑦ 정책결정 전략 결정
(2) 정책결정	⑧ 하위수준에서 자원 배분 ⑨ 조작적 목표를 우선순위 매겨서 설정 ⑩ 중요한 가치를 우선순위 매겨서 설정 ⑪ 대안 준비(중요한 정책선택지의 모음 작성) ⑫ 대안의 비용과 편익 예측 ⑬ 대안 비교와 최선의 대안 집단의 결정 ⑭ 최선의 대안 집단의 비용과 편익을 평가
(3) 포스트 정책결정	⑮ 정책집행의 동기부여 ⑯ 정책집행 ⑰ 정책집행 후에 정책결정을 평가
(4) 되먹임	⑱ 모든 단계를 상호 접촉하는 의사소통과 되먹임

* 출처: Dror(1983), Appendix b.

CHAPTER

07

정책결정에서 이익은 어떻게 조정되는가?

정책을 이해할 때 중요한 분석 도구로 이익(Interest), 제도(Institu-tion), 아이디어(Ideas)가 있다(Majone, 1998: 610-627). 세 단어의 첫 알파벳을 따서 세 개의 I라고 말할 수 있다. 제7장에서는 이익, 제8장에서는 제도, 그리고 제9장에서는 아이디어를 다룬다.

우선 정책을 생각할 때 이익은 중요하다. 제1장에서 서술하였듯이 정책은 공공의 문제를 해결하려는 시도이며, 사회 전체의 이익(공적 이익)을 강화하려는 것이다. 그렇지만 정책에서 사람들이 가지고 있는 개별 이익(사적 이익)의 중요성을 무시할 수 없다.

정책결정과정에서는 사회 내 존재하는 서로 다른 이익을 전체 공동체의 이익과 공존할 수 있게 조정할 필요가 있다(Crick, 1962: 10). 대립하는 생각과 이해 등을 조정하고 협력하도록 하여, 사회의 안정과 질서를 확보할 수 있게 된다(阿部, 1991: 2).

정책결정과정이 문제를 합리적으로 해결하는 과정이라기보다는 사람들이 표출하는 이익을 조정하는 과정이라면 그러한 다양한 이익을 정책과정에서 어떻게 조정할 것인가? 그리고 이익을 무엇이라고 생각하면 좋을까? 또한, 어떠한 이익이 정책과정에서 대표되기 쉬운 것일까? 이러한 물음에 대해 살펴보자.

정책결정에서 이익은 어떻게 조정되는가?

제1절   이익조정으로서의 정책결정과정

1. 행위자의 다원성

인류 역사는 농업사회에서 산업사회로, 그리고 탈산업사회로 나아가고 있다. 현대 사회는 다원화되면서 정책결정과정에서 다양한 이익이 표출된다(Dahl, 2005). 농업사회에서는 불평등이 누적되는 모습이었다. 재산, 토지와 같은 경제적 자원, 지위와 신분이라는 사회적 자원, 그리고 권한이나 군사력과 같은 정치적 자원을 한 사람이 지니고 있었다. 현대 사회도 일부 국가는 한 명의 독재자나 특정 계층에게 경제적, 사회적, 그리고 정치적 자원이 집중되기도 한다.

그렇지만 산업사회가 도래한 18세기 후반 이후 서구 유럽을 중심으로 불평등이 분산되고 있다(Dahl, 1991). 불평등이 분산되는 사회는 특정 자원이 부족한 사람이 다른 자원을 지배할 수 있다는 점에서 누적적 불평등 사회와 큰 차이가 있다. 물론 불평등이 완전히 사라지지는 않는다. 그렇지만 현대 민주주의에서는 학력, 소득, 자산 등 많은 지표에서 사회구성원 사이의 격차가 줄어드는 평등화 현상이 나타난다(阿部, 1991: 188-194). 기회의 평등뿐만 아니라 결과의 평등, 개인의 평등뿐만 아니라 집단의 평등이 강조된다.

현대 사회에서 각 분야의 사람들은 영향력(influence)이라는 자원을 나누어 가진다. 영향력이란 어느 한 개인(또는 복수의 행위자)이 가지고 있는 욕구, 희망,

선호 또는 의도가 다른 개인(또는 복수의 행위자)의 행동이나 행동하려는 마음에 변화를 발생시키려는 두 행위자 사이의 관계를 말한다(Dahl, 1991: 43). 예를 들어 교수가 수강생에게 정책학이라는 책을 읽으라고 지시를 하였고, 수강생은 그러한 지시가 없었다면 읽지 않았을 정책학이라는 책을 읽었다고 하자. 이때 교수는 정책학이라는 책을 읽게 하는 점에서 수강생에게 영향력이 있었다고 할 것이다.

현대 민주주의 사회는 이러한 영향력이 널리 분포되어 있다. 돈이 많은 사람이 지식을 많이 가지는 것도 아니다. 지식을 많이 가진 사람이 정치적으로 인기가 있는 것도 아니다. 엘리트(elite)가 있다고 해도, 그러한 엘리트는 가지각색으로 존재하며, 영향력 자원은 사회에 폭넓게 분산된다.

평등화가 진행되고 영향력이 광범위하게 분포되면서 정책과정은 더 복잡해진다. 정책과정에 참여하는 행위자는 정책에 따라 다르고, 사회가 복잡해지는 만큼 참여자도 가지각색이다. 현실은 과거 농업사회와 같이 소수자가 지배하는 것이 아니다. 그렇다고 해서 교과서에서 배운 민주주의 이념과 같이 다수자의 지배라고 말하기도 어렵다. 오히려 정책과정은 다양한 분야(area)로 나누어지고, 한 분야에서 영향력을 가진 개인(들)이나 이익집단은 다른 분야에서는 영향력을 갖지 않는다. 하나의 분야에서도 많은 이익집단에 영향력이 분산되기도 한다(Peters, 2010: 68-69).

예를 들면 미국의 한 도시(New Heaven City)의 권력에 관한 연구는 공직후보자의 지명, 도시재개발, 공교육 등 정책 분야별로 영향력을 행사하는 사람이 다르다는 점을 발견하였다(Dahl, 2005). 이러한 관점은 사회에 통일된 하나의 지배계층이 있고, 정책은 지배 엘리트의 가치와 선호를 반영한다는 엘리트이론과는 큰 차이가 있다(Dye, 2008: 21-22). 다원주의이론은 다원적인 이익이 각각 집단을 형성하여 정부에게 그들의 이익을 실현할 수 있는 정책을 요구한다고 본다. 각 집단은 자신들의 요구를 표출하는 정도에는 차이가 있지만, 집단(의 요구) 사이에서의 교섭과 타협을 통해 정책이 결정된다.

2. 집단이론

1908년에 발간된 「통치과정론」(The Process of Government)은 정치에서 집단의 중요성을 처음으로 강조하였다. 인간사회는 여럿이 모여 무리를 이룬다. 집단이론(group theory)은 이해관계를 지닌 인간이 참여하는 집합 활동을 연구한다. 이익과 집단은 동의어라고 할 수 있고, 이익을 가지지 않는 집단은 존재하지 않는다. 만약 어떤 문제가 쟁점이 되거나 정책이 된다고 할 때, 그 쟁점이나 정책에 대하여 특정 집단이 내세우는 찬성이나 반대는 궁극적으로 그 집단에 속한 개인의 이익을 주장하는 것이다(Bently, 1908: 256-270).

예를 들어 과거에 의약분업을 둘러싼 의사회와 약사회의 대립, 현대 의료기기를 둘러싼 한의사협회와 의사회의 대립 등을 보면 이익과 집단이 동의어라는 의미를 이해할 수 있다. 2020년 코로나19 상황에서 의사협회, 전공의, 전문의 등이 보여 주었던 의료파업과 의과대학 및 의학전문대학원 학생들의 국가의사고시 거부 및 재응시 요구 등도 마찬가지이다. 이익을 핵심으로 하는 집단은 압력 활동을 강력하게 행사하기에 압력집단(pressure group)이라 불리기도 한다. 즉 다원주의적 정치관에서는 정치적 활동의 단위는 집단이며, 집단 사이에 대립과 협상이 이루어지면서 정책이 형성된다(阿部, 1991: 88-89).

그렇다면 집단 사이에서 상호조정은 어떻게 이루어질까? 각 집단의 요구는 비유적으로 벡터(vector)라고 표현할 수 있다. 벡터란 역학에서 힘의 방향과 크기를 나타내는 기호로써 사용된다. 요구 내용이 벡터의 방향이며, 영향력을 행사할 수 있는 자원의 많고 적음이 벡터의 크기를 나타낸다. 둘 이상의 집단이 정책과정에서 각자의 요구를 실현하기 위해서 경쟁할 때, 정책의 결과는 벡터의 총합으로 정해진다(北山 외, 2003: 11-12). 즉, 영향력이 강한 집단이 원하는 방향으로 정책은 이끌려 간다.

집단이론을 응용해서 미국의 무역정책과 노동정책의 변천을 간략하게 살펴보자. 미국의 각 산업은 정치에 큰 영향을 준다(Ferguson, 1984, 1995). 강한 영향력을 가진 산업(집단)의 이익이 정책에 반영되는데, 미국의 무역정책과 노동정책은 19세기와 20세기에 큰 차이를 보인다.

물론 민주주의 사회에서는 투표를 통해 정부를 구성한다. 사람들은 유용한 정보에 근거하여 투표하는데, 정보 취득에는 시간과 돈이라는 관점에서 큰 비용이 든다. 일반 시민이 그들의 권리를 주장하고 정책에 영향을 주는 것에는 한계가 있다. 반면에 산업 엘리트 등은 정책에 영향을 주기 위해서 시간과 돈을 투자할 이유와 이익이 있다. 특히 산업 구조가 바뀌게 되면 정부 정책에도 변화가 생길 가능성이 크다.

미국은 18세기부터 19세기에 걸쳐 섬유산업이나 고무산업 등 노동집약적 산업이 주를 이뤘다. 이러한 산업은 국내 시장을 중심으로 하며 노동자들의 임금이 매출에서 차지하는 비중이 높았다. 따라서 이러한 산업 부문에서는 무역을 꺼리거나 노동자들이 조직화하여 그들의 힘이 강력해지는 것을 싫어하는 경향이 있었다. 당시에 정부는 산업 부문의 영향력으로 보호무역주의에 찬성하고, 노동조합에 반대하는 태도를 보였다.

그러나 20세기 초반에는 석유산업, 전기산업 등 자본 집약적 산업이 크게 성장하였다. 예를 들면 1909년과 1919년을 기준으로 미국에서 가장 큰 기업은 철강기업(U. S. Steel)과 석유기업(Standard Oil of N. J.)이었다. 자본집약적 산업은 상대적으로 노동력을 덜 사용하였기 때문에 노동조합에 덜 영향을 받았다. 노동자와 대결하기보다는 포용할 수 있는 자원을 지니고 있었다. 당시 자본집약적 기업들은 세계적으로 선두주자였으므로 자유무역으로부터 얻는 것이 많았다. 은행들도 비슷한 입장을 지녔다. 따라서 미국의 뉴딜 시기에는 노동조합에 친화적인 법률이 통과되었고, 관세 등을 삭감한 자유무역 형태의 정책이 시행되었다.

결국, 집단이론에서는 집단 간 투쟁(협상, 교섭, 조정 등)의 관점에서 정책을 이해한다(Dye, 2008: 20-21). 집단의 영향력은 구성원(의 수), 부(wealth), 조직의 힘, 리더십, 의사결정자에 대한 접근성, 내부적 응집력 등으로 결정된다. 그리고 정부는 집단 압력에 반응하는 존재에 불과하다.

이러한 시각은 모든 일을 환원적으로 생각하는 (미국의 전통적인) 사고방식을 반영한다(Bella 외, 1991: 10). 예를 들어 (미국의 개인주의에서는) 어떤 문제가 생기면 그 원인은 개인에게 있다고 생각한다. 그리고 개인에게 문제가 없다면 조직이 문제라고 생각한다. 이러한 사고방식에 따르면 우리 사회에 존재하는 제도는 큰 의미가 없게 된다(제도에 대한 자세한 내용은 제8장 참조).

3. 상호조정과 점증주의

다원적 행위자가 정책과정의 실질적인 내용을 만든다면, 그 결과는 어떻게 나타날까? 정책과정에서 다원적 이익을 상호조정한 결과를 잘 표현한 것이 점증주의 이론이다.

다원적 민주사회에서는 각 행위자(개인과 집단)가 추구하는 사회적 목표 및 가치가 충돌한다고 가정하므로 큰 변화를 가져오는 결정에 합의하는 것은 어렵다. 따라서 정치적으로 가능한 정책제안에 한정하여 분석하는 것이 제한된 시간과 에너지를 절약하는 방법이다. 점증주의 이론은 정책결정이 그보다 앞서 일어난 정책을 전제로, 작고 점진적인 변화를 추구하면서, 진화하여 간다고 본다(Lindblom & Woodhouse, 1993: 38-39).

점증주의에 따른 결정은 작은 변화 중시, 목적과 수단 연동, 분석대상 한정, 연속적 결정 등이 강조된다(Braybrooke & Lindblom, 1963; Lindblom & Woodhouse, 1993).

첫째, 현재의 상태를 기본으로 큰 변화를 가져오는 정책보다는 작은 변화를 가져오는 정책을 중시한다(1993: 38-39). 왜냐하면 큰 변화를 가져오는 결정에 대해서는 합의를 얻기 어렵기 때문이다. 예를 들어 휘발유세를 5%, 또는 리터당 1,000원 정도 내렸을 때의 경제적 효과를 예측하는 것은 어렵지 않고, 이해관계자의 동의를 얻기 쉽다. 그렇지만 기존 에너지를 획기적으로 전환하는 탄소 제로 혹은 탄소중립 정책은 경제적, 사회적, 정치적으로 결과를 예측하기가 쉽지 않고 갈등도 높아진다. 따라서 현재의 정책을 조금씩 수정하면서 새로운 정책을 펴는 점증적 경향이 높아진다.

둘째, 목적과 수단이 연동되어 있다(1963: 93-94). 정책결정의 합리성을 강조하는 관점에서는 목적을 설정하고, 수단은 목적에 맞추어 선택한다고 가정한다. 그러나 때에 따라서는 목적을 정책에 적합하게 조정한다. 우리가 정책 목적을 설정할 때, 상당 부분은 정책 수단을 자세하게 검토하면서 도출한다. 예를 들어 자동차 사고를 없애는 정책 목적을 설정하지 못하는 이유는 적절한 수단이 없기 때문이다. 물론 자동차를 없애는 수단을 쓰면 자동차 사고를 없애는 목적을 수립·달성할 수 있을 것이다. 그렇지만 자동차를 없애는 것에는 너무

나도 엄청난 비용과 희생이 따른다. 정책 목적은 그것을 달성할 수 있는 수단에 상당 부분 의존한다. 즉 목적과 수단 사이에는 상호 순환적 관계(reciprocal relationship)가 있다.

셋째, 한정된 정책대안에 주목한다(1993: 40). 매년 수많은 법안이 의회에 상정되는 것을 생각할 때, 시간과 노력을 절약할 필요가 있다. 현실적인 방법은 처리할 수 있는 법안 수를 한정하고, 세밀하게 고려하는 것이다. 현재 상태에서 약간의 변화를 추구하는 정책에 관심을 두면, 정책 대안을 모두 분석하기보다 범위를 줄여서 분석할 것이다(1963: 88-92). 게다가 모든 정책 대안이나 결과를 분석할 수 있는 적절한 정보나 방법의 존재 가능성이 희박하다.

넷째, 문제를 한 번에 해결하려고 하지 않는다(1993: 42-43). 시행착오를 반복하면서도 더 좋은 방안을 찾아서 문제를 해결하려고 한다. 어떤 쟁점에 대해서 단 한 번의 대응으로 정책형성이 종료되지는 않는다. 오히려 끝이라는 것이 없는 과정이라고 볼 수 있다. 예를 들어, 재정적자, 청년실업, 지방분권 등 정책과정에서 계속 논의되는 문제와 쟁점은 수두룩하다.

점증주의는 제한된 시간을 특징으로 하는 예산편성과정에서 잘 관찰된다. 무언가 결정을 하려면 고려하고 선택해야 하는 대안들을 계산할 수 있어야 하는데, 예산과정은 대안들을 계산하는 것이 아주 복잡하다(Davis 외, 1966: 529-530). 따라서 예산과정에 참여하는 사람들은 점증적인 방법을 사용하여 계산에 따른 부담을 줄이려고 한다. 모든 프로그램의 모든 대안을 비교하는 대신에 전년도 예산에 기초하며, 아주 적은 범위의 증감에 대해서만 특별히 관심을 기울인다. 이러한 점증적 방식은 정부 조직이 안정성을 획득하는 데 큰 역할을 한다.

즉, 예산편성과정에서는 매우 제한된 대안들만이 고려되며, 전년도의 예산 규모를 기초로 작은 폭의 조정(marginal and small adjustments)이 이루어진다(Wildavsky, 1964; 재인용, 김종순, 2008: 514). 포괄적인 대안평가에 소요되는 계산 능력의 부족을 해소하고, 예산과정에서 광범위하게 수용되는 교섭과 협상의 전략으로 예산편성 담당자(부처)는 상호조정(mutual adjustments)을 반복한다. 예산편성을 점증적으로 함으로써 예산과정에서 발생하는 논쟁을 해소할 수 있다. 사업계획과 관련된 불명확성을 줄이고, 중요한 가치들이 무시되는 현상을 방지할 수 있다. 예산의 편성과 승인에 관련된 정치적, 인지적 부담도 줄어든다.

우리나라의 예산편성과정에서도 점증주의의 특징이 나타난다(강신택, 1990). 「헌법」 제54조는 회계연도 개시 90일 전까지 정부가 예산안을 편성하여 국회에 제출하도록 하고 있다. 「국가재정법」은 대통령의 승인을 얻은 예산안을 회계연도 개시 120일 전까지 정부는 국회에 제출하도록 규정하고 있다. 그리고 국회는 회계연도 개시 30일 전까지 예산안을 심의·의결하도록 규정하고 있다. 예산 실무자는 한정된 재원으로 사업 간에 예산을 분배해야 하는 제약이 있다. 특히 예산을 담당하는 중앙부처는 예산결정을 할 때 전년도예산액을 기초(base)로 하고, 가용재원의 범위 내에서 필요한 사업만큼 가감한다.

물론 논리적으로 따져보면 전년도 예산을 기초로 해서 다음 해의 예산을 결정해야 할 이유는 없다. 그렇지만 실제로는 해당 사업의 타당성이 인정되면, 그 규모를 결정할 때 전년도 예산을 참고한다. 매년 반복되는 경상비용이라면 전년도 예산이 예산편성의 기초가 된다. 각 부처는 전년도 예산을 기초로 더 많은 예산을 확보하려고 하며, 중앙부처의 예산부서는 가능한 예산을 억제하려고 한다. 이러한 행동 양식은 대부분의 국가예산편성에서 공통으로 나타나는 것이라고 할 수 있다.

점증주의는 시간과 정보처리능력이 제한된 정책과정의 현실을 잘 보여준다. 점증적 예산결정과정은 다원적 이익집단이 참여하는 선진국의 현실을 잘 반영한다. 제5장에서 살펴본 계획예산제도(PPBS)와 같은 합리적 예산편성과정은 성공하기가 쉽지 않다.

제2절 어떠한 이익이 정책에서 대표되는가?

사람들은 자신의 이익이 무엇일까를 생각하고, 정책과정에서 이익을 실현하려고 애쓴다. 그러나 반드시 그렇다고 보기 어려울 때도 있다. 본인의 이익과 관계가 있다고 생각하면서도 아무것도 하지 않을 때도 많다. 왜 그런 것일까? 정책과정에서의 행동은 집합행위이기 때문이다(秋吉 외, 2015: 161).

사람들은 자신의 이익이나 만족을 실현하려고 한다. 시장에서 경제적 행위를 하고, 어떤 때에는 정치적 행위를 한다. 경제적 행위란 아이스크림을 사는 것과 같은 단독 행위를 의미한다. 정치적 행위란 집합행위(collective action)를 뜻한다. 다른 사람과 협력하기도 대립하기도 하면서 함께 하는 행위를 의미한다. 행위와 결과로서의 정책이 직접 결부된 것은 아니다. 집합행위가 언제 나타나며, 언제 나타나지 않는가? 이것도 중요한 논점 중의 하나이다.

1. 비용과 편익의 집중, 분산

정책을 비용과 편익의 관점에서 생각할 수 있다(Willson, 1973, 1998). 정책이 형성·집행되면 비용과 편익이 발생하는데, 정책으로 인해 발생하는 비용이나 편익은 분산되거나(widely diffused), 집중된다(narrowly concentrated). 비용이 분산된다는 것은 정책으로 인한 비용을 많은 사람이 나누어 분담한다는 의미이며, 집중된다는 것은 소수의 사람이 비용을 집중해서 부담한다는 뜻이다. 편익이 분산된다는 것은 편익을 얻는 사람들이 많다는 것이며, 특정 사람(집단, 지역)만이 집중해서 편익을 얻는 경우는 편익이 집중된다고 할 수 있다.

그런데 비용이거나 편익이거나, 그것이 집중되는 사람들은 조직을 만들고 정부에 압력을 행사하려는 유인이 강하다(Wilson, 1998: 76-79). 그러한 정책은 당사자들에게 1인당 높은 가치를 주기 때문에 이해관계자는 정치적으로 활발해진다. 반면에 비용이거나 편익이거나 분산되면, 그것으로 영향을 받는 사람들은 조직을 만들어야 할 유인이 약하다. 즉 비용이나 편익이 분산되면 사람들이 행동할 정도로 유인이 강하지 않다. 이렇게 비용과 편익의 관점에서 보면 네 가지 유형을 생각할 수가 있다(<표 7-1> 참조).

첫째, 고객지향 정치가 있다(③유형). 정책 편익은 상대적으로 한정된 이익집단에 대부분 주어지고, 비용은 많은 사람이 부담할 때 고객지향 정치가 나타난다(1998: 76). 수혜자의 이익은 크기 때문에 그들은 정책(법률)을 만들기 위해 조직을 만들고 압력을 행사할 동기가 크다. 반면에 비용을 부담하는 사람들은 개인이 감당해야 하는 비용이 적거나 숨겨져 있어 정책을 반대하거나 집합행위를 할 유인이 부족하다. 정부는 공공의 이익을 앞세우고 정책을 추진하지만, 진정한 고객은 편익을 집중적으로 받는 집단이 될 가능성이 크다. 그래서 이러한 유형에 속하는 정책(규제)을 고객지향 정치라고 할 수 있다(최병선, 1989: 266-267). 즉 정책결정자, 규제자, 그리고 규제로 이득을 얻는 이익(집단) 사이에는 한정된 고객 관계가 있다. 한정된 고객 관계를 강조한다면, 단골손님 정치라고 말할 수 있다. 이러한 유형에 속하는 정책(규제)은 공산품 수입규제, 직업 면허, 운수사업허가 등을 들 수 있다.

둘째, 선도자 정치가 있다(②유형). 정책 비용은 일부 집단에 집중되지만, 편익은 많은 사람에게 돌아가는 유형을 말한다(Wilson, 1998: 77). 비용을 집중적으로 부담해야 하는 집단은 1인당 높은 (비용) 가치를 가지기 때문에, 관련 집단은 정책을 강력하게 반대해야 할 동기가 있다. 비용을 집중해서 부담해야 하는 집단은 그러한 정책에 맹렬하게 반대하고, 그로 인해 정책이 실현되기 어려워진다. 이러한 유형에는 환경오염규제, 자동차 안전규제, 위해 가능 물품의 품질 및 규격 규제 등의 정책을 들 수 있다. 주로 기업이 비용을 부담하는 집단이 된다. 그렇지만 기업집단의 반대에도 정책이 형성·집행되기도 한다. 예를 들면 유능한 정책선도자, (정책을 반대하는 집단의) 비리 사건, 선거 의제를 찾는 정치인들, 그리고 언론의 보도 등이 정책형성에 영향을 줄 수 있다. 2019년에 유치원 운영에 관한 법률이 제정될 수 있었던 것은 위에서 말한 요인들이 복합적으로 작용한 것이라고 할 수 있다. 달리 말하면 유치원 운영에 종사하는 집단의 반대가 오랜 시간 동안 정책이 도입하는 것을 어렵게 했다고 할 수 있다.

셋째, 이익집단 정치가 있다(①유형). 정책은 비용을 부담해야 하는 집단에 1인당 높은 비용을, 그리고 이익을 누리는 집단에게는 1인당 높은 편익을 주는 유형이다(1998: 78). 편익을 얻을 것으로 보이는 집단이나 비용을 부담해야 하는 집단 모두 조직을 만들고 그들의 요구를 강하게 나타낼 동기가 있다. 일종의 영합 게임(zero-sum) 모습을 지닌다. 이러한 유형에서 정부는 어느 한쪽의 요구만을 받아들인 정책을 결정·집행하기 어렵고, 중립적인 입장에서 양자의 이해를 조정하는 일을 수행할 가능성이 크다(최병선, 1989: 268-269). 노사문제와 관련된 정부의 정책이나 제도들이 여기에 해당한다. 노사 쌍방은 비슷한 힘을 가지고 영향력을 행사하려고 하며, 사회의 다른 세력과 연합해서 자신들의 입장을 강화하려고 한다.

넷째, 대중정치가 있다(④유형). 정책의 비용과 편익 모두 많은 사람에게 돌아가는 유형이다(Wilson, 1998: 78). 활발하게 활동하는 유력한 이익집단이 없다. 대신에 상대적으로 느슨하게 결합한 사람들의 집단 또는 그들을 위하여 행동하는 사람들이 정책의 실질적 또는 상징적 발표(statement)를 추구한다. 때로는 미약하거나 모호한 정책으로 연결된다. 이러한 유형에는 공정거래, 방송윤리, 속도제한 규제 등의 정책이 해당한다(최병선, 1989: 265-266). 이러한 유형의 정책이 형성되기 위해서는 새로운 아이디어와 이를 뒷받침하는 정책분석, 그리고 정치인이나 정부 관료의 적극적인 활동이 필요하다. 예를 들어 2021년 4월부터 일반도로에서 운행하는 차량은 시속 50㎞ 또는 30㎞를 넘지 않도록 운전해야 한다. 속도제한으로 사고율이 줄고, 자동차 사고로 인한 사망자 수가 감소한다는 정책분석 결과는 정책 정당성을 옹호한다.

〈표 7-1〉 정책의 비용과 편익의 관계

| | | 편익 획득 | |
		집중	분산
비용 부담	집중	① 이익집단 정치 (Interest group politics)	② 선도자(기업가) 정치 (Entrepreneurial politics)
	분산	③ 고객지향 정치 (Clientele-oriented politics)	④ 대중정치 (Majoritarian politics)

* 출처: Wilson(1973); 재인용, Birkland(2020: 267).

<표 7-1>의 네 가지 유형 중 ②유형과 ③유형은 비용을 집중해서 부담하는 사람, 편익을 집중해서 얻는 사람이 승리하기 쉽다. 반면에 ①유형과 ④

유형은 서로가 치열하게 부딪치며, 어느 쪽의 승리도 쉽지 않다.

2. 철의 삼각 동맹

선도자(기업가) 정치(②)유형과 고객지향 정치(③)유형은 편익을 집중해서 얻는다고 생각하는 사람들이나 비용을 집중해서 부담해야만 하는 사람들이 조직을 형성하는 경우가 많다. 이러한 조직은 이익집단, 압력단체 등으로 정책을 실현하려고 또는 자신들에게 불리한 정책을 방해하기 위해 강한 의욕을 가지고 싸운다. 그들은 정부 내의 정치적 행위자와 동맹을 맺기도 한다(Peters, 2010: 31-37).

첫째, 정치가들과 연계한다. 이익집단의 이익과 연관이 있는 개별 정책 분야의 의회 위원회(또는 소위원회)와 밀접한 관계를 형성한다. 이익집단은 정치가들을 강하게 지지하고 선거활동에 필요한 정치자금을 제공한다. 반면에 정치가들은 이익집단의 이익을 정책과정에서 대표함으로써 선거 승리를 노린다. 이익집단이나 관료조직에도 입법 활동을 하는 정치가는 그들의 이익 실현에서 중요한 존재이다.

둘째, 부처의 담당 부서와 이익집단도 우호적인 관계를 맺게 된다. 관료들은 정책형성과 정책집행에서 현장 정보가 필요하며, 이익집단의 협력이 필요하다. 이익집단은 현장의 정보를 관료들에게 제공하고, 정책집행에서 협력한다. 반대로 관료들은 이익집단에 도움이 되는 일을 함으로써 부서의 인원이나 예산을 확보할 수 있다. 또한, 이익집단이나 관련 단체는 관료들이 필요로 하는 퇴직 후 낙하산 인사를 위한 자리를 제공한다.

부처의 담당 부서는 정치가와도 밀접한 관계를 형성한다. 각 부처는 정치가에게 부족한 조사능력과 정책분석 능력을 지니고 있고, 정치가는 정부 부처와 협력하여 이익을 얻을 수 있다. 정부 부처는 정책의 정당성을 부여받고 예산을 확보하기 위해서 정치가의 도움이 필요하다.

이렇게 세 행위자 사이에 강한 상호의존관계가 형성된다. 서로의 이익에 근거하여 연결된 관계이기에 잘 무너지지 않고 안정적이다. 그런 의미에서 삼자의 관계를 철의 삼각 동맹(iron triangle) 또는 하위정부(sub-government)라고 부른다. 그들의 이익은 정책과정에서 실현될 가능성이 크다. 편익이나 비용을 집중해서 얻는, 혹은 부담해야 할지도 모르는 집단은 그렇지 않은 사람들에 비해 소수이며, 그로 인해 무임승차 문제로부터 더 벗어날 수 있다. 무임승차 문제, 즉 부담 없이 이익만을 얻으려는 행위는 소수자 사이에서는 눈에 띄기 마련이며, 상호감시가 작동한다고 생각할 수 있기 때문이다. 여기에서는 협력해서 행동하려는 모습을 발견하기 쉽다.

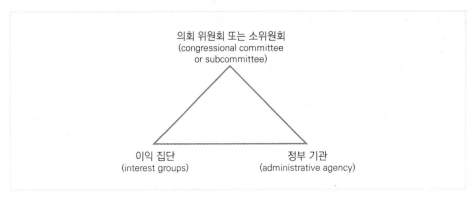

의회 위원회 또는 소위원회
(congressional committee
or subcommittee)

이익 집단
(interest groups)

정부 기관
(administrative agency)

〈그림 7-1〉 철의 삼각 동맹

그렇다고 해서 그들이 정책과정에서 마음대로 이익을 실현하는 것은 아니다. 예를 들어 철의 삼각 동맹으로 인하여 분산되는 비용을 부담하는 사람에게 너무 큰 피해가 나타나면, 이들도 참지 않고 조직적으로 행동할 수 있다(北山 외, 2003: 12-13). 평소에는 정책에 관심이 없었던 집단인 잠재적 이익집단이 정책과정에 등장하는 것이다.

잠재적 이익집단을 연결하는 것은 정책선도자(policy entrepreneur, 정책기업가)라고 불리는 사람이다(Cairney, 2020: 200). 기업 세계에서 선도자(entrepreneur)는 혁신적인 행위자로서, 재화나 서비스를 생산하고 시장을 개척하는 기회를 만들어내며, 이윤을 창출하는 사람이다. 정치의 세계에서는 문제의 틀을 설정하거나 해결책을 지원하며, 그 대가로 표를 얻거나 재정적·정치적 지원을 받는다.

<표 7-1>의 네 가지 유형 중 고객지향 정치(③유형)는 로위의 분배정책과 비슷한 측면이 있다(Birkland, 2020: 260). 즉 일부 이익집단이 얻는 편익을 사회 전

체가 부담한다는 측면에서 비슷하다. 이익집단 정치(①)는 로위의 재분배정책과 비슷한 측면이 있다. 영합 게임의 성격을 지니며, 높은 갈등이 나타난다.

 Break Time ▎ 7-1 정책공동체와 철의 삼각 동맹

정책과정에서 정책을 만들려면 행위자들은 상호작용을 해야 한다. 즉, 행정부, 의회, 언론, 이익집단, 시민들이 상호작용을 하면서 법안이 통과된다. 이러한 상호작용이 작용하는 방식을 이해하기 위해서는 정책 영역(policy domain)이라는 개념을 이해할 필요가 있다. 정책영역은 환경정책 영역이나 건강보험 정책영역과 같이 정책형성에 참여하는 행위자들이 경쟁하고 타협하는 실질적인 정책 분야(area)를 의미한다. 환경정책 영역에는 대기오염 영역, 수질오염 영역 등이 포함되듯이 일부 정책영역은 그 범위가 대단히 클 수도 있다(Birkland, 2020: 189-190).

이러한 정책영역에는 정책공동체가 포함된다. 정책공동체는 특정한 영역의 정책형성 과정에 적극적으로 관여하는 행위자들의 집단을 의미한다. 이 집단은 이슈를 학습하고, 이해하고, 협상하고, 설명할 수 있는 전문가로 구성되는데, 이익집단, 정부 기관, 언론, 선출직 공직자 등을 생각할 수 있다.

한편, 철의 삼각 동맹은 논란의 여지가 있는 이익을 규제하는 책임 기관, 규제받는 이익(집단), 특정한 이슈에서 법안을 만드는 것에 책임이 있는 국회의 상임위원회 사이의 관계를 서로 강화하는 하위정부의 특정 유형을 의미한다. 삼자는 이슈와 목적의 공통된 인식에 기초하여 정책을 형성한다. 왜냐하면, 서로에게 도움이되기 때문에, 이 관계는 장기적인 관점에서 잠재적인 안정성이 있다.

철의 삼각 동맹이 형성되고, 하위정부가 너무 많이 나타나면, 국민 전체의 이익이나 공공의 이익을 실현하는 것이 어렵다. 조직화한 소수의 이익이 지나치게 중시되면, 사회 전체의 활력은 감소하는 문제가 발생한다(北山 외, 2003: 14).

3. 이탈과 항의

무임승차자가 되기 위해 정책과정에서 아무런 요구도 하지 않고 침묵하는 상황만 있는 것은 아니다. 불만의 목소리를 높이는 행동(voice)을 할 수도 있다. 때로는 이익을 실현하기 위하여 이탈(exit)하기도 한다.

집단이나 조직에서 현상에 불만이 있는 경우에 사람들은 때때로 그 집단이나 조직 내에서 발언하고, 개선하기 위해 행동한다. 그렇지만 때로는 조직이나 집단으로부터 이탈하기도 한다(Hirshman, 1970). 시민사회단체나 인터넷 카페 모임에서도 운영에 대하여 이해할 수 없는 상황이 발생하면 내부에서 개선하려고 노력한다. 그러나 그 노력이 성과가 없거나 없을 것으로 생각하면, 조직이나 모임을 그만두는 모습을 발견할 수 있다. 그 후에 다른 집단이나 모임에 가입하기도 하고, 스스로 집단이나 모임을 만들기도 한다.

최근에 많은 지방자치단체는 해당 지역의 인구가 줄어드는 상황에 직면하고 있다. 인구감소는 읍·면과 같은 시골에서만 일어나는 것은 아니다. 서울 인구만 해도 2011년 12월 1,024만(명)에서 2020년 12월 현재 968만(명)으로 감소하였다(통계청 홈페이지 참조). 행위자의 처지에서 지역 간 인구 이동은 개인이 혼자서 할 수 있는 단독 행위이며, 일종의 탈출이라고 할 수 있다. 서울시에 거주하는 주거비용이 높아지면 사람들은 항의도 하고, 항의에도 개선의 여지가 없으면 (자의든 타의든) 외곽으로 이주를 하게 된다. 저출산과 관련해서도 출산, 육아, 교육 등이 힘들다고 느끼면, 해당 문제의 해결을 촉구할 것이다(voice). 그렇지만 그러한 요구가 충분하게 받아들여지지 않으면 출산을 심각하게 고민하게 되며, 이는 출산하지 않는 선택(exit)으로 연결될 수 있다.

이익과 정책결정과정의 관계를 생각할 때는 이탈과 항의의 이용 가능성과 그 역동성에 대해서도 고려해야만 한다(秋吉 외, 2015: 166). 사람들은 본인의 이익이 관계하고 있어도 누군가가 그것을 위해 움직이면 본인은 아무것도 하지 않아도 그 혜택을 받는 것이 가능한 무임승차자가 되려고 한다. 모두가 그렇게 생각하면 집합행위는 일어나지 않게 된다.

🌱 **Break Time | 7-2 충성, 항의, 이탈**

허쉬먼 모형은 기업과 소비자 사이의 관계에 적용하기 위한 고안된 것이다 (Hirschman, 1970: 42). 항의와 이탈에 기업이 대응하지 않으면 해당 기업은 위기에 빠지게 된다. 이탈 방식은 고객이 기업의 제품을 구매하지 않거나 회원이 조직을 탈퇴하는 것이다. 항의 방식은 기업의 고객이나 조직의 회원이 경영진 혹은 상부 기관에 직접 불만을 알리거나 여러 방식을 통해 이를 관심 계층에 전달하는 것을 말한다. 그런데 허쉬먼 모형은 시장 관계에만 국한되는 것이 아니라 국가와 국민 간의 관계에도 적용할 수 있다.

이탈은 경제 영역에, 항의는 정치 영역에 속한다(1970: 57-60). 국가에서부터 가족에 이르기까지 인간이 창의한 모든 제도를 통틀어 아무리 성가시더라도 항의 방식을 따르는 것이 모든 구성원의 일상적 대처법이다. 정치 영역에서 이탈은 경제 영역에서 항의보다 훨씬 푸대접을 받아 왔다. 이탈 방식은 단순하게 비효율적이거나 성가심이라기보다, 탈퇴, 변절, 반역이라는 이름표가 붙은 범죄적 행위로 종종 낙인을 받았다.

이탈 대신 항의 방식을 택하는 것은 소비자나 조직의 구성원이 자신이 구매하려는 기업이나 소속되어 있는 조직의 관행, 정책, 그리고 결과물을 바꾸려는 시도이다(1970: 82). 항의는 만족스럽지 못한 상태로 있기보다는 상황을 바꾸려는 모든 시도이다. 직접 책임이 있는 경영진에게 개인 혹은 집단으로 청원하는 방법이 있고 경영진의 변화를 끌어내기 위해 더 높은 기관에 호소하는 방법도 있으며, 여론 동원을 포함한 그 외의 다양한 방법도 있다.

상당수의 대중은 장기적으로 정치에 무관심하다(1970: 84-85). 언제나 상황을 예의주시하는 시민과 무심한 시민이 섞여 있는 것이, 혹은 정치적 참여와 그로부터의 후퇴가 반복적으로 나타나는 것이 총체적이고 영구적인 정치 활동이나 정치적 무관심보다는 민주주의에 더 도움이 될 것이다. 시민 대부분은 평상시에 정치적 역량을 최대로 발휘하지 않으며, 자신의 이해가 직접 침해될 때 비로소 비축된 정치적 에너지를 통해 막강한 힘을 발휘한다.

그리고 항의 방식이 제대로 작동하려면 개인이 정치적 영향력을 보유하고 있어야만 충분히 자극받았을 때 이를 행사할 수 있다(1970: 142).

제3절 정책 결정과 엘리슨 모형

　　현대 사회에서는 다원적 이익이 존재하고, 그들이 집단을 이루어 자신들의 이익을 주장하고 협상한다는 점을 살펴보았다. 다원적 이익집단이 참여하는 정책과정은 점증주의 성격을 가질 가능성이 크다는 점도 논의하였다. 제6장에서는 합리적 행위의 특성도 살펴보았다. 그렇다면 실제로 정책 결정은 어떻게 이루어질까? 여기에서는 엘리슨(Allison)의 정책결정 모형을 통해 검토한다 (Allison and Zelikow, 1999; 杉浦, 2012).

1. 사례 개요

　　1962년 10월 16일부터 10월 28일까지 13일 동안 미국과 소련(현재 러시아) 사이에는 쿠바에서 건설 중인 핵미사일기지를 둘러싸고 큰 위기가 있었다. 쿠바 혁명으로 1959년 정권을 잡은 카스트로 정권은 미국과 외교적으로 적대적인 입장이었고, 소련과 우호적인 관계였다. 소련의 당시 수상인 흐루쇼프는 국내의 정치적 위기를 모면하고자 쿠바에 핵미사일기지를 건설하려고 하였다. 이러한 사실을 공군 정찰을 통해 알게 된 미국의 케네디 대통령은 어떻게 대응할지 결정해야 했다.

　　케네디 정부는 여러 가지 대안을 가지고 있었다. 아무것도 하지 않는 것, 외교적 압력, 카스트로와의 비밀 교섭, 외과 수술 형태의 공중 폭격, 전면 공격, 해상봉쇄 등이 고려되었다. 대안은 각각의 장단점을 가지고 있었다. 최종적으로 케네디 대통령은 쿠바 주변 공해(公海)에 대한 해상봉쇄와 소련 선박 검열을 발표하였다. 소련은 쿠바의 핵미사일기지를 철거하고, 위기는 회피되었다. 이러한 과정에서 케네디 대통령은 소련이 핵미사일과 기지를 철거하지 않으면 소련과의 전면전쟁도 불사하겠다는 메시지를 표명하였다. 소련은 미국이 쿠바를 침공하지 않는다는 것을 약속하면 핵미사일을 철거하겠다는 제안을 하였고, 미국은 이를 받아들였다. 쿠바 핵미사일 위기 이후 미국과 소련은 워싱턴과 모스크바를 연결하는 긴급통신연락망인 핫라인(hot line)을 설치하였다.

그렇다면 여기에서 몇 가지의 의문을 제시할 수 있다. 소련은 왜 핵미사일 기지를 쿠바에 설치하려고 하였을까? 미국은 여러 대안 중에서 왜 해상봉쇄를 선택했을까? 소련은 왜 기지를 철거했을까? 미사일 위기의 교훈은 무엇인가? 엘리슨은 세 개의 모형을 중심으로 몇 가지의 설득력 있는 분석을 제공하였다.

2. 합리적 행위자 모형

합리적 행위자 모형(rational actor model)에서 합리적이란 명시적인 제약에 따라서 일관된 가치를 극대화하려는 선택을 의미한다. 즉, 국가는 합리적 의사결정을 하는 통일된 하나의 행위자로 국익의 관점에서 가장 합리적인 선택지를 고른다.

첫째, 합리적 행위자 모형은 국가(정부)를 분석의 기본단위로 한다. 이때 국가는 전략적 목적을 극대화하는 행위를 선택한다.

둘째, 합리적인 하나의 정책결정자라고 간주하는 국가(정부)는 일련의 명확한 목표, 인지된 대안, 대안에서 파생되는 결과에 관한 통일된 예측을 한다. 국가는 전략적 문제에 직면하면 자신의 목표와 목적에 비추어 최고의 결과를 가져올 대안을 선택한다. 특정한 행위를 할 때 국가는 목표가 있고, 그러한 행위는 목표를 최대한으로 달성하려는 수단이다. 그리고 국가의 주요 목표는 국가안전보장과 국익이다.

이 모형은 미국(케네디 대통령)과 소련(흐루쇼프 수상)은 명확한 목적을 지니고, 정확하고 충분한 정보에 근거하여 각 선택지가 가져올 결과를 예측하고, 최선의 대안을 선택하였다는 가정에서 해상봉쇄와 기지 철거 결정을 설명한다. 합리적 행위자 모형에 따르면 해상봉쇄는 여러 개의 대안 중에서 가장 합리적인 선택지였다.

여러 개의 대안 중에서 공군이 선호하는 외과 수술 형태의 공중 폭격을 한다면 기지 내의 소련인을 공격할 뿐만 아니라 기지 밖의 소련인도 공격의 대상이 될 수 있다. 특히 사전 경고를 받지 않은 상태에서 진주만 기습을 당했던 미국은 사전 경고 없이 상대방을 공격하는 것을 상상하기 힘들었다. 물론 해상봉쇄도 국제법 위반이라는 비판, 서베를린 문제 등이 제기되었지만 나름의 장

점이 있었다. 핵무기를 보유하고 있는 국가 사이에 굴욕적인 패배는 핵전쟁의 선택을 가져올 수 있다는 점에서 해상봉쇄는 합리적이며 유일한 선택지였다고 할 수 있다.

그런데 국가가 통일된 하나의 행위자라고 해도 그 결정이 충분한 정보에 근거하였다고 말하기 어렵고, 합리적 행위자 모형으로 설명할 수 없는 상황이 있다. 예를 들면 쿠바의 미사일 기지는 미국의 정찰에 노출될 정도로 왜 허술하게 관리가 되었을까?

3. 조직과정 모형

조직과정 모형(organizational behavior model)에 따르면 정부 행동은 표준적 양식에 따라 기능하는 거대한 조직의 산출이다. 각 조직은 정해진 절차(routine)에 따라 행동하며, 그러한 행동의 총합이 정부의 행위가 된다. 즉, 현재 조직의 절차는 문제에 직면하고 있는 정부 지도자가 선택할 수 있는 결정의 범위를 설정·제한하며, 정부가 어떤 결정을 한 이유를 설명할 때 조직 내부의 조직과정을 중시한다.

첫째, 정부는 현존하는 여러 조직으로 구성되며, 하나의 행위자라고 할 수 없다. 행위자란 (하나의 국가가 아니라) 정부 지도자를 정점으로 느슨하게 결합한 조직의 집합체이다. 인지되는 문제는 여러 조직으로 분할되고, 그것에 맞추어 권력도 나누어진다. 따라서 각 조직이 책임지는 문제 범위는 줄어들며, 조직의 파벌주의가 조장된다.

각 조직의 (과업) 목표는 (조직이) 실행할 수 있는 과업이 무엇인가를 규정하는 제약(또는 구속)이다. 조직에 배정된 임무와 예산 배분의 측면에서 규정되는 조직 보전이 주요 목표라고 할 수 있다.

둘째, 정부를 구성하는 조직은 나름의 표준운영절차(SOP)에 근거하여 정해 놓은 방식으로 행동한다. 임무를 효과적으로 수행하기 위해서 표준운영절차가 필요하고, 특정 상황에 대처하기 위해 조직은 표준운영절차의 집합체로 구성되는 프로그램을 이용할 수 있다. 특정 유형의 활동에 연관되는 복수의 프로그램 리스트가 프로그램 목록(repertoires)이다. 이때 프로그램은 특정 상황에서도 실질적으로 바꾸는 것이 곤란하다. 다만 조직이 비표준적 문제를 만나면, 탐색 활동을 하고 새로운 절차(routine)가 나타난다. 이때 조직의 변화와 학습이 일어나는데, 현재 절차와 연결되는 형태로 생겨난다.

셋째, 표준운영절차와 프로그램에 근거하는 조직의 집합체로서의 정부 활동은 문제에 대해 선견지명을 가지고 유연한 대응을 할 수가 없다. 조직의 행위는 주로 조직의 관행에 따라 결정된다. 따라서 표준운영절차, 프로그램, 프로그램목록 등 어느 것도 처음에 예상한 상황과 다른 사례를 처리하려면 적절하지 않게 처리할 가능성이 크다. 조직의 행위는 유연성이 없고, 변화가 느리다. 조직의 예산은 점진적으로 변하기에 조직의 우선순위도 잘 변하지 않는다. 그리고 정부 지도자가 합리적으로 선택한 행위와 조직이 집행하는 것 사이에는 상당한 틈이 생기기 쉽다. 특히 프로그램으로 설정되어 있지 않은 임무를 요구하는 사업이나 여러 기관의 조정이 필요한 사업은 계획대로 실행하기 쉽지 않다.

예를 들면 소련은 비밀리에 미사일을 쿠바에 운송하고 건설 현장으로 운반하였는데, 미사일 기지를 건설하면서 건설 현장에서는 위장시설을 활용하지 않았다. 왜 그런 행동을 했을까? 쿠바에서 기지 건설을 담당한 조직은 소련의 전략 로켓 부대였다. 그런데 그 부대는 소련 국내에서 기지를 건설하였었고, 기지 건설을 위장하는 것은 그들 부대의 정해 놓은 표준운영절차에 해당하지 않았다. 그 결과 미국이 쿠바에 설치하는 미사일 기지를 발견하게 되었다는 것이다. 점증주의도 이러한 조직의 표준운영절차의 하나로 간주할 수 있다.

4. 관료정치 모형

조직과정모형에서 정부의 행동은 통일된 지도자 그룹에 의해 부분적으로 조정된 조직적 산출이라고 생각한다. 그렇지만 조직의 상층부를 차지하는 지도자는 하나의 통일된 그룹이 아닐 수 있다. 지도자들 사이에 권력은 공유되며, 각각 다른 이익을 지닌 그룹 사이에서의 타협·협상 등을 통해 정책이 결정되는 측면이 있다.

첫째, 관료정치 모형(governmental politics model)은 정부의 결정과 행위에 큰 영향을 주는 행위자를 정치 게임의 선수(player)라고 가정한다. 이 선수들은 공직에 있다. 직위에 따라 대통령과 부처 장관을 포함하는 조직의 장(chief), 장 아래에 있는 참모진(staff), 각 부처의 정치적 임명자나 관료, 유력의원·언론인· 이익단체 등 일시적 선수 등으로 나뉜다. 각 직위는 선수의 행동을 규정하며, 개인의 능력이나 성격 등도 관료정치의 핵심을 이룬다.

선수는 수미일관한 전략 목표를 지니고 행동하는 것이 아니다. 국가적, 조 직적, 개인적 목표에 대한 서로 다른 입장(과 가치관)에 따라서 행동한다. 각 선 수의 직위는 행위자의 입장과 이익을 결정하며, 선수가 추구하는 목표와 이익 에는 국가안전보장을 포함하여 다양한 이익이 포함된다. 각 선수는 개인적인 이해관계를 바탕으로 당면한 문제에 관한 입장을 정한다. 그리고 정부 결정과 행동에 대한 각 선수의 영향력은 협상할 때의 이점(공식적 권위, 제도상 자원, 전 문성, 개인적 설득력 등), 이점을 활용하는 기법, 다른 선수에 대한 인지적 평가 등에 영향을 받는다.

그렇다면 정치는 경쟁적 게임을 할 때, 게임은 어떻게 이루어질까? 헌법, 법령, 판례, 관습, 문화 등에서 유래하는 게임 규칙이 있다. 이 규칙이 각 선수 의 직위, 해당 직위에 접근하는 방법, 각 직위의 힘, 행위 경로(action-channel) 등을 설정한다. 이를 통해 정부의 결정과 행위의 범위를 좁힌다.

그리고 행위 경로란 정부가 특정 종류의 문제에 대해 활동할 때 (적용되는) 규칙화된 수단을 말한다. 주요 선수들을 미리 선정하며, 각 선수가 어떤 시점 에서 게임에 참여하는가를 정한다. 각 게임의 특정한 이점과 불리함도 배분한 다. 협상이라는 게임에서 중요한 입장과 수(move, 체스에서 말을 쓰는 것)를 가진 사람은 각 직위에 따라 행위 경로에 연결되는 사람이다.

둘째, 선수 사이에서 밀고 당기기를 통해 만들어진 정치적 (게임의) 파생 결과로써의 정부 행동을 분석한다. 정치적이란 단어는 결정과 결과를 만들어내 는 활동이 정부의 개별 구성원 사이에서 이루어지는 흥정이라는 점을 뜻한다. 그리고 다양한 이익과 불평등한 영향력을 가진 정부 공직자들 사이의 타협·분 쟁·혼란으로부터 생겨나는 결과가 결정과 행위라는 점에서 파생 결과라는 표 현을 사용한다.

셋째, 관료정치의 사례는 아주 복잡하기에 일반적 명제를 형성하기 어렵 다. 그렇지만 개별 선수의 선호와 입장은 정부 행위에 큰 영향을 주며, 각 선수의 이점과 불리한 점은 행위 경로에 따라 상당히 다르다고 할 수 있다. 선수의 입장은 직위에 근거하기 때문에 특정 선수의 행동은 그 직위에 관한 정보로부터 예측 가능하며, 게임에서는 선수 사이의 오인, 잘못된 기대 등이 발생할 수 있다.

　관료정치 모형을 쿠바 미사일 위기에 간략하게 적용해보자. 케네디 대통령의 명령으로 국가안전보장 회의가 개최되었을 때 회의에 참여한 14명은 하나로 통일된 의견을 내놓지 않았다. 처음에는 외과 수술의 형태의 공중 폭격이 제시되었고, 대통령도 이 제안을 선호하였다. 그러나 케네디의 측근인 국방부 장관, 법무부 장관 등은 이 제안에 반대하였다. 제안에 찬성한 사람은 합참의장 등 군 관련 인사들이었는데, 여기에는 대통령의 동맹자라고 할 수 있는 사람이 포함되지 않았다. 게다가 공중 폭격이 쿠바의 미사일을 완전히 철거한다는 보증도 없었다. 최종 결정 이전에 다수가 해상봉쇄를 주장하였으나, 합의가 도출되는 과정은 복잡하였다. 밀고 당기기, 지도, 격려 등 다양한 행태가 나타났다.

　쿠바 미사일 위기의 경우 행위자가 정부 내에 머물지만, 정부 외의 이익집단까지 포함하면 다원적 집단의 밀고 당기기에 따른 정책결정과정과 중첩되는 모형이라고 할 수 있다. 관료정치 모형과 같이 정책결정과정에서 이익을 고려하고, 정책결정 배후에는 그것으로 이득과 손해를 보는 행위자들이 있다는 것을 생각하면 여러 정책결정과정 모형으로 설명이 가능해진다.

　　정책이란 기존의 상황이나 행동 양식을 바꾸기 위한 개입이라고 할 수 있다(Landau, 1977: 425). 정책이 잘 형성되면, (정책결정자 또는 사회가 추구하는) 바람직한 상태를 실현할 수 있다. 정책은 그러한 상태를 달성하기 위한 일련의 수단을 포함한다. 그렇기에 정책 제안은 미래 시제로 표현되며, 미래의 행동을 통제하려고 한다. 즉 정책 제안은 '만일~하면, ~할 것이다(If-then)'라는 명제로 구성된다.

　　예컨대 경기 불황에 직면하여, 정부는 A라는 정책을 펴면, 경기회복이라는 정책결과를 얻을 것이라고 주장한다. 그런데 이러한 정책 제안을 하는 현재 시점에서 제안을 구성하는 명제들이 참인지 거짓인지를 알 수 없다. 달리 말하면 우리가 명제에 대해 알고 있는 것은 (정책 제안의) 명제의 진리치(truth value, 명제가 갖는 의미상 가치로 일반적으로 참과 거짓의 값이 있음)가 결정되어 있지 않다는 점이다. 우리가 제시하는 정책 제안(을 구성하는 명제)의 참·거짓의 여부가 현재 시점에는 정해져 있지 않다. 따라서 모든 정책은 오차(error)의 확률을 지니고 있고, 선험적으로(a priori) 옳다고 할 수 없다. 이는 정책의 인식론적 지위가 가설적이라는 점을 의미한다.

　　정책을 가설로 설정하면, 세심하고 잘 형성된 정책 제안은 이론이 된다. 과학이론이 경험적 영역에서 (우리가) 놀랄 가능성을 줄여주는 것과 비슷하게, (이론으로서의) 정책도 과업영역에 질서를 부여한다. 예를 들어 과학이론을 통해 번개가 발생하는 현상을 설명할 수 있을 때, 번개는 더 이상 놀라움의 대상이 아니다. 만일 모든 정책이 성공적으로 달성되는 것이라면, 즉 모든 정책이 계획한 대로 진행된다면 깜짝 놀랄 일은 생기지 않을 것이다.

　　과학에서는 모든 이론이나 가설을 위험 요인(risky actors)으로 간주하며, 모든 것이 오차가 생기기 쉽다고 가정한다. 우리가 과학적 방법론이라고 부르는 장치는 오차를 방지하고 제거하는 기능이 있다. 정책이 잠정적으로 오차를 내포할 수 있다면, 정책은 오차 수정을 할 수 있도록 형성되어야 한다(김영평, 1991: 10-11). 이때 정책 오차는 바람직하지 못한 귀결 중에서 일정한 허용 한도를 넘는 것만을 의미한다.

　　그런데 우리는 정책을 가치의 문제로 다루려는 경향이 있다(Landau, 1977: 426). 즉 경험적 주장(claims)으로 다루지 않으려고 한다. 정책이 상당히 복잡할 때는 그러한 경향이 더 강해진다. 정책이 복잡할수록 정책의 진리치를 평가하는 것은 더 어려워진다. 이러한 상황에서는 판단을 미루기보다 이념적 요소에 기초해 판단하기 쉽다. 특히 꼭 결정해야 할 시점에는 더욱 그러하다.

이념적 요소에 의존하여 판단한다는 것은 주장의 타당성(validation)을 확보하는 대신에 합리화를 시도하는 것이다. 이는 목표-수단의 대치(goal displacement) 현상만큼이나 보편적인 현상이다. (이념에 따라) 선험적으로 어떤 정책에 몰입한다는 것은 (그 정책에 대한 지식을 가지기도 전에) 그 정책이 옳고, 효과적일 것이라는 판단에 얽매여 있다는 점을 내포한다. 여기에서 가장 해로운 것은 독단(dogma)으로 객관적 불확실성을 주관적 확실성(subjective certainty)으로 만들어 버린다. 이렇게 되면 모든 정책은 여러 정책대안 중에서 하나를 선택한 것에 불과하다는 점을 놓치게 된다.

가설로서의 정책을 제안한 란다우(Landau)는 정책 제안이라는 것이 하나의 명제가 아니고, 여러 명제가 복잡하게 얽혀 있다는 점을 강조한다(김영평, 2000b: 332). 정책을 구성하는 여러 명제 중 하나의 명제라도 약간의 오차가 발생하면, 명제 사이의 상호작용으로 인하여 정책에 큰 오차가 발생한다. 오차를 수정하려는 시도 또한 완전한 것이라고 할 수는 없다. 왜냐하면, 오차를 수정하려는 제안도 가설의 성격을 지니고 있기 때문이다.

정책이 가설의 성격을 지닌다는 것은 정책문제가 고도의 복잡성과 불확실성을 내포하고 있다는 사실을 반영하는 것이다(김영평, 1991: 10-41). 제1장에서 살펴보았듯이 정책문제는 복잡한 특성이 있다. 문제는 복잡할수록 이해하기 어렵고, 불확실성은 커진다. 또한 〈한 걸음 더 2〉의 쓰레기통모형에서 보았듯이 불명확한 선호와 기술을 가진 결정일수록 불확실성은 커진다.

불확실성이 높은 상황에서도 정책은 일단 채택되면 상당한 양의 자원을 사용한다. 정책은 사회 내에 큰 파급효과를 만들어 내며, 사람들의 생활영역에 영향을 준다. 정책을 마구잡이로 실행하면 그만큼 위험이 따른다. 정책대안을 선택할 때는 신중해야 한다. 결국, 정책결정에서 핵심은 믿음직한 가설을 찾아내는 데 있다.

문제해결을 위한 논리적 공식이 없을 때, 우리가 할 수 있는 최선은 정책대안을 정당화(justification)하는 것이다. 과학적 방법론에서는 어떤 명제가 타당하다는 증거를 제시하여, 진리치를 명증함으로써 그 명제에 정당성을 부여한다. 정책결정자는 정책대안의 그럴듯함을 정당화할 필요가 있다. 어떤 결정이 왜 바람직하고 타당한지를 제시하고, 그 정책이 그럴듯한 이유를 제시해야 한다. 정책은 미래의 결과를 관찰하려는 가설이기 때문에, 가설의 그럴듯함을 밝히는 것이 중요하다.

정책결정자는 가설의 그럴듯함을 다른 사람들이 받아들이도록 노력한다. 정책의 정당성은 다른 사람들 혹은 공동체에서 경제적, 정치적, 윤리적, 그리고 종교적 차원까지 포괄적 의미에서 받아들이는 것이다.

특정 정책이 공공의 비판에 열려 있으면, 인과의 오류나 부족한 판단이 탐지될 가능성이 있다. 그럴듯하지 못한 정책대안은 논박을 받게 된다. 정책대안의 우월함을 설명하려면 증거를 대야 한다. 증거는 경험적 자료에 의존할 수도 있고, 이미 확정된 이론에서 추론할 수도 있다. 정책의 정당성은 그것이 공개적 토론과정에서 비판을 견뎌 낼 때, 정통성(legitimacy)을 갖게 된다.

정통성은 시민들이 정부의 기관구성이 적당(proper form)하다고 믿고, 법령과 권위를 기꺼이 받아들일 때 중요한 역할을 한다(Peters, 2010: 94-96). 정통성은 정책의 타당성을 시민이 받아들이는 것이다(심리적 특성). 대중에게 개별 정책 결정을 정당화할 수 없다면, 그러한 결정은 실행 가치(practical value)가 없다.

정책 선택의 정당성은 정책 대안의 오차 가능성을 줄이는 것이다. 가설로서 정책대안이 믿을 만하고 그럴듯하다는 것은 오차 가능성이 비교적 낮다는 뜻이다. 물론 정당성을 찾는 비용도 고려해야 한다. 정책결정의 정당성은 정당성 확보의 비용(결정비용)을 정당성 탐구의 이익(결정이익)과 대비하여 이익이 우월할 때 더 유의미하다.

CHAPTER

08

제도는 정책결정에 어떠한 영향을 주는가?

정책과정에서 행위자는 본인의 이익을 위해 정책결정에 영향을 끼치려고 한다. 그렇다고 해서 행위자 모두가 정책결정에 참여할 수 있는 것은 아니다. 정책결정의 절차는 엄밀하게 정해져 있고, 참여할 수 있는 행위자도 제한되어 있다. 정책결정에 참여할 수 있다고 해서 행위자가 하고 싶은 것을 다 할 수 있는 것도 아니다. 조직의 관습이나 문화 등이 행동을 결정하는 데 어느 정도 제약을 준다.

예를 들어 우리는 자동차로 도로를 달릴 때 자기 마음대로 달리지 않는다. 일정 속도를 준수해야 하고, 신호도 지켜야 한다. 한국이나 미국이라면 오른쪽 방향으로 운전을 해야 하고, 영국이나 일본이라면 왼쪽 방향으로 운전을 해야 한다. 속도를 지키지 않거나 신호를 어기면 제재를 받을 수 있고, 큰 사고로 연결될 수 있다. 만약 아무도 속도를 지키지 않고, 모두가 신호를 어긴다면 자동차로 안전하게 운전하는 것은 불가능할 것이다. 도로에서 준수해야 하는 여러 규칙은 자동차 운전을 가능하게 하고, 운전에서 발생하는 불확실성을 줄이는 역할을 한다.

정책결정에서도 절차나 규칙과 같은 제도가 존재한다. 제도로부터 완전히 자유로운 상태에서 결정이 이루어지는 것은 불가능하다. 그렇다면 제도란 어떠한 것일까? 또한, 제도는 정책결정에 어떠한 영향을 미치는 것일까?

08 제도는 정책결정에 어떠한 영향을 주는가?

제1절 신제도주의 대두

1. 제도에 주목

정책결정과정에서 국가가 차지하는 역할이 크며, 제도가 개별 행위자의 행동을 제약한다는 점이 두드러지면서 제도가 주목을 받았다(秋吉 외, 2015: 169).

첫째, 1980년대에 들어서면서 정책결정과정에서 국가의 중요성이 지적되었다. 다원주의는 정책결정과정에서 국가의 역할을 경시하였다. 정책을 사회의 여러 집단으로부터의 압력 및 상호조정의 산물로 간주하였기 때문이다. 국가는 이익집단이 지닌 영향력의 크기와 압력에 반응하여 수동적으로 이익을 배분하는 존재라고 생각했다. 관료기구의 힘이 사회 전체에 크게 작용하였던 한국이나 일본에서는 국가의 역할을 경시한다는 것을 이해하기 힘들다. 다원주의 전통이 강한 미국에서는 국가의 역할이 주목받지 못하다가, 1980년대에 접어들면서 국가의 역할을 중시하는 접근방식이 하나의 유행처럼 확산되었다.

국가론에서 먼저 주목한 것은 국가의 자율성과 능력이었다(Skocpol, 1985: 9-14). 국가는 사회집단, 계급, 사회의 이익이나 요구를 반영하는 수동적인 존재가 아니라는 것이다. 국가는 목표를 만들고 그것을 달성하기 위하여 정책을 결정·집행하는 능동적 존재이다. 즉 국가는 하나의 행위자이며, 사회세력의 거울이 아니다. 자율적으로 행동할 수 있는 국가의 구조적인 잠재력은 시간에 따라 변하며, 이에 따라 국가마다 정부 시스템은 강하거나 약할 수 있다.

또한, 국가론에서는 국가 능력의 원천이 되는 여러 제도, 특히 국가를 구성하는 혹은 국가와 사회를 결부시키는 제도에 주목하였다. 강한 국가의 관료기구나 산업정책의 각종 융자제도 등 사회를 제어하는 통로가 되는 제도들을 분석의 대상으로 삼았다. 예컨대 1970년대 석유 파동을 거치면서 서유럽의 국가와 미국 등은 경기 침체에 직면하였으나, 일본은 예외적으로 안정된 경제성장을 이루었다. 이때 일본의 경제성장에 영향을 준 통산성이라는 관료기구와 산업정책은 제도로서 중요한 분석의 대상이 된다(Johnson, 1982).

둘째, 행위자의 행동을 분석하는 방법에서 제도의 중요성이 광범위하게 인식되었다. 기존의 행동(행태) 과학은 행위자가 본인의 이익을 최대화하기 위해 행동한다고 가정하고, 공식적인 정치제도는 경기장에 불과하다고 생각하였다. 그런데 조직론의 대표적 연구자인 마치와 올슨(March and Olsen)은 1989년에 발표한 저서(「Rediscovering Institutions」)에서 기존의 행동 과학에서 가정하는 행위자의 행동에 의문을 제기하였다.

저자들은 당시 정치학의 영역에서 제도가 경시되는 것에 문제를 제기하고, 제도의 중요성을 강조하였다. 제도는 사람들이 무엇을 해야 하는지 잘 모르는 어설픈 세계에 질서를 부여한다(March and Olsen, 1989: 32-33). 즉 제도는 행위자가 선택할 수 있는 대안들을 제시함으로써 행동에 잠재된 혼란을 단순화하여 참여자의 선호를 형성한다. 개별 행위자는 본인이 관련된 제도에 영향을 받으며, 제도가 중요하다는 점을 알게 된다.

이처럼 신제도론은 제도가 담당하는 역할에 주목한다. 과거의 제도이론은 국가를 형성하는 여러 제도, 혹은 제도들 사이의 관계를 분석의 대상으로 삼았다. 반면에 신제도론은 제도가 독립변수로서 행위자의 행동이나 정책에 어떠한 영향을 끼치는가를 분석의 대상으로 한다는 점에서 양자는 명확하게 구분된다.

예를 들면 과거의 제도이론에서는 대통령제와 의원내각제는 양자가 근거하고 있는 공식구조나 규칙이 완전히 다르다고 주장하였다. 그런데 신제도주의는 두 시스템의 차이가 있다는 것을 지적하는 지점에서 분석이 끝나지 않는다. 한 걸음 더 나아가 둘 사이의 차이가 진정 존재하는가를 확정하려고 노력하였다. 예를 들면, 시스템의 성과에 어떠한 차이를 낳는가? 등에 관하여 확인하였다(Peters, 1999: 1).

신제도론은 다원주의가 정책형성을 이익집단·사회집단의 활동 결과로 설명한다고 보았고, 이를 사회환원주의라고 비판하였다. 정책이 사회를 구성하는 모든 개인(과 집단)의 행위에 불과하다면, 국가라는 존재는 사라지고 개인만 남게 된다는 것이다(March and Olsen, 1989: 6). 그런데, 행위자 사이의 선호(이익) 배분, 자원(권력) 배분, 게임(헌법) 규칙 등은 정책이 결정될 때 일정한 제한을 가한다. 그리고 선호, 권력, 게임 규칙은 제도와 밀접하게 연관되어 있다(March and Olsen, 1984: 738-740).

2. 제도란 무엇인가?

그렇다면 제도란 무엇인가? 먼저 제도의 이미지를 그려보면 다음과 같이 표현할 수 있다(河野, 2002: 8-13).

첫째, 제도는 사람의 다양한 활동 영역에서 발견된다. 제도라고 할 때 떠오르는 것에는 대통령제, 선거제도와 같은 정치적인 것이 있고, 기업, 시장, 계약과 같은 경제적인 것도 있다. 악수, 결혼과 같이 관습적인 것도 있다.

둘째, 제도는 대통령제, 계약과 같이 공식적인 것과 악수와 같이 비공식적인 것을 포함한다. 공식 제도는 법률이나 규칙과 같이 명문화되어 있다. 예를 들어 국회의원을 선출하는 방법은 관련 법률에 명확하게 규정되어 있다. 대학의 학점이나 졸업에 관한 내용은 대학교의 교무규정에 제시되어 있다. 명문화된 공식 제도는 그 변경에 관해서도 명문화된 절차가 설정되어 있다.

반면에 비공식 제도는 조직이나 사회의 관습, 문화와 같이 명문화되어 있지 않지만, 행위자의 행동에 깊게 영향을 끼친다. 예컨대 「국회법」에 따르면 의장과 부의장은 국회에서 무기명 투표로 선거를 하고, 재적의원 과반수의 득표로 당선된다고 규정하고 있다. 그렇지만 실제로는 선거에서 제1당이 된 정당에서 선출한 의장 후보가 국회의장이 되는 것이 관행이다. 이러한 관행이 일종의 비공식 제도에 해당한다. 우리가 지하철이나 버스에서 사회적 약자에게 자리를 양보하는 것은 그것이 법으로 명문화되어 있기 때문이 아니라 관습이나 문화의 영향을 받기 때문이다.

이러한 비공식 제도는 조직으로부터 사회에 이르기까지 범위에 제한이 없다. 어느 범위까지 제도로 포함해야 하는지 자체가 상당히 자의적이다. 따라서 제도가 끼치는 영향을 분석할 때 연구대상을 공식 제도로만 한정하자는 주장이 적지 않다. 그렇지만 현실의 정책결정에서는 비공식 제도인 각 부처의 조직 관행이나 조직 문화가 개별 관료의 의사결정에 영향을 준다. 따라서 분석에서 비공식 제도를 배제하는 것이 부적절할 가능성이 있다.

셋째, 제도란 인위적으로(humanly-devised) 만들어진다. 처음에는 어떤 목적이나 기능을 가지고 제도가 나타날 수 있다. 그런데, 시간이 흐르면서 목적이나 기능이 사라져도 제도는 존속되기도 한다. 예를 들어 서양에서 악수는 상대방에게 위해를 가할 의사가 없다는 점을 서로 자발적으로 나타내는 의도로 시작되었으나, 지금은 그러한 목적 없이 자연스럽게 악수를 한다.

넷째, 제도에는 제도가 성립된 문맥, 또는 제도의 효과가 미치는 범위가 있다. 예를 들어 서구에서는 악수가 습관화되어 있지만, 한국에서도 정착되었다고 말하기는 어렵다. 미국의 메이저리그를 보면 미국인 투수와 달리 한국인 투수는 경기를 시작하기 전에 모자를 벗어서 인사를 한다. 이처럼 제도의 효과는 문화, 지역, 특정 공동체 등 공시성(共時性)에 의해 제한된다.

다섯째, 제도는 다른 제도와 공존하기도 하는데, 제도 사이에는 여러 계층이 있을 수 있다. 「헌법」과 같이 국가의 바탕을 규정하는 제도가 있다면, 행정기관에서의 조직 규칙과 같이 개별 공무원의 행동을 규정하는 것이 있을 수 있다. 이처럼 제도는 계층성이 존재하기도 한다.

예를 들면, 1970년대 영국의 경제정책은 케인스주의(keynesianism, 정부개입과 총수요관리 정책에 초점)에서 통화주의(monetarism, 통화량을 조절하는 정부 정책과 중앙정부의 역할을 강조)로 급격하게 변화하였다. 이러한 경제정책의 변화는 경제발전, 사회집단 간 이익 갈등, 새로운 아이디어의 영향을 받았다. 그렇지만 영국의 정치체제와 같은 중요 제도가 변화 과정의 전반적인 틀을 마련하였다고 설명하기도 한다(Hall, 1992). 정치체제와 경제에서 개인 사이의 관계를 구축하는 것에 영향을 주는 공식 규칙, 준수해야 하는 절차, 관행 등을 제도라고 보고, 경제정책 변화에 영향을 끼친 제도를 세 계층으로 구분하고 있다.

첫 번째 계층(overarching level)에는 헌법, 보통선거제, 생산수단의 소유권 등이 해당한다. 이는 민주주의나 자본주의경제의 근본적 틀과 관련된다. 이러한 제도는 정책이 어떤 방향을 향하도록 하는지를 규정한다. 노동과 자본 사이의 일반적 균형에 공헌하며, 선호하는 정책 유형에 영향을 준다.

두 번째 계층은 노동조합운동의 구조(예: 산업별 노조와 기업별 노조), 자본 조직, 정치 시스템의 특성, 국가 구조와 같이 국가와 사회의 기본적 조직·제도이다. 국가마다 고유한 형태를 지니는 두 번째 계층의 제도는 사회집단의 권력 배분에 영향을 주며, 더 쉽게 정책형성과 정책집행이 될 수 있도록 한다.

세 번째 계층은 행정기관과 조직의 정형화된 업무, 규제, 표준운영절차 등이다. 이러한 것도 정책결과에 영향을 주는 제도이다. 상대적으로 공식적인 것도 있고, 비공식적이면서도 공식적인 것만큼이나 강력한 것도 있다.

여섯째, 지역이나 문화와 같은 공간적 맥락뿐만 아니라 제도는 시간적 맥락으로 제한되기도 한다. 임금노동이나 보험은 익숙한 제도이지만, 인간의 오랜 역사를 살펴보면 최근에 생겨난 제도라는 것을 알 수 있다.

이러한 제도의 이미지를 종합하면 제도란 인간의 다양한 활동 영역에 편재되어 있고, 다양한 형태를 띠며, 인위적이고, 일정한 시간과 공간에서만 성립한다는 점을 이해할 수 있다.

그렇다면 제도를 연구하는 학자들은 제도를 어떻게 정의할까? 학자마다 제도를 정의하는 내용이 다르지만, 제도를 크게 두 가지 유형으로 개념화하는 것이 가능하다(2002: 13-18). 제도를 행위자의 행동에 부과되는 유형화된 제약이라고 보는 견해와 행위자의 현실 이해와 행동에 의미를 부여하는 것으로 보는 견해가 있다.

예를 들어 제도를 사회에서의 게임 규칙(rule)으로 정의할 수 있다(North, 1990: 3-5). 달리 말하면 제도란 사람들이 고안한 제약이며, 사람들의 상호작용하는 형태를 만든다. 따라서 제도를 위반하면 벌칙이 부과된다. 또는 제도는 사람들의 사회적 행동에 대하여 그 행동의 의미를 부여하고, 인지적·규범적·규제적 구조와 활동으로 구성되는 것으로 정의하기도 한다(Scott, 1995).

이처럼 제도에 대한 학자들의 정의가 하나로 통일되지 못하는 것은 신제도주의의 학문적 원천이 다양하다는 사실과도 연관성이 있다.

제2절　결정의 무대와 프로세스

　　행위자 행동을 제약하는 제도는 정책결정에서 구체적으로 어떠한 영향을 발휘할 것인가? 먼저 지적해야 할 것은 참여 제도로 일컬어지는 제도의 기능이다. 제도는 정책결정에 누가 참여하며, 어떠한 프로세스로 이루어지는가를 규정한다.

1. 참여자 규정

　　정책과정을 곰곰이 생각하면 정책결정은 진공상태에서 이루어지는 것이 아니다. 앞에서 살펴본 것과 같이 무수히 많은 행위자가 관여한다. 설령 이익단체나 유력한 행위자들이 정책에 자신들의 이익을 반영시키고자 하여도, 정책결정에 마음대로 참여해서 본인의 의견을 개진할 수 있는 것은 아니다. 제도는 누가 정책결정에 참여할 수 있는가를 규정한다(秋吉 외, 2015: 175).

　　우선 정책은 대부분 법안이라는 형태로 결정된다. 예컨대 정부에서 코로나19 지원금을 지급하려고 하여도, 국회에서 추가경정예산의 승인을 받아야 한다. 이는 헌법이라는 제도가 의회를 중요한 결정기관으로 정하고 있기 때문이다. 의회를 구성하는 의원도 선거제도로 선출된다. 국회의 본회의는 의사결정의 무대이다. 그렇지만 각종 위원회가 실질적인 심의를 하므로 위원회의 위원이 정책결정에 큰 영향을 준다. 한국은 「국회법」에 따라 상임위원회와 특별위원회로 구성이 되며, 상임위원회는 그 소관에 속하는 의안과 청원 등의 심사, 그리고 법률에서 정한 직무를 수행한다.

　　또한, 국회의 교섭단체제도는 의원의 정책결정 참여에 영향을 준다(신명순·이재만, 2012). 「국회법」에 따라 20인 이상의 의원으로 교섭단체를 구성할 수 있는데, 교섭단체만이 국회의 원(院) 구성 협상에 참여할 수 있다. 교섭단체에 속한 의원들은 상임위원장 배분, 상임위원회 위원 선임과 소위원회 구성, 국고보조금 배분 등에서 비교섭단체 의원들에 비해 유리한 조건에 있다. 특히 교섭단체를 구성한 정당에 소속한 국회의원이 발의한 법안의 가결 비율은 교섭단체를 구성하지 못한 정당에 소속한 국회의원이 발의한 법안의 가결 비율보다 높다.

　국회의원이 법안을 제출하지만, 행정부가 정부발의의 형태로 제출하기도 한다. 「헌법」 제52조에 따르면 정부도 법률안을 제출할 수 있다. 정부발의의 법안은 해당 정책영역을 담당하는 부처의 관료가 원안을 작성하며, 관료도 정책결정의 중요한 참여자가 된다.

　중요한 정책문제에 관해서는 중립적인 입장에서의 검토가 필요하다는 관점에서 심의위원회나 조사위원회와 같은 기관을 설치하고, 장관 등에게 의견을 개진하기도 한다. 예를 들면 2019년 법무부에서 출범한 법무 검찰 개혁위원회는 다양한 검찰 개혁방안을 제안하였으며, 일부 방안은 현실에 적용되었다. 위원회의 위원이 되는 전문가나 이해 대표자도 정책결정에서 중요한 참여자라고 할 수 있다.

　이처럼 제도는 결정이 이루어지는 무대에 참여할 수 있는 행위자와 참여방식을 규정한다. 즉 제도는 정책결정에 영향을 끼칠 수 있는 참여자를 규정하고 있다.

2. 강제적 압력

　제도는 정책결정의 무대와 참여자를 규정하지만, 행위자 사이의 역학 관계도 규정한다(秋吉 외, 2015: 176). 참여자 사이의 관계가 동등하지 않을 수 있다. 예컨대 예산편성에는 국회의원을 포함하여 많은 행위자가 관여한다. 기획재정부의 예산실은 예산편성과정에서 강한 권한을 가지고 있다.

> (2019년) 6월 각 부처의 예산요구서 제출을 시작으로 기재부 예산실은 1·2·3차 심의를 거쳐 내년도 예산안을 편성한다. 한 푼이라도 예산을 더 받아가야 하는 각 부처의 예산·사업담당자들과 한 푼의 낭비라도 막아야 하는 기재부 예산실의 사이의 밀고 당기기는, 대통령에게 내년 예산안이 보고되는 9월까지 계속된다. (중략) 가을을 지나 국회에 예산안이 넘어가게 되면 기재부 예산실도 을(乙)로 변신한다. 본격 심의가 시작되는 11월부터 기재

부가 아닌 국회로 출근을 해 예산결산특별위원회와 상임위원회, 국회예산정
책처 등의 지적사항을 검토·보완해야 한다.

　　　　　　　　- 서울신문, 2019.06.19. 수정, https://go.seoul.co.kr/news/newsView.ph
p?id=20190619018002(2021.5.26. 최종방문).

　　제도가 규정하는 행위자 사이의 관계로서 주목하는 것이 강제적 압력
(coercive pressure)이라는 개념이다. 강제적 압력은 상위 조직이 종속된 하위 조
직에게 공식, 비공식의 압력을 행사하는 것을 의미한다(Lodge, 2003: 162).

　　강제적 압력의 전형적인 예는 유럽 연합(EU) 명령과 같이 국가의 상위에
위치하는 국제협조체제나 국제기관으로부터의 압력이다. 군사적으로 승리한
권력(예: 제2차 세계 대전 이후 미국에 의한 일본 평화헌법 입안)에 의해 국제 규약으
로 행사되거나, 경제적·정치적으로 상위에 있는 국가가 개발도상국의 발전 정
책과 관련하여 행사한다. 공통정책과 관련된 유럽 연합의 선택은 유럽 각 국가
에 강제된다. 철도정책을 예로 들면 각 국가의 시장개발을 진행하기 위해서 도
로 등의 인프라를 정비하는 주체와 열차를 운행하는 주체를 분리하는 명령이
1991년에 발해졌고, 각 국가에서 양자의 분리가 진행되었다.

　　또한, 이민정책에서는 외국인의 체류 및 난민 보호에 관한 유럽 연합 명령
에 따라 유럽 각 국가의 국내법 정비가 이루어졌다(배정아 외, 2019: 115). 2012년
부터 독일에서 시행된 EU Blue Card 제도(유럽 연합이 우수한 외국인 인력 유치를
위해 도입)는 2009년 유럽 연합 명령에 대한 국내법 정비의 한 형태다.

　　강제적 압력은 국제정치에서의 행위자 관계뿐만 아니라 국내 정치에서도
나타난다. 지방분권이 추진되는 국가에서도 중앙정부는 다양한 제도를 통해서
지방정부에 특정 정책을 선택하도록 압력을 행사한다. 또한, 대통령이나 수상
과 같은 상위 행위자가 가하는 압력도 비슷하게 강제적 압력이라고 할 수 있
다. 1990년대 이후 우리나라는 지방분권개혁을 진행해 왔는데, 전담 위원회가
대통령 소속으로 격상되면서(참여정부), 대통령의 권한을 배경으로 개혁을 실질
적으로 추진할 수 있었다.

　　그리고 강제적 압력은 행위자 사이에서만 나타나는 것이 아니라, 정책·제
도·계획 사이의 관계에서도 나타난다(秋吉 외, 2015: 176-177). 중앙정부와 지방자

치단체와의 관계에서도 중앙정부는 지방자치단체에 특정 정책을 선택하도록 압력을 행사하기도 하지만, 보통 정책이나 제도가 이미 규정하고 있는 측면을 반영한다. 예를 들어 지방자치단체는 어떤 계획을 입안하고 결정할 때 스스로 결정하지 못하고, 중앙정부가 작성한 계획을 따라야 할 때도 있다. 구체적으로 각 지방자치단체에서 수립하는 토지이용계획을 들 수 있다. 지방자치단체가 어떻게 토지이용을 추진할 것인가는 지방자치단체의 재량이라고 생각할 수 있다. 그러나 「국토의 계획 및 이용에 관한 법률」에 따라 기초자치단체의 기본계획과 광역자치단체의 도시계획은 국가계획에 부합하여야 하며, 그 내용이 다를 때에는 국가계획의 내용이 우선한다.

이처럼 정책결정의 무대에서는 제도를 통해 각 행위자의 권력관계나 정책·제도 간의 관계를 규정한다. 그리고 강제적 압력과 같이 국가를 넘어서는 국제기관, 대통령·수상과 같은 상위의 행위자, 해당 정책의 상위에 위치하는 정책이나 제도를 통해 특정 정책을 선택하도록 압력이 가해진다.

3. 거부점

정책결정의 무대에서는 제도를 통해 누가 참여할 것인가를 결정하며, 참여자 사이의 힘의 우월관계를 규정한다. 그런데 제도는 참여자가 어떻게 게임을 할 것인가, 결정이 어떠한 절차로 진행될 것인가를 규정한다(秋吉 외, 2015: 177). 예컨대 의회에서 이루어지는 결정에서도 누가 법안을 제출할 수 있는가? 법안은 어디에서 심의하는가? 그 심의는 어떠한 순서로 이루어지는가? 의원의 질문 순서나 시간은 어떻게 하는가? 등과 같이 다양한 규칙이 있다.

최근 정책과정에서 주목받는 것이 거부점 개념이다(Immergut, 1992). 정책과정에서 결정이 이루어지려면 여러 지점에서 동의가 필요하다. 정책과정에서 특정 행위자가 거부권을 행사할 수 있는 단계가 존재하며, 그러한 단계를 거부점이라고 한다. 의사결정과정이 사슬과 같이 연계되어 있기에 전략적 불확실성이 생기는 지점(points)을 의미한다(1992: 66). 사슬을 구성하는 (약한) 고리가 하나라도 끊어지면, 사슬은 그 형태를 유지할 수가 없는 것처럼 정책과정에서 거부점은 중요한 의미를 지닌다. 그리고 정책결정과정에서 거부권을 행사할 수 있는 행위자를 거부권 행위자(veto player)라고 부른다(Immergut, 1990; 寺迫, 2012: 83).

거부권이라고 하면 대통령이 국회의 결정을 거부하는 것을 생각할 수 있다. 「헌법」은 국회가 의결한 법률안에 대통령이 재의를 요구할 수 있다고 규정하고 있다. 그렇지만 거부권 행위자는 상위의 행위자에 한정되는 것이 아니다. 여러 층의 프로세스로 구성되는 정책결정과정에서는 국회의원, 전문가(집단), 이익집단과 같은 다양한 행위자가 거부권 행위자로 될 수 있다. 예컨대 국회상임위원회에서 국회의원은 거부권 행위자가 될 수 있다. 국회의원은 거부권을 행사하면서 정책결정과정에서 큰 영향력을 발휘한다.

그런데 거부권 행위자의 영향력은 정책결정과정의 특정 제도를 전제로 하고 있다는 점에 유의해야 한다. 예를 들면 국회에서 법률이 통과되기 위해서는 상임위원회를 통과해야 하며, 그 후에 국회 법제사법위원회를 거쳐야 한다. 우리나라는 법률에 규정되어 있는 것은 아니지만, 보통 여당과 야당의 의석에 비례에서 상임위원장을 배정한다. 그리고 회의 운영은 위원 중에서 선정된 간사들의 협의를 기본으로 한다. 미국과 같이 다수당이 상임위원장을 모두 맡게 되는 경우와 비교하면 야당 국회의원도 거부권 행위자로서 큰 역할을 할 수 있음을 추론할 수 있다.

또한, 법제사법위원회에서는 만장일치라는 관행이 제도처럼 운용되기도 한다. 이러한 비공식 제도를 통해 야당 국회의원도 거부권 행위자로서 영향력을 행사할 수 있다. 한국의 경우 17대 국회부터 20대 국회까지 법제사법위원회의 위원장은 야당에 맡았기 때문에 거부점으로서 큰 의미를 지닌다. 거부권 행위자가 어떠한 자원을 지니고 있는가보다 정책결정과정에서 거부점이 어떻게 존재하는가가 중요하다.

구체적으로 행정부에서의 정책안 작성에서 정책결정까지의 과정에 세 개의 거부점을 상정할 수 있다(Immergut, 1990: 397). 즉, 행정, 입법, 선거라는 세 개의 정치 무대(arena)가 있다. 첫째, 행정이라는 무대에서 만약 의원이 행정부의 결정을 번복할 수 있다면 거부점이 존재한다고 할 수 있다. 둘째, 입법 무대에서는 만약 안정적인 의회 다수파가 아니라면 거부점이 존재한다고 할 수 있다. 또한, 정당의 규율이 강하지 않다면 거부점이 존재한다고 할 수 있다. 셋째, 선거 무대에서 유권자가 의회 결정을 번복할 수 있다면 거부점이 있다. 또한, 국민투표가 있다면 거부점이 있다고 할 수 있다.

예를 들어 스웨덴, 프랑스, 스위스에서 행정부가 국민건강보험 정책을 새롭게 도입하려고 했을 때, 각 국가의 헌법상의 규칙과 선거제도는 정책 도입을 다양한 방식으로 제한하였다. 스웨덴에서는 행정부가 선거나 의회로부터의 거부권을 두려워하지 않고 법률안을 제정할 수 있는 제도를 운용하고 있다. 프랑스는 제4공화국에서는 의회의 불안정한 다수파로 인하여 의사결정이 의회 무대에서 이루어졌고, 제5공화국에서는 행정부가 의회를 우회할 수 있도록 함으로써 의회의 거부권은 사라졌다. 스위스에서는 국민투표 방식이 존재하기 때문에 의사결정이 선거 무대로 옮겨진다. 이러한 제도의 차이로 인해 스웨덴에서는 정부개입이 큰 국민건강보험 정책을 도입할 수 있었고, 스위스는 연방정부의 개입이 가장 제한되는 방식의 정책이 도입되었다.

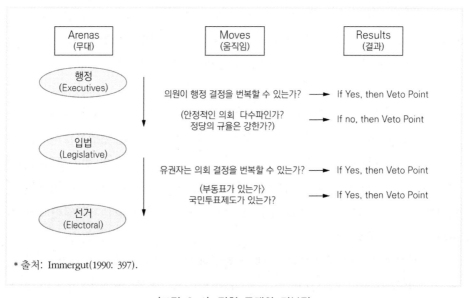

* 출처: Immergut(1990: 397).

〈그림 8-1〉 정치 무대와 거부점

이처럼 정책결정과정에서 거부점이 존재하는 방식은 정책 도입이나 정책 변화에 영향을 준다. 우선 거부점의 수가 얼마나 있는가가 중요하다. 분권형 정책결정 체제에서 거부점이 많으면 다양한 장소에서 거부권이 발동되므로 변화나 개혁이 어렵다. 거부점의 수가 적다고 해서 개혁형의 정책이 쉽게 결정되는 것은 아니다. 각 거부권 행위자가 선호하는 정책 사이에 틈이 얼마나 존재하는가도 중요하다(寺迫, 2012: 88).

다음으로 거부점의 무대가 중요하다. 거부권 행위자는 거부점이 있는 무대에 접근하는데, 특히 행정이나 입법 무대라면 최고 의사결정에 관련된 기관의 응집성이 중요하다. 응집성이 낮다면 독립성을 확보하는 것이 어렵고, 개혁형의 정책을 집행하는 것은 힘들다. 의원내각제 국가에서는 의회 다수파가 내각을 구성하기 때문에 거부점의 수와 무대가 한정적이다. 반면에 하나의 정당이 의회 다수파를 형성하지 못하는 경우 기존과 다른 정책을 도입하기는 쉽지 않다. 거부점과 거부권 행위자의 관점에서 보면 개혁정책이라고 불리는 많은 정책이 왜 국회의 문턱을 통과하지 못하는지를 이해하는 실마리를 제공한다.

제3절 선택지 제한

제도는 정책결정에 누가 참여하며, 어떠한 프로세스를 거쳐야 하는지를 규정한다. 여기에서 행위자는 본인의 행동을 선택하는데, 여기에서도 제도의 영향을 받는다. 즉 제도는 행위자가 어떠한 행동을 선택할 것인가를 규정한다.

1. 선택지 제시

제도에 근거하여 정책결정에 참여하게 된 행위자는 어떠한 행동을 선택할 것인가에 직면한다. 이때 행위자가 선택하고 행동할 때 마음대로 할 수 있는 것은 아니다. 합리적 선택 제도주의에서는 제도를 게임의 규칙(rule of game)으로 간주하는데, 제도는 때때로 행위가 취할 수 있는 선택지를 명시하고, 그것으로 행위자 행동이 제약받는다. 마치 스포츠 경기에서 선수들은 정해진 경기 규칙에 따라 행동을 해야 하는 것과 비슷하다.

이러한 제도 기능을 선택지의 제도라고 한다(馬淵, 1994; 秋吉 외, 2015: 179). 일본의 대장성(2001년 중앙 부처 개편으로 재무성과 금융청으로 분리되기 전까지 예산·조세·금융 등을 관장하는 부처였음)은 세입과 세출을 동시에 다루는 부처였기 때문에 균형예산이 가능하였고, 1960년대까지 건전재정을 보증하는 제도로 작동하였다. 그러나 1970년대 중반부터 일본의 재정적자는 많이 늘어났다. 오히려 대장성이 예산, 세입, 금융을 장악하고 있었기 때문에 가능했다. 그리고 여기에 더하여 일본의 「재정법」 제4조의 단서조항도 일본이 막대한 재정적자에 빠지게 된 중요한 원인의 하나로 지적된다. 제4조는 국가가 공채 및 차입금을 제외한 세입을 근거로 재원을 마련하여야 한다고 규정하고, 국채발행을 원칙적으로 금지하고 있다. 그러나 제4조의 단서 조항에서 공공사업 등에는 국회의 의결로 건설국채의 발행이 가능하다고 규정하고 있다. 단서 조항은 정부가 국채를 발행하려는 시도를 제어하는 (법적인) 힘을 약화했다는 것이다.

우리나라도 「국가재정법」 제18조에서 국가의 세출은 국채·차입금 외의 세입을 그 재원으로 한다고 규정하고 있다. 이는 국채발행을 원칙적으로 금지하는 것이다. 그렇지만 제18조의 단서조항에서 부득이한 경우에는 국회의 의결을 얻은 금액의 범위 안에서 국채 또는 차입금으로써 충당할 수 있다고 규정하고 있다. 법률은 행정부가 국채를 발행할 수 있는 선택지를 명시하고 있다.

제도는 행위자가 취할 수 있는 행동의 선택지를 명시하는 것에 그치지 않는다. 행위자가 자신의 이익을 인식하거나 정의할 때도 영향을 준다. 행위자는 제도가 주는 제약에 따라 본인의 이익을 다시 정의하고 행동을 선택한다(2015: 180).

합리적 선택 제도주의에서 논의되는 선거제도가 전형적인 예이다. 정치가는 선거에서 최대 득표를 목적으로 한다. 정치가는 선거제도를 바탕으로 득표를 최대화하는 데 필요한 행동을 다시 정의하고, 행동을 선택한다. 우리나라의 국회의원 선거제도는 1945년 이후 1987년까지 총 일곱 번의 변화가 있었다. 선거방식에서 소선거구제도와 중선거구제도가 있었으며, 비례대표제와의 혼합형이 있었다. 중선거구제도는 투표 총수의 30% 정도의 득표율이면 당선될 수 있다. 반면 하나의 선거구에서 한 명의 후보자만이 당선되는 소선거구제도는 높은 득표율이 필요하다. 따라서 소선거구제도에서 정치가는 특정 이익이 아니라 선거구 전체의 이익을 의식하게 된다.

이처럼 제도에 의해 행위자는 자기 이익을 다시 정의하고, 이익을 추구하는 방식을 다시 설정하며 그것을 근거로 행동한다. 즉, 제도가 선택지에 영향을 주게 된다.

2. 정책유산, 잠김 효과, 경로의존성

현재의 제도만이 행위자의 선택지를 모두 명문화하는 것은 아니다. 때로는 과거의 제도가 현재 제도를 결정한 뒤에도 일정한 제약으로 작용한다. 여기에는 정책유산, 잠김 효과, 경로의존성 등의 개념이 있다(秋吉 외, 2015: 180-181).

우선 과거 제도가 유산이 되어, 현재 제도에 어떠한 형태로든 영향을 주는 정책유산이라는 개념이다(Weir and Skocpol, 1985). 1930년대 대공황이 발생했을 때, 스웨덴과 영국은 다른 정책을 전개하였다. 스웨덴은 케인스주의적 정책으로 전환하였으나, 영국은 기존의 정책에 머물고 있었다. 두 국가를 비교할 때 주목받은 독립변수의 하나가 정책유산이었다. 영국은 1911년에 사회정책으로 실업보험이 도입되었다. 1920년 이후에는 실업보험으로 인한 재정 부담이 정책대응을 구속하였다. 케인스주의의 아이디어는 수용하였지만, 재정지출을 가져오는 케인스주의적 정책으로 전환하는 것은 힘들었다.

둘째, 잠김 효과가 있다. 특히 과거 제도가 현재의 제도 선택을 강하게 구속하고, 다른 제도의 선택을 곤란하게 하는 현상을 말한다. 잠김 효과는 기업의 고객 포위 전략으로 널리 알려져 있다. 전형적인 예는 항공회사의 마일리지 전략이다. 보통 제품을 고를 때 제품의 가격이나 내용을 근거로 선택한다. 항공회사의 비행이라면 운임, 비행시간, 기내 서비스가 선택기준이 될 수 있다. 그러나 일단 특정 항공회사의 마일리지 회원에 가입하면 상황은 조금 달라진다. 회사별로 마일리지를 모으는 것이 성가시거나, 그때까지 모은 마일리지가 쓸모없어지는 비용이 발생하므로 다른 회사의 비행기를 선택하기 힘들다. 그 결과 마일리지 회원이 된 항공회사에 포섭되는 것이다.

제도 선택에서도 이러한 잠김 효과가 보인다. 제도가 생겨나면 완전히 새로운 제도로의 대규모 변경은 사회에 큰 비용을 강요하는 셈이다. 더욱이 점착성(粘着性)이라고 표현되듯이, 일단 제도가 형성되면 그 제도로 이익을 얻는 행위자는 제도를 유지하려고 한다. 정부규제로 경쟁을 제한하는 형태의 정책이 시행되면, 그러한 경쟁 제한으로 이익을 얻고 있는 행위자는 규제를 유지하기 위해 다양한 활동을 한다.

셋째, 경로의존성이 있다. 경로의존이란 어떤 시점(t)에서의 제도나 정책 선택이 그 이후의 시점(t+1)에서의 제도나 정책의 선택지를 결정하는 것을 뜻한다. 즉 정책유산의 존재와 그것에 기인한 잠김 효과로부터 과거 제도가 현재로 지속하여 가는 현상을 경로의존성으로 표현한다. 그렇다면 경로의존성의 본질은 무엇인지 다음 항아리의 예로 살펴보자(Pierson, 2004: 21-23).

검은색의 공과 붉은색의 공이 각각 1개씩 들어 있는 큰 항아리가 있다고 상상하자. 그중에서 공 하나를 꺼낸다. 꺼낸 공과 같은 색의 공을 하나 추가하여 공 2개를 다시 항아리에 넣는다. 이렇게 되면 3개의 공이 항아리에 들어 있게 된다. 그리고 다시 공을 하나 꺼낸 후에, 꺼낸 공과 같은 색의 공을 하나 추가하여 공 2개를 항아리에 넣는다. 이러한 과정을 반복하여 항아리에 공이 100개가 들어갔다고 하자. 이렇게 되었을 때 항아리에 들어 있는 공의 색깔은 어떤 비율일까?

검은색과 붉은색의 공의 비율이 어떻게 될 것인지는 알 수 없다. 붉은 공이 99%인 경우가 있다면 1%인 경우도 있을 수 있다. 여기서 중요한 것은 배열이다. 처음 공을 꺼낼 때는 무작위의 요소가 포함되며, 최종적으로 발생하는 균형에 큰 영향을 준다. 이 항아리의 특성은 운(또는 우연)의 요소에, 현시점에서의 확률과 그때까지의 배열의 결과를 연결하는 결정 규칙을 결합함으로써 발생한다. 항아리에서는 긍정적인 되먹임(positive feedback)이 나타난다. 즉 공을 꺼내는 것을 반복할수록 특정 경로를 따르게 될 가능성이 늘어간다. 이러한 효과가 축적되면 자기강화의 순환이 강하게 발생하게 된다.

이러한 경로의존성 개념은 복잡계 경제학이나 경제사 연구에서 제시되었다. 널리 알려진 예로 컴퓨터 알파벳 자판 배열이 있다. 현재 사용하고 있는 자판은 1870년대 초 개발된 것을 1878년 레밍턴 타자기 회사가 보편화한 것이다(염재호, 2018: 83). 자판은 왼쪽 위쪽으로 QWERTY로 배열되는 문재배열 구조를 가진다. 이 문자배열 구조는 이전에 사용되었던 타자기의 자판 배열과 같다. 초기의 타자기는 빠르게 자판을 치는 경우 글쇠들이 엉키는 문제점을 가지고 있었다. 그러한 구조상의 문제를 해결하기 위하여 인간공학적으로 비합리적인 문자배열로 설계하였다. 일부러 자판을 빠르게 치지 못하도록 한 것이다. 그런데 사회에 보급되어 사람들이 널리 사용하게 되면 그 비합리적인 배열이 잠김 효과를 발휘한다. 그 때문에 기술 발전으로 초기 타자기의 문제가 해결되고, 사용하기 쉬운 자판기 배열이 발표되어도, 소비자는 그러한 자판기를 선택하지 않는 것이다. 이는 한번 제도화된 것을 바꾸기는 쉽지 않다는 것을 보여준다.

경제학에서는 QWERTY와 같이 특정 제도가 선택되었을 때의 초기 시점의 조건이 변해도 그 제도가 자기강화 메커니즘으로 지속하고 있는 것을 강조한다. 경로의존은 방향 전환을 어렵게 하는 힘이 내재하여 있는 발전적 경로이며, 시간이 지남에 따라 다른 선택지를 고르는 것에는 비용이 증가하게 된다(Pierson, 2004: 26). 즉 역사에서 어떤 특정 경로가 한번 선택되면 현재의 문제를 푸는데 더 효율적인 다른 경로가 재설계되어도 채택될 가능성이 매우 낮다. 따라서 현재 시점에서 선택된 제도나 정책은 비효율적일 수 있다(김선희, 2020: 133).

3. 동형화

제도가 행위자의 선택에 어떠한 영향을 끼치는가를 연구할 때, 사회학적 제도주의는 행위자가 선택지를 판단하는 인식에 제도가 끼치는 영향을 검토하였다. 여기에서 주목한 것이 동형화(isomorphism)라는 현상이다.

동형화란 조직구조가 비슷해지는 과정을 말한다(DiMaggio and Powell, 1983). 현대 조직이론은 조직구조와 행동의 다양성을 설명하려고 하였다. 그렇지만 현실에서는 많은 조직의 형태와 관행이 유사하게 나타나는 현상이 발견된다. 상황적응이론(contingency theory)은 조직이 경쟁적 환경에 대응하여 효율적인 구조를 선택한 결과라고 설명한다. 그런데 다른 환경에 있는 조직들이 같은 구조의 모습을 선택하는 현상을 상황적응이론으로 설명하기는 어렵다.

예를 들면 근대사회에서는 정부, 기업을 불문하고 다양한 조직에서 관료제(계층적 조직구조, 직무의 공식화, 몰인격화) 등의 특징에 근거한 조직구조가 채택되었다. 관료제라는 조직 형태가 세계적으로 확산된 이유는 관료제가 문제해결을 위한 효율적 수단이기 때문이 아니라, 조직을 둘러싸고 있는 환경이 관료제를 가치 있는 것으로 인정되었기 때문이다. 즉 근대사회의 기본 특징은 합리화를 추구하는 것이며, 당시의 환경이 조직에 대해서 기대하는 관료제적 합리성은 하나의 신화라고 할 수 있다(Meyer and Rowan, 1977; 재인용, 하연섭, 2003: 121).

사회학적 제도주의는 동형화를 경쟁적 동형화와 제도적 동형화로 구분하였다(DiMaggio and Powell, 1983). 경쟁적 동형화(competitive isomorphism)는 재화의 생산과 교환이 이루어지는 기술적 환경에 대한 대응이다. 시스템의 합리성을 가정하며, 조직은 자원과 고객을 두고 경쟁하는 다른 조직을 닮아간다. 그런데 경쟁적 동형화로는 다른 환경에서 일어나는 동형화를 설명할 수 없다. 여기에서 제도적 동형화(institutional isomorphism)가 주목받았다.

사회학적 제도주의가 제도적 동형화의 원인으로서 다룬 것은 사회통념이라는 비공식 제도였다. 조직은 외적 환경에 기능적으로 적합한 것만으로는 충분하지 않고, 그 사회의 가치나 신념에 적합하도록 요구받는다. 따라서 사회가치나 신념에 의한 사회통념이 일종의 압력이 되며, 조직이 여기에 대응하게 된다. 예를 들면 근대사회에서 조직은 관료제를 지니고 있다는 사회통념이 존재하며, 관료제화라는 현상도 일종의 신화라는 것이다(Meyer and Rowan, 1977). 따라서 합리적 선택이 어떠한 것인가는 제쳐두고 동일한 선택을 지향한다.

이러한 제도적 동형화의 메커니즘에는 강제적(coercive), 모방적(mimetic), 규범적(normative) 동형화의 세 유형이 있다(DiMaggio and Powell, 1983: 150-154).

첫째, 강제적 동형화란 해당 조직이 의존하는 다른 조직으로부터의 공식적·비공식적 압력이나, 또는 사회가 조직에 대해 가지는 문화적 기대라는 압력에 의하여 생겨난다. 이러한 기대와 압력으로 비슷한 조직의 장(organizational field)에 있는 조직은 형태가 비슷해져 간다. 예를 들어 조직이 처한 공통의 법적 환경은 조직의 행동과 구조에 영향을 준다. 정부가 환경규제를 하면 제조업자들은 새롭게 환경오염제어기술을 도입하여 규제에 적응해야 한다. 앞에서 강제적 압력으로 나타난 것과 같이 EU 등 국제기관과 가맹국, 중앙정부와 지방정부와 같은 제도적 계층 관계에 있는 조직에서 상위에 위치하는 조직으로부터 하위의 조직에 명령이나 규제와 같은 명시적 형태로, 또는 보고 의무 등과 같은 암묵적 형태에서의 압력으로 같은 제도 선택이 요구된다. 효과성에 대한 의문이 있음에도 한국의 대학들이 교육부의 압력으로 학부제를 일괄적으로 추진한 것은 강제적 압력의 예이다(하연섭, 2003: 119).

둘째, 모방적 동형화란 불확실성을 회피하기 위해 다른 조직을 모방하는 것으로 생겨나는 동형화이다. 경영기술에 대한 이해가 충분하지 않거나, 목표가 모호하거나, 또는 조직 환경이 불확실성을 만들어내는 경우 등에는 그러한 불확실성이 일종의 압력이 되어 성공한 조직을 모방하게 된다. 즉 정당성을 인정받고 있거나 성공적이라고 평가받는 조직을 모방하여 가는 과정의 결과로 조직 형태가 유사해지는 것이다(2003: 119).

예를 들면 19세기 일본은 메이지유신을 거치면서, 미국, 영국, 독일, 프랑스 등에 고위 관료를 파견하여 각 국가의 제도를 모방하여 정부조직을 구축하였다. 1980년대는 미국 기업들이 당시 높은 생산성과 안정적 노사관리 역량을 가지고 있던 일본 기업을 모방하려고 하였다. 기업들은 정통성을 높이기 위하여 그리고 작업 조건을 향상하려고 노력하고 있다는 모습을 보이기 위하여 이러한 혁신을 채택하였다. 그런 점에서는 모방적 동형화는 의례적(ritual) 측면을 지닌다. 한국의 거의 모든 대학에서 운영되고 있는 영어 강의도 모방적 동형화의 요소를 배제하고 설명하기 쉽지 않다.

셋째, 규범적 동형화란 사회의 전문화에 의해 생겨나는 동형화이다. 전문화란 생산자의 생산을 제어하고, 직업적 자율성을 위한 정당성과 인지적 토대를 구축하고, 그들이 일하는 방법과 조건을 정의하기 위한 직업군 공동의 투쟁이라고 정의할 수 있다. 전문화에 의해 전문가집단의 기반과 정통성이 확립되면, 전문가의 공통규범에 근거한 비슷한 제도 선택으로 이어진다. 고등교육에서 공통의 인식 기반을 형성하여 전문가의 인식에 정통성을 부여하고, 나아가 전문가 네트워크 확대를 통해 특정 제도의 보급을 촉진한다. 예를 들어 대학과 전문 훈련 기관은 전문 관리자에게 조직 형태에 대한 규범을 공유하게 하며, 그것은 조직 형태의 동형화로 나타나는 데 큰 역할을 한다(2003: 120).

이처럼 특정 사회통념이나 전문가의 신념과 같은 비공식 제도가 행위자의 인식에 영향을 끼치게 됨으로써 간접적으로 선택지의 범위가 비슷한 것으로 한정된다. 또는 제도적 계층관계로부터 유사하게 선택지의 범위가 비슷한 것으로 한정되고, 동형화라는 현상으로 연결된다.

제도의 역할에 주목한 신제도주의는 다양한 접근방법이 혼재되어 있다. 그중에서 대표적인 접근방법에는 역사적 제도주의, 합리적 선택 제도주의, 그리고 사회학적 제도주의가 있다(Hall and Taylor, 1996).

첫째, 역사적 제도주의(historical institutionalism)는 제도의 국가 간 비교 혹은 역사적 경로 분석을 핵심으로 하는 접근방법이다. 국가론에서는 국가 내부 및 국가사회 간 제도구조의 분석에 초점을 두었다. 그러나 역사적 제도주의에서는 그러한 제도가 특정 제도나 정책 선택에 어떠한 영향을 끼쳤는가에 초점을 둔다. 그리고 국가 간의 차이가 어떻게 생겨났는가를 주로 연구 질문으로 설정하여 분석한다.

역사적이라는 수식어가 붙어 있는 것과 같이 제도 형성이나 제도 변화의 역사적 경위를 분석한다. 예컨대 과거의 중대한 전환점(critical juncture)에서 우발적으로 제도가 형성되고, 그것이 현재 제도 선택에 어떻게 영향을 끼치는가를 분석한다. 역사적으로 정책이나 정부 시스템이 선행적으로 선택되면, 정책결정은 경로 의존적(path dependence)으로 된다. 역사적 경로에서 벗어나려면 그러한 일탈이 일어날 만큼의 충분한 정치적 힘이 작용할 때만이 가능하다. 그러한 힘이 작용하지 않으면 기존 경로의 방향은 유지된다(小野, 2001: 150). 역사적 제도주의에 대해서는 다양한 비판이 제기된다. 제도의 역사적 경위를 분석하는 것은 역사가 중요하다고 말하는 것에 불과하다는 비판이 있다.

둘째, 합리적 선택 제도주의(rational choice institutionalism)는 제도가 행위자의 합리적 행동에 끼치는 영향을 주로 분석한다. 다른 신제도주의와 비슷하게 행위자의 행동에 대한 제도의 영향을 분석의 중심에 둔다. 다만, 합리적 선택 제도주의는 분석 방법에 다른 신제도주의와 구별되는 여러 특징이 있다.

첫 번째 특징은 행위자에 관한 가정이다. 합리적 선택 제도주의는 행위자가 본인의 이익을 최대화하려는 경제인이라고 가정한다. 이때 개인의 전략적 선택은 선호의 순위와 일치하지는 않는다. 왜냐하면, 제도가 부과하는 선택 규칙에 영향을 받기 때문이다. 합리적 선택 제도주의는 제도가 행위자에게 어떠한 영향을 주는지, 그리고 그것이 특정 제도의 선택과 어떻게 관련되는지를 설명하려고 한다.

두 번째 특징은 제도의 한정적 정의이다. 신제도주의는 비공식 제도를 포함하여 다양한 것을 제도로 간주한다. 그렇지만, 합리적 선택 제도주의는 제도를 정의할 때 공식 제도로 한정한다. 법, 규정, 계약 등 공식적 차원의 제도에만 초점을 둔다(하연섭, 2003: 86). 그리고 제도와 조직도 명확하게 구분한다. 반면, 역사적 제도주의는 관료제를 제도로 보고 조직의 구성원인 관료와 관료가 따르는 각종 내부 규칙으로 세분화하여 연구한다.

마지막 특징은 제도설계의 메커니즘을 분석한다. 합리적 선택 제도주의에서 제도는 게임 규칙의 역할을 담당한다(2003: 84-87). 제도는 사회구성원의 행위를 일정한 방향으로 제약한다. 따라서 각 행위자는 본인의 이익을 반영할 수 있도록 제도를 설계하려고 한다. 제도는 그러한 이익조정의 결과이다. 합리적으로 설계된 제도를 통해 공유지의 비극(tragedy of commons)이나 무임승차의 문제를 해결할 수 있다.

셋째, 사회학적 제도주의는 정치학이 아니라 조직론을 배경으로 한다. 제도가 행위자의 행동, 특히 특정 행동을 선택하는 행위자의 인식에 끼치는 영향을 분석한다. 역사적 제도주의나 합리적 선택 제도주의는 제도가 다른 제도의 선택이나 행위자의 행동을 제약하는 것으로 간주한다. 그렇지만 사회학적 제도주의는 제도가 (행동의 전제가 되는) 개인의 인식 틀에 작용함으로써 개인의 행동에 영향을 준다고 설명한다.

사회학적 제도주의는 사회 문화, 규범, 관습과 같은 비공식 제도에 주목한다. 우리는 명문화된 제도뿐만 아니라 우리가 속한 사회나 조직의 관습에 영향을 받으며 행동한다. 버스에서 자리를 양보하는 우리의 행동은 사람들이 합의한 공식 규칙이 아니라, 우리 사회의 관습에 좌우된다. 게다가 이러한 행동은 어느 정도 무의식적으로 이루어지고 있다. 사회학적 제도주의는 비공식 제도에 의해 생기는 특정 사회현상을 분석한다.

사회학적 신제도주의는 크게 세 가지 연구 흐름에 영향을 받았다(河野, 2002: 35-41).

첫째, 현상학적 사회학이라는 지적 전통으로 버거(Berger)와 루크만(Luckmann) 등의 영향을 크게 받았다. 이들에 따르면 현실은 (객관적으로 존재하는 것이 아니라) 사회적 상호작용으로 구성된다(Berger and Luckmann, 1976: 1). 일상의 현실은 (내가 꿈을 꾸는 세계와 달리) 타자와 함께 공유되며(1976: 38), 사회질서는 (자연법칙에서 도출되는 것이 아니라) 끊임없는 인간 활동의 부산물이다(1976: 90). 예를 들어 처음 모르는 사람과 만났을 때, 그 사람이 앞으로 20년 동안 나와 같은 회사에서 일할 동료인지, 아니면 앞으로 만날 일이 거의 없을 사람인지에 따라 나의 행동은 달라진다.

인간 행위는 사회에서 반복되면서 관습이 된다. 그렇게 관습화된 행위가 사회구성원에게 받아들여져 유형화되면 제도가 된다(1976: 91-93). 이러한 제도는 그것이 존재한다는 사실만으로도 인간의 행동을 제어한다. 사회에서 규정한 다양한 행동 유형에 따라 인간의 행동을 통제한다. 이러한 측면에서 제도는 상대방의 행동을 예측할 수 있게 한다(1976: 94-98). 제도는 그것이 명문화 혹은 조직화되었는지 여부와 무관하다. 제도가 명문화되어도 인간 행위에서 계속 살아 숨 쉬지 않으면 아무런 의미가 없다. 제도의 인지적 측면을 중시하기에 비공식적 상징체계나 공유된 의미를 강조한다.

둘째, 사회학적 신제도주의는 조직 연구 중 개방 시스템(open system)의 개념을 받아들인 연구를 토대로 발전하였다. 조직이 처해 있는 문맥이나 환경이 조직을 구속하거나, 구조에 영향을 주거나, 조직 내부로 침투하는 것의 중요성을 강조한다. 이러한 연구의 영향은 동형화나 조직의 장 등의 개념을 발전시키는 과정에서 중요한 역할을 한다.

셋째, 마치(March)와 사이먼(Simon)이 이끌었던 카네기 학파라고 불리는 의사결정이론 연구에서 큰 자극을 받았다. 이들은 제한된 합리성이라는 개념에 근거하여 개인의 의사결정을 설명한다. 개인의 정보 수집·처리능력이나 장래의 불확실성과 같은 다양한 제약으로 많은 조직의 의사결정이 정형화된 절차에 의존하게 된다. 나중에 마치(March)는 올슨(Olsen)과 함께 제한된 합리성 하에서 조직구조나 행동이 조직 본래의 목적에서 벗어난 양상을 보인다는 점을 강조한다. 즉 느슨한 결합(loosely coupled) 또는 비결합(de-coupled)의 형태로 빠져드는 의사결정 현상을 지적한다.

CHAPTER

09

아이디어는 정책결정에 어떻게 영향을 주는가?

행위자는 본인의 이익을 정책에 반영시키기 위해 직접 정책결정에 관여하거나 정책결정에 관련된 다른 행위자에게 영향을 주려고 한다. 제8장에서 본 것과 같이 정책결정의 무대에 아무나 오를 수 있는 것은 아니며, 행위자의 행동은 본인을 둘러싼 제도의 제약을 받는다. 그렇다면 정책과정에서 제도의 제약을 받는 행위자의 이익만 고려하면 충분할까?

한국은 군사 쿠데타와 간접 선거를 통해 선출된 대통령이 상당 기간 통치하였다. 1987년 대통령 선거를 앞둔 시점에서 야당을 포함한 많은 국민은 대통령 직선제를 강력하게 주장하였다. 국민의 대규모 행동은 1987년 6월 29일에 정부가 대통령 직선제를 수용하도록 했다. 이어 1987년 12월에는 국민의 손으로 대통령을 직접 선출하였으며, 현재까지 대통령 직선제가 이어지고 있다. 그렇다면 국민 개개인은 자신들의 이익을 위하여 대통령 직선제를 주장한 것일까?

2000년대 초반 노무현 정부 시절에 정부는 지방분권을 강력하게 추진하였다. 행정수도 이전을 시도하고, 세종시를 건설하였다. 당시 노무현 대통령이 행정수도의 이전을 포함하여 지방분권개혁을 시도한 것은 그로 인해 막대한 이익을 얻으려고 했던 것일까? 또는 정책결정 무대에서 어떤 제도의 영향이 이러한 정책결정을 유도한 것일까? 그렇다면 정책은 이익이나 제도만으로 결정되는 것일까? 그렇지 않다면 혹시 달리 영향을 준 요인은 있지 않았을까? 이익이나 제도와 함께 주목해야 하는 것이 아이디어(Ideas)다.

제9장에서는 아이디어가 어떻게 주목받기 시작했으며 아이디어가 어떻게 행위자와 제도에 영향을 주고 아이디어는 어떻게 얻게 되는지를 논의해 보려고 한다.

CHAPTER 09 아이디어는 정책결정에 어떻게 영향을 주는가?

제1절 아이디어의 등장

1. 아이디어에 주목

사회과학에서 아이디어의 중요성은 오래전부터 논의되었다. 베버(Weber)는 사람의 행동을 직접적으로 지배하는 것은 물질(materials)과 관념적 이익(ideal interest)이라고 보았다. 전철원(switchman)이 기차가 지나갈 철로를 결정하듯이, 아이디어가 만들어낸 세계 이미지(world images)는 이익에 의해 추진되는 행위가 나아갈 경로를 때때로 결정한다(Weber, 1948: 280; 재인용, Fischer, 2003: 24). 아이디어는 미국에서 진행된 규제완화를 계기로 정책과정의 중요한 변수로 주목받게 되었다(秋吉 외, 2015: 188).

1970년대 미국에서는 항공산업, 통신산업, 트럭운송산업에서 큰 규모의 규제완화(deregulation)가 진행되었다. 정부규제는 유치산업(infant industry, 성장잠재력은 있으나 국가 보호가 없으면 국제 경쟁에서 견딜 수 없는 미성숙 산업) 보호, 약탈적 경쟁(예: Microsoft 사에 의한 Window에 Internet Explorer 끼워 팔기) 방지, 독점적 이익의 규제 등의 목적으로 도입된다. 예를 들어, 미국의 항공산업 규제는 유치사업을 보호하기 위하여 도입되었고, 트럭운송산업 규제는 심각한 경제공황 시기에 약탈적 경쟁 상황을 완화하기 위해 도입되었다.

그러나 규제가 도입되고 시간이 흘러 규제가 불필요해져도 기존의 규제를 개혁하기는 쉽지 않다. 기존의 규제를 통해서 이익을 얻는 집단은 규제가 완화되는 것을 바라지 않는다. 기업은 기존 산업 분야에 새로운 경쟁자가 등장할 위험이 없거나 다른 회사와 경쟁할 필요가 없으면, 안정적인 수익을 보장받는다. 이러한 규제 이익(기득권익)을 유지하기 위해서 기존 기업은 협회나 연합회와 같은 이익집단을 형성하여 정치인에게는 정치자금을 제공하고, 선거 때에는 조직력을 동원한다. 또한, 관료는 퇴직 후의 재취업 자리를 보장받는다. 이러한 활동으로 쓸모없는 규제가 유지된다.

이렇게 정치인·관료·이익집단이 형성해 놓은 철의 삼각 동맹을 무너뜨리고, 규제완화를 이루어내는 과정에서 정치·정책 아이디어(political or policy idea)의 중요성이 부각되었다(Derthick and Quirk, 1985: 34-35). 규제완화가 이루어지는 과정은 공통의 이익과 목표를 지지하는 정치적 세력이 연합을 형성하는 모습이기보다는 규제완화를 지지하는 정치 세력이 누적되는 형태이며, 마치 단계별로 아이디어가 진화하는 모습과 비슷하다.

첫 번째 단계는 경제학자들이 정부규제로 인해 발생하는 사회적 비용을 줄이는 방법으로 규제완화를 옹호하였다. 두 번째 단계는 당시 미국 대통령(포드와 카터)과 유력한 상원의원(케네디)이 기업 정신의 복원, 큰 정부와 관료제의 감축, 소비자 가격 상승 통제와 인플레이션 억제를 위한 가시적인 방법으로 규제완화를 옹호하였다. 마지막 단계에서 규제완화는 관료들이 정책을 선택할 때 가장 선호하는 방식으로 작용하게 되었다.

물론 개별 정책분야마다 규제완화의 과정은 조금씩 다르게 나타났다. 그렇지만 모든 규제완화과정에서 아이디어는 큰 역할을 했다. 미국 통신산업의 규제완화정책을 예로 살펴보자. 미국 통신산업에 대한 규제완화는 1970년대에 시작되어 1984년에는 AT&T의 분할로 이어졌다. 이 과정에서 법원의 역할이 핵심적이었으며, 법무부의 반독점 담당 검사의 아이디어가 큰 역할을 하였다(김정수, 1996: 92-100). 법원은 AT&T 분할판결에서 경제적 비용효과분석보다 형평과 절차적 정의라는 전통적 가치(아이디어)를 강조하였다. AT&T 분할과정에서 국방부는 국가안보의 중대한 위해라는 관점에서 분할을 반대하였고, 상무부는 통신부문에서의 미국의 전통적인 우위가 흔들릴 가능성을 우려하였다. 그러나 자유경쟁에 대한 강한 신념이 있던 법무부의 반독점 담당 검사는 다른 부처의 우려를 무시하였으며, 시장경쟁체제만이 미국 통신산업의 문제를 해결할 수 있다고 믿었다. 여기에 법무부의 공정거래실에서도 자유경쟁에 의해 해결될 수 없는 사회문제는 없다는 생각이 지배적이었다.

이때 정치·정책 아이디어는 기존의 이익 정치연합을 타파하는 역할을 담당하였기에 새로운 분석 시각으로 주목을 받았다.

2. 아이디어란 무엇인가?

아이디어란 넓게 정의하면 공유된 신념(shared beliefs), 생각(thoughts), 사고 방식(a way of thinking) 등이다(Cairney, 2020: 188-191). 반면에 아이디어와 함께 사용되는 이념(ideology)이라는 개념은 개인이나 사회집단이 지니는 일련의 정치적 신념이나 가치(values) 등을 말한다. 따라서 아이디어는 이념을 포함하는 보다 광범위한 개념이라고 할 수 있다.

정책결정과정에서 이념을 강조할 때는 이념의 소유자(추진자)가 어떻게 새로운 이념을 투입하고, 그 이념에 의한 설득을 통해 기존의 이익연합을 무너뜨리고, 새로운 정책 실현으로 연결하는지를 분석한다(秋吉 외, 2015: 189). 예를 들어 1970년대 미국의 규제완화정책에서는 대통령, 유력의원, 경제학자가 지녔던 규제완화라는 이념이 기존의 이익연합을 타파할 수 있었다고 주장한다. 그러나 특정 이념이 행위자의 행동을 어떻게 바꾸고, 정책 내용에 어떤 영향을 끼치는가에 관한 메커니즘이 명확하게 밝혀지지는 않았다. 그런 점에서 이념만으로 정책결정과정을 분석하는 것에는 한계가 있다.

한편 아이디어는 개인들이 지닌 신념 중에서, 특히 많은 사람이 공유하고 있는 신념으로 정의되었다(Goldstein and Keohane, 1993). 정책은 연구 및 조사를 통해 얻은 과학적 지식을 원천으로 하는데, 아이디어는 정책이 나가야만 하는 방향 및 수단에 관한 믿음(신념)이라고 할 수 있다.

이러한 아이디어는 크게 세 유형이 있다. 세계관(world views), 도의적 신념(principled beliefs), 인과적 신념(beliefs)이다(1993: 8-11).

첫 번째 범주에 해당하는 세계관은 아이디어의 근간이 된다. 세계관은 우리들의 문화에 내재한 것이며, 행위자의 생각이나 언설에 영향을 끼치는 믿음(신념)이다. 공기와 같이 당연한 것으로 받아들이는 지식(understanding)이라고도

할 수 있다. 예를 들면 종교, 과학적 합리성, 주권 개념 등이 포함된다.

　세계관은 사람들이 자신의 정체성을 개념화할 때 깊게 관여하며, 행위자의 감정이나 충성심을 환기한다. 세계관은 행위자의 행동 기반에 영향을 끼치고, 사회의 기반을 형성한다. 종교가 바로 그러한 것이며, 근대의 상징인 과학적 합리주의도 우리의 생각을 규정한다. 주권 개념은 근대사회·국가의 기반이며, 국제 체제를 규정하고 있다. 이처럼 세계관은 아이디어의 근간으로서 행위자에 영향을 끼치고 있다. 현대 사회에 사는 우리는 이러한 세계관을 의식하지 못하는 경우가 많다. 그렇지만 세계관은 모든 정책에 공통 기반으로 존재한다.

　아이디어의 두 번째 범주는 도의적 신념이다. 도의적 신념이란 행위자가 옳음과 그름, 정당함과 부당함을 판단할 때 구체적 기준이 되는 믿음이다. 예를 들면 노예제는 옳지 않다, 사람에게는 언론의 자유가 있다 등을 생각할 수 있다. 도의적 믿음은 개인의 신조와도 연결되어 있다. 어떤 정책이 바람직한가를 판단할 때 우리는 개인의 신조에 비추어서 보게 된다. 비슷한 방식으로 도의적 믿음은 정책의 근간에 큰 영향을 주며 그 믿음에 합치하는 정책을 추진하게 한다.

　이명박 정부에서 대학 구조개혁이 초기에 주요 이슈로 등장하지 않았던 주요한 이유로는 당시 교육정책의 핵심 행위자가 지닌 도의적 신념을 생각할 수 있다(이병량, 2014). 이전의 대학의 구조개혁정책은 정부가 직접 통제력을 행사하는 국립대학을 중심으로 논의가 진행되었다. 그러나 이명박 정부의 교육정책에서 핵심적 역할을 한 행위자들은 자율성(과 책임성), 다양화 등의 교육정책 이념을 지향하였다. 특히 대학의 구조개혁은 정부가 직접 개입하는 형태가 아니라 시장에 의해 해결될 수 있다고 믿었다. 따라서 이명박 정부 초기에는 교육정책에 있어서 대학 자율화를 위한 제도적 기반 마련, 학사 운영 규제개혁 추진, 자체평가에 의한 대학의 책무성 제고 등이 강조되었다.

　아이디어를 주목하게 된 계기가 되었던 미국의 규제완화에서도 포드 대통령의 신조였던 자조(自助)라는 개념이 영향을 주었다. 포드 대통령은 하늘은 스스로 돕는 자를 돕는다는 격언을 신조로 하였다. 이러한 대통령 개인의 신조로부터 정부의 규제정책은 시장개입을 최소화하는 작은 정부를 지향하면서 규제완화를 추진했다.

아이디어의 세 번째 범주에는 인과적 신념이 있다. 인과적 신념은 'A라는 수단을 선택하면, B라는 결과를 가져온다.' 같은 인과관계에 관한 믿음이다. 그러한 인과관계가 옳다는 것이 증명되지 않으면, 신념(나아가 공유된 신념)이 되지 않는다. 따라서 주로 특정 이론이나 전문지식을 통해 등장한다. 인과적 신념은 정책목표를 달성하기 위한 기술적 측면이 강하여 정책의 도구적 수단을 규정한다. 예를 들면 과학적 지식은 천연두를 박멸하는 방법을 보여 주었으며, 지구 온난화를 완화하기 위해서는 어떻게 해야 하는지를 알려준다.

앞선 미국의 규제완화 예를 살펴보자. 미국은 그 당시 파괴적 인플레이션에 직면하여 경제악화 정도가 심각하였다. 문제해결의 수단으로 제시된 것이 규제완화라는 아이디어(나아가 자유경쟁이라는 정책 아이디어)였다. 불필요한 규제의 폐지·완화 → 기업 사이에서의 경쟁 발생 → 제품·서비스 가격의 하락 → 소비자 이익의 증대와 인플레이션 억제라는 인과관계가 경제학자를 중심으로 제시되었다. 그리고 많은 행위자에게 규제완화 아이디어가 신념으로 공유되고 정책수단의 설계로 구체화되었다(秋吉 외, 2015: 192).

우리의 현실 세계에서는 아이디어의 세 측면인 세계관, 도의적 신념, 그리고 인과적 신념이 보이지 않는 거미줄처럼 서로 연결되어 있다.

제2절   아이디어의 영향

아이디어는 정책결정에 어떤 영향을 주는가? 아이디어 접근법(Idea Approach)은 아이디어의 영향을 다음과 같이 고찰한다. 첫째 아이디어가 행위자의 행동에 영향을 끼치는 방식을 보여준다. 둘째 제도에 내재화되어 있던 아이디어가 시간의 흐름 속에서 장래 제도에 영향을 주는 방식을 보여준다.

1. 행위자의 행동에 영향

아이디어가 행위자 행동에 끼치는 영향으로 논의되는 것에는 크게 로드맵(road map)과 초점(focal point)이 있다(Goldstein and Keohane, 1993: 13-20).

첫째, 아이디어는 로드맵으로서 행동 지침을 제공한다. 로드맵은 사전적 정의로는 도로 지도를 의미하며, 비유적으로는 일이나 계획 등에 대하여 일목요연하게 정리한 지침을 의미한다. 즉 로드맵으로서의 아이디어는 행위자가 목표에 도달하기 위하여 여러 전략과 목표 사이의 인과관계를 이해하거나 자신의 선호를 결정하는 데 도움을 준다.

합리 모형에서 행위자는 본인의 이익을 최대화하려 한다고 간주된다. 이때 행위자는 어떤 행동이 본인에게 이익이 되는가를 확실하게 알고 있다고 전제된다. 그러나 현실 사회는 불확실한 상황이 오히려 더 많다. 그러한 상황에서 각 행위자는 본인에게 무엇이 최선인가를 판단하기가 쉽지 않다.

이처럼 행위자들이 불확실성에 직면하였을 때, 권위적 제도뿐만 아니라 인과적 신념(causal beliefs)에 의존한다. 아이디어는 행동에 관련된 원인과 결과의 패턴을 제시함으로써 불확실성이라는 상황에서 행위자의 행동을 안내하는 로드맵 역할을 한다. 즉 전문적 지식을 통해 야기되는 인과적 신념은 어떤 수단을 고르면 정책목표를 달성할 수 있는가 하는 정책 판단을 돕는다. 또한, 도의적 신념(normative beliefs)은 어떤 정책 판단을 해야만 하는가를 결정하도록 한다.

예를 들면 1944년 발족한 브레턴우즈 체제(Bretton Woods System)는 국제통

화체제로서 제2차 대전 이후의 세계 경제 질서를 새롭게 구축하였다. 주요 내용은 고정환율제(금 1온스를 미화 35달러로 고정)와 국제통화기금(IMF) 및 국제부흥개발은행(IBRD) 창설 등이었다. 무역 개방과 국가 자율성 수준에 대하여 미국과 영국은 처음에는 다른 의견을 지니고 있었다(Ikenberry, 1993). 미국 정부는 국무부를 중심으로 낮은 관세 장벽과 다자간 무역 시스템을 선호하였다. 반면에 영국은 자국의 허약한 경제, 무역 불균형, 경제 관리에 대한 국가의 통제력 상실 등에 대한 우려로 그러한 이행을 거부하였다.

이때 국가의 경제적 자율성을 보호하면서도, 개방적인 다자간 무역과 금융시스템을 제공할 수 있는 규칙과 제도를 포함하는 새로운 아이디어가 제시됨으로써 교착상태는 해결될 수 있었다. 새로운 아이디어는 새로운 경제 질서 구축에서 무역에만 초점을 두었던 것에서 벗어나, 무역(의 자율성)과 금융(의 자율성)을 결합하는 정책으로 나타났다. 그리고 그러한 정책 판단은 미국과 영국의 재무부와 경제 전문가들이 공유하고 있던 아이디어, 즉 환율 안정성과 국제적 협력의 필요, 환율 시스템이 국내 정책을 손상해서는 안 된다는 생각에 근거한 것이었다.

앞서 설명한 미국 규제완화의 예로 다시 돌아가면, 당시 파괴적 인플레이션 사태에 직면하여 규제완화를 통한 경쟁도입이 가격을 낮추고 소비를 진작시켜 인플레이션 문제가 해결된다는 공유된 믿음이 로드맵이 되었다(秋吉 외, 2015: 193). 다시 말하면, 규제완화라는 정책 판단을 뒷받침한 것은 대통령을 중심으로 연방정부·대통령부 참모가 공유하고 있던 아이디어, 즉 작은 정부가 바람직하다는 도의적 신념이었다. 이처럼 아이디어는 로드맵의 역할을 담당함으로써 행위자의 선택에 영향을 준다.

둘째, 아이디어는 초점으로서 행위자의 행동에 영향을 준다. 물리학에서 초점은 빛이 굴절 또는 반사 후에 한곳에 모이는 점을 의미한다. 게임이론에서 초점은 의사소통이 단절된 상황에서 사람들이 그들과 관련이 있거나, 당연하다고 생각되는 것에 근거하여 문제를 해결하는 단서를 의미한다. 불확실한 상황에서 행위자가 복수의 선택지에 직면할 때 특정 아이디어가 초점이 되어 특정 선택지로 유도한다.

백화점에서 헤어진 부부가 만나게 되는 장소를 예로 들어 생각해 볼 수 있다(Schelling, 1992; 재인용, 秋吉 외, 2015: 194). 물건을 사기 위해 백화점에 온 부부가 도중에 헤어지게 된 경우, 처음에 특정 장소를 정하지 않았어도 분실물 취급소와 같이 눈에 띄는 장소가 있으면 두 사람은 만날 가능성이 커진다. 즉 초점이란 상대가 본인의 행동에 관하여 가지고 있는 기대와 본인이 상대방의 행동에 관하여 가지고 있는 기대가 수렴할 때 단서가 될 수 있다.

정책결정자는 문화적, 규범적, 종교적, 윤리적, 또는 인과적으로 공유된 믿음에 기초하여 행동한다(Goldstein and Keohane, 1993: 17-18). 공유된 신념에서 벗어난 정책은 보통 무시된다. 모두가 동의할 수 있는 객관적인 기준이 없는 경우에는 특정 아이디어가 초점이 되어 서로의 기대와 전략을 예측한다. 다른 행위자의 동향을 모르는 행위자도 초점에 따라 협조적 행동을 하며, 공통의 해결안이 도출된다.

예를 들어, 유럽 통합시장에서는 상호승인이 초점의 역할을 담당한 아이디어이다(Garrett and Weingast, 1993). 경제적 세계화의 위협에 직면한 유럽 국가들은 종래의 협조 관계로부터 한 걸음 나아가 지역 내 단일 시장을 주창하였다. 유럽 국가들은 무역 장벽을 낮추기를 원했으나, 개별 국가와 기업들은 그러한 시도에서 이탈하려는 강한 유혹이 있었다. 그러한 이탈은 합의한 규칙을 성문화하여 감시함으로써 감소시킬 수 있었다. 국가들은 유럽에서의 무역 분쟁에 관한 공통 게임 규칙을 적용하기 위하여 특정 기관에 정치적 권위를 이양하는 것을 고려하였다.

1979년에 나온 유럽 사법재판소에서 나온 판결과 상호승인(mutual cognition)이라는 아이디어가 행위자들의 선택에서 중요한 역할을 하였다. 사법재판소에서는 프랑스산 알코올 제품이 독일의 알코올 기준을 충족하지 않아서 수입이 거절된 문제를 다루었다. 판결에서는 사회적 규제(공중위생·안전·환경)에서 벗어나지 않는 한, 수출국의 기준이 인정된다는 상호승인의 원칙이 제시되었다. 대부분의 합의는 불완전하여 협력을 유지하기 위해서는 합의 정신에 입각한 공유된 신념이 필수적이었다. 유럽 연합 내에서의 시장 거래에서는 상호승인의 원칙이 적용된다는 유럽 사법재판소의 결정에 내재한 도의적 신념을 중심으로 행위자들은 서로 협력할 수 있었다. 결국, 이 아이디어가 초점이 되고, 이것을 바탕으로 유럽 단일 시장의 제도설계가 이뤄졌다.

2. 제도에 영향: 내재화된 아이디어

아이디어는 정책논쟁에서 영향력을 발휘하지만, 때로는 어떤 시점에서 제도화되어 제도의 근간을 형성하면서 영향력을 행사한다(Goldstein and Keohane, 1993: 20-24). 아이디어를 사회규범의 체계로 형식화하는 것을 제도화(institution-alization)라고 할 때, 제도에 내재한 복잡한 여러 아이디어는 정책에 영향을 준다.

제도화의 전형적인 예로는 법규(legal doctrines)를 들 수 있다. 법률을 촉진하였던 이익들은 시간이 지나면 사라져도 법률에 포함되어 있던 아이디어는 계속해서 정책에 영향을 준다. 즉 제도화된 아이디어는 계속해서 영향력을 발휘한다. 그리고 역사적 신제도주의의 정책유산과 같이 그 제도가 다른 제도에 영향을 끼친다. 이때 제도에 내재화된 아이디어가 다음 제도의 근간에도 영향을 준다. 또한, 아이디어가 제도에 내재화되면, 그 제도의 유지를 희망하는 행위자가 그 아이디어를 실행하기 위해 조직적으로 지원한다.

예를 들면 산업정책에서는 경쟁을 제한하여 유치산업을 육성한다는 아이디어가 있다. 그리고 그러한 아이디어를 기반으로 정책이 형성되고, 강한 규제가 실행되기도 한다. 그렇게 해서 경쟁력을 갖춘 기업이 시장에 등장하고, 시간이 지나면서 압도적 경쟁력을 갖춘 기업으로 성장하게 된다. 점차 그 산업분야가 유치산업에서 벗어나면 이제는 규제를 완화하는 정책이 요구된다.

그런데 이 경우 자유경쟁을 지향하는 정책이 실현되지 못할 수도 있다(秋吉 외, 2015: 195). 이미 시장에는 경쟁 제한을 통한 산업육성이라는 아이디어를 내재화한 제도에 의해 압도적 지위를 가진 기업이 존재하기 때문이다. 게다가 경쟁 제한이 이루어짐으로써 얻게 되는 이익도 존재한다. 예컨대 열차 노선 중에는 흑자 노선과 적자 노선이 병존하는데, 경쟁 제한으로 흑자 노선에서 얻게 되는 이익을 적자 노선에 보조하는 것이 가능하다. 그런데 자유경쟁을 도입하면 흑자 노선의 이익을 통해 적자 노선을 유지하는 것이 불가능해진다. 따라서 담당 부처는 경쟁 제한에 근거한 산업육성이라는 아이디어를 바탕으로 제도설계를 유지하게 된다.

제3절 | 정책학습과 정책형성

정책결정자들은 때로는 복잡하고 모험적인(risky) 문제들을 다루기 위해 더 확실한 지식을 탐색하게 되는데 아이디어는 이러한 정책을 형성하거나 발전시킬 때 중요한 역할을 한다(Fischer, 2003: 33). 그리고 이러한 정책의 형성이나 변화의 프로세스를 검토할 때 실마리를 제공하는 것이 정책학습(policy learning)이다.

정책결정자는 제도적 관행이나 선거구민의 압력에 따라 결정을 할 때도 있지만, 직접적인 경험에 근거해 정책을 결정하기도 한다(2003: 33-34). 정책결정자가 정책집행과정에서 사회나 제도의 환경 변화에 대응하기 위한 경험을 배우면 미래의 정책 전략을 조정하거나 바꿀 수 있는 역량을 갖추게 된다. 이렇듯 정책집행과 평가의 과정은 정책결정자가 정책문제와 해결책에 대해 끊임없이 배우는 과정이기도 하다(정책집행과 정책평가는 제10장과 제11장 참조). 이러한 배움의 과정이 정책학습이며, 이때 정책결정자의 학습 능력(learning ability)이 중요하다.

정책학습은 경험에서 누적된 비교적 오랜 기간에 걸친 행동의 변화(alteration)이다(Helco, 1974: 306). 정책학습에는 정부가 현재 시행한 일과 그 결과 사이의 차이를 줄이려는 혹은 인과성을 높이려는 노력이 포함된다. 정책결정자들이 이러한 지식을 획득하고 잘 이용하면, 정책 결과를 더 잘 설명하고 이해할 수 있다.

1. 정책지향학습

사바티어(Sabatier)는 옹호연합모형(Advocacy Coalition Framework)에서 정책지향학습과 정책 하위시스템(policy subsystem)이라는 개념을 제시한다. 옹호연합모형에서는 정치에 참여하는 행위자들이 자신들의 신념 체계(belief system)의 구성요소들을 정책으로 전환하려고 노력한다(Sabatier and Weible, 2007: 196). 이러한 노력에 성공하기 위해서 정책참여자들은 연합하여 자원을 공유하고 전략을 발전시킨다. 물론 상대방도 비슷한 노력을 기울인다. 그리고 그러한 노력은 개별 정책 이슈에 관련된 정책 하위시스템을 중심으로 이뤄진다. 따라서 옹호연합모형은 정책 하위시스템에 초점을 두고, 정책변동을 분석한다(Cairney, 2020: 172).

우선, 정치 시스템은 정책 하위시스템의 행위자들이 행동하는 배경을 규정하고, 연합할 기회와 제약 조건을 제공한다. 첫째, 안정적인 조건(parameters)은 사회 가치, 헌정 구조, 자연 자원의 배분과 같이 그 변화가 적어도 10년 이상의 기간이 필요한 환경이다. 여기에서 기본적 사회·문화적 가치와 사회 구조는 정책 이슈와 관련한 사회구성원의 전반적 인식을 의미한다. 헌정 구조란 정책변동 과정 전반에 영향을 주는 법률과 그 체계를 말한다(백승기, 2010: 238).

둘째, 안정적인 조건들은 정치 시스템의 장기적 관점에서 연합의 기회 구조(long-term coalition opportunity structure)에 영향을 준다(Sabatier and Weible, 2007: 199-201). 연합의 기회 구조는 주요 정책 변화에 관한 합의(consensus)의 정도, 정치 시스템의 개방성 수준과 관련된다. 예를 들어 국가마다 합의에 관한 규범이 다르다. 미국의 경우 중요한 개혁이 거쳐야 하는 거부점은 복수(複數)이며, 때로 상원에서는 2/3 이상의 찬성이 필요하다. 합의의 정도(degree)를 크게 요구하는 국가에서는 주도적인 연합이 정책 변화를 위해 상대방과 정보를 공유하고 합의를 위해 노력할 가능성이 크다. 한편 정치 시스템의 개방성은 어떤 주요 정책 제안이 통과하는 데 반드시 거쳐야 하는 의사결정의 횟수와 각 정책 입장(venues)의 반영 가능성을 의미한다.

셋째, 외부 사건(events)은 동태적인 환경으로 정책 하위시스템에 직접 영향을 준다. 외부 사건은 사회·경제 또는 기술, 여론, 정권교체 등과 같은 변화 그리고 다른 하위시스템에서 만들어진 정책으로부터의 영향 등이다.

넷째, 위에서 열거한 외부 사건과 연합의 기회 구조는 단기적 시점의 기회, 즉 연합이 정책 변화를 촉진하거나 자신들의 입장을 강화할 기회에 영향을 준다.

다음으로 정책 하위시스템은 정책영역에 따라 다양한 행위자가 참여하여 영향을 미치려는 무대이다. 정책이 정치를 규정하므로(제1장 참조) 정책영역에 따라 참여하는 행위자는 다르다. 예를 들면 전문성을 공유하는 어느 정도 자율적인 공동체(semi-autonomous community)와 참여자는 그들의 이해(interest)나 관심에 따라 금융정책이나 복지정책과 같은 특정 정책영역에서 영향을 끼친다.

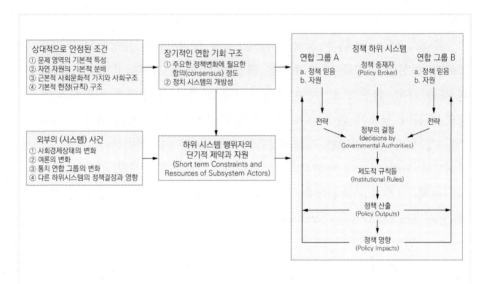

*주: Sabatier와 동료들의 옹호연합모형은 1988년 논문 발표 이후 계속 변화함. 초기 모형에서는 장기적 연합기회 구조와 단기적 제약과 하위시스템 행위자의 자원을 구분하지 않았음. 그리고 최근 모형에서는 정책중재자를 그림에서 표시하지 않음(정책중재자가 항상 등장하지는 않기 때문). 또한, 하위시스템은 둘 이상이 될 수도 있음.
*출처: Sabatier and Weible(2007: 202).

〈그림 9-1〉 옹호연합모형(Advocacy Coalition Framework)

정책 하위시스템에서는 특정 정책의 추진과 관련하여 정치가, 관료, 이익집단, 언론, 전문가 등을 비교적 폭넓게 포함한 옹호연합(advocacy coalition) 그룹들을 형성한다. 다원주의에서는 특정 이익을 공유함으로써 행위자 연합이 형성되는 반면, 옹호연합모형에서는 이익뿐만 아니라, 신념 체계가 그러한 역할을 한다.

신념 체계는 (뿌리 깊은) 근본 신념(deep core beliefs), 정책 핵심 신념(policy core beliefs), 부차적 신념(secondly beliefs)으로 구성되어 계층적 성격을 띤다(2007: 192-196). 근본 신념은 인간은 악한가? 선한가? 등과 같이 인간과 자연의 본성에 관한 개인의 근원적인 철학을 의미한다. 정책 핵심 신념은 정부는 어떻게 문제를 해결해야 하는가? 정부와 시장 사이의 적절한 균형은 무엇인가? 등에 관한 규범과 경험을 결합한 정책 입장이다. 부차적 신념은 구체적 프로그램의 예산편성과 대중 참여의 기준과 같이 정책목표의 집행, 예산, 정보 등에 관련된 믿음이다.

신념 체계는 근본적인 규범 원리, 그것을 실현하기 위한 정책 입장(position), 그리고 정책수단이라는 계층구조를 형성한다. 이러한 신념 체계를 바탕으로 각 행위자나 연합은 정책에 관련된 규범 가치, 인과관계, 환경인지 그리고 정책수단을 판단한다. 각 연합은 자신의 신념 시스템을 정책에 반영하기 위해 다른 연합과 상호작용을 시도하고, 그 결과로서 정책이 결정된다.

그런데 각 옹호연합은 지향하는 신념 체계가 이질적이고 경쟁적이므로 정책중재자(policy broker)가 이들을 중재한다. 정책중재자의 주요 관심사는 심각한 갈등을 줄일 수 있는 합리적 절충안을 찾아내는 것이다.

사바티어(Sabatier)는 정책지향학습(policy-oriented learning) 개념을 제시하면서, 지식이 정책과정에서 행위자 사이에 어떻게 공유되는지, 그리고 행위자 사이의 상호작용을 바탕으로 공유된 지식이 어떻게 정책형성이나 변화로 연결되는지를 제시한다. 여기에서 정책지향학습이란 "정책목표의 달성 혹은 변동과 관련하여 경험이나 새로운 정보에 기인한 비교적 지속적인 행동 또는 의도의 변화(relatively enduring alterations or behavioral intentions which result from experience and/or new information and which are concerned with the attainment or revision of policy objectives)"를 의미한다(Sabatier, 1998: 104).

옹호연합 내부에서의 정책지향학습은 세 개의 과정에 근거한다(Jenkins-Smith and Sabatier, 1993; 재인용, Cairney, 2020: 179). 첫째, 연합 내부의 개개인은 새롭게 취득한 정보를 서로에게 알려 자신들의 신념에 적용한다. 둘째, 연합 구성원들은 상호작용을 통해 서로의 견해에 영향을 준다. 셋째, 연합은 구성원의 교체를 경험한다. 한편 신념 체계에서 정책지향학습을 통해서는 근본적 신념과 정책적 신념은 쉽게 변하지 않지만, 부차적 신념은 비교적 쉽게 변한다(Sabatier and Weible, 2007: 198). 다만 대공황과 같은 외부의 혼란이나 충격이 파격적일 때에는 옹호연합의 정책적 신념의 구성요소를 변화시킨다.

<그림 9-2>는 정책지향학습의 구체적인 시나리오이다. 여기에는 특정

문제의 쟁점화, 연합 사이의 분석적 토론, 정책안의 제정이라고 하는 세 가지 국면이 잘 나타나 있다(秋吉 외, 2015: 200-201).

첫째, 특정 문제를 쟁점화하는 국면에서는 문제를 인식한 연합이 그 원인을 특정화하고(특정화할 수 없다면 퇴출), 그 원인에 대처하기 위한 정책안을 제안한다. 다른 연합에 특별히 부정적 영향이 없는 경우 정책안을 제정한다. 그러나 부정적 영향이 있는 경우에는 다른 연합도 나름대로 대처 방안을 검토한다.

둘째, 연합 간 분석적 토론의 국면에서는 각 연합에 속하는 정책분석자가 직접적 혹은 간접적으로 연합의 입장을 옹호(창도)하고, 조사·분석에 근거한 토론이 이루어진다.

셋째, 정책안의 제정 국면에서는 분석적 토론에 근거한 합의가 있으면 정부의 행동프로그램이 제정되고, 합의가 없는 경우에는 광범위한 동의가 가능해지도록 다양한 정치적 지원이나 프로그램 개발이 다시 도모된다.

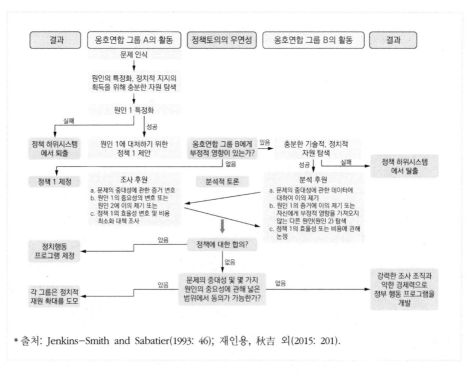

* 출처: Jenkins-Smith and Sabatier(1993: 46); 재인용, 秋吉 외(2015: 201).

〈그림 9-2〉 정책지향학습 시나리오

2. 사회적 학습

아이디어는 변화하는 정책과정에서 어떻게 정책에 반영될까? 이를 분석할 때 유용한 개념이 사회적 학습이다. 사회적 학습은 과거의 경험이나 새로운 정보에 대응하여 정책의 목표나 수단을 수정하는 신중한 시도이다(Hall, 1993: 278). 사회적 학습은 정책학습의 범주에 속하지만, 특히 국가가 능동적으로 학습하여 정책을 변경해 간다는 측면을 강조한다. 즉, 환경 변화에 대응하여 정책결정자는 수동적인 입장에서 정책이 실패하지 않도록 수정한다는 관점과 비교된다(Bennett and Howlett, 1992: 276-277).

사회적 학습의 특징을 개략적으로 살펴보면 크게 세 가지이다. 첫째, 학습에서 가장 중요한 것은 과거의 정책이다. 현재 정책에 가장 큰 영향을 주는 것은 과거 정책이라고 본다. 둘째, 해당 정책영역의 전문가가 학습 과정에서 중요한 행위자이다. 셋째, 국가는 사회의 압력에서 벗어나 자율적으로 행동할 수 있는 역량을 지닌다. 예를 들어 한국의 2020년 코로나19 방역 정책은 사회적 학습의 개략적인 모습을 잘 보여준다. 2012년의 메르스 유행과 방역 실패라는 과거의 경험이 2020년 코로나19 방역을 펼칠 때 사회적 학습이 되어 방역 정책에 반영되었다.

홀(Hall)은 사회적 학습의 개념을 정책목표(overarching goals), 정책수단(policy instruments), 정책수단의 세부 설정(precise setting)이라는 세 개의 변수로 세분화하여 정책 변화의 메커니즘을 설명한다(Hall, 1993). 정책목표란 구체적인 정책영역에서 정책을 이끄는 지향점이며, 정책수단은 정책목표를 달성하기 위한 수단이다. 예를 들어, 고령자의 빈곤을 완화하는 것이 정책목표라면, 고령자 연금정책은 정책수단이다. 그리고 연금 혜택을 어느 수준까지 설정한 것인가는 정책수단의 세부설정이다.

이러한 세 변수에 따라 정책 변화는 크게 3가지 단계로 구분한다. 즉 정책 변화는 정책수단의 세부설정 변경, 정책수단의 세부설정과 정책수단의 변경, 그리고 정책목표의 변경이 있다. 부동산 정책을 예로 들어 설명하면 아래와 같다.

첫째, 정책 변화의 1단계(first-order change)에서는 기존 정책에 무언가 문제가 발생해도 갑자기 정책목표나 수단을 변경하지는 않는다. 정책수단의 세부설정을 변경해서 문제에 대응한다. 2005년도에 정부는 주택시장의 안정을 위해 총부채상환비율(Debt To Income ratio: 연간 소득에서 연간 부채 상환액이 차지하는 비율)이라는 수단을 도입하였다. 정책목표와는 달리 주택시장이 과열되자 2017년도에는 총부채상환비율이라는 정책수단은 변경하지 않고, 그 비율을 60%에서 50%로 하향 조정하였다. 즉 정책수단의 세부설정 수준을 변경한 것이다.

둘째, 정책 변화의 2단계(second-order change)에서는 새로운 정책수단으로 문제에 대응한다. 총부채상환비율의 세부설정을 변경함으로써 부동산 문제에 대응할 수 없다면, 총부채원리금상환비율(Debt Service Ratio: 대출을 받으려는 사람의 소득 대비 전체 금융부채의 원리금 상환 비율)과 같은 새로운 정책수단을 도입한다.

셋째, 정책 변화의 3단계(third-order change)에서는 정책수단의 변경으로도 문제에 대응할 수 없다면 정책목표 자체가 변경된다. 정책목표의 변경은 전체의 틀을 변경하는 패러다임 전환으로서의 정책 변화가 이루어진다. 정책 패러다임의 변화는 (기술적인 것보다는) 사회적인 성격을 띠며, 정치 영역에서의 중요한 변동(예: 정권 교체) 후에 일어날 가능성이 크다. 그리고 정책 실패나 정책 실험 사례는 정책 패러다임의 변화에 중요한 역할을 한다. 부동산 정책의 예에서 총부채상환비율의 수준이나 총부채원리금상환비율과 같은 정책수단의 변경으로 문제에 대응할 수 없다면, 정책목표 자체가 부동산 수요 억제에서 공급 창출로 변경되고, 전체 틀이 변경되는 정책 변화가 이루어질 수 있다.

정책 변화가 3단계로 구성된 사회적 학습은 새로운 정책집행에 필요한 프로그램 정보뿐만 아니라 정책목표에까지 학습의 대상이 확장된다. 그리고 학습의 효과도 프로그램 수단의 세부설정이나 수단 변경에 머물지 않고, 정책 패러다임의 근본적인 변화로까지 연결된다. 사회적 학습의 이러한 특성은 앞서 살펴본 옹호연합모형이나 앞으로 살펴볼 교훈 얻기와의 개념적 차이점이다(Bennett and Howlett, 1992).

3. 교훈 얻기

특정 아이디어에 근거한 유사한 정책이 여러 정부에서 동시에 발견되면서 연구자들은 아이디어와 정책변화의 관련성에 관심을 보였다. 1980년대에는 많은 국가에서 민영화가 이루어졌다. 1980년대 중반부터 대략 20여 년 동안에는 자금 세탁에 관한 정책이 170개 국가에서 채택되었다(Cairney, 2020: 215). 이러한 현상과 관련하여 정책이전(policy transfer), 정책수렴(policy convergence), 정책확산(policy diffusion) 등 다양한 개념이 제시되었다. 이 중 학습에 초점을 둔 개념이 교훈 얻기이다(Rose, 1993).

정책과정에서 교훈은 다른 국가, 주(state), 도시 등이 실행하였던 프로그램에 근거를 둔 행동프로그램(a program for action)이다(1993: 2-21). 예를 들어 건강돌봄, 실업 등은 어느 국가에서나 관심이 있는 주제이다. 정책결정자들은 해당 문제를 해결할 수 있는 프로그램을 갈구하며, 실행 가능한 경험(과 그것에 근거하는 교훈)을 중시한다. 그런 점에서 교훈은 행동을 위한 수단(tools)이다. 교훈은 이미 존재하는 표준 선율의 화음에다 의도적인 변주를 가미한 재즈(jazz number)와 비슷하다.

교훈 얻기란 정책을 담당하는 부처가 다른 국가나 지역의 긍정적이거나 부정적인 경험을 학습하는, 특별한 형태의 학습을 의미한다(Bennett and Howlett, 1992: 282). 정책결정자들은 특정 정책문제에 대응할 필요가 생겼을 때, 다양한 정보의 원천으로부터 정책 아이디어를 구상한다. 이때 공동지식에 기반을 둔 전문가들의 네트워크가 큰 역할을 한다. 그리고 다른 국가나 지역에서 시행한 정책이 중요한 참고자료가 된다. 교훈 얻기는 특정 국가에서 발전한 정책과 프로그램을 다른 나라가 모방하거나 여러 나라로 확산하는 과정을 설명한다.

교훈 얻기를 통해 정책결정자들은 자신들의 문제에 더 잘 대응할 수 있다. 정책 담당 부서는 비슷한 문제를 안고 있는 국가나 지방정부의 상황을 보고 정책 아이디어를 구축한다. 이러한 교훈 얻기는 정책을 담당하는 부서가 담당하기 때문에, 주로 실무 지식이 학습의 대상이 되며 해당 정책의 근간인 이론적 전문지식까지 학습하는 것은 아니다. 예컨대 2020년 코로나19에 대응하는 한국의 K 방역 정책은 주로 실무 지식을 중심으로 다른 국가들이 교훈을 얻어갔다는 점을 상기해 볼 수 있다.

교훈 얻기에서 학습은 크게 네 단계를 거친다(Rose, 1993: 27–34). 첫 번째 단계는 만족할 만한 성과로 연결될 것으로 보이는 프로그램을 시간과 장소에 구애받지 않고 찾는다. 두 번째 단계는 관찰로부터 인과(cause–and–effect) 모형을 만들어낸다. 세 번째 단계는 교훈 만들기로 행동을 위한 새로운 프로그램을 만들어낸다. 네 번째 단계는 교훈을 적용하였을 때 미래에 발생할 결과를 예측하고, 경험적인 증거를 모으고, 그 결과를 평가해본다. 이러한 과정을 통해 정책을 집행하는데 필요한 프로그램의 정보를 학습한다.

교훈 얻기를 통해 나타나는 정책대응은 크게 다섯 가지이다(1993: 30).

첫째, 특정 정책 그대로를 이전하는 모방(copy)이 있다. 한 국가의 지방 정부들은 법과 제도 그리고 정체성이 유사하여 모방하는 것이 가능하다. 중·고등학생 교복비를 지원하는 사업이 한 지방정부에서 시행되어 좋은 성과를 거두어 다른 지방정부도 같은 사업을 시행하는 사례를 생각할 수 있다.

둘째, 특정 정책을 자국이나 지역의 문맥에 맞도록 각색하여 채택하는 적응(adaptation)이 있다. 다른 국가에서 어떤 프로그램이 효과를 발휘하고 있다면, 제도, 문화, 역사 등의 차이를 고려하여 각색한, 새로운 프로그램을 만드는 정책대응으로 일종의 맞춤형 모방(tailored emulation)이다. 19세기 후반 일본은 미국과 유럽 국가로부터 다양한 정책 프로그램을 각색하여 적응시켰다.

셋째, 서로 다른 두 지역의 프로그램을 결합하는 합성(hybrid)이 있다. 예를 들면 정책수단에 관해서는 A 정부로부터, 제도에 관해서는 B 정부로부터 프로그램의 성공 요소를 조합한다.

넷째, 다른 지역의 수많은 프로그램을 결합하여 새로운 프로그램을 만들어내는 통합(synthesis)이 있다. 예를 들어 1990년대 동유럽의 공산당 일당 체제가 무너졌을 때, (각 국가는 완전히 새로운 선거 절차를 만들어 낸 것이 아니라) 각 국가가 처한 환경에 맞도록 친숙한 선거 절차를 통합하여 구성하였다.

다섯째, 다른 정부의 정책에 자극받아 자국의 새로운 정책을 개발하는 창조적 자극(inspiration)이 있다.

슈미트의 언설적 제도론

슈미트(Schmidt)의 언설적 제도론(discursive institution)은 언어적 요소인 언설에 착안하여 제도개혁이 왜, 어떻게 일어나는가를 밝히려는 시도이다 (Schmidt, 2002, 2006, 2011: 재인용, 西岡, 2012).

언설은 아이디어 차원(ideational dimension)과 상호작용 차원(interactive dimension)으로 구분할 수 있다. 아이디어 차원에서 언설은 아이디어나 가치의 운반자(conveyer)로서 정책의 개념, 규범, 방법이나 수단, 목적이나 이상과 같은 것을 표현한다. 즉 아이디어 차원에서의 언설은 정책결정에서 인식적 (cognitive) 기능과 규범적(normative) 기능을 수행한다(Schmidt, 2002; 재인용, 西岡, 2012: 138).

우선 인식적 기능이란 정책의 필요성을 사람들에게 인식하게 하는 것을 의미한다. 사람들에게 문제해결로 연결되는 정책수단이나 기법을 제공하며, 정책이나 프로그램을 정당화한다. 반면에 규범적 기능은 해당 정책 아이디어가 가치 측면에서 타당하다는 점을 사람들에게 호소하여, 무엇을 해야만 하는가? 라는 관점에서 정책의 옳고 그름을 주장한다. 사람들이 정책 아이디어를 수용하기 위해서는 인식적 관점에서 이해할 수 있고, 규범적 관점에서 설득에 공감해야 한다. 즉 사람들은 정책이 합리적으로 보아도 필요하며, 가치관 측면에서도 적절하다고 받아들일 때, 정책 전환이나 개혁을 지지하게 된다.

〈표 9-1〉 아이디어 차원에서의 언설의 기능

기능	형태	아이디어의 핵심	표현 형태
인식적	정책 프로그램의 기술적 목적과 대상 정의, 문제해결 수단 제시, 정책 수단과 기법 정의	사회과학의 전문 분야의 원칙이나 규범	이야기, 기술적·과학적 토론, 패러다임, 가이드 라인, 기술, 처방전 등
규범적	정책 프로그램의 정치적 목표 및 가치 정의, 과거로부터의 가치 또는 새롭게 등장한 가치에 호소	공중의 생활 원칙이나 규범	은유, 표어(slogan), 신화, 선동(evocative phrase), 이미지

* 출처: Schmidt(2002: 214); 재인용, 西岡(2012: 138).

상호작용 차원에서 언설은 행위자 간의 상호작용과정에서 합의를 얻거나, 지지를 얻기 위한 수단으로써 활용된다. 즉 언설은 조정적 언설(coordinative discourse)과 전달적 언설(communicative discourse) 기능을 수행한다(Schmidt, 2002; 재인용, 西岡, 2012: 136-139). 언설은 일련의 정책 아이디어와 가치관을 표현하지만 이를 다른 이에게 전달·설득하여 합의를 형성하고 결정에 도달하는 과정도 중요하다.

먼저 조정적 언설은 정책 프로그램에 대한 정책 행위자 사이에서의 합의를 구축하는 기능을 수행한다. 의사결정에 참여하는 정책 행위자 사이에 정책 아이디어를 논의하고, 하나로 정리하여 정책안으로 만들어가는 과정에서 기능한다. 조정적 언설을 통해 정책 행위자 간의 가치관 공유를 시도하고, 공통된 인식을 강화해 간다.

반면에 전달적 언설은 주요 정책 행위자가 조정단계에서 발전시킨 정책의 필요성과 적절성을 일반 국민을 향해 설득하는 수단으로 기능한다. 정치적 행위자는 실현하려는 정책을 전달적 언설을 통해 국민이나 유권자에게 발표·호소하고, 그 결과로 정치적 지지를 얻는다. 즉 정책의 필요성이나 타당성을 일반 국민에게 전달하고 이해시키기 위한 행위의 한 부분으로 그 역할을 담당한다.

〈표 9-2〉 상호작용 차원에서의 언설의 기능

기능	행위자	대화 상대	아이디어를 생성하는 사람	목적	형태
조정적	정책 행위자	상호	인식 공동체, 언설 연합, 옹호연합, 정책선도자	정책 프로그램 구축, 합의 달성	정책 행위자의 토의·숙의를 위해 언어 및 틀 부여
전달적	정치적 행위자	공중	정책 행위자, 정치적 창업가	공중에 전달, 정보 지침 및 정통성 공급	공적 토의·숙의를 위해 이해 가능한 언어와 프로그램을 번역

* 출처: Schmidt(2002: 231); 재인용, 西岡(2012: 139).

슈미트는 본인이 명명한 언설적 제도론을 합리적 선택제도론, 역사적 제도론, 사회학적 제도론에 이어 제4의 신제도론이라고 부른다. 슈미트는 기존의 신제도론이 제도의 균형·안정성을 중시하는 반면 제도의 변화를 간과하고 있다고 주장한다. 실제로 제도는 변하는 동태적인 존재이기에, 아이디어나 언설을 이용하여 제도적 맥락에서 정치적 변화를 설명하는 접근방법이 필요하다.

　언설적 제도론이 지니는 큰 특징은 제도의 맥락성을 중시하는 점이다. 언설은 무엇을 누구와 이야기하는 문제에 머무는 것이 아니라, 이야기되는 무대인 정치제도와 연관 지어서 분석한다. 이와 관련하여 슈미트는 민주주의 국가의 정치제도를 단일적 정체(simple polity)와 복합적 정체(compound polity)로 분류한다. 전자는 영국이나 프랑스와 같이 단일 권위를 매개로 정부 활동이 이루어지는 정체이다. 후자는 독일이나 이탈리아와 같이 다원적 권위를 매개로 하며 연방제나 지역주의적 제도, 조합주의적 정책형성, 비례대표형 선거제도 등을 특징으로 한다.

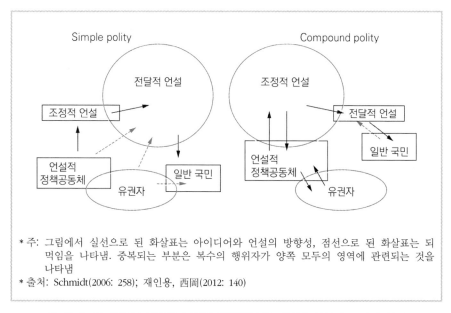

* 주: 그림에서 실선으로 된 화살표는 아이디어와 언설의 방향성, 점선으로 된 화살표는 되먹임을 나타냄. 중복되는 부분은 복수의 행위자가 양쪽 모두의 영역에 관련되는 것을 나타냄
* 출처: Schmidt(2006: 258); 재인용, 西岡(2012: 140)

〈그림 9-3〉 단일적 정체와 복합적 정체에서의 전달적 언설과 조정적 언설

　이러한 단일적 정체와 복합적 정체에서는 언설의 패턴이 각각 다르다. 전자에서는 전달적 언설이, 후자에서는 조정적 언설이 더 중요하다. 단일적

정체에서는 권력이 핵심에 집중하기 때문에, 거부권 행위자가 적고, 다수의 정책 행위자(정책 엘리트) 사이의 조정의 중요성이 상대적으로 낮다. 오히려 국민에게 정책이념을 호소하고, 지지를 얻는 것이 더 중요하다.

반면에 복합적 정체에서는 정책입안과정에서 발언권을 지닌 여러 행위자가 관여하고, 거부권 행위자가 다수 존재하며, 의견대립이 발생하면 행위자 사이의 조정이 불가결하다. 즉 주정부, 의회, 심의회 등 권력이 분산되어 있어 거부점이 많이 존재한다. 정부 내에서의 조정 과정에서 많은 시간이 필요하기에 국민과의 소통은 부차적인 것이 되기 쉽다.

언설적 제도론은 제도 변화를 설명하기 위한 이론적 틀로서의 성격이 강하지만 민주주의와 관련하여 일정 부분 규범적 역할도 수행한다. 즉 언설을 통해 전달되는 아이디어를 통해서 민주주의는 더 충실하게 운영될 수 있다.

CHAPTER

10

정책집행:

정책효과를 발휘하기 위해 누가 어떻게 관련되는가?

공동주택에 주거하는 사람들이 늘어나면서, 여러 가지 갈등이 나타나고 있다. 층간 소음을 둘러싼 다툼은 대표적인 갈등의 사례이다. 개인 사이에 해결하는 것에는 한계가 있고, 공동주택 관리위원회도 문제 해결에 어려움을 겪는다. 정부는 공동주택의 층간 소음을 완화하기 위해 관련 법률을 제정할 수 있다. 층간 소음의 기준을 설정하거나, 바닥재의 두께를 두껍게 하는 조치 등을 취할 수 있다. 그렇지만, 실제로 위반 사항을 찾아내고 단속하지 않으면 누구도 층간 소음을 줄이기 위해 노력하지 않을 것이다.

2020년 코로나19로 인하여 경제적으로 어려움을 겪은 사람들에게 보조금을 지급하려는 정책을 전개하였다. 이때에도 보조금 지급이 필요한 사람을 어떻게 선정하여 나누어줄 것인가를 주도면밀하게 준비해야 기대한 효과가 나타난다.

우리는 어떤 정책의 효과가 나타나지 않으면 정책 디자인(policy design)이 나빴다는 비판을 한다. 문제를 정확하게 인지하지 못하고 시의적·내용적으로 적합한 정책을 설계하지 못한 것이 실질적인 원인이 되기도 한다. 그렇지만 인원이나 예산이 부족하여 정책이 적절하게 집행되지 않았기 때문에 기대한 효과가 나타나지 않았을 수도 있다.

정책집행은 정책결정과 달리 주로 행정기관이 담당한다. 중앙정부와 비교할 때 자치단체는 법령이나 예산에서 정한 정책을 집행하는 핵심적인 행위자이다. 교육정책과 관련해서는 중앙정부가 중요 결정을 하지만, 초등·중등·고등·대학교가 실질적으로 교육정책을 집행한다고 할 수 있다. 행정 업무의 대부분은 정책집행이라고 말해도 좋다.

그렇다면 정책은 어떻게 집행이 되는가? 정책을 집행하는 행위자는 누구인가? 그리고 정책집행은 정책결정과 어떠한 관련성을 가지는가?

10 정책집행: 정책효과를 발휘하기 위해 누가 어떻게 관련되는가?

제1절 정책집행의 위치

1. 단계 모형과 집행

정책과정의 단계 모형에서 정책집행은 의제설정, 정책안 책정 그리고 정책결정 이후의 순서에 위치한다. 따라서 정책집행은 정책과정에서 정책결정자가 만든 정책을 실행하기 위해 설계된 모든 활동을 포함한다(Dye, 2008: 52-53). 여기에는 이미 존재하는 조직에 새로운 업무(와 책임성)를 부여하거나, 새로운 조직을 만드는 활동까지도 포함한다.

다시 말하면 의회나 행정부에서 법률안을 만들었다고 정책과정이 끝나는 것이 아니다. 집행기관은 결정된 정책을 정책결정자의 의도에 맞게 실행한다. 중앙부처, 지방자치단체, 공공기관 등이 주로 집행기관이 되며, 실제 이러한 기관 사이의 협력이 중요하다(秋吉, 2018: 131-132). 일부 영역에서는 기업이나 시민사회단체와 협력을 통해 정책을 집행한다. 예를 들어 비정규직의 정규직화라는 정책이 결정되었을 때, 중앙부처뿐만 아니라 지방자치단체, 공공기관에서도 비정규직을 정규직으로 전환하는 프로그램을 시행한다. 그리고 정규직화의 진행 정도는 기관을 평가하는 중요한 지표로 활용한다.

정책과정이 단계적으로 이루어진다고 가정하면 정책집행이란 정책이 결정된 순간부터 시작한다고 할 수 있다. 의회에서 통과된 법률을 정책집행 단계에서 시행하거나 관리함으로써, 결정된 정책목표를 달성하려는 노력이다(足立·森

脇(編), 2003: 146). 예를 들면, 국회가 「주택법」을 개정하고, 정부는 시행령을 개정하여 공동주택의 층간 소음 대책을 추진한다고 하자. 집행기관은 개정법에 근거한 건축설계가 새로운 기준에 합치하는가를 심사·확인하고, 공사가 완료된 건물이 계획대로 시공되었는지를 검사한다. 여기에서 위반이 발견되면, 시정을 명하고, 벌칙을 과하는 등 단속을 한다. 또 다른 예로 아동학대를 방지하기 위하여 관련 법안이 개정되었다고 하자. 교육청이나 지방자치단체는 정책에서 정한 기준에 해당하는 아동이나 가구를 조사하고, 정해진 절차에 따라 보호 방안을 실행한다. 정책은 제대로 집행이 될 때 비로소 기대한 효과를 발휘한다.

정책과정의 단계모형은 정책결정자가 정책을 설계하고, 집행기관은 그것을 실행한다고 가정한다(西尾, 2001: 249). 그러나 결정된 대로 집행하기만 하면 마무리가 되는 완벽한 정책 디자인이 가능할까? 조금만 생각하면 현실에서 일어나기 어렵다는 것을 알 수 있다. 결정된 정책은 집행과정에서 수정하기도 하고, 흐지부지되기도 한다.

2. 위임과 집행

정책결정자는 정책의 틀을 정하고, 세부적인 내용은 집행기관에 위임한다(秋吉 외, 2015: 211). 예를 들어 기업이나 개인의 행동을 규제하는 정책은 국회가 법률로 정해야 한다. 규제의 큰 틀은 법률에서 정한다. 그리고 판단의 기준, 집행 양식, 운영 방법, 해석 등은 법규명령, 행정규칙 등을 통해 법률의 내용을 명확하게 한다.

법규명령이란 법률위임에 따라 또는 법률을 집행하기 위하여 행정부가 제정한 규정이다(정하중, 2019: 116-156). 법규명령 중에서 대통령령을 보통 시행령이라고 하고, 총리령이나 부령을 시행규칙이라고 한다. 그리고 행정규칙이란 행정조직 내부에서 상급 행정청이 하급행정기관의 조직이나 임무 수행에 대하여 규율하는 규정이다. 행정규칙의 한 종류인 훈령은 상급 행정청이 하급행정기관의 권한 행사를 지휘·감독하기 위하여 발하는 명령을 말한다.

정책은 집행기관에 위임하면서 집행하는 것이 일반적인데, 2013년에 제정된 화학물질 규제에 관한 법률의 집행과정을 통해 그 모습을 살펴보자(이혜영, 2016). 1990년대 이후 화학물질의 사용량이 증가하였으나, 이에 관한 관리가 미흡하여 각종 사고와 질병이 증가하였다. 알레르기 비염 환자, 천식 환자의 수가 크게 늘었다. 2011년에는 가습기 살균제 사고가 발생하였고, 화학 용액의 누출 사고 등이 이어졌다. 여기에 더하여 국제적으로 화학물질의 관리를 강화하는 추세였다. 이러한 흐름을 반영하여 2011년에 관련 법률(화학물질 등록 및 평가에 관한 법률)이 입법 예고되었다. 그리고 법안에 대한 논의와 수정을 거쳐 2013년에 법률이 제정·공포되었고, 2015년부터 시행되었다.

그런데 2014년에 제정된 시행령은 법률(정책)의 내용을 상당 부분 완화하였다. 예를 들어 연구개발 목적의 화학물질은 등록을 면제하였다. 0.1t 이하의 화학물질에 대해서는 등록 절차를 대폭 간소화하였다. 정책집행의 담당 부처인 환경부는 법률 시행으로 등록대상이 되는 화학물질을 전문가, 산업계, 시민단체 등의 검토를 통해 결정하였다. 또한, 중소기업이 화학물질을 등록하는 것과 관련하여 비용이 많이 소요된다는 문제 제기에 대하여 각종 지원책을 마련하여 정책을 집행하였다. 법률에서 만들어진 제도를 운용하는 데 필요한 사항에 관한 결정은 상당 부분 해당 부처의 재량에 맡겨진다고 할 수 있다.

🌱 Break Time ┃ 10-1 정책의 승계

일상에서 계획한 대로 일이 잘 안 되는 것처럼 정책의 세계에서도 시행착오를 거쳐 환경변화에 대응하여 수정하는 것이 빈번하다. 집행단계에서 정책의 수정뿐만 아니라 기존 정책으로부터 발전해서 새로운 정책이 탄생하기도 한다. 이를 정책 승계(policy succession)라고 부른다(남궁근, 2017: 509−510). 정책 승계에는 선형승계(linear succession), 정책통합(policy consolidation), 정책분할(policy splitting) 등의 종류가 있다.

첫째, 선형승계는 기존 정책 프로그램이 완전히 폐지되고, 새로운 프로그램이 같은 목표 혹은 새로운 목표를 위해 만들어지는 형태를 말한다. 정책대체(policy replacement)라고도 한다. 과속 운전 단속을 위하여 교통경찰관을 투입하다가 감시카메라 설치로 대체하는 것을 들 수 있다.

둘째, 정책통합은 둘 이상의 정책이나 프로그램이 전체적이나 부분적으로 종결되고, 새로운 정책이 기존의 정책과 유사한 목표를 달성하기 위해 수립될 때 나타난다. 예를 들면 조직개편으로 교육인적자원부와 과학기술부가 통합되어 교육과학기술부가 되고, 그에 따라 대학의 인문·사회계열 연구를 지원하는 한국학술진흥재단과 과학기술부에서 이공계 중심으로 연구개발을 지원하던 한국과학재단이 한국연구재단으로 통합되었다.

셋째, 정책분할은 하나의 정책이 두 개 이상으로 분리되는 것이다. 주로 조직분할과 관련되며 하나의 정책기관이 둘 이상의 기관으로 분리될 때 정책이 분할된다. 예를 들면 재정경제원에 있던 공정거래위원회가 분리되면서 공정거래와 관련된 독과점 규제를 강화되었다.

제2절 정책집행 현장

1. 일선 관료제

일선 공무원(또는 일선 관료)이란 "업무를 통해 시민과 직접 상호작용하고, 직무 수행에 대해 실질적 재량을 지니는 공공서비스 종사자"라고 정의할 수 있다(Lipsky, 1980: 3). 학교 교사, 경찰관, 법의 집행에 관련되는 직원, 사회복지사(social worker), 보건소 직원 등을 말한다. 일선 공무원이라고 늘 거리에서 일한다고 생각하면 오해이다. 관리자로부터 상대적으로 떨어진 장소에서 근무하고 있다는 어감이 거리에서(street level)라는 단어에 포함되어 있다(馬淵, 2010: 101). 이러한 일선 공무원을 포함하는 조직을 일선 관료제(street-level bureaucracy)라고 한다.

시민과의 상호작용에서 큰 재량권을 가지고 있는 일선 공무원은 정책결정자이기도 하다(Lipsky, 1980: 13-28). 일선 공무원은 상당한 재량, 조직적 권위로부터의 상대적 자율성을 갖는다. 우선, 다른 조직의 하급 공무원과 달리 일선 공무원에게는 자신이 속한 조직이 제공하는 서비스나 제재의 성격을 명확하게 하여 그 양과 질을 결정하는 재량권이 부여되어 있다. 교통경찰관의 경우 교통법규를 위반하는 모든 차량을 단속하는 것은 아니다. 교사는 누구에게 학습 능력이 있는지를 결정하고, 누구에게 상을 주고 벌점을 부여할지 결정한다. 전문화가 진행되면서 상당한 재량이 일선 공무원에 부여되고 있다. 물론 재량이 있다고 해서 규칙, 상사의 지시, 내부적인 규범 등의 제약을 전혀 받지 않는다는 의미는 아니다.

그렇지만 일선 공무원의 재량을 제한하는 것에는 상당한 어려움이 있다. 여기에는 크게 세 가지의 이유가 있다(1980: 13-16).

첫째, 일선 공무원의 직무 상황이 너무 복잡해서, 실용적인 형태로 단순화하는 것이 어렵다. 예를 들어 교사에게 무엇을 어떻게 가르쳐야 할지 명확하게 나타내기는 어렵다.

둘째, 일선 공무원은 사람들이 처한 상황을 고려해서 대응해야만 한다. 예를 들어 교사에게는 아동 개개인이 지닌 잠재력에 관심을 기울이며 교육해야한다. 사회는 공적 조직에 공평함만을 요구하는 것이 아니며, 특이한 환경에 대한 공감과 그러한 상황을 유연하게 다룰 것을 요구한다.

셋째, 시민과 상호작용하는 일선 공무원의 역할과 관련이 있다. 복잡한 업무를 수행하면서 공공서비스를 효율적으로 집행하기 위해서는 일선 공무원의 적절한 개입이 필요하다면, 재량은 많은 공공서비스 업무에 남게 될 것이다. 그리고 시민의 행복에 영향을 줄 수 있는 재량권이 일선 공무원에게 있다면, 일선 공무원의 자기 존중감은 높아진다.

일선 공무원은 조직 권위로부터 자율성을 유지하려고 한다. 일선 공무원은 조직이 기대하는 행동을 하지만, 다른 관심이나 이익을 추구하기도 한다. 조직의 관리자가 자신에게 부적절하게 행동할 때는 일부 업무를 거부하거나 최소한의 업무만 수행할 수 있다. 일부 정책의 영역에서는 상당한 전문성을 가지고 있다. 일선 공무원은 자신의 자원에 근거하여 자율성을 유지·확장하고자 한다.

이러한 일선 관료제는 어떤 특징이 있을까? 직무 상황과 관련하여 크게 다섯 가지를 꼽을 수 있다(Lipsky, 1980: 27-80; 馬淵, 2010: 120-129).

첫째, 자원 부족이다. 현장에서는 재정적으로 제약이 있어서 서비스를 충분하게 제공하지 못하는 것이 일상적인 모습이다. 직무를 적절하게 분배해야 하지만, 직원의 수가 충분하지 않아서 개별적으로 수행해야 할 업무의 양도 많다. 게다가 시민을 대상으로 서비스를 제공하는 시간 외에도 서류 작성을 포함한 사무처리에 많은 시간을 소요한다.

> "지난해 4월 발령받은 전북 전주의 사회복지 공무원 B씨는 아침 7시에 출근해 밤 10-11시까지 근무하는 게 일상처럼 되었다. 그가 맡은 업무 인원만 기초생활수급자 350가구와 장애인 2,700명에 달한다. 필요에 따라 가정 방문을 나가야 하지만 낮에는 몰려드는 민원을 처리하느라 진을 빼기 일쑤다."
> - 국민일보, 2013.03.29. 입력, http://news.kmib.co.kr/article/view.asp?arcid=0007034913(2021.05.26. 최종방문)

둘째, 공공서비스에 대한 수요가 공급을 초과하는 경향이 있다. 예컨대 교통 체증을 완화하기 위해 차선을 증가시켜도, 이용하는 차량이 증가하여 교통 체증은 완화되지 않는다. 또한 공공서비스에 대한 시민의 기대와 수요는 시간이 지나면서 증가한다. 예를 들면 노인 복지, 공공도서관 서비스, 공공주택 등 공공서비스의 수요는 계속 증가하고 있다. 시민은 서비스를 더 많이 요구하지만, 서비스를 공급해도 수요가 다시 증가한다. 서비스 부족 상태는 지속되고, 시민들의 불만은 해소되지 않는다. 그러한 불만은 최종적으로는 정책을 집행하는 일선 공무원에게 향한다. 이러한 현상은 공공서비스의 딜레마라고 할 수 있다.

셋째, 목표가 모호하다. 일선 공무원은 모순되거나 모호한 목표 속에서 일한다. 예를 들어 학교의 역할은 사회적 가치를 전달하는 것일까? 기초 학습역량을 가르치는 것일까? 아니면 산업계의 요구에 맞추어 숙련된 노동자를 양성하는 것일까? 사회복지의 목표는 생활보호인가, 아니면 자립 촉진인가. 생활보호가 지나치게 강조되면 일할 의욕을 잃어버릴 수도 있는데, 이는 바람직한 상황이 아니다. 그렇다고 자립을 너무 강조하면 생활보호가 필요한 사람들을 보호하지 못하는 상황이 발생할 수 있다. 경찰의 역할은 질서를 유지하는 것일까? 아니면 법을 집행하는 것일까? 법 집행을 지나치게 엄격하게 하면 정부에 대한 적의가 생겨나고, 사회 질서 유지에 부정적인 영향을 줄 수 있다.

서로 양립하기 어려운 목표 중에서 어느 것에 더 중점을 둘 것인가는 일선 공무원의 재량에 맡겨져 있다. 여기에서도 일선 공무원의 딜레마가 발생한다.

넷째, 평가의 어려움이다. 우선 목표의 모호함은 평가를 어렵게 한다. 교육을 통한 건전한 시민 양성이라는 목표를 평가할 수 있을까? 서로 양립하는 목표를 평가할 때 고려해야 할 요소가 너무 많을 때가 있다. 그래서 일선 공무원을 평가하기 위한 기준을 정하게 된다. 목표를 수치로 표시하여(대리 지표) 측정하고자 한다. 예를 들어 경찰관에게는 일정 기간별로 체포자 수를 목표 수치로 정하는 것이다. 이러한 목표 수치는 공공의 안전이라고 하는 목표와는 관련성이 크지 않을 수 있다.

이렇게 목표 수치만을 강조하면 정책이 무엇을 지향하는지가 불명확해진다. 예를 들어 교통법규의 위반 적발을 목표 수치로 하면, 교통경찰관은 위반이 발생하기 쉬운 장소에 잠복하고 있을 것이다. 이러한 현상은 상사가 직접 감시하는 것이 어려운 장소에서 일선 공무원이 업무를 수행하거나, 근무 상황을 업무 기록과 같이 서류를 통해 파악할 때 발생하기 쉽다. 업무 기록에는 어떠한 활동을 통해 점수가 향상되었는가를 기록하는 것이 아니라, 점수를 올렸다는 사실 자체가 기록되기 때문이다.

다섯째, 고객들이 비자발적이다. 시민이 일선 공무원과 접촉하는 것은 다른 방법이 없기 때문이다. 필요한 서비스지만 다른 곳에서는 그러한 서비스를 공급받을 수 없을 때 일선 공무원과 접촉하는 것이다. 예를 들어 복지 서비스를 받고 싶은 사람은 어떤 의미에서는 자발적으로 신청을 하는 것이지만, 만약 수입을 얻을 수 있는 다른 방법이 없는 상황이라면, 복지 서비스 시스템 내에서 자발적이라고 말할 수 없다. 즉 고객은 공공서비스에 크게 의존하며, 일선 공무원은 상대적으로 우월적 지위를 점한다.

이렇게 되면 일선 공무원은 공공서비스를 제공하는 과정에서 고객의 요구나 평가에 둔감하게 반응할 가능성이 커진다. 물론 재량을 활용하여 열심히 정책을 집행할 수도 있다. 그렇지만 재량이라는 이름으로 느슨하게 정책을 집행할 수도 있다. 때로는 자신의 성과지표에 도움이 되지 않는 시민과 접촉하지 않을 가능성도 있다.

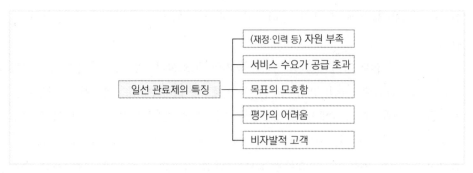

〈그림 10-1〉 일선 관료제의 특징

정책의 최종 집행자인 일선 공무원의 중요성은 세 가지로 정리할 수 있다 (馬淵, 2010: 102-104).

첫째, 서비스를 제공하는 것이든 단속을 하는 것이든 일선 공무원이 정책을 집행한다. 시민이 직접 접촉하는 빈도가 가장 많은 것이 일선 공무원이다. 시민이 정부나 정책에 대해 가지는 이미지의 상당 부분은 일선 공무원과의 상호작용 속에서 생성된다.

둘째, 개별 시민의 생활에 큰 영향을 준다. 일선 공무원은 법률에서 논의하는 추상적인 시민이 아니라 개별 시민을 대상으로 구체적인 서비스를 제공하고 벌칙을 부여한다. 특정 시민을 대상으로 무언가 결정을 할 때, 본인의 판단으로 처리할 수 있는 범위가 넓다.

셋째, 일선 공무원은 정책집행의 핵심적인 행위자이기 때문에 일선 공무원이 어떻게 일하는가에 따라 정책의 성과가 달라진다. 예를 들어, 2010년대 중반 불법·불량 수입 물품을 줄이기 위하여 관세청과 관련 기관이 협업 체계를 구축하였는데, 이때 핵심적인 역할은 계장 직급의 공무원이 담당하였다(유상엽, 2016: 217-235). 당시 세관만으로는 수입 물품의 불법·불량을 규제하는 것에 한계가 있었으며, 세관과 다른 부처와의 협업이 필요한 상황이었다. 그러한 상황에서 인천 세관에서 근무하던 공무원이 세관과 안전성 검사를 담당하는 주무 부서와의 협업을 모색하였다. 이후 협업체계로 운영되는 세관은 인천공항, 부산, 평택 등으로 확대되었다.

2. 집행 활동의 유형

집행의 실제 모습을 집행의 대상 집단과 일선 공무원과의 상호작용을 통해 살펴보자(西尾, 2001: 220-225). 규제정책의 집행 활동은 규제(정책)를 위반하는 행위를 적발하고 위반자를 처벌하는 단속 활동이다. 단속 활동을 하는 일선 공무원에게 가장 큰 어려움은 다양한 유형의 규제 위반자가 있고, 처벌만이 능사가 아니라는 점이다. 위반자는 네 가지 유형으로 구분할 수 있다(<표 10-1> 참조).

첫째, 선의(善意)의 위반자는 규제조치가 시행되고 있는 것을 몰랐거나, 알고서 준수하려는 의지가 있었지만 어쩔 수 없는 사정(예: 질병, 긴급사태 등) 때문에 규제를 지킬 수 없었던 사람이다. 둘째, 악의(惡意)의 위반자란 규제조치가 본인에게 미치는 이득을 계산하고, 규제를 교묘하게 회피해서 본인의 이득을 얻으려는 사람이다. 셋째, 이의(異議) 신청자는 해당 규제조치가 위법·부당하다고 확신하고, 일부러 위반하여 규제기관과 다투려는 사람이다. 넷째, 규제기관의 존재와 권위에 반감을 품고, 규제기관을 부정하려는 입장에서 일부러 규제를 위반하고 규제기관과 분쟁을 하려는 사람이다.

이러한 상황에서 일선 공무원의 집행전략은 알림(周知), 저지(阻止), 제재(制裁), 적응(適應) 등 네 가지가 있다. 첫째, 알림 전략은 규제 조치의 목적, 내용, 방법, 기간 등을 위반했을 경우의 불이익을 미리 반복해서 알리는 것이다. 또는 위반한 사람에 대해 개별적으로 설명·설득해서 협력을 요청하는 것이다.

둘째, 저지 전략은 물리적인 장치를 설치하여 위반 행위의 발생을 저지하고, 자연스럽게 적법한 행동으로 유도하는 것이다. 예를 들면 진입을 금지하는 도로 입구에 장애물을 설치하거나, 공항에서 승객들이 반드시 출입국관리·세관·검역 관문을 통과하도록 통로를 설계하는 것 등을 생각할 수 있다.

셋째, 제재 전략은 단속 활동 본연의 모습이라고 할 수 있는 전략이다. 위반자에게 불이익이 미칠 수 있도록 제재 제도를 설계하고, 현지 조사 등의 감시활동을 통해 위반 행위를 한 사람을 발견·조사·적발하고 처벌하는 방법이다.

넷째, 적응 전략은 위반 행위에 대하여 기계적으로 집행하는 것이 적당하지 않다고 판단할 때 그 사정이나 변명에 유연하게 대응하는 전략이다. 예를 들어 위반 행위를 암묵적으로 묵인하거나, 예외 조치로 적용 대상에서 제외하거나, 또는 규제조치를 수정하여 일정 행위를 합법화는 전략이다.

<표 10-1>은 집행기관의 규제조치를 위반하는 사람과 단속에 종사하는 일선 공무원의 유형을 조합한 것이다. 일선 공무원은 위반자가 어떠한 유형에 해당하는지를 판단하고, 어떠한 집행전략을 취하는 것이 적절한가 선택해야 한다(森脇, 2010: 130). 법률, 규칙, 상급 기관의 지시에 따른 것만으로는 규제조치를 적절하게 집행하는 것이 불가능하다. 집행 활동에 대해 현장에서의 판단과 대응 조치가 필요하다는 점을 보여주고 있다.

〈표 10-1〉 규제조치 위반자의 유형과 집행전략의 유형

| | | 일선 행정기관·행정직원의 집행전략 | | | |
| | | 유연한 대응 | 강경한 대응 | | 유연한 대응 |
		① 알림 전략	② 저지 전략	③ 제재 전략	④ 적응 전략
위반자의 유형	① 선의의 위반자	효과 있음	효과 있음	직접 효과 없음	효과 없음
	② 악의의 위반자	효과 없음	효과 있음	효과 있음	역효과의 여지가 있음
	③ 이의 신청자	효과 없음	역효과의 여지가 있음	역효과의 여지가 있음	효과 있음
	④ 반항하는 사람	효과 없음	효과 있음	역효과의 여지가 있음	행정의 굴복

* 출처: 西尾(2001: 223) 표 12−2.

즉 일선 공무원에게 재량의 여지가 필요하며, 재량이 있다는 것이 나쁘다고 할 수 없다(西尾, 2001: 225). 오히려 집행 활동을 개별·구체적 사례에 맞추어 타당한 것으로 하려면 재량이 필요불가결하다. 다만 위에서 본 것과 같이 일선 공무원이 늘 재량을 정확하게 활용한다는 보증이 없다는 것도 사실이다.

정책집행연구는 크게 하향식(top down), 상향식(bottom up), 통합적(synthe-sis) 접근방법으로 구분할 수 있다(Birkland, 2020: 344-354). 아래에서는 세 가지 접근방법의 개념과 특징에 대해 살펴보도록 하자.

1. 하향식 접근방법

하향식 집행연구는 정책결정자의 시각에서 정책이 의도대로 집행되었는가를 묻는 것에 초점을 둔다(足立·森脇(編), 2003: 147-148). 하향식 접근방법은 정책이 수립될 때 의도한 목적과 정책의 산출물이나 결과 사이에 왜 차이가 발생하는지를 설명하는 것에 관심을 가진다. 정책집행을 정책결정자의 시점에서 분석하는 것이기에 하향식 접근방법이라고 한다. 즉 하향식 접근방법이란 정책 설계자가 결정한 목표를 염두에 두고, 정책집행자를 통해 이루어지는 정책집행이 (정책 디자인과 비교할 때) 어떻게 되었는가를 연구한다(Birkland, 2020: 347).

하향식 접근방법은 정책에 관하여 다음과 같이 가정한다(2020: 346-347). 첫째, 정책은 명확하게 정의된 목표가 있고, 그 목표는 성과(performance) 측정이 가능하다. 둘째, 정책은 목표를 달성하기 위하여 명확하게 정의된 정책 도구(tools)가 있다. 셋째, 정책은 법률이나 다른 권위적인 정책 언명(statement)이 존재한다. 넷째, 상층부(top)의 정책 메시지로부터 시작하고 집행(여부)을 확인할 수 있는 집행 연쇄(implementation chain)가 존재한다. 다섯째, 정책 설계자는 집행자의 역량과 몰입(commitment)을 잘 알고 있다.

하향식 접근방법의 집행연구는 실무자의 관심이 높았다(秋吉 외, 2015: 223). 실무자는 어떻게 하면 의도한 대로 정책이 집행되는가, 집행기관에 예산이나 인원 등의 자원은 어떻게 배분하며, 집행과정을 어떻게 통제하고, 어떠한 제도 설계를 해야 하는가 등과 같은 조언을 구한다. 이것에 대응하여 많은 집행연구와 제언이 이루어졌다. 예를 들면 집행의 성패를 좌우하는 요인은 집행단계에서 변경이 필요한 양(quantity)과 관계기관의 합의 수준이라고 간주한다. 또한,

집행과정을 행위자 사이의 게임으로 취급하여 정책결정자가 작성한 뛰어난 시나리오, 집행과정에서의 개입, 충분히 따라가는 것(follow)이 정책집행의 성공에 빼어놓을 수 없다고 논의하기도 한다.

그런데 하향식 접근방법은 다음과 같은 약점이 있다(Birkland, 2020: 347-349). 첫째, 명확한 목표를 강조한 부분이다. 정책·프로그램의 목표에 대해 합의할 수 없다면, 정책의 성공과 실패를 이야기하기 어렵다. 실제로 정책의 목표가 불명확하거나, 모순되게 설정되기도 한다. 정책집행의 임무를 맡은 집행기관은 서로 다른 목표를 수행하게 되고, 집행은 어렵게 된다.

둘째, 정책집행의 구조를 만들고, 서비스를 직접 제시하는 것은 오직 중앙정부뿐이라는 가정이다. 중앙정부가 정책을 결정한다고 해도, 모든 정책을 집행기관에 강제로 위임할 수는 없다. 지방자치단체, 기업, 시민사회단체 등의 협조가 정책의 성공 여부에 영향을 준다. 예컨대 코로나19 상황에서 중앙정부가 방역 대책과 지침을 제시해도, 지방자치단체, 시민사회단체, 국민의 협력이 없었다면 방역 대책은 성공하기 어렵다.

셋째, 정책 결정과 집행을 명확하게 구분하려는 경향이 강하다. 그렇지만 양자를 명확하게 구분하기는 쉽지 않다. 그리고 정책을 결정할 때 나타나는 다양한 행위자들의 압력은 정책집행에서도 발현된다.

하향적 접근에서 출발하여 다른 시점을 가미한 모형으로는 <그림 10-2>의 모형이 있다(Mazmanian and Sabatier, 1983: 18-48). 여기에서 집행이란 기본적인 정책결정을 수행하는 것을 의미한다. 이때 정책은 보통 법률(statute) 형태로 규정하지만, 때로는 중요한 집행부의 명령이나 법원 결정의 형태를 취하기도 한다. 그리고 (이상적으로) 정책결정은 해결해야 할 문제를 인지하고, 달성할 목적을 분명하게 밝히며, 다양한 방법으로 집행과정을 구조화한다.

집행과정은 우선 법률의 통과로 시작하며, 그 이후의 과정은 <그림 10-2>의 '집행 과정 단계'에서 묘사된 것과 같다(1983: 35-39). 제1단계는 집행기관의 정책 산출물이 나타난다. 즉, 집행기관은 통과된 법률(정책)의 목적을 구체적인 규제, 개별 사례에 대한 표준운영절차, 추가된 결정, 추가된 결정의 강제 등의 정책 산출물로 전환한다.

제2단계는 정책대상집단이 정책결정에 순응하도록 한다. 이때 순응에 영향을 주는 요소로는 크게 네 가지를 생각할 수 있다. 첫째, 위반자(noncompliance)를 얼마나 발견하고 성공적으로 기소할 수 있는가? 둘째 위반자에게 제재를 가하는 벌칙이 얼마나 유용한가? 셋째 규칙의 정당성에 대하여 정책대상집단은 어떤 태도를 보이는가? 넷째 정책대상집단이 순응하는 데 드는 비용이다.

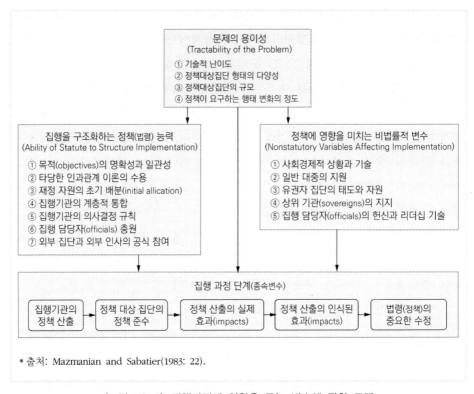

* 출처: Mazmanian and Sabatier(1983: 22).

〈그림 10-2〉 집행과정에 영향을 주는 변수에 관한 모델

제3단계는 정책의 실질적 영향이다. 다음의 조건이 충족된다면 법률은 바람직한 영향을 달성할 것이다. 집행기관의 정책산출이 법률의 목적과 일치하거나, 정책대상집단이 정책산출을 따르거나, 상반되는 법률로 정책의 산출이나 효과가 심각하게 파괴되는 일이 없거나, 규정된 목표를 성취하기 위해 정책대상집단의 행동을 바꾸도록 하는 적절한 인과이론(causal theory)이 법률에 포함되었을 때 등이다.

제4단계는 정책효과가 인식된다. 프로그램 평가에서 중요한 것은 사람들이 어떻게 정책의 효과를 받아들이는가이다. 사람들이 인식하는 정책효과는 궁극적으로 법률 규정의 변화로 연결된다.

5단계는 법률(정책)의 수정(되먹임)이 이루어진다. 법률(정책)의 수정이나 재구성은 집행단계의 정점으로 이해되어야 한다.

정책집행은 각 단계에서 여러 요인의 영향을 받는다(1983: 21-35). 이러한 요인은 크게 세 그룹으로 분류된다. 첫 번째 그룹은 문제 취급의 용이성이다. 예를 들어 화석 에너지를 신재생에너지로 전환하는 사회적 문제는 국도 주변에서 발생하는 소음 문제보다 본질적으로 다루기 어렵다. 후자는 문제를 기술적으로 이해하기 쉽고, 규제 대상이 되는 행동이 다양하지 않고, 정책대상 집단도 작고, 요구되는 행동 변화 폭도 크지 않다. 달리 말하면 문제가 다루기 쉬울수록 집행은 성공하기 쉽다.

두 번째 그룹은 집행과정을 구조화하는 정책 능력이다. 정책 목적이 어느 정도 명확하게 제시되었는가? 정책이 효과를 발휘하는 인과관계의 경로를 고려하여 입안되었는가? 재정자원을 초기에 배분하였는가? 집행기관 사이에 또는 내부적으로 계층적으로 통합되었는가? 집행기관이 결정할 때 어떤 규칙(예: 다수결 또는 만장일치)을 사용하는가? 집행 담당자들이 정책(법률) 목적에 몰입하고 있는가? 집행기관 외부에 있는 행위자들이 참여할 기회는 어느 정도인가? 등이다.

세 번째 그룹은 법령 이외의 변수다. 첫째, 사회적·경제적·기술적 상황의 변화는 정책목표의 성취에 영향을 준다. 예를 들어 해결해야 할 문제의 중요성이 달라지면 희소자원을 배분하려는 정치적 지원도 바뀔 것이다. 둘째, 일반 대중의 지지이다. 정책 이슈에 대한 대중의 관심은 바뀌는 경향이 있지만, 구체적인 정책이나 프로그램에 대한 일반 대중의 지지는 불명확한 규제와 공식적 담당자의 재량 행사에 압력으로 작용한다. 셋째, 유권자 집단의 태도와 자원이다. 일반 대중의 관심과 지지가 줄어들면서 충분한 구성원, 응집력, 전문지식이 있는 유권자·후원자 집단의 태도와 자원이 중요하다. 넷째, 상위 기관의 지지이다. 상위 기관은 감독, 재정자원 제공, 새로운 법률 규정 등을 통해 집행기관에 도움을 준다. 다섯째, 집행 담당자의 리더십과 몰입이다. 법률(정책) 목적을 달성하기 위한 집행 담당자의 몰입과 리더십 기술의 중요성은 재량 정도에 따라 달라진다.

2. 상향식 접근방법

상향식 접근방법은 (가장 낮은 수준에 있는) 정책집행자의 능력과 동기를 염두에 두고, 정부의 가장 낮은 단계부터 시작하여 (가장 높은 수준까지) 정책 설계가 어떻게 작동하는가를 연구한다(Birkland, 2020: 349).

상향식 접근방법은 정책 목표가 모호하며, 때로는 같은 정책 영역(area)에 있는 다른 목표나 일선 공무원의 규범·동기와 대립할 수 있는 점을 인정한다 (2020: 349-351). 하향식 접근방법은 중앙과 상층부의 의사결정자가 집행을 통제한다고 생각하면서, 정책결정과 정책집행 사이의 순응(compliance)에 초점을 둔다. 반면에 상향식 접근 방법은 양자 사이의 갈등을 완화하는 방법과 정책목표를 달성할 수 있는 협상 등에 관심을 둔다. 그리고 지역이나 현장에서 서비스 제공에 관련되는 행위자의 네트워크를 확인하고, 그들의 목표, 전략, 활동, 접촉 등을 중요하게 생각한다(足立·森脇(編), 2003: 149).

정책이란 법률과 같이 단일 형태로 정해져 있을 필요는 없다. 정부나 이익단체가 만들어 낸 법률, 규칙, 실무, 규범의 세트가 정책이다. 법률이 제정되면 그 순간부터 집행이 시작되는 것이 아니라, 정책과정을 통해 생겨나는 분쟁이나 타협의 연속체를 집행이라고 간주한다. 즉 정책은 집행자와 (그들의 활동에 의지하는) 고객 사이의 상호작용과 교섭의 과정이다. 여기에 더하여 사업(project)은 낮은 계층에 있는 일선 공무원의 의향, 적어도 그들의 행동 패턴과 일치해야만 한다.

상향적 접근방법은 집행과정의 최종단계로부터 시작하여 집행과정을 분석하기에 후방향 분석(Backward Mapping)이라고도 불린다(Elmore, 1979·80). 하향적 접근방법으로 일컬어지는 전방향 분석(Forward Mapping)은 정책결정자의 의도를 가능한 명확하게 하며, 각 수준에서 집행자에게 예상되는 것을 정의하려고 한다. 일선 수준의 과정에 대해서는 가능한 한 정확하게 기술하며, 정책결정자의 의도라는 관점에서 만족할 만한 결과를 측정할 수 있어야 한다. 정책결정자가 집행과정에서 발생하는 것에 결정적인 영향을 행사하거나 행사해야만 한다고 가정한다. 명확한 정책 지시, 명확한 행정책임의 언명(statements), 잘 정의된 결과들은 정책이 성공할 가능성을 높일 것으로 생각한다. 정책결정자가 집행에 영향을 주는 조직 과정, 정치 과정, 기술 과정을 통제할 수 있다고 가정한다.

후방향 분석은 이러한 가정에 의문을 표한다. 문제의 원천에 가까이 있을수록 문제에 영향을 줄 수 있는 능력(ability)이 향상된다고 가정한다. 그리고 복잡한 시스템의 문제해결 능력은 계층적 통제가 아니라 문제와 가장 가까운 곳에 재량을 극대화하는 것에 의존한다. 따라서 정책과정의 최종단계에서 이루어지는 행위를 특정하는 것에서 분석을 시작한다. 그리고 그러한 행위에 대응한 정책목적과 그것이 만들어내는 일련의 효과가 기술되며, 작용의 대상이 특정된다.

앞에서 서술한 하향식 접근방법에서는 결정할 때의 정책내용과 집행 후의 결과 사이에 생긴 차이는 제거해야만 한다(秋吉 외, 2015: 234). 그렇지만 상향식 접근방법은 그러한 차이가 불가피하다고 보고, 정책과정의 후반부에 참여한 행위자가 수정해서 개선된 바람직한 결과라고 생각하기도 한다. 달리 말하면 집행단계에서의 수정을 정책 실패라고 보는 하향적 관점과 달리 상향적 시점에서는 집행이란 어찌 되었든 무엇인가를 하는 것으로 타협이나 수정은 이행을 위한 수단으로 간주한다.

그러나 상향식 접근방법에도 한계가 있다(Birkland, 2020: 350-351).

첫째, 일선 공무원의 능력을 지나치게 강조한다. 일선 공무원이 정책결정자의 목표를 좌절시킬 수 있다고 가정하는데, 그 정도의 자원은 보유하고 있지 못하다. 집행을 늦출 수는 있어도 완전히 번복하게 하는 것은 불가능하다. 게다가 전문가로서의 규범과 의무를 따르도록 규정되며, 순응하지 않았을 때 법적인 제재를 받을 수 있다.

둘째, 집단이 집행과정의 활발한 참여자로 가정하고 있지만, 늘 그렇지는 않다. 예를 들어 고도의 기술적인 정책에서는 대중의 참여가 거의 없는 상태에서 정책이 개발되고 집행된다. 1940년대 미국에서 원자폭탄을 개발하고 일본에 투하할 때, 아주 극소수의 사람만이 정책결정과 집행에 참여하였다.

셋째, 대상 집단이 가진 힘의 차이를 설명할 수 없다. 어떤 대상 집단은 다른 집단보다 더 긍정적으로 구조화되어 있다. 예를 들어 집행을 설계할 때, 기업의 이익은 가난한 사람의 이익과는 다르게 다루어진다. 그리고 그 차이는 정책수단을 선택할 때 반영된다. 대상 집단 자체의 성질을 바탕으로 바람직한 변화를 고려한 정책 수단의 선택은 상층부에서 작성된다.

 Break Time ┃ 10-2 집행연구의 선구 「Implementation」

집행연구의 선구로 불리는 「Implementation」은 정책이 결정자의 의도대로 집행되지 않는다는 것을 보여주었다(Pressman and Wildavsky, 1973). 1965년 미국에서는 침체된 지역의 지원에 관한 법률이 통과되고, 경제개발청(Economic Development Administration, EDA)이 정책을 집행하는 데 큰 역할을 맡게 되었다.

법률의 주요 내용은 재개발지역(인구 25만 이상)과 발전지역을 위한 지원에 관한 것이었다. 경제개발청은 2,500만(달러)을 투입하여 캘리포니아주 오클랜드시에서 1966년 4월부터 사업을 시작하기로 하였다. 당시 오클랜드는 실업률이 미국 평균보다 2배를 넘었으며, 소수인종의 실업률도 백인보다 높았다. 경제개발청은 오클랜드에 재정을 지원하여 공공시설 건립과 실업자를 위한 일자리 창출이라는 두 가지 목적을 성취하려고 하였다. 그런데 정책 목적은 달성되지 못했다.

그렇다면 왜 목적은 달성되지 못했을까? 정책을 초기 조건과 예상되는 결과 사이의 가설이라고 한다면, X를 t1이라는 시점에 시행하면, Y라는 결과가 t2라는 시점에 나타날 것이다. 이때 집행은 목표의 설정과 그것을 달성하기 위해 준비된 행위들 사이의 상호작용 과정으로 파악할 수 있다. 전체적으로 보면 프로그램은 각 요소가 서로 의존하는 하나의 시스템으로 간주 된다. 예를 들어, 만약 돈이 없다면 시설을 건설할 수 없고, 새로운 일자리는 창출되지 않는다. 프로그램 집행은 연결이 끊긴 망(a seamless web)이 된다. 정책은 초기 조건과 미래 결과의 인과관계의 연쇄(a chain of causation)이다.

오클랜드에서 이루어진 프로그램은 집행과정에서 다양한 행위자가 참여하였다. 연방의회는 예산에 관여하였고, 연방정부는 사업계획과 자금을 승인하였다. 집행의 기술적 세부 사항은 훨씬 어렵고 시간이 많이 소요되는 작업이었다. 이때 중앙정부 조직 사이의 협력, 주정부·지방정부 부처와의 긴밀한 연계는 정책집행의 성공 여부를 좌우한다. 많은 기관에 집행 활동이 분담되는데(집행 연쇄라고 함), 다수의 접점(link)으로 연결되는 기관 사이의 협력이 완벽하지 않으면, 작은 장애들이 누적되면서 큰 실패가 생긴다. 이것은 집행 결손(implementation deficit)이며 오클랜드에서 정책이 실패한 가장 중요한 이유라고 할 것이다. 이외에 리더십의 지속성 문제, 부적절한 정책수단과 집행기관 선정 등이 정책집행이 실패했던 이유라고 할 수 있다.

3. 통합적 접근방법

　정책은 왜 의도한 대로 집행되지 않고, 바라는 결과가 나타나지 않는가를 설명하기 위해서는 상향식과 하향식 접근의 통합적 관점이 필요하다.

　하향식 접근은 초기 계획 단계에서 더 적절하지만, 상향식 접근은 집행 이후의 평가 단계에서 더 적절하다(Dunsire, 1978; Saetren, 1983). 하향식 접근은 갈등을 조정될 수 있다고 간주하지만, 상향식 접근은 갈등은 주어진 것으로 본다. 정책결정자와 집행자의 목표가 일치할 경우 정책집행의 유연성과 자율성이 적절하지만 그렇지 못한 경우에는 의도한 목표를 달성하는 데 오히려 장애 요인으로 작용한다. 이렇듯 집행에 대한 두 가지 주요 관점을 결합하려는 다양한 시도들이 있었으며 여기에서는 매틀랜드(Matland, 1995)의 통합적 접근방법을 중점적으로 소개한다.

　매틀랜드는 조직이론과 의사결정론의 모호성과 갈등 개념을 활용하여 특정 집행상황들을 구조화한다. 정책집행의 실제 현장에서는 정책문제에 대한 현황 파악이 선행되지 않거나 정책문제 자체가 난해하여 정책목표가 모호한 채로 정책이 집행되기도 한다. 혹은 정책목표는 명확하지만, 이해관계자나 정책수혜자 간의 갈등 수준이 너무 높아 집행이 실패하기도 한다. 정책목표도 명확하고 갈등 수준도 낮은 상태에서 정책이 계획에 따라 집행되기도 한다.

　정책집행은 <그림 10-3>에서 보여주듯이 정책목표의 모호성과 갈등 수준에 따라 네 가지 유형으로 구분해 볼 수 있다(Matland, 1995). 집행에서 정책의 모호성 수준은 합리 모형에 기초를 둔다. 합리모형은 정책목표는 합의되었다고 가정하고 합의된 목표를 달성하기 위한 최선을 찾는 것에 주력한다. 반면에 정책집행에서 갈등 수준은 관료정치모형에 토대를 둔다. 관료정치모형은 합의된 목표를 전제하지 않기 때문에 갈등을 가장 중점적으로 다루며 합의에 도달하기 위한 설득이나 협상에 주력한다. 갈등 수준이 높아 합의에 도달하지 못하면 아무런 행동도 하지 않고 끝이 나기도 한다.

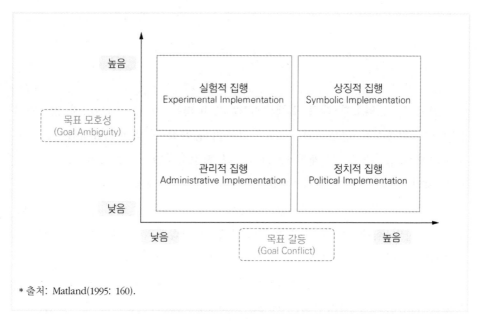

＊출처: Matland(1995: 160).

〈그림 10-3〉 매틀랜드의 정책집행 유형

관리적 집행(administrative implementation)은 정책의 모호성과 갈등 수준이 모두 낮다(Matland, 1995: 160-163). Simon(1960)은 이러한 유형의 정책결정을 '프로그램 결정(programmed decisions)'이라고 불렀다. 관리적 집행은 합의된 명확한 목표가 있고 문제해결을 위한 기술적인 수단이 알려져 있다. 관리적 집행의 성과는 자원의 확보 여부에 의해 결정된다. 프로그램에 충분한 자원이 할당되면 원하는 결과가 사실상 보장된다.

집행과정은 기계와 비교할 수 있다. 기계의 상단에는 중앙 기관이 있으며 계층적 방식으로 명령을 하고 각각의 하위 수준에서는 업무와 책임이 명확하다. 베버식 관료들(Weberian bureaucrats)이 자신에게 지정된 임무를 충실히 수행한다. 낮은 수준의 모호성은 집행에서 어떤 행위자가 어떤 활동을 해야 하는지가 명확함을 의미한다. 집행 담당자들은 시간이 지남에 따라 안정적인 표준운영절차를 개발하여 자신들의 업무를 구조화한다. 어떤 자원이 필요하고 어떻게 자원을 조달할 것인지가 명확하고 집행과정은 외부로부터의 영향이 거의 없다. 프로그래밍 된 정책의 특성에 의해 비교적 동일한 결과를 가져온다.

Etzioni(1961)는 행위자로부터 순응을 얻기 위한 세 가지 유형(규범적, 강압적 그리고 보상)의 메커니즘을 설명한다. 규범적 메커니즘은 공동목표나 상관의 지시를 통해 순응을 유도한다. 강압적 메커니즘은 순응 요청을 준수하지 않으면 제재로 위협한다. 보상 메커니즘은 행위자를 매료하기에 충분한 인센티브를 제공한다. 모호성과 갈등 수준이 낮은 집행의 경우 규범적 순응 메커니즘으로 충분하다. 주어진 명령은 정당한 것으로 인식되며 불응으로 이어지는 논란은 거의 없다.

관리적 집행의 실패는 주로 기술적인 문제, 자원과 시간의 부족, 의사전달과정의 왜곡, 조정 및 모니터링 전략 미흡 등으로 발생한다. 의사전달과정을 예로 들면 메시지는 소통 네트워크를 통과하면서 왜곡되는 경향이 있다. 발신자에게는 명확해 보이는 메시지가 수신자의 인지적 한계로 완전히 이해되지 못할 수 있다. 인지 부조화는 선택적 지각으로 이어질 수 있다. Pressman과 Wildavsky(1973)는 6개의 계층 구조를 거친 후 명령이 90%의 정확도로 이어질 경우 집행의 성공 가능성은 50% 미만으로 계산한다. 명령이 90% 미만의 정확도로 이해되면 집행의 성공 확률은 급속도로 떨어진다.

관리적 집행은 하향식 접근과 매우 유사하며 행정과 정치를 분리하는 Wilsonian 전통을 따를 때 매우 효과적이다. 관리적 집행 사례로는 세계 보건기구(WHO)의 천연두 퇴치 프로그램과 미국의 결핵 퇴치 프로그램을 들 수 있다. 천연두의 경우 질병이 완전히 제거될 때까지 충분한 자원이 투입되었다. 반면, 결핵은 1980년대 초반까지 효과적으로 통제되었다가 연방 기금의 중단으로 1990년대 부활했으며 약물 내성 결핵균까지 출현하게 되었다. 두 사례는 관리적 집행의 성공이 충분한 자원의 할당과 관련되어 있음을 보여준다.

정책목표의 모호성은 낮지만, 갈등 수준이 높으면 정치적 집행(political implementation)이다(Matland, 1995: 163-165). 낮은 모호성과 높은 갈등 수준은 정치적 의사결정 모델의 전형이다(Allison, 1971; Elmore, 1978). 정책목표는 명확하게 정의되어 있지만, 호환성이 없어 갈등이 발생한다. 행위자들이 상이한 정책목표를 가지는 경우 갈등은 정책집행의 설계로부터 시작되어 수단으로까지 이어진다. 정치적 집행은 권력에 의해 이루어진다. 특정 행위자 또는 연합이 다른 참여자의 의지를 강압할 수 있을 정도의 충분한 권한을 가지기도 한다. 어떤 경우에는 합의에 도달하기 위해 협상에 의존한다.

이러한 유형의 정책집행은 순응이 자동으로 따라오지 않는다. 관리적 집행보다 외부 행위자들이나 환경의 영향을 더 많이 받는다. 집행프로그램은 정책 성공을 위해 필수적인 자원을 가진 행위자의 순응을 보장하고 정책 반대자들이 프로세스를 방해하지 않도록 하는 것에 주력한다. 성공적인 집행은 협력이 필요한 다른 행위자들에게 자신의 의지를 강요할 수 있는 충분한 권한이 있거나 수단에 대한 합의를 흥정할 수 있는 충분한 자원이 있는지에 달려있다.

정치적 집행은 강압적인 혹은 보상적인 메커니즘이 우세하다. 집행자의 권한이 클수록 행위자의 순응 가능성도 높아진다. 하지만 많은 행위자는 독립적인 권력 기반이 있으며 자신의 임무를 위협받지 않으면서도 참여를 거부할 수 있다. 상대적으로 강력한 제재 수단(예: 주 및 지역 기관에 대한 연방 보조금)이 있는 경우에도 주와 지방정부는 놀라운 수준의 독립성을 보여준다(Ingram, 1977). 정책에 이해관계를 가지고 있는 행위자들이 높은 수준의 독립성과 자율성을 가지고 있을수록 정책목표에 대한 합의가 이루어지지 않은 채로 집행이 진행될 수 있다.

모호성과 갈등 수준이 모두 높으면 상징적 집행(symbolic implementation)이다. 일반적으로 정책결정자들은 갈등을 줄이기 위해 정책을 더 모호하게 만든다. 하지만 높은 수준의 모호성을 가지면서 높은 수준의 갈등을 갖는 정책이 존재한다. 상징적 집행은 새로운 정책목표를 공고히 하거나 오래된 정책목표를 재확인하거나 중요한 가치와 원칙을 강조할 때 중요한 역할을 한다(Olsen, 1970). 상징적 집행의 결과를 좌우하는 것은 지역 연합체들이 사용 가능한 자원을 제어하는 현장에서의 권력 관계와 맥락적 조건들이다. 상징적 집행은 전통적으로 정책의 비집행과 연관되거나 거의 항상 정책 실패와 관련된다(Edelman 1964; 1977).

빈곤과의 전쟁의 일환으로 설립된 CAA(Community Action Agency)는 상징적 집행의 대표적인 예이다. CAA는 지역 시민의 권한 부여를 촉진하려 했지만 거의 모든 참가자에게 정책목표는 모호한 상태였다. 참여자들은 자신들이 속한 연합의 힘에 따라 영향력이 달랐으며 설득보다는 강압이나 협상을 통해 문제를 해결했다.

정책목표의 모호성은 높지만, 갈등 수준이 낮으면 실험적 집행(experimental implementation)이다. 실험적 집행은 집행현장에 어떤 행위자가 주로 활동하고 가장 관여하는지 그리고 사용할 수 있는 자원이 무엇인지에 따라 결과가 달라지며 상황에 맞는 조건이 과정을 지배한다. 정책목표와 수단에 대한 참여자들의 선호가 모호하거나 정책을 실현하기 위한 기술이 불확실한 상황이다. 정책결과는 맥락적인 조건에 의해 결정된다. 실험적 집행은 모호한 목표, 불확실한 기술 그리고 유동적 참여 등의 조건에서 쓰레기통모형의 가정과 유사하다 (Cohen 외, 1972; March and Olsen, 1976; 1986).

실험적 집행은 목표와 수단이 모두 모호하거나 목표는 명확하지만 집행수단이 모호한 정책을 대상으로 한다. 많은 정책에서 목표가 합의되어 알려져 있지만 목표를 달성하는 방법은 잘 알려져 있지 않다. 이러한 모호함은 새로운 수단과 목표를 모두 배울 수 있는 기회가 되기도 한다. 실험적 집행의 성공은 학습자료가 되어 지식이 부족한 영역에서 인과적 정보로 작동한다.

Headstart는 실험적 집행의 사례이다. 1965년에 시행된 이 정책은 소외계층아동을 위한 프로그램으로 목표가 무엇인지 명확하지 않은 상태에서 시행되었다. 처음 몇 번의 정책 집행의 반복으로 시간이 지남에 따라 정보가 수집됨에 따라 프로그램은 더욱 구조화되었다.

이렇듯 모호성과 갈등 수준에 의한 정책집행통합모형은 명확한 기준이 불분명하고 네 가지 유형만으로 정책집행과정의 역동성을 담기에는 문제가 있는 한계점이 있다. 따라서 이후 수정된 매틀랜드의 정책집행모형에서는 이해당사자들 간 대립적 상호작용이 현저하게 존재했는지 여부에 따라 그리고 명확성의 수준을 낮은 수준과 높은 수준으로 구분함으로써 조금이나마 한계점을 극복하려고 시도하였다.

거버넌스

기존의 정책집행연구는 중앙정부나 지방정부와 같이 정부(government)를 중심으로 논의가 이루어졌다. 그런데 최근에는 거버넌스(Governance) 개념이 주목받고 있다. 거버넌스는 정책집행의 주요 행위자를 정부로 한정하지 않는다.

우선 Governance라는 용어는 국정관리 체계, 공치(共治), 협치(協治) 등의 용어로 번역되어 사용된다. 넓은 의미로는 일반적인 국정관리 체계를 의미한다. 국가의 여러 업무를 관리하기 위해 정치·경제 및 행정적 권한을 행사하는 방식을 총칭한다. 여기에는 계층제(관료제 또는 전통적 형태의 정부조직), 시장, 네트워크 등이 있다. 다른 한편에서는 '네트워크 국정관리 체계'만을 지칭하는 뉴 거버넌스의 의미로 사용하기도 한다. 여기에서는 공공문제의 해결을 위한 정부, 시민사회, 공사조직들과의 연결 네트워크를 강조한다.

이와 관련하여 From Government to Governance라는 표현이 있다. 이때 Government란 공공서비스의 생산 및 공급이 정부에 의해 독점적으로 실시하는 것을 의미한다. 반면에 Governance라는 단어에는 에이전시(agency), 기업, 비영리법인 등과 같이 공공서비스의 담당자가 다원화됨을 뜻한다. 즉, 다원화된 주체들의 네트워크를 형성·유지·관리할 때 정책 목적을 적확하게 실현할 수 있다는 점을 강조한다.

거버넌스는 1980년대부터 서구 국가를 중심으로 관심을 받으면서 등장하였다. 거버넌스가 등장한 배경을 살펴봄으로써 거버넌스의 의미를 생각해 보자(宮川, 2002: 5-10).

첫째, 1970년대 석유 위기(oil shock) 이후 경제성장의 둔화에 따른 조세수입의 감소와 복지국가화에 따른 재정지출 자연증가 등으로 재정위기가 나타났다. 재정위기는 재정수입과 재정지출 구조의 적절한 변화를 요구하였다. 그런데 변화에 대한 정치와 행정의 (관성과) 저항력이 두드러지면서, 정부의 국정 운영 능력을 의심하게 되었다.

둘째, 정부의 비효율 증가 및 정부 정책의 낮은 성과에 대한 비판에서 등장하였다. 20세기 후반은 정부의 영역이 확대된 시대이며, 소득재분배 등의 정책이 강화된 시기이다. 그런데 1980년대 이후 정부 부문의 현저한 비효율 및 성과 악화가 심화되었다. 큰 정부를 반대하는 보수파는 물론이고 복지국가 및 소득, 재분배를 위해 큰 정부를 지지한 진보파도, 정부의 성과 악화를 염려하였다. 이는 사회적 문제의 해결 또는 사회 변혁의 추동자로 여겨졌던 정부 그 자체가 문제로 인식되었음을 의미한다.

셋째, 시장(market)에 대한 신뢰 증가이다. 정부 실패는 정부에 대한 신뢰가 시장으로 옮겨가는 이념적 변화를 가져왔다. 1980년대 레이건 정부 및 대처 정부는 사회에서 정부의 영역을 대폭 축소하는 것을 자신의 정치적 사명으로 하였으며, 뉴질랜드에서도 시장 중시의 개혁을 핵심으로 하였다.

넷째, 정치인과 행정가의 부패 문제 등 정부에 대한 신뢰 하락을 들 수 있다. 1960년대부터 1990년대에 걸쳐 많은 민주주의 국가에서는 정부에 대한 대중의 신뢰가 장기적으로 하락하는 현상이 나타났다. 낮은 신뢰로 인한 사회불안이 커지고, 시민과 국가 사이의 단절이 확대될 수 있다는 우려가 커졌다.

다섯째, 공공분야에서 등장한 신공공관리(New Public Management: NPM)의 영향이다. 신공공관리는 시장을 중시하고, 정부를 운영할 때 시장 유인을 활용하며, 모니터링의 중요성을 강조한다(村松, 1999: 45-56). 성과측정을 정부 개혁의 도구로 활용하였다는 점에서 기존의 공공관리와 큰 차이가 있다. 생산성(productivity), 효율성 등을 중요한 평가 기준으로 하며, 결과에서도 성과지표를 설정하고 성과를 측정하려고 했다(山谷, 2012: 102). 이러한 공공부문의 성과 개선을 목표로 등장한 신공공관리의 이념도 거버넌스의 등장과 확대에 힘을 보탰다.

여섯째, 근대화의 성숙으로 사회적 환경의 복잡화이다. 경제문제는 여전히 중요성을 지니고 있지만, 환경 보호, 성평등, 참여 촉진 등의 비물질적 문제의 중요성도 증가하였다. 새로운 가치관을 반영할 수 있는 거버넌스가 부각되었다.

일곱째, 세계화 진전으로 국가 지위의 하락이다. 1970년대 이후 국경을 넘나드는 자본의 이동이 급속하게 활발해졌다. 각국 정부는 자국의 경제적 발전을 목표로 민간자본을 유치하는 것에 관심을 두고, 경쟁적으로 규제완화를 추진하였다.

이러한 시대적 흐름 속에서 전통적 형태의 정부모형에 대한 의문이 제기되면서 새로운 형태의 거버넌스에 대한 논의가 진행됐다(Peters, 1996). 예컨대 시장적 정부모형, 참여적 정부모형, 신축적 정부모형, 탈규제적 정부모형이라고 불리는 4가지 형태의 거버넌스 모형은 전통적인 정부모형을 보완할 수 있는 해결책으로서 제시되었다. 하지만 각 모형은 기존 모형의 문제에 대한 인식에 차이가 있으며, 개별 국가가 처하고 있는 환경의 상이성으로 인해 획일적인 정답을 찾기도 쉽지 않다. 결국, 거버넌스에는 미래의 사회 운영에 대응하기 위한 새로운 국정 운영의 틀을 만들어가는 시도가 포함되어 있다(中邨, 2004: 5-6).

CHAPTER

11

정책평가:
정책효과는 어떻게
측정하는가?

쓸모없는 공공사업은 그만두어야 한다. 많은 사람은 이러한 주장에 찬성할 것이다. 그렇다면 어떤 사업이 쓸모없는 것일까?

우주 개발 중장기 사업계획과 5,000억(원) 이상이 투입된 위성발사체 개발사업은 필요한 사업인가? 기초과학 분야에 활용하기 위하여 건설에 1조 4천억(원) 이상의 예산이 사용된 한국형 중이온 가속기 건설사업은 유용한 사업일까? 홍수 예방과 생태계 복원 등의 목적을 달성하기 위하여 3년 동안 22조(원) 이상의 예산을 사용한 4대강 사업은 필요한 사업인가? 20대와 30대를 위한 장기 임대 주택을 건설하는 사업은 누구라도 찬성을 할까?

정책의 계속이나 폐지, 새로운 정책의 채택 등을 판단하려면 그 정책의 효과나 비용을 알아야 한다. 정책효과는 어느 정도 있는가? 정책과제를 해결하기에 충분한가? 정책에 사용된 비용에 걸맞은 효과를 발휘하는가? 이러한 질문에 답할 수 있는 정보에 근거하지 않으면 적합한 판단을 내릴 수 없다.

정책평가란 정책에 관한 어떤 판단을 내리는 데 필요한 정보를 만들어내는 활동이다. 그리고 그러한 정보와 일정한 기준에 비추어 가치판단을 내리는 것도 정책평가라는 활동 범위이다. 정부 활동의 근거나 효과에 대해서 의회나 국민에게 설명하는 것도 정책평가의 기능이다.

그렇다면 누구라도 이해할 수 있도록 객관적인 정책평가를 하는 방법은 있는 것인가?

11 정책평가:
정책효과는 어떻게 측정하는가?

| 제1절 평가 논리

정책평가는 정책을 선택하고 집행함으로써 무엇이 일어났는가를 평가 (assess)하는 것이다(Peters, 2010: 179). 정책평가를 통해 의회, 대통령부, 이익집단, 관료, 언론 등은 정책이 명시적으로 제시한 목표를 달성했는가, 비용은 얼마나 들었는가, 영향은 어느 정도인가 등을 알고자 한다(Dye, 2008: 55). 따라서 평가는 정책과정에서 가장 마지막 단계에 속한다(<그림 1-4> 참조). 평가를 통해 새로운 문제를 인지할 수 있고, 현재 정책을 바꿀 수도 있다.

또한, 정책평가란 정책 목적을 달성하는 정책 수단의 적절함을 판정하고, 수단 선택의 옳고 그름을 조사하여, 그러한 판정과 조사 결과의 정보를 제공하는 도구(tools)라고 할 수 있다(山谷, 2012: 193). 그렇기에 정책평가는 정책에 관한 정보를 모으는 과정과 정보를 분석·평가하는 과정으로 구성된다(2012: 19).

그렇다면 정책평가란 구체적으로 어떠한 활동인가? 청년 일자리 대책을 예로 들어 이미지를 그려보자. 청년 고용을 촉진하기 위해 정부는 기업의 청년 유인책 패키지, 청년 취업 준비 지원, 취업 지원 인프라 확충 등 다양한 프로그램을 조합한 정책을 추진한다. 다음에서는 직업훈련을 시행하는 가공의 청년 고용 프로그램으로 단순화하여 논의한다.

1. 논리모형과 결과

우선 평가에 앞서서, 직업훈련 프로그램이 어떻게 해서 효과를 발휘할 것인가를 생각해보자. 이 프로그램이 효과를 발현한다고 생각되는 경로는 <그림 11-1>과 같다. 이러한 그림을 논리모형(logic model)이라고 부르며, 그림이 나타내는 경로를 프로그램 효과(program impact)이론이라고 한다.

프로그램 효과 이론은 어떤 프로그램 활동이 계기가 되는 원인이며, 그 결과로 어떠한 사회적 이익이 생긴다는 형태의 인과관계 모습으로 기술된다(Rossi 외, 2004: 133). 프로그램 활동과 기대되는 결과(outcome)의 관련성을 인과 도표(diagram)의 형태로 표현되는 것이 일반적이다. 즉 프로그램 효과 이론이란 인과관계의 이론이다.

현실 정책은 여러 사업이 조합되어 있어 논리모형이 상정하는 경로는 아주 복잡하다. 여기서는 이해를 쉽게 하려고 단순화하였다(秋吉 외, 2015: 232). 청년층이 이 프로그램에 참여하여 훈련을 받으면, 직업 기량(技能)이 증가한다. 이것은 프로그램 효과이다. 그러나 프로그램의 최종 목적은 향상된 기량을 활용하여 청년층이 정규 사원으로 고용되고 정착하는 것이다. 거시적 수준에서는 청년층의 실업률 저하가 궁극적 목적이다.

정책을 펴기 위해서 자금, 인원 등의 자원을 필요한 곳에 투입(input)한다. 직업훈련으로 말하면 강사 임금, 교실 임대료, 사무직원의 급여 등이 여기에 해당한다. 정부가 투입을 통해 활동한 결과로 생겨난 물건이나 현상이 산출(output)이다. 직업훈련 프로그램은 그 자체가 산출이며, 그것을 수강한 대상자도 산출물이다. 따라서 이 프로그램의 산출물을 측정한다면 훈련시간이나 수료자 수를 세게 된다.

어떤 프로그램이 변화를 가져올 것이라고 기대되는 대상 집단(target group)이나 사회상황의 상태가 결과(outcome)이다(Rossi 외, 2004: 193-194). 예컨대 20대 대상의 금연 캠페인을 전개한 이후 20대 흡연자의 수나 비흡연자가 흡연에 대해 가지는 태도는 결과에 해당한다. 그리고 금연 캠페인으로 영향을 받을 수 있는 대상 집단(예: 20대)에 관하여 측정할 수 있는 특성이나 상황(예: 흡연자 수)은 결과 변수(outcome variable)라고 한다. <그림 11-1> 직업훈련프로그램에서는 직업 기량, 취업률, 이직률 등을 생각할 수 있다.

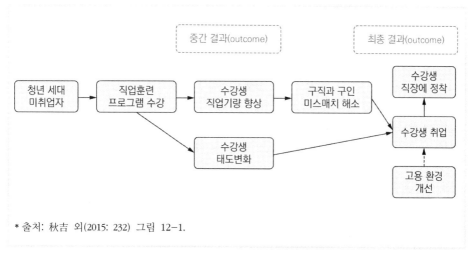

〈그림 11-1〉 직업훈련 프로그램의 논리모형

　　(다른 요인에 의한 영향과 달리) 프로그램이 공헌할 수 있는 결과 변화의 부분을 프로그램 효과(impact)라고 부른다(2004: 194-196). 결과 중에서 프로그램이 있었기에 얻을 수 있었던 부분, 즉 프로그램이 가져온 실질적인 효과라고 할 수 있다. 프로그램 효과(impact)는 결과(outcome)와 같은 의미로 이용되거나, 결과보다도 넓은 범위를 포함하기도 해서, 이 단어를 사용할 때는 무엇을 의미하는가를 명시하는 것이 필요하다.

　　이러한 정책효과는 시간과 함께 확대된다(2004: 198-200). 수강생의 직업 기량 증가 등 프로그램 결과로서 즉시 발현하는 효과를 중간 결과(또는 proximal outcomes)라고 한다. 수험생의 취직이나 정착, 실업률 저하 등 시간을 두고 발현하며, 정책의 최종 목적으로서 가장 중시되는 변화를 최종 결과(또는 distal outcomes)라고 부른다. 프로그램 효과 이론은 사회 프로그램의 결과를 논리 모형의 일부로 표현한 것이다. 논리 모형은 프로그램 활동을 중간 결과 그리고 최종 결과와 연결하는 것이다. 그렇지만 최종 결과는 프로그램 이외의 다양한 요인의 영향을 받기 쉬워서 측정이 어렵다. 그림으로 말하면, 수강생이 취직하였다고 해도 고용 여건이 호전되는 상황이라면, 훈련에 의한 결과라고 단언하기는 어렵다.

정책은 특정 사회문제를 해결하기 위하여 설계된다. 만약 도로 정체가 문제라면 정체를 줄이는 것을 목적으로 우회도로의 건설, 도로 확장, 신호 운용 방식 개선 등의 수단이 사용된다. 즉 정책에는 문제해결을 지향한 논리(logic)가 존재하며, 이를 정책 논리라고 한다(秋吉, 2018: 160-163).

정책 논리는 투입, 활동, 산출, 결과 등으로 구성된다. 예를 들면 지역 경제 활성화를 위하여 기업을 유치하는 정책이라면 ① 예산 투입 → ② 유치를 위한 산업단지 정비 및 유치 활동 → ③ 기업 입지 → ④ 지역 주민의 고용 및 신규 설비 투자 → ⑤ 지역 경제와 활성화 등과 같은 논리를 예상한다. 이러한 논리를 근거로 정책을 설계하고 시행한다.

잘못된 논리를 세우면 정책은 실패하기 쉽다. 예를 들어 기업 유치를 목적으로 하면서 토지의 이용을 제한하는 정책 수단을 선택한다면 기업이 그러한 지역에 자리를 잡을 가능성은 낮을 것이다.

정책 논리가 적절하다는 것은 정책이 효과를 발휘하기 위해 중요한 요소이다. 그리고 그러한 논리에 대해 검토하는 것이 이론 평가(theory evaluation)다. 도로 정체를 완화하는 정책이라면 정체를 줄이기까지의 논리가 적절한가를 묻게 된다. 도로의 폭 확장, 신호 운용 개선이 통행 차량의 수 증가에 연결되고, 그것이 정체 완화에 연결되는가를 평가하는 것이다. 즉 정책 디자인의 타당성을 검토하는 것을 이론 평가라고 할 수 있다.

다음 그림에서 보여주듯이 금연프로그램에 관한 논리모형은 투입, 활동, 산출, 결과 등으로 구성되어 있음을 알 수 있다(최창현 외, 2018: 139).

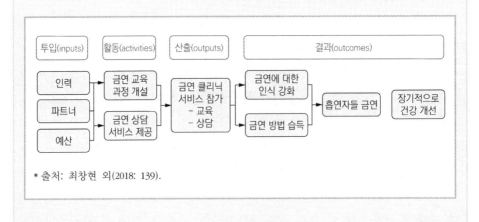

* 출처: 최창현 외(2018: 139).

2. 결과 측정

정책이 의도한 대로 효과를 거두었는지 알기 위해서는 정책 결과를 측정해야 한다(Rossi 외, 2004: 210). 우선 중간 결과에 관한 평가를 생각해 보자. <그림 11-1>을 예로 들면 청년들이 직업훈련을 받아서 기량이 증가하였는가를 묻게 된다. 기량은 필기시험, 실기시험 등 주로 시험을 통해 측정한다. 시험 득점 등을 표준화(비교가 가능할 수 있도록 조작)한 것을 지표라고 부르는데, 평가는 적절한 성과에 대해서 지표를 설정하는 것이 출발점이다. 여기에서 알고 싶은 것은 기량의 변화이다. 훈련을 시작하기 전과 끝이 난 후에 각각 시험을 보고, 각 참여자의 수강 전후의 득점을 비교하는 것은 어떨까?

이때 원래 비교하고 싶은 것은 같은 사람이 훈련받은 경우와 받지 않은 경우의 기량뿐이라는 점에 주의해야 한다. 그런데 훈련을 받게 되면 그 사람이 그냥 시간을 보냈을 때의 기량을 측정할 수가 없다. 그러므로 훈련 전의 기량을 측정해 두는 것이다. 그런데 훈련을 받지 않았을 때의 기량이 훈련 기간이 지난 후와 같다는 가정이 성립하지 않을 수도 있다. 그 사이에 아무 일도 하지 않고 시간을 보내는 것이 아니라 아르바이트를 하면 조금이라도 기량이 향상될 가능성이 있다. 일상생활에서 기기를 다루면서 습득할 수 있는 기량도 있다.

이러한 점을 고려한 것이 <그림 11-2>이다(2004: 195-196). A 곡선이 프로그램 참여자의 기량 변화를 시간의 흐름에 따라 묘사한 것이며, B 곡선이 참여하지 않은 경우를 나타낸 것이다. 참여자만을 살펴보았을 때 프로그램 수강 전·후의 기량 증가는 '결과 변화'라고 표현한 부분이다. 그러나 이러한 결과 변화가 바로 프로그램 효과인 것은 아니다. B 곡선을 보면 프로그램에 참여하지 않고도 기량을 획득하였을 부분이 있기 때문이다. 즉 프로그램이 순수하게 공헌한 부분은 훈련에 참여하였을 때 능력의 증가분에서 참여하지 않았을 때 생길 수 있는 증가분을 뺀 부분이다. 즉 A 곡선에서 B 곡선을 뺀 부분이 '프로그램 효과'가 된다.

물론 체계적인 교육 훈련을 하지 않으면 기량은 전혀 증가하지 않는다고 가정하고, 참여하지 않은 사람의 기량 곡선을 수평으로 묘사하는 것도 생각할 수 있다. 평가에 선행하여 이것을 어떻게 구성할 것인가는 관련 분야의 선행연구를 따른다.

그런데 프로그램이 없었던 경우의 변화를 정확하게 파악하는 것은 어렵다 (秋吉 외, 2015: 234). 이것을 너무 적게 또는 지나치게 많이 예측하면 프로그램 효과를 잘못 측정하게 된다. 그래서 프로그램에 참여하지 않은 젊은이에게도 시험을 치게 하고, 그것을 근거로 예측하는 방법을 따르기도 한다. 그러나 참여자와 비(非)참여자가 프로그램에 참여하는 것 이외에 다른 조건이 같지 않으면, 정확한 예측이라고 할 수 없다. 왜냐하면, 참여·비참여 이외의 차이가 성과의 차이를 낳을 수 있기 때문이다. 그렇다면 어떻게 해야 할까? 최종 결과의 측정을 예로 들어 설명하자.

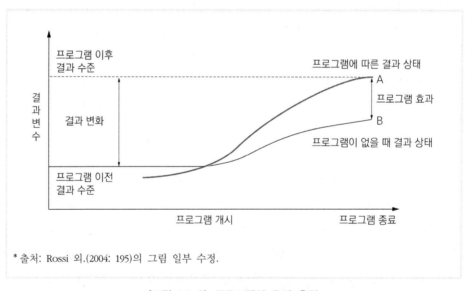

* 출처: Rossi 외.(2004: 195)의 그림 일부 수정.

〈그림 11-2〉 프로그램의 효과 측정

3. 실험 설계와 요인 억제(무작위화)

정책목표가 젊은이를 정규직에 취업하게 하는 것이라고 하자. 젊은이의 기량이 아무리 늘어도 취직하지 못하면 정책은 성공했다고 할 수 없다. 최종

결과가 중요하다. 그렇다면 직업훈련은 결과에 차이를 낳았는가? 이것을 알려면 훈련에 참여한 집단과 참여하지 않은 집단을 비교한 후에 전자의 취업률이 높다는 것을 확인하면 된다(秋吉 외, 2015: 234). 만약 100명의 참여자가 있고, 60명이 취직을 했다고 하자. 반면에 프로그램에 참여하지 않은 젊은이 100명을 조사한 결과 40명이 취직했다고 하자. 양자의 취업률 차이는 프로그램의 효과에 기인한 것이라고 말할 수 있을까?

이렇게 결론을 내리면 참여자 100명과 비참여자 100명이 같은 조건·속성이라고 간주해야 한다. 이를 위한 이상적 방법이 실험설계이다(Rossi 외, 2004: 223). 실험실에서 주로 하는 실험설계는 참여 대상자를 2개 이상의 집단에 무작위로 나눈다. 한 집단은 대조집단(control group, 통제집단 또는 준거집단)으로 불리며, 정책 개입을 받지 않는다. 반면에 한 집단은 개입집단(intervention group, 실험집단)으로 불리며 검증 가능한 정책 개입을 받는다. 예를 들면, 직업을 가지고 있지 않은 젊은이 각 100명씩을 무작위로 추출하고, A와 B 두 집단을 만든다. 집단 A(개입집단)는 직업훈련 프로그램에 참여하게 하고, 집단 B(대조집단)는 같은 기간에 직업훈련과는 관련이 없는 일에 종사하게 한다.

실험설계 방법의 핵심은 무작위화(randomization)다(2004: 224-228). 무작위화란 대상자가 프로그램을 받을 것인가, 아니면 받지 않을 것인가를 확률적으로 결정하는 방법이다. 즉 복권이나 동전 던지기 등과 같이 두 집단을 무작위로 추출함으로써 두 집단의 차이가 우연히 발생하게 하는 것이다(<그림 11-3> 참조). 프로그램 참여·비참여 이외의 조건, 예를 들면 성별, 나이, 학력, 경험 등을 균질적인 것으로 통제할 수 있다. 집단 크기가 일정 규모 이상이라면 두 집단에 속하는 구성원의 속성은 통계적으로 같다고 간주하며, 두 집단의 결과 차이는 프로그램의 효과라고 결론 내릴 수 있다. 예를 들어 의료 분야에서 약의 효과를 측정하기 위해 무작위로 선정하여 두 집단을 만든다. 한쪽에는 약을 투여하고, 다른 쪽에는 해롭지 않지만, 약효가 없는 것을 투여한다. 그리고 그 후의 경과를 비교·관찰하는 방법도 비슷한 사고방식에 근거하는 것이다.

그런데 무작위화가 되지 않으면 정확하게 프로그램의 효과를 측정할 수 없다. 이와 관련하여 선택 편견(selection bias)이 있다. 즉 확률적으로(무작위로) 두 개의 집단이 구성되지 않는 상황을 의미한다. 예를 들어 프로그램에 자발적으로 참여하는 사람을 A집단(개입집단)으로 구성하고, 자발적으로 참여하지 않으려는 사람을 B집단(대조집단)으로 구성하는 것이다. <그림 11-3>에서 취업을 하고 싶은 의욕이 강한 젊은이가 A집단에 참여하고, 그렇지 않은 젊은이가 B집단에 참여한다고 가정한다. 프로그램에 참여할 것인가의 여부 이외에 대상자의 의욕도 취직 활동의 성패에 영향을 줄 가능성이 있다. 따라서 A집단이 높은 취업률을 보였다고 해도, 그것이 모두 프로그램의 효과라고 해석할 수는 없다.

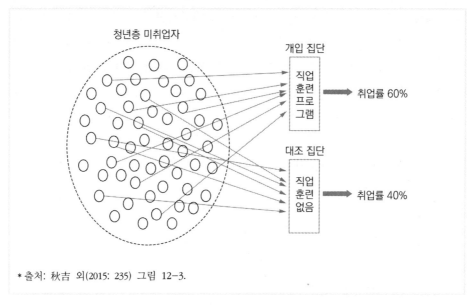

*출처: 秋吉 외(2015: 235) 그림 12-3.

〈그림 11-3〉 무작위로 선정된 대상자가 직업훈련 프로그램에 참여하는 이미지

또한, 선택 편견은 이미 형성되어 있는 개입집단과 대조집단의 구성원에 관한 결과 데이터가 사라질 때도 발생할 수 있다. 이를 대상자의 결손(attrition)이라고도 한다. 프로그램이 힘들어서 탈락자가 나온 경우에도, 의욕이 없는 사람이나 능력이 낮은 사람이 탈락했을 수 있다. 이것도 프로그램의 실제 효과 이상으로 취업률을 높이는 편견(bias)을 낳는다.

4. 준실험설계(약칭 QED)

   실험설계는 원래 공학에서 많이 활용되었다. 실험에 막대한 비용이 들 때
는 쉽게 할 수 없지만, 공학실험에서는 한번 실패해도 다시 하면 된다. 원칙적
으로 공학실험은 수정하면서 반복할 수가 있다. 이러한 실험설계를 이용하여
정책효과를 검증하는 것을 사회실험이라고 한다. 즉 사회실험은 아직 검증되지
않은 정책 프로그램에 대량 투자를 하기 전에 그 결과를 미리 평가함으로써 사
회문제에 관한 해결방안을 검증하는 방법이며, 소규모 집단에서 정책대안의 차
이점을 의도적으로 극대화하여 시행한 다음 그 효과를 평가한다(남궁근, 2017:
692-693). 미국에서는 임대 보조를 통한 빈곤층 주거환경개선프로그램 등 다양
한 실험이 시행되었다.

   이처럼 사회를 대상으로 하는 실험설계는 정책효과를 측정하기 위한 이상
적 상황이다. 그렇지만 이것을 현실 사회에서 시행하는 것은 어렵다(Rossi 외,
2004: 240-243). 무엇보다 사회나 인간을 대상으로 실험하는 것이 적절한가의 문
제이다. 특히 프로그램이 필요한 사람에게 서비스를 제공하지 않는 것은 비윤
리적이라는 비판이 있다. 또한, 대규모 실험에는 비용과 시간이 소요된다. 사회
실험에서는 평가만을 위해서 거액의 예산을 투입한다는 비판을 받을 때 이에
대해 반론을 펼치기는 쉽지 않다. 또한 사회실험은 무작위로 형성된 두 집단의
실험이 진행되면서 균질성이 훼손될 가능성이 크다.

   따라서 준실험설계(QED: Quasi Experimental Design)로 불리는 기법이 제안
된다. 준실험설계는 프로그램 참여자(개입집단)와 중요한 요인에서 비슷한 프로
그램 비참여자(대조집단)를 비교하는 것이다(2004: 223). 진정한 실험설계에서 빠
져서는 안 되는 무작위 추출이 없으므로 준(quasi)실험설계라고 불린다. 준실험
설계에서 대조집단을 구성하는 방법의 하나가 짝짓기(matching)이다(2004: 256-
260). 개입집단이 먼저 특정되고, 선택된 특성에 대해 개입집단과 짝을 지으면
서 개입집단에 참여하지 않은 대상자 중에서 대조집단을 구성하는 것이다. 즉
결과에 영향을 주는 중요한 요인 전부에 대해 실험집단과 가까운 사람을 대상
집단에서 골라 준거집단을 구성하고 비교하는 방법이다. 이를 통해 중요한 요
인을 제어하고, 편견이 없는 프로그램 효과의 측정치를 산출하는 것이다.

이외에 통계학적 기법을 통해 각종 요인을 통제하는 방법이 제안되고 있다. 복잡한 통계기법을 사용하는 목적은 실험과 같은 고려 없이 정책이 시행되었을 때 효과측정치가 안고 있는 편견을 가능한 제거하는 것이다.

그렇다면 이러한 준실험설계를 사용할 때 주의해야 할 사항은 무엇일까? 준실험설계의 하나인 단절적 시계열 설계(interrupted time-series design)를 중심으로 정책평가에서 유의해야 할 사항에 대해 살펴보자(Campbell, 1969: 411- 417; 藥師寺, 1989: 83-92).

1955년 미국의 코네티컷주에서 자동차 과속을 규제하는 조례가 제정되었다. 조례는 주의 중요 유료고속도로에서 규정 속도를 넘는 차량은 모두 단속하고, 위반자는 장기간 운전면허 정지의 처분을 내리는 엄격한 교통규제를 담고 있었다. 교통규제에 대해 많은 비판이 쏟아졌다. 주지사는 기자회견에서 <그림 11-4>의 데이터를 제시하면서 조례제정 이후 교통사고 사망자가 매우 감소하였음을 주장하였다. 그런데 <그림 11-4>는 <그림 11-5>의 일부분이다. <그림 11-5>에서 나타나듯이 교통사고 사망자의 수는 큰 진폭을 가지

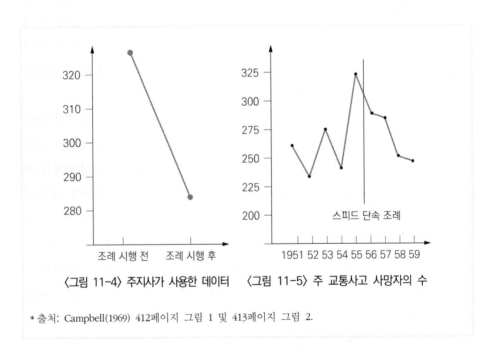

〈그림 11-4〉 주지사가 사용한 데이터   〈그림 11-5〉 주 교통사고 사망자의 수

* 출처: Campbell(1969) 412페이지 그림 1 및 413페이지 그림 2.

고 변화하고 있다. 이 경우에 교통규제라는 정책에 대한 평가는 어떻게 해야 할 것인가?

첫째, 역사(history)를 점검해야 한다. <그림 11-4>와 <그림 11-5> 모두 교통사고 사망자 수를 나타내고 있을 뿐 어떤 이유로 1955년에서 1956년까지 교통사고 사망자 수가 감소하였는지를 알 수 없다. 그 해에 안전띠 착용률이 비약적으로 상승했을 수도 있고, 다른 안전장치의 급격한 변화가 있을 수 있다. 비나 눈이 적게 왔을 수도 있다. 정책의 효과를 말하기 전에 정책 전후의 역사를 살펴보아야 한다.

둘째, 성숙성(maturation)을 살펴야 한다. 이 개념은 교육학에서 유래한 것으로 새로운 교육기법의 도입이 아이들의 학습능력을 비약적으로 향상하였다고 말하기 어렵다는 점을 보여준다. 학습능력의 향상은 아이들이 차츰 성숙한 것에 불과할 수 있다는 것이다. 시간의 함수로 움직이는 거시적 경향성을 잘 파악하고 정책평가를 하는 것이 중요하다. 교통사고 사망자의 경우에 당시 미국에서는 거리 당 교통사고 사망자 수가 감소하는 경향에 있었을 수도 있다. 코네티컷 주가 <그림 11-5> 같은 급격한 변동이 있었다면 이 주의 특수한 사정이 있었을 것이다. 이러한 점을 고려하는 것이 성숙성 오류에 대한 검토이다.

셋째, 불안정성(instability)에 대한 점검이다. <그림 11-5>를 보면 1951년부터 교통사고 사망자 수는 불안정한 변동을 보인다. 1955년과 1956년 사이의 변동 폭은 1954년과 1955년 사이의 변동 폭보다는 작다. 감소 폭으로는 큰 편이지만, 1951년과 1952년 사이, 1957년과 1958년 사이의 감소 폭도 상당히 큰 편이다. 물론 1956년부터는 사망자 수는 상승 변동을 보이지 않고 있으며, 그런 점에서 교통단속의 효과일 수 있다. 이처럼 정책의 효과는 단지 절대량의 변동보다는 데이터의 불안정성 구조 변화에서 나타날 수 있다. 그러므로 불안정성에 대한 점검이 중요하다.

넷째, 회귀성(regression)을 살펴야 한다. 현실에서는 정책이 일정 효과의 원인이기보다 일시적 이상 상태(outlier)의 결과인 경우도 적지 않다. 즉 정책의 효과라고 생각되는 것이 실은 이상 상태를 벗어나서 평균(normal) 상태로 회귀한 것에 불과한 경우가 많다. <그림 11-5>를 보면 1954년에서 1955년까지의 급격한 사망자 수는 극히 극단적인 상태였을 수도 있다. 교통단속조례를 시행하지 않았어도 데이터의 변동은 원래 상태로 회복되었을 수 있다. 즉 일시적 이상 상태가 정책 개입의 원인이며, 안정변동으로의 회귀는 정책의 효과라고 말하기 어렵다는 것이다.

다섯째, 검사(testing) 요인을 고찰해야 한다. 교통사고 사망자 수의 데이터를 공표한 것만으로도 교통사고 수가 격감하는 것이 가능하다. 실제로 교통단속 부처는 사고를 줄이기 위해 이러한 데이터를 공표하는 경우가 많다. 데이터를 보여주는 것만으로도 조례를 시행한 경우와 비슷한 효과가 있다면, 조례의 정책효과와 데이터의 공표 효과를 구별하는 것은 어렵다. 분석하는 대상 데이터가 이러한 공표효과라고 할 수 있는 성격을 지니고 있는가를 확인해야 한다. 이것을 검사(시험)의 효과성 점검이라고 한다. 이 단어는 아동에게 시험을 치르고, 교육지도의 효과를 점검하는 것에서 유래한다. 즉 시험을 다음 주 치른다고 공표하는 것만으로 아동들은 특별한 반응, 평소보다 더 많은 시간을 사용해서 공부하기 때문이다.

여섯째, 측정 도구(instrumentation)를 검토해야 한다. 공학실험에서 측정기기의 선택은 매우 중요하다. 예를 들면 현미경과 전자현미경으로 보는 세계는 완전히 다르므로, 박테리아 검사에 전자현미경을 사용하지 않고 물질의 분자구조를 볼 때 일반 현미경을 사용하지는 않는다. 정책의 효과를 분석할 때도 가장 적합한 측정 척도를 사용하여 데이터를 보아야 한다. 교통규제사례에서는 사고 사망자 수를 빈도로 나타낼 것인가, 또는 거리에 따라 기준화하여 나타낼 것인가에 따라 데이터의 모습은 크게 달라진다. 속도규제를 하면 대부분 운전자 1명당 주행거리 수는 감소하게 된다. 그렇게 되면 빈도수에서는 사망자 수가 감소하지만, 거리로 환산하면 사망자 수는 증가할 수 있다.

이러한 요인들은 사례의 정책효과를 올바르게 평가할 때 주의해야 할 점이다. 이처럼 개별 사례의 정책효과를 잘못 해석하는 오류는 내적 타당성의 위협(internal threats)과 깊은 연관이 있다.

　자연과학이나 공학에서는 반복하여 실험을 할 수 있다. 이를 통해 항상적 인과관계, 즉 일반이론의 싹이 나타난다. 그러나 사회과학에서는 반복적 실험이 어렵다. 가능하다고 해도 그 회수는 일반이론을 만들어 낼 정도로 많지 않다. 이러한 사실을 잊고 특정 정책 개입의 성공한 예를 가지고 그 정책이 늘 언제 어디에서도 적용할 수 있다고 오해하기 쉽다. 이러한 오류를 외적 타당성의 위협 요인(external threats, 또는 일반화의 오류)이라고 한다. 이러한 위협 요인을 피하기 위해서는 네 가지의 사항을 조심해야 한다(Campbell, 1969; 藥師寺, 1989: 92-97).

　첫째, 시험의 상호 효과(interaction effects of testing)가 있다. 한번 정책 개입을 받은 주민은 이러한 개입에 익숙해지는 경우가 많다. 예를 들어 규제에 익숙해지게 되면 새로운 규제가 등장하여도 크게 동요하지 않고 정부의 기대에 부합하는 반응을 보이기 쉽다. 즉 정책 개입의 대상은 순수한 정책 대상이 아니라는 점에서 오염되었으며, 그 후의 정책이 성공하였다고 해서 그것을 다른 국가에 적용할 수 있는 것은 아니다. 개입의 대상인 국가의 국민이 서로 다르기에 개입 효과의 일반화는 불가능하다.

　둘째, 대상의 특수성이 있다. 예를 들면 정부개입이 허용되는 정치문화를 가진 국가에서 크게 성공한 산업정책이 있다고 할 때, 그러한 산업정책이 특정 산업에 정부가 개입하는 것을 헌법상 제한하고 있는 국가에서도 성공을 거둔다는 보장은 없다. 정부는 다른 국가의 정책 대상이 어느 정도 특수한가? 또는 어느 정도 유사한가를 조사해야 한다. 이것을 대상의 특수성 검토라고 한다.

　셋째, 실험 배열의 반작용 효과(reactive effects of experimental arrangements)가 있다. 호손(Hawthorne) 효과라고 할 수 있는데, 특수한 심리실험에서 피실험자가 독특하게 반응하는 것을 나타낸다. 이것을 정책 개입의 사례에 적용하면, 코네티컷주의 속도 규제는 엄격함에서 상당히 독특하였다. 그러므로 호손 효과가 나타났을 가능성이 상당히 크며, 일반화는 어려울 수 있다.

　넷째, 다중 개입(multiple-treatment interference)의 점검이다. 보통 정책은 다양한 프로그램이 하나의 모음으로 이루어진다. 코네티컷주에서도 속도 규제가 크게 보도되었지만, 도로 표식의 증가, 교통순찰대의 확충 등 다른 프로그램이 중첩하여 적용되었다. 따라서 무엇이 어느 정도 효과가 있었는가를 식별하는 것은 어렵다. 그러나 정책을 일반화하려고 하면 성가셔도 다중 개입을 점검해야 한다.

제2절 | 정책평가의 종류와 기능

평가라는 활동의 이미지를 파악했다면 정책평가의 전체 이미지를 이해하자. 정책평가는 앞에서 소개한 기법을 포함한 다양한 기법의 집합체이다. 여기에서 평가의 대상, 평가의 기준, 평가의 주체, 정책 과정의 각 단계에 대응한 각종 평가를 살펴보자.

1. 평가의 대상

평가의 대상이 되는 정책은 무엇을 의미하는 것일까? 제1장에서 살펴본 것과 같이 정책은 목적–수단의 연쇄이며, 기본방침–프로그램–사업 등의 피라미드 형태의 계층을 이루고 있다. 예를 들어 정책 단계에서 저출산 대책과 같은 대략적인 목표가 제시된다(笠原·桑原(編), 2014: 252–253). 그리고 구체적인 활동인 사업 수준은 유치원·어린이집 보조금, 지원 센터 설치 등이며, 프로그램 단계에서는 아이 키우기 환경 정비 등으로 나타낼 수 있다.

이 계층 중에서 프로그램 수준이 평가에 가장 어울린다. 프로그램은 행정활동의 집합이며 목표가 구체적이기 때문이다. 정책평가(policy evaluation)란 프로그램이 그 목적을 달성할 때의 모든 효과성을 평가(assessment)하는 것 또는 둘 이상의 프로그램이 공통의 목표를 달성할 때의 상대적인 효과성을 평가하는 것(Dye, 2008: 333–334)이라고 정의할 때, 평가 대상은 주로 프로그램이라는 점을 알 수 있다.

프로그램 평가는 크게 두 가지가 있다(山谷, 2012: 211). 첫째, 하나의 프로그램이 전체적인 목표를 달성할 때의 효과성, 또는 복수의 프로그램이 공통의 목표를 달성할 때의 효과성을 평가하는 것이다(program impact evaluation). 프로그램의 성과를 검증한다고 할 때의 의미이다. 둘째, 하나의 프로그램에 사용되는 다양한 기법, 방법의 효과성을 평가하고 비교하는 것이다(program strategy evaluation). 프로그램의 사업에서 사용하는 다양한 전략과 방법의 효과성에 관한 정보를 프로그램 관리자에게 제공한다.

그런데 프로그램 평가는 일련의 흐름 속에서 평가가 순서대로 쌓여 가는 계층 형식을 지닌다(Rossi 외, 2014: 77-78). 첫 번째의 기초 부분은 프로그램을 위한 요구 평가이다. 어떠한 사회문제가 있는지, 정부의 개입이 필요한지 등에 관한 평가(assessment)는 효과적인 프로그램 디자인과 프로그램 이론에 중요한 정보를 제공한다. 만약 사회적 요구가 정확하게 이해되고, 프로그램 이론이 타당하다면, 그리고 관련되는 프로그램 활동이나 서비스가 잘 집행되면 프로그램의 결과와 영향을 평가하는 것이 의미가 있다. 그리고 프로그램의 비용과 효율을 평가하는 것이 최상부에 위치한다. 이는 프로그램의 결과, 집행, 이론, 사회문제에 관한 정보가 필요하기 때문이다.

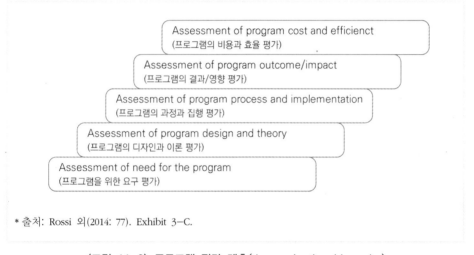

* 출처: Rossi 외(2014: 77). Exhibit 3-C.

〈그림 11-6〉 프로그램 평가 계층(the evaluation hierarchy)

다만, 실제 평가 활동에서 프로그램의 모음은 평가자가 그렇게 간주하는 것이다. 따라서 목표도 명확하지 않고, 정책이나 사업 수준의 달성 목표와의 사이에 정확하게 목적-수단의 관계가 성립하고 있는지 의심스러운 사례가 있을 수 있다는 점에 유의해야 한다.

마지막으로 사업(project) 평가도 두 가지를 생각할 수 있다(山谷, 2012: 211). 첫째, 개별 사업의 목표 달성 정도를 평가하는 것이다. 둘째, 다른 지역에서 하는 여러 사업이 각 프로그램 목표를 달성할 때의 효과성을 비교하는 평가

(Project rating)가 있다.

2. 평가의 기준과 주체

평가할 때 크게 세 가지 기준을 사용하는데, 영어의 알파벳을 사용하여 3E 라고도 한다(長峰, 2014: 101-106).

첫째, 투입비용을 어느 정도 낮추어 조달했는가를 묻는 기준인 경제성 (economy)이다. <그림 11-7>에서 보면 재원(예산 또는 결산)을 들여 경찰관 채용, 경찰차와 장비 구매, 경찰서 설치 등의 요소가 투입된다. 정해진 양의 투입을 구매하는 데 필요한 비용이 가능한 한 적게 드는 것이 경제적이다.

둘째, 투입(input)과 산출(output)의 비율로 나타내는 기준이 효율성 (efficiency)이다. 적은 투입으로 큰 산출을 낳으면 효율적이라고 할 수 있다. <그림 11-7>에서는 체포자의 수, 순찰의 빈도와 범위, 인구 1인당 파출소의 수 등이 산출로 표시되어 있는데, 최소의 투입으로 최대의 산출을 낼 때 효율성이 높다고 한다.

셋째, 정책목표를 달성하였는가? 의도한 효과가 발현되었는가를 묻는 기준이 효과성(effectiveness)이다. 결과에 관한 기준이라고 할 수 있다. 예를 들면 저출산 정책으로 출산 아동의 수가 증가하였는지, 친환경에너지 정책으로 온실가스 배출량은 줄고 재생에너지 활용도를 확대되었는지를 검토하는 것이다. 효과성의 관점에서는 대량의 자원을 투입해도 목적을 달성하면 효과적이라고 판단한다. <그림 11-7>과 같이 치안 정책의 최종적 정책목적은 안전 사회, 안심

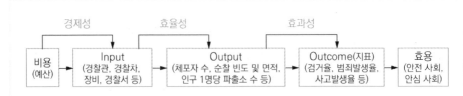

* 출처: 長峰(2014: 102-106) 그림 5-3과 표 5-1의 내용을 종합하여 작성.

〈그림 11-7〉 정책평가의 3E 기준

사회와 같은 효용이라고 할 수 있지만, 이를 측정하기는 쉽지 않다. 따라서 정책목적의 달성도를 나타내는 지표로써 검거율, 범죄발생율 등을 설정하여 평가한다.

또한, 공평성(equity), 대응성(responsiveness), 적합성(appropriateness), 적절성(adequacy)을 정책평가 기준으로 포함 시킬 수도 있다(최창현 외, 2018: 244-245). 정책의 공평성은 정책 비용과 효과가 공정하게 분배되었는가에 초점을 둔다. 정책의 대응성은 정책성과가 특정 집단의 필요, 선호, 가치 등을 충족하였는가를 뜻한다. 정책의 적합성은 정책목표가 바람직하고 가치 있는 것인지를 의미하며, 적정성은 정책이 문제를 해결하는 것에 충분한 수준인지를 뜻한다.

한편 평가 주체에 따라 외부평가와 내부평가로 구분할 수 있다(2018: 242). 외부평가는 정책의 결정과 집행을 담당하는 기관과 관계가 없는 제3의 기관이나 사람이 수행하는 평가이다. 외부평가는 행정 외부의 연구기관이나 전문조직이 수행하므로 평가의 정밀성과 신뢰성이 높다고 간주한다. 그러나 외부평가가 내부평가보다 기술적으로 높은 품질을 가지고 있다는 확증은 없다(Rossi 외, 2014: 367). 엄밀한 평가를 시행하는 전문가를 동원하기에 비용이 들며, 평가 전문가·전문기관은 한정되어 있다는 한계가 있다. 또한, 행정 외부로부터 정책에 관한 정보를 입수하는 것이 어려운 경우가 많다. 국세조사 등 통계조사로 대표할 수 있는 결과도 제한되며, 이를 대신하여 데이터를 외부평가자가 스스로 수집하려면 큰 비용이 든다.

내부평가는 행정의 담당 부서가 평가 주체가 된다. 내부평가자와 정책입안자 사이에 의사소통이 긴밀하게 이루어질 수 있어서 내부평가는 외부평가보다 높은 비율로 조직 결정에 영향을 줄 수 있다. 그리고 정책에 관한 정보를 얻기 쉽고, 비용이 적게 든다. 반면에 전문성이나 정확성이 부족하다. 자기평가이기에 불리한 정보를 감추거나 달성하기 쉬운 목표나 기준이 설정될 가능성도 있다.

3. 정책과정에서 평가의 자리매김

제1장에서 소개한 단계 모델에서는 정책평가가 집행 다음에 위치한다. 집행된 정책이 의도한 효과를 거두었는가를 평가하고, 평가결과를 입안·결정단계에 되먹임(feedback)하여, 정책 내용의 개선이나 정책 폐지의 결정에 활용하는 것을 상정하기 때문이다. 직업훈련의 예에서 제시한 평가방법인 영향 평가도 여기에 해당한다.

정책평가는 이것 이외에도 다양한 종류가 있다. 정책과정의 모든 단계에서 평가가 이루어진다는 견해도 있다(Palumbo, 1987). 정책평가의 종류를 살펴보면 다음과 같다.

첫째, 요구 평가(Needs Assessment)이다. 시민사회에서 발생한 문제가 정부 내에서 의제에 오르고 새로운 정책이 시행될 때, 정책목표를 달성하기 위해 개별 프로그램에 관한 요구(needs)를 평가하는 것이 필요하다. 위에서 살펴본 것처럼 평가 대상은 프로그램 수준에서의 요구이다. 이것을 평가라고 자각하는 경우는 드물지만, 평가연구에서는 요구 평가로 부르고 평가에 포함하는 경우가 많다.

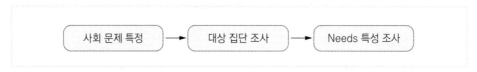

〈그림 11-8〉 Needs Assessment 단계

평가 순서는 먼저 해결하려는 사회문제를 정의하고 그 범위를 정한다(笠原·桑原(編), 2014: 253). 사회문제를 정의하는 것은 의제설정 그 자체이며, 정치적 프로세스이다. 젊은이의 취업 지원 프로그램이라면, 젊은이의 범위를 몇 살까지 할 것인가, 어떠한 계층을 대상으로 할 것인가에 따라 문제의 성질이 크게 변한다. 만약 신혼부부를 대상으로 하는 신혼부부 특별공급 주택 프로그램이라면 신혼부부의 범위에 예비 신혼부부를 포함하는가, 혼인 기간을 몇 년 이내로 할 것인지, 자녀가 있어야만 하는지, 월평균 소득을 어떻게 설정할 것인가 등에 따라 문제의 대상과 성질이 달라진다.

대상 집단의 조사란 프로그램의 대상이 되는 집단을 분석하는 것이다. 대상 집단의 규모, 사회적 구성에 따라 적절한 프로그램도 달라진다. 대상 집단을 조사하는 방법은 국세조사(國勢調査)와 같은 사회지표의 이용, 사회조사, 전문가 의견 청취 등이 있다. 이를 통해 문제의 규모나 심각성을 파악한다. 예를 들면 젊은이의 실업 문제의 심각성을 알기 위해서는 정부가 시행하는 노동력 조사에 근거한 연령계급별 완전 실업률이 유용할 것이다.

마지막으로 요구(needs) 특성 조사를 한다. 이는 프로그램의 대상이 되는 집단과 요구 사이의 복잡한 인과관계, 대상 집단의 고유한 특징 등 정책 요구에 관한 질적인 측면을 명확하게 하려고 실시한다.

둘째, 정책분석이다. 정책안 작성에서 결정단계까지는 정책안이 실시된 경우의 효과나 비용을 예측하고, 정책결정의 판단자료로 쓰기 위하여 정책분석(결정분석)을 한다. 효과와 비용의 예측과 판단이라는 측면에서 보면 정책분석도 평가의 한 종류로 볼 수 있다. 실험설계를 이용하여 평가하고, 그 결과에 근거하여 정책을 도입하면 이것도 정책분석이다. 또한, 정책분석에는 비용편익분석이나 비용효과분석도 포함된다. 한정된 자원을 효과적으로 활용하기 위해서 프로그램의 효율성을 평가하는 방법이다.

셋째, 비용편익분석(Benefit Cost Analysis)이다(長峰, 2014: 110). 프로그램(또는 사업)을 시행할 때, 프로그램으로부터 얻는 편익과 비용을 금전이라는 공통의 척도로 환산하고, 양자의 비율을 통해 평가하여 의사결정에 도움을 주려는 방법이다(제6장 참조). <그림 11-7>의 예를 들면, 비용과 효용을 비교하여 분석하는 것이다. 비용편익분석의 핵심은 의사결정을 화폐가치로 환산하여 가시적인 형태로 나타내는 것이다.

넷째, 비용효과분석(Cost Effectiveness Analysis)이다(2014: 110). 프로그램에 관련되는 비용만을 화폐로 환산하고, 정책의 효과를 편익의 이전 단계인 결과(outcome)지표와의 관계에서 평가하려는 것이다. 예를 들면 초등학생의 산수 능력을 높이기 위해 세 종류의 프로그램을 비교하는 경우를 생각해 보자. 비용효과분석에서는 표준 시험 점수를 10점 올리기 위해 각 프로그램의 비용이 어느 정도인가를 나타낸다. 반대로 100만(원)의 예산을 사용하게 되면 표준 테스트의 점수가 몇 점 향상되는가의 형식으로 나타내는 예도 있다. 어느 경우라도 비교하는 프로그램이 같은 유형의 결과여야 한다. 예를 들면 교육정책과 도로 사업을 비교하는 것은 적절하지 않다.

비용효과분석은 비용편익분석과 비교하면 쉽다는 장점이 있다. 그렇지만 결과 지표의 적절성에 대한 문제의식이 있다. 그리고 편익과 비용을 비교하지 못한다는 한계점을 가진다. 또한 이 방법을 이용할 때도 비용 계산에 어려움을 동반한다. 예를 들면 일본에서는 원자력발전 사고 후에 원자력발전 비용을 어떻게 산정할 것인가에 대해 논쟁이 있다. 사고가 발생한 이후의 오염이나 배상까지 포함하면 비용은 엄청나게 커지며, 사고가 일어날 확률도 일본에서는 동일본대지진 후에는 이전보다 훨씬 높은 것으로 고려되고 있다. 원자력발전의 비용에 사고대응비용과 사고발생확률에 의해 요구되는 기대치가 가산되면, 화력발전이나 재생에너지보다 같은 전력을 발전하는 비용이 훨씬 높게 계산될 수도 있다.

> 미국 에너지정보청(EIA)은 2022년이면 1MWh(메가와트시·1MWh는 1000kWh)당 발전 비용이 풍력은 55.2달러(약6만 3900원), 태양광은 66.8달러(약 7만 7220원)로 원자력(99.1달러·약 11만 4560원)을 크게 밑돌 것이라는 보고서를 발표했다. 영국 기업에너지산업전략부(BEIS)의 전망도 비슷하다. 2025년 1MWh당 발전 비용이 육상풍력은 61파운드(약 9만 1870원), 태양광은 63파운드(약 9만 4880원)로 모두 원자력(95파운드·14만 3080원)보다 낮아진다는 것이다. 이는 실제 발전 비용에 환경 보호 등 외부비용까지 모두 고려하는 발전원별 균등화 발전비용(LCOE) 개념을 도입한 결과다.
>
> – 동아사이언스, 2020.02.01. 수정, http://dongascience.donga.com/news.php?idx=33941(2021.05.26. 최종방문).

다섯째, 과정(process) 평가이다(이용모 외, 2019: 242). 집행이 어떻게 운용되고 있는가를 기술하고, 의도한 결과가 발현되도록 적절하게 운영되고 있는가를 판정한다. 정책 실패는 정책(설계)에 효과가 없는 것이 아니라, 집행이 잘 안 되는 것에 기인할 때도 많다. 특히 예정한 정책대상에 서비스가 닿지 않는 것은 치명적이다. 이러한 문제점은 과정 평가를 통해 지적할 수 있다. 또한, 프로그램의 개선을 목적으로 한 집행단계의 평가를 형성적 평가(formative evaluation)라고도 한다.

여섯째, 영향(impact) 평가이다(秋吉, 2018: 178). 정책은 특정 사회문제를 해결하기 위하여 설계된 것이라고 할 때, 문제해결에 어떠한 영향(효과)을 주었는지를 평가하는 영향 평가는 중요하다. 정책이 집행되고 일정 결과가 산출되면, 즉시 또는 일정 기간 경과 후 그 영향이 평가될 수 있는 상태가 된다(이용모 외, 2019: 243). 정책 영향은 정책 산출보다는 더 오랜 시간이 흐른 후에 나타나며, 의도된 효과뿐만 아니라 부수적 효과도 파악해야 하므로 측정하기가 매우 어려운 평가이다.

일곱째, 성과측정(performance measurement)이다(秋吉, 2018: 170). 성과란 프로그램 활동을 통해 나타나는 산출(output)과 결과(outcome)를 말하며, 이것을 계측하는 것이 성과측정이다. 그리고 성과측정을 통해 정책을 평가하는 것을 성과평가라고 할 수 있다. 그렇기에 성과측정은 프로그램에 대해 그 결과와 효율을 정기적으로 평가하는 것이라고 정의하기도 한다(Hatry, 2006).

성과측정에서는 성과에 관한 지표가 설정된다(秋吉, 2018: 170-174). 예를 들어, 고속도로 건설의 경우에는 통행차량, 차량의 정체시간 등이 성과지표에 해당한다. 성과지표는 크게 두 가지의 특징이 있다. 첫째, 계량적으로 측정할 수 있는 지표로 설정되며, 둘째 지표별로 목표치(수치목표)가 설정된다는 것이다. 예를 들어 저출산 정책이라면 (목표로 하는) 출산율이 설정될 것이다. 만약 목표치가 설정되면 어느 정도 목표치가 달성되었는가에 관심이 쏠린다. 측정된 평가 결과와 목표치를 비교하고, 목표치에 도달하지 못한 경우에 그 원인을 분석하고 개선안이 제시된다. 목표치를 설정하고 달성 정도에 따라 정책을 수정하는 것은 목표에 의한 관리(MBO: Management By Objectives)라고 한다.

성과측정은 1980년대부터 선진국을 중심으로 이루어진 행정개혁에서 강조되었다(山谷, 2012: 98-109). 당시 행정개혁은 신공공관리(NPM)라고도 불리는데, 생산성(productivity), 세금이 아깝지 않은 정책(Value for Money) 등을 강조하였다. 산출(output)을 효율적으로 생산하는 것을 성과라고 보았으며, 성과측정이 정부개혁의 도구로써 추진되었다.

여덟째, 총괄평가(summative evaluation)이다. 프로그램이 종료한 시점에서 효과성이나 효율성 등 다각적 관점에서 프로그램 결과를 살펴보는 것이다(2012: 96). 사후 검증의 형태로 이루어지는 책임성(accountability)과 관련된다. 위에서 언급한 형성적 평가가 집행 도중에 이루어지면서 집행의 관리와 전략의 수정·보완을 위한 것이라면, 총괄평가는 정책집행이 끝났을 때 주로 정책의 영향을 판단하는 활동이라고 할 수 있다(이용모 외, 2019: 242).

1. 평가의 목적과 활용

정책평가는 여러 가지 목적을 지니고 있다.

첫째, 정책형성을 위한 것이다(Palumbo, 1987: 74-75). 여기에서는 새로운 프로그램이 필요하다는 점을 정당화한다. 따라서 프로그램이 해결하려는 문제에 대한 정보, 과거 프로그램에 대한 정보, 대안적 프로그램에 관한 정보 등이 필요하다.

둘째, 정책집행을 위한 것이다(1987: 75-76). 프로그램을 비용편익이라는 관점에서 가장 효율적으로 집행하기 위한 것이다. 따라서 프로그램 집행에 관한 정보, 프로그램 관리에 관한 정보, 프로그램이 해결하려는 문제가 현재 어떠한 상태인가 등에 관한 정보가 필요하다.

셋째, 책무성(accountability) 향상이다(Rossi 외, 2014: 34-35; Palumbo, 1987: 75-76). 책무성이나 설명책임으로 번역되는 영어의 Accountability는 계산(account, 회계)을 통해 무언가를 설명할 수 있다는 의미를 지닌다(足立, 1990: 102). 행정부가 행정 활동이 잘 이루어지고 있는가에 대하여 의회에서 질문을 받고 설명하는 모습을 생각하면 된다. 최근에는 정부가 국민에게 정책, 프로그램, 사업 등의 배경, 의도, 방법, 성과 등을 알리고 국민의 이해를 구하는 것으로 의미가 확장되고 있다(西尾, 1993: 401-402). 프로그램 운영자는 자원을 효과적·효율적으로 이용하고, 의도한 이익을 실제로 산출했는가를 기대한다. 정부 활동의 효과가 있는지, 목적을 달성했는지를 알기 위해서 평가를 하며, 현재의 정책수단이 정책목적을 달성했는가를 입증하려는 것이다(山谷, 2012: 21).

넷째, 숨겨진 목적을 달성하기 위한 것이다(Rossi 외, 2014: 37-38). 평가를 하는 것 자체가 홍보 활동이 되거나, 정책결정자에게 좋은 인상을 줄 수 있다. 프로그램을 종결하는 것을 결정한 후에 합리적인 근거를 마련하려고 평가를 할 때가 있다. 모든 평가에는 어느 정도의 정치적 협상이나 홍보 활동의 측면이 포함되어 있다. 그렇지만 이러한 점이 평가의 주요 목적이 되면 평가의 진정성을 의심받게 된다.

다섯째, 정책이나 사업을 하는 조직의 관리(management)에 공헌하기 위해 평가가 이루어진다(山谷, 2012: 22). 조직 활동이 효율적인가, 생산성은 어느 정도 인가, 활동을 더 절약해서 할 수 있는가 등을 분석한다.

그렇다면 평가를 어떻게 활용할 수 있을까? 각 목적에 맞도록 평가를 활용 하는 것이 중요하다. 예컨대 책무성에 초점을 둔다면 총괄적 평가를 해야 할 것이다. 평가를 최대로 활용하기 위해서는 적어도 다섯 가지 사항을 고려해야 한다(Rossi 외, 2014: 374).

첫째, 평가자는 의사결정자의 인지 스타일을 이해해야 한다. 예를 들어 복 잡한 분석의 구성요소와 같은 것은 이용할 수 없을 것이며, 상대방에게 어울리 는 보고서나 설명이 적합할 것이다.

둘째, 평가 결과는 필요할 때 시의적절하게 이용 가능해야 한다. 분석을 철저하게 그리고 완전하게 하는 측면과 분석 결과를 시의성 높게 그리고 접근 이 쉽게 이루어질 수 있도록 하는 측면을 조화시켜야 한다.

셋째, 이용이나 보급계획도 평가 디자인에 있어야 한다. 평가의 장점과 한 계, 최종적 결과로 기대되는 점, 예상되는 비판과 반응 등이 포함되어야 한다.

넷째, 평가에는 그 이용 평가(assessment)도 포함되어야 한다. 평가자와 의 사결정자는 평가의 이용이 성공했는가에 대해 판단기준도 공유해야 한다.

다섯째, 평가에서는 이해관계자가 프로그램에 관여하는 것을 존중해야 한 다. 이해관계자를 광범위하게 포함함으로써 평가가 유용하게 된다. 최근에는 평가의 대상과 기준을 설정하고, 평가의 결과를 해석하는 과정에 이해관계자가 참여하는 것이 강조된다. 이를 참여형(participatory) 평가라고 부른다(Taylor and Balloch, 2005: 4-8).

2. 정책평가의 고려 사항

정책평가는 정책목표를 어느 정도 달성했는지 측정하여 조직의 성과를 향 상할 수 있는 변화를 제안하는 것이다. 그렇지만 목표의 달성 정도나 조직의 성과를 명쾌하게 측정하기는 쉽지 않다. 아래에서는 정책평가와 관련하여 고려해야 할 사항을 살펴보자(Peters, 2010: 180-191).

첫째, 목표를 인지하는 데 어려움이 있다. 평가는 프로그램의 목표를 인지하는 것으로부터 시작한다. 그런데 정책이나 프로그램의 목표가 불명확한 경우가 많다. 의회에서 법률의 형태로 정책을 만들 때, (통과를 위하여) 모호한 언어로 구성될 때가 적지 않다. 때로는 불가능한 목표가 제시되기도 한다. 예를 들어 모든 학생의 읽기 능력을 향상시키는 프로그램은 현실적으로 실현 가능한 목표일까? 때로는 모순되는 목표가 포함되기도 한다.

그리고 프로그램은 집행하는 과정에서 목표가 수정되기도 한다(제10장 참조). 예를 들어, 소형위성발사체 사업은 소형위성 발사에 성공하는 것이 목표이다. 그렇지만 사업을 수행하면서 소형위성 발사 관련 기술과 지식을 습득하는 것도 중요한 목표가 된다. 만약 소형위성 발사에 실패했지만, 기술과 지식을 충분하게 습득할 때(A 상황)와 소형위성 발사에 성공했지만, 관련 기술과 지식을 습득하지 못할 때(B 상황)가 있다고 하자. 독자가 평가자라면 두 상황 중에서 어느 상황에 더 높은 점수를 줄 것인가?

둘째, 결과나 영향 등을 측정(measure)하는 수단을 고안하는 것이 어려울 수 있다. 프로그램이나 사업이 생산한 것의 가치를 판단하는 명확한 수단이 없을 수 있다. 예를 들어 국방 정책의 결과를 측정할 수 있는 수단이 있을까? 물론 위에서 살펴본 것과 같이 산출(output)이나 성과(performance)를 측정하고 평가하는 것으로 대신할 수 있다. 그렇지만 그런 때에도 어려움은 남는다. 예를 들어 프로그램이 창출하는 이익은 일정 시간이 지나야 발현되는 경우가 적지 않다. 교육에서 읽기, 쓰기 등의 역량을 높이는 것은 중요한 목표이다. 그렇지만 교육의 궁극적 목표는 개인이 가진 잠재력을 발현하도록 하는 것, 사회의 안정성을 높이는 것, 개인이 더 나은 삶을 누릴 수 있게 하는 것 등을 들 수 있다. 또는 여러 정책이 복합적으로 하나의 효과를 발휘할 때, 개별 정책의 결과를 측정하기는 쉽지 않다.

셋째, 프로그램 대상(target)을 인지하는 것이 어려울 수 있다. 프로그램은 영향을 끼칠 대상이 예정되어 있다. 그런데, 평가를 둘러싼 다양한 이해관계(interests)가 있다(Palumbo, 1987: 109). 관료나 정치인뿐만 아니라 프로그램 관리자, 공동체의 지도자, 고객, 일반 대중 등은 평가에 대해 나름대로 이해관계를 가진다. 다양한 행위자는 서로 다른 방식으로 평가를 사용한다.

넷째, 프로그램이 정치적 맥락에서 수행되고 있다는 점을 기억해야 한다. 예를 들어 정책평가는 정책이 사회 전체에 주는 영향에 관심을 가지지만, 정치인들은 그들의 선거구에 끼치는 영향에 더 관심이 많다. 게다가 평가는 결정을 정당화하려는 목적을 지니고 있기에 평가에 큰 관심이 없거나 평가에 드는 자원이 아주 적을 수 있다. 즉 정책과 프로그램은 정치적 과정을 통해 제안되고, 정의되고, 논의되고, 제정되고, 자금이 투여된다(Weiss, 1977). 정책평가는 정책을 입안하기 위하여 이루어지기도 하며, 그 결과는 정치의 무대(area)에서 논의된다. 정책평가의 대상인 정책과 프로그램은 정치적 결정의 산물이다.

 Break Time ┃ 11-3 정책 종결

정책이 시작되었다면 언제인가 끝이 난다. 그렇다면 정책은 언제 끝이 나게 되는 것일까? 경제적·재정적 요인, 효율성 제고, 정치적 요인, 실현 가능성의 의문 등을 생각할 수 있다(유훈, 1998).

첫째, 경제적·재정적 요인 때문에 정책이 종결된다. 우리나라에서는 1973년부터 통일벼를 보급하는 정책을 적극적으로 전개하였다. 그렇지만 국민이 양질의 쌀을 선호하면서 통일벼의 재고가 늘어났다. 양곡관리기금의 손실액이 1993년에 1조 8,000억(원)을 넘어서는 등 큰 비용이 발생하였고, 통일벼 보급 정책은 끝이 나게 되었다.

둘째, 효율성의 제고를 위해 정책이 종결되기도 한다. 일몰법(Sun Set Law)으로 정책이 폐지되는 것은 대부분 효율성을 높이기 위한 것이다.

셋째, 정치적 요인과 이념에 의하여 정책이 종결된다. 우리나라는 1945년부터 37년 동안 야간 통행금지정책이 지속되었고, 1982년부터 야간통행금지가 폐지되었다. 당시 긴장된 사회 분위기를 다소 해소하고, 제5공화국 군사정권의 정통성 부족을 보완하려는 정치적 요인이 야간통행금지 폐지에 크게 영향을 주었다. 실제로 많은 정책에서는 실용적인 이유보다도 정치적 가치와 이념이 정책종결에 영향을 준다.

이러한 정책종결은 정책분석이나 정책평가와 적지 않은 연관성을 가진다.

　　정부는 정책을 통해 문제를 해결하며 다양한 가치를 추구한다. 그런데 정책이 그 목적을 달성하지 못하였을 때, 정부는 책임성이라는 관점에서 강한 비판을 받는다.

　　우선 책임(責任)이란 단어의 의미는 맡아서 행해야 할 의무나 임무, 또는 그것에 대한 추궁이나 의무를 지게 되는 제재이다(足立, 1990). 영어로는 accountability, responsibility, liability, obligation, duty 등을 사용한다.

　　동양에서 책임이란 관념은 중국에서 제왕과 관리 사이의 관계에서 사용되었다. 제왕이 관리에게 일정한 사무를 위임하는 것으로부터 책임 문제가 발생한다. 그리고 위임된 사무와 관련하여 관리를 제재하거나 벌을 내리는 것으로 완료된다. 즉 책임이란 단어는 관료제 조직의 위임관계로부터 발생한다. 본인과 대리인 사이에서 발생하는 책임은 크게 네 국면으로 구분할 수 있다. 그것은 임무 책임 → 복종 책임 → 답변 책임 → 제재 감수 책임 등을 말한다(足立, 1990).

　　첫째, 본인이 대리인에게 사무를 위임할 때 발생하는 것이 임무 책임이다. 관료제 조직에서는 직무의 체계로서 조직이 편성되어지기에 조직이 인사에 선행한다. 따라서 해당 업무를 분담하는 지위에 그 직무를 담당하는 개인을 임명하는 것을 통해 사무의 위임이 이루어진다. 보통 주어진 임무에 최선을 다하겠다고 표현하는 것은 임무 책임을 의미하는 것이다.

　　둘째, 위임자는 직무를 수행할 때 준거로 삼아야 할 행위 준칙을 정하고, 대리인(피위임자)에게 그것을 전달한다. 행동 준칙은 법령의 형식으로 이루어지며, 일상에서 명령이나 지시 등에 의해 보완된다. 이때 대리인은 행위 준칙을 준수하고 명령에 복종할 책임이 발생하며, 복종 책임이라고 할 수 있다. 복종 책임은 임무 책임보다 구체적이며 재량을 발휘할 여지가 적다.

　　셋째, 위임자는 대리인이 복종 책임을 성실하게 수행하는 것을 확인하는데, 이때 발생하는 것이 답변 책임이다. 위임자는 대리인에게 직무의 수행 상황에 대한 보고를 요구하거나 질문을 하며, 대리인의 행태를 점검하고 평가하려고 한다. 대리인은 자신이 지켜야 하는 행위 준칙에 근거하여 자신의 행위와 결과를 설명하고 해명해야 한다. 만약 위임자가 대리인의 답변을 이해하거나, 이해하지 않더라도 대리인에게 경고하는 것에 그친다면 책임의 문제는 여기에서 종료된다.

넷째, 위임자가 대리인에게 해임 등의 제재를 내리면, 대리인은 제제를 감수해야 한다. 대리인이 이러한 제재를 감수하는 책임이 제재 감수 책임이다. 예를 들면 책임을 지고 사임한다고 하는 표현은 제재 감수 책임을 의미한다.

근대 시민혁명을 거쳐 현대 민주주의 사회에 접어들면서 절대군주를 정점으로 하는 고전적 관료제 모델은 무너졌고, 행정책임의 구도에도 변화가 발생하였다. 인류가 스스로 질서를 만들 수 있게 되면서, 과거의 Obligation이라는 개념을 대신하여 Responsibility라는 개념이 등장하였다고 본다(西尾, 1990: 354-355). 또는, 근대 민주주의의 정치기관이 국민에 대해서 지는 책임(정치책임)을 나타내는 것으로 탄생하였다고도 한다.

현대 민주주의 국가의 행정책임은 크게 세 가지 특징이 있다(西尾, 1990: 358-359). 첫째, 비제도적 책임의 발생이다. 현대 국가에서는 행정의 대상 집단과 이해관계자의 조직화가 진행되었으며, 이들과 행정기관 사이에는 상호작용이 일상적으로 이루어졌다. 행정기관은 이러한 단체나 개인의 기대에 응답할 법적 의무는 없으나, 이들을 무시해서는 정책을 원활하게 집행하기 어렵다. 따라서 이들의 기대에 응답하는 것이 필요하며, 이러한 종류의 비제도적 통제에 대응하는 것이 비제도적 책임이라고 할 수 있다.

둘째, 능동적 책임을 들 수 있다. 법령·예산에 의한 규율, 상사의 개별 지시·명령 등에 따르는 것을 수동적 책임이라고 명명할 수 있다. 그러나 현대 국가에서 공무원에게는 규율 및 지시 등을 벗어나지 않는 범위에서 자발적으로 더 현명한 결정을 선택하는 것이 요구된다. 또한 담당 영역에서 새로운 사회문제가 발생한 때, 그것을 탐지하고 대책을 입안하여 상사나 상급 기관에 보고하거나 제안하는 것이 요구된다. 이러한 책임을 능동적 책임이라고 할 수 있는데, 수동적 책임과 달리 법률을 통해 확보하는 것이 어렵다는 특징을 지닌다.

셋째, 자율적 책임을 강조하는 것이다. 타인에 의한 통제나 타인의 기대에 응답하는 것을 타율적 책임이라고 한다면, 자기의 양심에 따라 행동하는 책임이라는 의미에서 자율적 책임이 있다.

공무원으로서 직업윤리, 즉 공무원 윤리가 강조되고 있다. 현대 국가에서는 행정재량의 여지가 확대되고, 공무원의 전문화가 이루어지며, 공무원제도에서 인사의 자율성이 강화되었다. 또한, 위에서 말한 것과 같이 능동적 책임의 필요성이 증가하고 있다. 따라서 관료제 조직 내부에서의 통제만으로는 한계가 있으며, 공무원 윤리의 중요성이 강조된다.

이러한 책임성에 관해서는 다양한 논의가 있지만, 20세기 중반 프리드리히(Friedrich)와 파이너(Finer) 사이에 있었던 행정책임 논쟁이 대표적이다. 현대 민주국가에서 책임을 어떻게 확보해야 할 것인가를 둘러싼 논쟁이다(西尾, 1990: 359-361).

프리드리히는 현대행정의 임무가 국민의 의사가 불명확한 상태에서 전문기술을 발휘하고 사회적 부조화를 해결하기 위한 정책을 적극적으로 입안하는 것에 있다고 생각하였다. 이는 행정기관이 정치기관에 대해 복종을 강조하는 전통적 행정책임론에 의문을 제기한 것이다. 전통적인 의회나 법에 대한 제도적 책무성과 대비하여, 기능적 책임(functional responsibility)과 정치적 책임(political responsibility)을 새롭게 제시하였다. 즉 책임 있는 공무원은 기술적 지식(technical knowledge)과 공중의 정서에 응답하는 것이라고 주장하였다.

우선 기능적 책임이란 객관적으로 확립된 기술적·과학적 표준에 따라서 판단하고 행동하는 책임을 말한다. 기능적 책임이 실행되고 있는지를 판단할 수 있는 것은 같은 전문기술 또는 과학적 지식을 공유하고 있는 동료밖에 없다. 기능적 책임 개념의 핵심은 표준의 객관성에 있으며, 동료가 책임을 묻는다고 해도 그것이 바로 해당 행위를 취소하거나 징계하는 것으로 연결되지는 않는다는 의미에서 비제도적 책임이면서 타율적 책임의 측면을 지니고 있다.

반면 정치적 책임이란 공중의 감정에 응답하여 판단하고 행동하는 책임을 말한다. 변화하는 사회의 새로운 문제에 적확하게 대응하기 위해 행정(인)은 국민이나 의회에 앞서서 변화를 예지하고, 정책을 더 유효한 것으로 해야할 책임을 지니게 된다. 이는 변화에 대한 대응능력에 한계를 지닌 의회를 보완하고, 사회의 요구를 파악하는 것에는 한계가 있는 기능적 책임을 보완하는 역할을 한다. 따라서 이해관계가 있는 시민의 궁금함, 의견, 조언, 비판 등을 사전에 탐지할 필요가 있으며, 국민과 접촉할 수 있는 독자적인 통로를 확립하는 것을 제안하고 있다. 사회보장이나 교육 분야의 뉴딜 정책은 이러한 정치적 책임의 원리로부터 발생한 것이라고 할 수 있다.

프리드리히의 새로운 행정책임론에 대해서, 파이너는 한층 단순한 민주적 통제의 논리로 반박하였다. 파이너는 행정책임을 두 종류로 나누었다. 우선 'X는 Z에 대해 Y의 사항에 관해 설명할 수 있음(X is accountable for Y to Z)'이라는 공식이 성립하는 책임이 있다. 예컨대 행정인에 대한 의회나 장관의 통제에 책임의 근거를 두는 것과 같이 설명이 이루어지는 상대방(기관)이 외부에 있다는 것이 본질적인 요소이다. 다른 하나는 '도덕적 의무에의 내재적·개인적 감각'이라고 부를 만한 책임이 있다. 이 경우에는 만약 잘못이 있어도 자기의 양심이 인식할 뿐이며, 양심 가책 이외의 제재는 없다고 할 수 있다.

그런데 민주주의제도 아래에서 행정책임은 전자의 외재적 책임을 기본으로 두어야 하며, 후자는 당시 나타나기 시작한 나치즘이나 스탈린주의가 근거하는 책임 원리라고 파악하였다. 그래서 파이너는 프리드리히가 제창하는 행정책임이 공무원 독단의 증대를 가져올 수 있고, 새로운 전제주의로 귀결될 수 있다고 비판하였다. 의회라는 민주적 제도를 보완하는 것에 머물러야 할 여론에 프리드리히는 과대한 가치를 두었고, 공무원이 여론을 끌어낼 수 있음을 주장했다는 것이다. 그렇지만 공무원과 공중과의 건전한 관계를 걱정한다면 외재적인 (정치적) 책임에 더 관심을 두어야 한다고 보았다.

행정책임에 관한 논쟁은 우리에게 생각거리를 안겨 준다(村松, 1999: 248-249). 행정책임에는 무엇에 관한 것(for what)과 누구에 대한 것(to whom)의 2가지 측면이 있다는 점이다. 그리고 행정에 적극적인 역할을 부여한다면, 행정은 정치와 어떠한 관계를 형성해야 하는가? 등이다.

참고문헌

[국내 문헌]

강신택. 1990. 예산결정에 관한 연구. 「행정논총」 28(1): 31−51.

강준만. 2009. 『전화의 역사』. 인물과 사상사.

길종백·노종호. 2015. 정부정책의 책임성에 대한 분석과 평가: 4대강사업을 중심으로. 「국가정책연구」 29(4): 109−136.

김문환. 1997. 『문화경제론』. 서울대학교 출판부.

김범준. 2019. 『관계의 과학』. 동아시아.

김선희. 2020. 『신제도주의와 정책분석: 이론과 실제』. 윤성사.

김성태. 2000. Steven E. Rhodes의 경제학적 정책분석. 오석홍·김영평(공편). 『정책학의 주요이론』 제2판, 376−388. 법문사.

김영세. 2011. 『게임이론』 제5판. 박영사.

김영평. 1984. 정책연구의 성격과 범위. 「한국행정학보」 18(1): 91−102.

김영평. 1991. 『불확실성과 정책의 정당성』. 고려대학교 출판부.

김영평. 2000a. Herbert A. Simon의 절차적 합리성. 오석홍·김영평(공편). 『정책학의 주요이론』 제2판, 10−18. 법문사.

김영평. 2000b. Martin Landau의 정책분석의 적정영역이론. 오석홍·김영평(공편). 『정책학의 주요이론』 제2판, 327−334. 법문사.

김영평. 2008. Martin Landau의 가외성 이론. 오석홍·김영평(공편). 『행정학의 주요이론』 제3판, 344−351. 법문사.

김용학. 1996. 『사회구조와 행위: 거시적 현상의 미시적 기초를 찾아서』. 사회비평사.

김인철. 2000. Peter Bachrach와 Morton Baratz의 권력양면성이론. 오석홍·김영평(공편). 『정책학의 주요이론』 제2판, 297−304. 법문사.

김정수. 1996. 『미국 통상정책의 정치경제학 : AT&T 분할과 통신 스페셜 301조』. 일신사.

김정수. 2016. 『정책학 입문』. 문우사.

김종순. 2008. Aaron Wildavsky의 점증주의 예산이론. 오석홍(편저). 『행정학의 주요이론』 제3판, 513−520. 법문사.

김창수. 2007. 개발과 보전의 프레이밍 과정과 정책분쟁: 김해시 매리공단 추진 사례의 시간적 이해. 「정부학연구」 13(3): 129－168.

남궁근. 2017. 『정책학』. 법문사.

노화준. 1985. 정책분석에 있어서 문제정의의 재음미. 「행정논총」 23(2): 55－72.

박영희·김종희. 2014. 『신재무행정론』 제5판. 다산출판사.

박천오. 2000. Roger W. Cobb과 Chalres D. Elder의 정책의제 설정이론. 오석홍·김영평(공편). 『정책학의 주요이론』 제2판, 406－414. 법문사.

배귀희·김권식·이광훈. 2016. 진입규제의 제3종 오류 분석 : 항만용역업 등록규제 사례를 중심으로. 「분쟁해결연구」 14(2): 137－157.

배용수. 2013. 『규제정책론』 전정판. 대영문화사.

배정아·길종백·이희재. 2019. 『주요국의 저출산 대응 정책의 비교 연구』. 감사연구원 연구보고서.

백승기. 2010. 옹호연합모형(ACF: Advocacy Coalition Framework)에 의한 의료보험 통합정책에 관한 비교 연구: 한국과 대만의 사례를 중심으로. 「한국행정학보」 44(4): 233－259.

신명순·이재만. 2012. 국회 교섭단체 제도가 입법활동에 미치는 영향 : 제15－17대 국회에서 의원 발의 법안의 가결 비율 분석. 「동서연구」 24(1): 5－27.

안서원. 2006. 『사이먼 & 카너먼: 심리학, 경제를 말하다』. 김영사.

염재호. 2018. 『개척하는 지성: 21세기 뉴 노멀 사회의 도전』. 나남.

오석홍. 2000. Yehezkel Dror의 최적정책결정모형. 오석홍·김영평(공편). 『정책학의 주요이론』 제2판, 259－269. 법문사.

유상엽. 2016. 협업행정을 통한 유능한 정부 만들기 성공사례. 한국행정연구원. 『효율적인 사례교육을 위한 공공부문 정책사례』, 217－235. 대영문화사.

유훈. 1983. 정책유형과 정책집행. 「행정논총」 21(1): 137－155.

유훈. 1998. 한국의 정책종결. 「행정논총」 36(2): 95－116.

이대희. 2001. 『문화산업론』. 대영문화사.

이병량. 2014. 대학구조 개혁정책 사례: 통제의 기제로서의 평가. 한국정책학회. 『정책사례연구』, 167－189. 대영문화사.

이용모·주운현·홍성우·정원희·서인석. 2019. 『쉽게 쓴 정책학』. 윤성사.

이준구·이창용. 2015. 『경제학원론』 제5판. 문우사.

이혜영. 2016. 화학물질 규제정책(화평법) 사례연구: 적정 규제인가? 악마의 디테일인가? 한국행정연구원. 『효율적인 사례교육을 위한 공공부문 정책사례』, 93－108. 대영문화사.

장대익. 2016. 『쿤&포퍼 과학에는 뭔가 특별한 것이 있다』. 김영사.

정병걸·길종백. 2010. R&D 메가 프로젝트의 패러독스와 관리적 함의.「행정논총」 48(3): 251 – 273.

정석. 2010.『도시의 발견: 행복한 삶을 위한 도시 인문학』. 메디치.

정정길·최종원·이시원·정준금·정광호. 2018.『정책학원론』. 대명출판사.

정지훈. 2012.『스마트 IT, 스마트 혁명』. 자음과 모음.

정하중. 2019.『행정법개론』제13판. 법문사.

주기완·윤성식. 2014.『재무행정학』. 법문사.

최병선. 1989. 정부규제의 원인 및 과정이론 고찰.「행정논총」27(2): 256 – 273.

최성모. 2000. Giandomencio Majone의 정책분석과 공공토론. 오석홍·김영평(공편).『정책학의 주요이론』제2판, 343 – 347. 법문사.

최용선. 2015. 생명공학 안전성 규제정책의 형성 과정. 한국정책학회(편).『정책학 사례연구』, 23 – 48. 대영문화사.

최창현·김홍률·왕재선. 2018.『정책분석평가와 성과감사』. 윤성사.

하연섭. 2003.『제도분석 – 이론과 쟁점』. 다산출판사.

하태권. 2000. Charles E. Lindblom의 정책결정이론. 오석홍·김영평(공편).『정책학의 주요이론』제2판, 3 – 9. 법문사.

미국 의회 도서관 홈페이지(guides.loc.gov/homestead – act/introduction).

참여연대 의정감시센터 홈페이지(watch.peoplepower21.org)

환경부 홈페이지(me.go.kr).

외교부 홈페이지(mofa.go.kr).

기획재정부훈령 제436호. 예비타당성조사 수행 총괄지침.

국민일보. 2013/03/29. 골병드는 사회복지사. http://news.kmib.co.kr/article/view.asp?arcid=0007034913.

동아사이언스. 2020/02/10/ 한반도 에너지 문제해결 대안으로 떠오른 해상풍력발전. http://dongscience.donga.com/news.php?idx=33941.

서울신문. 2019/06/19. “6～8월 기재부 예산실은 슈퍼 갑”“야근 밥 먹듯, 11월에 우리도을”. go.seoul.co.kr/news/newsView.php?id=20190619018002.

중앙일보. 2018/04/24. 10억 주면 교도소 다녀올래? 질문에 대학생 51% “네”. news.joins.com/article/22563752.

중앙일보. 2019/07/15. 해외로밍 현황 봤더니 여행금지 국가로 휴가 ‘심각’. news.joins.com/article/23525077.

중앙일보. 2017/08/11. 예비타당성 조사 사회적 할인율 10년 만에 인하 5.5%→4.5%. news.joins.com/article/21837059.

KBS뉴스. 2020/01/29.. 정의당 '최고임금제 도입' 공약 발표. news.kbs.co.kr/news/view.do?ncd=4370909.

[국외 문헌]

Allison, Graham T. 1971. *Essence of Decision: Explaining the Cuban Missile Crisis*. Boston, Mass: Little, Brown.

Allison, Graham T. and Phillip Zelikow. 1999. *Essence of Decision: Explaining the Cuban Missile Crisis*. 2nd Edition.

Arendt, Hannah. 1958. *The Human Condition*. 이진우·태정호 옮김. 1996. 『인간의 조건』. 한길사.

Ariely, Dan. 2008. *Predictably Irrational*. 장석훈 옮김. 2009. 『상식 밖의 경제학』. 청림출판.

Axelrod, Robert. 1984. *The Evolution of Cooperation*. New York: Basic Books.

Babbie, Earl. 1986. *The Practice of Social Research*. Fourth Edition. Wadsworth Inc.

Bachrach, Peter and Morton S. Baratz 1962. Two Faces of Power. *The American Political Science Review*, Volume 56, Issue 4 (Dec., 1962), 947–952.

Baumgartner, Frank R. & Bryan D. Jones. 2003. Agendas and Instability in American Politics. University Of Chicago Press.

Bella, Rober N., Richard Madsen, William M. Sullivan, Ann Swidler and Steven M. Tipton. 1991. *The Good Society*. 中村圭志(訳). 2000. 良い社会: 道徳的エコロジーの制度論. みすず書房.

Bennett, Collin J. and Michael Howlett. 1992. The Lessons of Learning: Reconciling Theories of Policy Learning and Policy Change. *Policy Sciences*, 25: 275–294.

Bentley, Arthur B. 1908. *The Process of Government : A Study of Social Pressures*. 喜多康郎·上林良一(訳). 1994. 統治過程論. 法律文化社.

Berger, Peter L. and Thomas Luckmann. 1976. *The Social Construction of Reality*. 山口節郎(訳). 1980. 日常生活の構成. 新曜社.

Birkland, Thomas A. 2020. *An Introduction to the Policy Process: Theories, Concepts, and Models of Public Policy Making*. 5th Edition. Routledge Taylor & Francis Group.

Braybrooke, David & Charles E. Lindblom. 1963. *A Strategy of Decision: Policy Evaluation as a Social Process*. A Free Press Paperback.

Buchanan, James. M. 1980. Rent Seeking and Profit Seeking. Buchanan, James. M., Robert D. Tollison, and Gordon Tullock(ed). *Toward a Theory of the Rent—Seeking Society*, 3－16. Texas A & M University Press.

Cairney, Paul. 2020. *Understanding Public Policy: Theories and Issues*. 2nd Edition. Red Globe Press.

Campbell, D. T. 1969. Reforms as experiments. *American Psychologist*, 24(4): 409－429.

Campbell, John Creighton. 1977. *Contemporary Japanese Budget Politics*. Berkeley: University of California Press.

Chabris, Christopher & Daniel Simons. 2010. *The Invisible Gorilla: And Other Ways Our Intuition Deceives US*. 김명철 옮김. 2011. 『보이지 않는 고릴라』. 김영사.

Chang, Ha－Joon. 2014. *Economics: The User's Guide*. Brookie Publishing House, Inc. 김희경 옮김. 2015. 『장하준의 경제학 강의』. 부키.

Cobb, Roger W. and Charles E. Elder. 1971. The Politics of Agenda－Building: An Alternative Perspective for Modern Democratic Theory. *The Journal of Politics*, 33(4): 892－915.

Cobb, Roger W. and Charles E. Elder. 1983. *Participation in American Politics: The Dynamics of Agenda－Building*. Johns Hopkins University Press.

Cobb, Roger W. & Marc Howard Ross. 1997. "Agenda Setting and the Denial of Agenda Access: Key Concepts," in Cobb Roger W., & Marc Howard Ross. eds. *Cultural Strategies of Agenda Denial: Avoidance, Attack, and Redefinition*, 3－24. University Press of Kansan.

Cohen, Michael., James G. March, and Johan P. Olsen. 1972. A garbage can model of organizational choice. *Administrative Science Quarterly*, 17: 1－25.

Crenson, Mettew A. & Benjamin Ginsberg. 2004. *Downsizing Democracy*. 서복경 옮김. 2013. 『다운사이징 데모크라시』. 후마니타스.

Crick, Bernard. 1962. *In Defence of Politics*. George Weidenfeld & Nicolson Limited. 前田康博(訳). 1969. 政治の弁証. 岩波書店.

Dahl, Robert. 1985. *A Preface to Economic Democracy*. University of California Press. 内山秀夫(訳). 1988. 経済デモクラシー序説. 三嶺書房.

Dahl, Robert. 1991. *Modern Political Analysis*. 5th Edition. Prentice－Hall Inc. 高畠通敏(訳). 1999. 現代政治分析. 岩波テキストブックス.

Dahl, Robert. 2005. *Who Governs?* Second Edition. Yale University Press.

Davis, Otto. A, M. A. H. Dempster, and Aaron Wildavsky. 1966. A Theory of the Budgetary Process. *The American Political Science Review.* Vol. 60, No. 3(Sep., 1966); 529 − 547.

Diesing, Paul. 1982. *Science and Ideology in the Policy Sciences.* Aldine De Gruyter.

Daviter, Falk. 2015. The political use of knowledge in the policy process. *Policy Sci*, 48: 491 − 505.

Derthick, Martha. and Paul J. Quirk. 1985. *The Politics of Deregulation.* The Brookings Institution.

DiMaggio, Paul J. and Walter W. Powell. 1983. The Iron Cage Revisited: Institutional Isomorphism and Collective Rationality in Organizational Fields. *American Sociological Review*, 48: 147 − 160.

DiMaggio, Paul J. and Walter W. Powell. 1991. Introduction, in Powell, Alter W. and Paul J. DiMaggio, *The New Institutionalism in Organizational Analysis*, 1 − 38. University of Chicago Press.

Dolowitz, David P. Rob Hulme, Mike Nellis, and Fiona O'Neill. 2000. *Policy Transfer and British Social Policy.* Open U. Press.

Downs, Anthony. 1972. Up and Down with Ecology: the Issue − Attention Cycle. *The Public Interest*, 28: 38 − 55.

Dunn, William N. 2018. *Public Policy Analysis: An Integrated Approach.* 6h Edition. Routledge.

Dunsire, Andrew. 1978. *Implementation in a Bureaucracy.* Oxford: Martin Roberson.

Dror, Yehezkel. 1983. *Public Policymaking Reexamined.* Transaction Publishers. 木下貴文(訳). 2006. 公共政策決定の理論. 三ミネルヴァ書房.

Dryzek, John. 1982. Policy Analysis as a Hermeneutic Activity. *Policy Science*, 14: 309 − 329.

Dye, Thomas R. 2008. *Understanding Public Policy.* Twelfth Edition. Pearson Prentice Hall.

Edelman, Murray S. 1964. *The Symbolic Use of Politics.* Champaign: University of Illinois Press.

Edelman, Murray S. 1977. *Political Language: Words That Succeed and Policies That Fail* New York: Academic Press.

Elmore, Richard F. 1978. Organizational Models of Social Program Implementation. *Public Policy* 2692): 185−226.

Elmore, Richard F. 1979·80. Backward Mapping: Implementation Research and Policy Decisions. *Political Science Quarterly*, Vol. 94, No. 4 (Winter, 1979−1980: 601−616.

Etzioni, Amitai. 1961. *Complex Organizations: A Sociological Reader*. New York: Holt, Rinehart, and Winston.

Ferguson, Thomas. 1984. From Normalcy to New Deal: Industrial Structure, Party Competition, and American Public Policy in the Great Depression. *International Organization*, 38(1): 41−94.

Ferguson, Thomas. 1995. *Golden Rule: The Investment Theory of Party Competition and the Logic of Money−Driven Political Systems*, University of Chicago Press.

Ferguson, Thomas, Paul Jorgensen, and Jie Chen. 2015. How Money Drives US Congressional Elections: More Evidence. *Institute for New Economic Thinking Annual Conference*. Paris, April, 1−37.

Fischer, Frank and John Forester eds. 1993. *The Argumentative Turn in Policy Analysis and Planning*. Duke.

Fischer, Frank. 2003. *Reframing Public Policy: Discursive Politics and Deliberative Practices*. Oxford University Press.

Garrett, Geoffrey and Barry R. Weingast. 1993. Ideas, Interests, and Institutions: Constructing the European Community's internal market. in Goldstein, Judith and Robert O. Keohane, ed., *Ideas and Foreign Policy: Beliefs, Institutions, and Political Change*, 173−206. Cornell University Press.

Giddens, Anthony. 2006. *Sociology*. 5th Edition. 김미숙·김용학·박길성·송호근· 신광영·유홍준·정성호 옮김. 2009. 『현대사회학』. 을유문화사.

Goffman, Erving. 1974. *Frame Analysis: An Essay on the Organization of Experience*. Harper & Row.

Goldstein, Judith and Robert O. Keohane. 1993. Ideas, and Foreign Policy: An Analytical Framework, in Goldstein, Judith and Robert O. Keohane, ed., *Ideas and Foreign Policy: Beliefs, Institutions, and Political Change*, 3−30. Cornell University Press.

Granovetter, Mark. 1985. Economic Action and Social Structure: The Problem of Embeddedness. *American Journal of Sociology*, 91(3): 481−510.

Hajer, Maarten A. 1993. Discourse Coalitions and the Institutionalization of Practice: The Case of Acid Rain in Great Britain, in Frank Fischer and John Forester eds. *The Argumentative Turn in Policy Analysis and Planning*, 43－76. Duke.

Hajer, Maarten A. 2005. Coalitions, Practices, and Meaning in Environmental Politics: From Acit Rain to BSE, in David Howarth and Jacobb Torfing eds. *Discourse Theory in European Politics: Identity, Policy and Governance*, 275－315. Palgrave Macmillan.

Hall, Peter A. 1986. *Governing the Economy: The Politics of State Intervention in Britain and France*. Oxford University Press.

Hall, Peter A. 1992. The movement from Keynesiansim to Monetarism: Institutional analysis and British economic policy in the 1970's, in Sven Steinmo, Kathleen Thelen, and Frank Longstreth, eds., *Structuring Politics: Historical Institutionalism in Comparative Analysis*, 90－113. Cambridge University Press.

Hall, Peter A. 1993. Policy Paradigms, Social Learning, and the State: The Case of Economic Policymaking in Britain. *Comparative Politics*, 23: 275－296.

Hall, Peter A., and Rosemary C. R. Taylor. 1996. Political Science and the Three New Institutionalism, *Political Studies*, 44: 936－957.

Hatry, Harry P. 2006. Performance Measurement: Getting Results. Urban Institute Press.

Hay, Colin. 2002. *Political Analysis*. Palgrave.

Helco, Huge. 1974. *Modern Social Policies in Britain and Sweden*. Yale University Press.

Hirschman, Albert. O. 1970. *Exit, Voice, and Loyalty: Response to Decline in Firms, Organizations, and Sates*. Harvard University Press. 강명구 옮김. 2016. 『떠날 것인가, 남을 것인가: 퇴보하는 기업, 조직, 국가에 대한 반응』. 나무연필.

Hobbes, Thomas. 1651. *Leiviathan*. 신재일(옮김). 2007. 『리바이어던: 만인의 만인에 대한 투쟁을 중단하라』. 서해문집.

Ikenberry, John G. 1993. The Political Origins of Bretton Woods. Michael D. Bordo & Barry Eichengreen eds., *A Retrospective on the Bretton Woods System*, 155－198. University of Chicago Press.

Immergut, Ellen M. 1990. Institutions, Veto Points, and Policy Results: A

Comparative Analysis of Health Care. *Journal of Public Policy*, 10: 391-416.

Immergut, Ellen M. 1992. The Rules of the Game: The Logic of Health Policy-Making in France, Swizerland and Sweden, in Sven Steinmo, Kathleen Thelen, and Frank Longstreth, eds., *Structuring Politics: Historical Institutionalism in Comparative Analysis*, 90-113. Cambridge University Press.

Ingram, Helen. 1977. Policy Implementation through Bargaining: Federal Grants in Aid. *Public Policy*, 25(4); 499-526.

Jenkins-Smith, Hank C. and Paul A. Sabatier. 1993. The dynamics of Policy-Oriented Learning. Sabatier Paul A. and Hank C. Jenkins-Smith, eds., *Policy Change and Learning*, 41-56. Westview.

Johnson, Chalmers. 1982. *MITI and The Japanese Miracle: The Growth of Industrial Policy*. Stanford University Press.

Kimball. A. W. 1957. Errors of the Third Kind in Statistical Consulting. *Journal of the American Statistical Association*, Vol 52 (No. 278): 133-142.

Kingdon, John W. 1984. *Agendas, Alternatives, and Public Choices*. Harper Collins Publishers.

Kingdon, John W. 2011. *Agendas, Alternatives, and Public Choices, updated editions, With and Epilogue on Health Car*e, 2nd edition. Pearson Education, Inc. 笠京子(訳). 2017. アジェンダ・選択肢・公共政策. 勁草書房.

Krasner, Stephan D. 1993. Westphalia and All That. in Goldstein, Judith and Robert O. Keohane, ed., *Ideas and Foreign Policy: Beliefs, Institutions, and Political Change*, 235-264. Cornell University Press.

Krueger, Anne O. The Political Economy of the Rent-Seeking Society. *The American Economic Review*, 64(3): 291-303.

Landau, Martin. 1977. The Proper Domain of Policy Analysis. *American Journal of Political Science*, 21(2): 423-427.

Lasswell, Harold D. 1948. *Power and Personality*. W. W. Norton and Company Inc. 永井陽之助訳. 1953. 権力と人間. 東京創元社.

Lasswell, Harold D. 1951. The Policy Orientation. 3-15. in Daniel Lerner and Harold D. Lasswell(eds.). *The Policy Sciences: Recent Development in Scope and Method*. Stanford University Press.

Lasswell, Harold D. 1970. The Emerging Conception of the Policy Sciences.

Policy Sciences, 36: 3−14.

Lasswell, Harold D. 2003. On the Policy Sciences in 1943. *Policy Sciences*, 36: 71−89.

Libsky, Michael. 1980. *Street−Level Bureaucracy: Dilemmas of the Individual in Public Services*. New York: Russell Sage Foundations.

Lindblom, Charles E. 1959. The Science of Muddling Through. *Public Administration Review*, 19: 79−88.

Lindblom, Charles E. & Edward J. Woodhouse. 1993. *The Policy−Making Process*, 3rd ed. Prentice−Hall, Inc. 藪野祐三 · 安浦明子(訳). 2004. 政策形成の過程：民主主義と公共性. 東京大学出版会.

Locke, John. 1690. *Two Treatises of Government: The Second Treatise of Government − An Essay Concerning the True Original, Extent, and End of Civil−Government*. 강정인 · 문정인(공역). 2014.『통치론: 시민정부의 참된 기원, 범위 및 그 목적에 관한 시론』. 까치글방.

Lodge, Martin. 2003. Institutional Choice and Policy Transfer: Reforming British and German Railway Regulation, *Governance*, 16: 159−178.

Lowi, Theodore J. 1964. American Business, Public Policy, Case Studies, and Political Theory. *World Politics*, 16(4): 677−715.

Lowi, Theodore J. 1972. Four Systems of Policy, Politics and Choice. *Public Administration Review*, 32(4): 298−310.

Madison, J. 1788. *The Federalist Paper*. No. 51. 김동영 옮김. 2005.『페더랄리스트 페이퍼』. 한울 아카데미.

Majone, Giandomencio. 1989. *Evidence, Argument, and Persuasion in the Policy Process*. Yale University. 今村都南雄(訳). 1998. 政策過程論の視座：政策分析と議論. 三嶺書房.

Mankiw, Greory N. 2015. *Principles of Economics* 7th Edition. Cengage. 김경환 · 김종석 옮김. 2015.『맨큐의 경제학』. 센게이지러닝.

Majone, Giandomencio. 1998. Public Policy and Administration: Ideas, Interests and Institutions. Robert E. Goodin and Hans−Dieter Klingemann(eds). *A New Handbook of Political Science*, 610−627. Oxford.

March, James G. and Johan P. Olsen. 1976. *Ambiguity and Choice in Organizations*. Bergen: Universitetsforlaget.

March, James G. and Johan P. Olsen. 1984. The New Institutionalism: Organizational Factors in Political Life. *American Political Science Review*,

78: 734−749.

March, James G. and Johan P. Olsen, 1986. Garbage Can Models of Decision Making in Organizations. In James G. March and Roger Weissinger−Baylon, eds. *Ambiguity and Command: Organizational Perspectives on Military Decision Making.* Cambridge, Mass.: Ballinger.

March, James G. and Johan P. Olsen. 1989. *Rediscovering Institutions.* Free Press. 遠田雄志(訳). 1994. やわらかな制度−あいまいな理論からの提言. 日刊工業新聞社.

Matland, Richard E. 1995. Synthesizing the Implementation Literature: The Ambiguity−Conflict Model of Policy Implementation. Journal of Public Administration Research and Theory, 5(2): 145−174.

May, Peter. 1992. Policy Learning and Failure. *Journal of Public Policy*, 12(4):331−354.

Mazamanian, Daniel A. and Paul A. Sabaiter. 1983. *Implementation and the Policy Process*, Glenview, ILL: Scott, Foresman.

Meyer, John W. and Brian Rowan. 1977. Institutionalized organizations: Formal structure as myth and ceremony. *American Journal of Sociology*, 83: 340−363.

Milgrom, Paul and John Roberts. 1992. *Economics, Organization & Management.* Prentice Hall Inc. 奥野正寛・伊藤秀史・今井晴雄・西村理・八木甫(訳). 2002. 組織の経済学. NTT株式会社.

Mills, John Stuart. 1859. *On Liberty.* 서병훈 옮김. 2010. 『자유론』. 책세상.

North, Douglas C. 1990. *Institutions, Institutional Change and Economic Performance.* Cambridge University Press. 竹下公視(訳). 1994. 制度, 制度変化, 経済成果. 晃洋書房.

Olsen, Johan P. 1970. Local Budgeting−Decision−Making or Ritual Act? *Scandinavian Political Studies*, 5: 85−118.

Olson, Mancur. 1965. *The Logic of Collective Action: Public Goods and the Theory of Groups.* Harvard University Press.

Palumbo, Dennis J. 1987. *The Politics of Program Evaluation.* Newbury Park, Calif, Sage Publications.

Peters, Guy. B. 1996. The Future of Governing: Four Emerging Models. Lawrance: University of Kansas Press. 정용덕 외(역). 1998. 『미래의 국정관리』. 법문사.

Peters, Guy B. 1999. *Institutional Theory in Political Science; The New Institutionalism*. Pinter London and Newyork.

Peters, Guy B. 2010. *American Public Policy: Promise and Performance*. 8th Edition. CQ Press.

Pfiffner, James P. and Roger H Davidson. 1997. *Understanding the Presidency*. Longman.

Pierson, Paul. 2004. *Politics in Time: History, Institutions, and Social Analysis*. Princeton University Press. 粕谷裕子(監訳). 2010. ポリティクス・イン・タイム－歴史・制度・社会分析. 勁草書房.

Pollock, Stephen M., Michael H. Rothkopf, and Arnold Barnett. 1994. *Handbooks in Operations Research and Management Science, 6: Operations Research and the Public Sector*, Elsevier. 大山達雄(監訳). 2007. 公共政策 *OR* ハンドブック(普及版). 朝倉書店.

Popper, Karl R. 1950a. The Open Society and Its Enemies. Princeton University Press. 이한구(옮김). 2006. 『열린사회와 그 적들 I』. 민음사.

Popper, Karl R. 1950b. The Open Society and Its Enemies. Princeton University Press. 小河原誠・內田詔夫(訳). 1980. 開かれて社会とその敵 第二部. 未来社.

Popper, Karl R. 1972. *Objective Knowledge: An Evolutional Approach*. Oxford Clarendon Press. 森博(訳). 1980. 客観的知識: 進化論的アプローチ. 木鐸社.

Pressman, Jeffrey L. and Aaron Willdavsky. 1973. *Implementation*, Berkeley; University of California Press.

Pressman, Jeffrey L. and Aaron Willdavsky. 1979. *Implementation*, 2nd ed. University of California Press.

Putnam, Robert D. 1993. *Making Democracy Work: Civic Tradition in Modern Italy*. Princeton, New Jersey: Princeton University Press.

Rose, Richard. 1993. *Lesson－Drawing in Public Policy*. Chatham House.

Rosenhead, Jonathan and John Mingers. 2001. *Rational Analysis for a Problematic World Revisited*, 2nd ed. John Wiley and Sons.

Rossi, Peter H. Mark W. Lipsey, and Howard E. Freeman. 2004. *Evaluation; A systematic Approach*. 7th Edition. 大島巌・平岡公一・森俊夫・元永拓郎(監訳). 2005. プログラム評価の理論と方法. 日本評論社.

Sabatier Paul A. and Hank C. Jenkins－Smith, eds. 1993. *Policy Change and Learning*. Westview.

Sabatier, Paul A. 1998. The Advocacy Coalition Framework: revisions and rele—vance for Europe. *Journal of European Public Policy*, 5(1): 98−130.

Sabatier, Paul A. and Christopher M. Weible. 2007. The Advocacy Coalition Framework. Sabitier Paul A. ed., *Theories of the Policy Process*, 189−220. Cornell University Press.

Saetren, Harald. 1983. *The Implementation of Public Policy.* (in Norwegian) Oslo: Universitetsforlaget.

Samuelson, Paul A. 1954. The Pure Theory of Public Expenditure. *The Review of Economics and Statics*, 36(4): 387−389.

Schattschneider, E. E. 1960. *The Semisoverign People.* The Dryden Press. 이철희 옮김. 2008. 『절반의 인민주권』. 후마니타스.

Schelling, Thomas C. 1981. *The Strategy of Conflict.* Harvard University Press.

Schmidt, Vivien A. 2002. *The Future of European Capitalism.* Oxford: Oxford University Press.

Schmidt, Vivien A. 2006. Democracy in Europe: The EU and National Polities. Oxford: Oxford University Press

Schmidt, Vivien A. 2011. Reconciling Ideas and Institutions through Discursive Institutionalism, in Daniel Béland and Robert Henry Cox (eds.) *Ideas and Politics in Social Science Research*, 47−64. Oxford: Oxford University Press.

Scott, Richard W. 1995. Institutions and *Organizations: Ideas, Interests, and Identities.* Fourth edition. Sage.

Scott, Richard W, and John W. Meyer. 1991. The Organization of societal sec—tors: Propositions and Early Evidence, in Powell, Alter W. and Paul J. DiMaggio, *The New Institutionalism in Organizational Analysis*, 108−140. University of Chicago Press.

Simon, Herbert A. 1957. *Models of Man.* John Wiley & Sons, Inc. 宮沢光一(監駅). 1970. 人間行動のモデル. 同文館.

Simon, Herbert A. 1960. *The New Science of Management Decision.* New York: Harper.

Simon, Herbert A. 1976. From substantive to procedural rationality. In: Kastelein T.J., Kuipers S.K., Nijenhuis W.A., Wagenaar G.R. (eds) *25 Years of Economic Theory*, 65−86. Springer, Boston.

Simon, Herbert A. 1978. Rationality as Process and as Product of Thought.

American Economic Review, 68(2): 1−16.

Simon, Herbert A. 1981. The Sciences of the Artificial. 2nd Edition. 이종범(駅). 1987. 『인공과학』. 三英社.

Simon, Herbert A. 1983. *Reason in Human Affairs*. Stanford University Press.

Simon, Herbert A. 1985. Human Nature in politics: the dialogue of psychology with political science. *The American Political Science Review*, 79(2): 294. 293−304.

Simon, Herbert A. 1986. Rationality in psychology and economics. *Journal of Business*, 59(4): 1−16.

Simon, Herbert A. 1997. *Administrative Behavior : A Study of Decision−Making Processes in Administrative Organizations*. 4th Edition. The Free Press.

Skocpol, Theda. 1985. Bring the State Back In: Strategies of Analysis in Current Research, in Peter B. Evans, Dietrich Rueschemeyer, & Theda Skocpol, eds. *Bring the State Back In*, 3−37. Cambridge University Press.

Smith, Adam. 1789. *An Inquiry into the Nature and Causes of the Wealth of Nations*. 5th edition. Princeton University Press. 杉山忠平(訳). 2000. 国富論. (全4冊). 岩波書店.

Stone, Deborah. 1989. Causal Stories and the Formation of Poilcy Agendas. *Polictical Sciece Quarterly*, 104(2): 281−300.

Stone, Deborah. 2012. *Policy Paradox: The Art of Political Decision Making*. 3rd Edition, W W Norton & Co Inc.

Stokey, Edith and Richard Zeckhauser. 1978. *A Primer for Policy Analysis*. W. W. Northon & Company. 佐藤隆三・加藤寛(監訳). 2011. 政策分析入門. 勁草書房.

Sutherland, Stuart. 2007. *Irrationality*. 이세진 옮김. 2008. 『비합리성의 심리학: 왜 인간은 어처구니없는 실수를 반복하는가』. 교양인.

Taylor, David and Susan Balloch. 2005. *The Politics of Evaluation: Participation and Policy Implementation*. Policy Press.

Thelen, Kathleen & Sven Steinmo. 1992. Historical Institutionalism in Comparative Politics. in Sven Steinmo, Kathleen Thelen, and Frank Longstreth, eds. *Structuring Politics: Historical Institutionalism in Comparative Analysis*, 1−32. Cambridge University Press.

Tribe, Laurence H. 1972. Policy Science: Analysis or Ideology? *Philosophy and Public Affaris*, 2: 67−110.

Tullock, Gordon. 1967. The Welfare Costs of Tariffs, Monopolies, and Theft. *Western Economic Journal*(현, Economic Inquiry), June: 224－232.

Tullock, Gordon. 1989. The Economics of Special Privilege and Rent Seeking. Kluwer Academic Publishers.

Tullock, Gordon. 2003. The Origin Rent－Seeking Concept. *International Journal of Business and Economics*, 2(1): 1－8.

Tversky, Amos and Daniel Kahneman. 1981. The Framing of Decisions and the Psychology of Choice. *Science*, 211: 453－458.

Weber, Max. 1904. *The Protestant Ethic and the Sprit of Capitalism*. 김상희(풀어씀). 2006. 『프로테스탄트 윤리와 자본주의 정신』. 풀빛.

Weber, Max. 1919. *Politik Als Beruf*. 脇圭平(訳). 2003. 職業しての政治. 岩波書店.

Weber, Max. 1948. T*he Social Psychology of the World Religions*, reprinted in H. H. Gerth and C. Wright Mills, eds. *From Max Weber*. London: Routledge.

Weir, Margaret. 1992. Ideas and Politics of Bounded Innovation. in Sven Steinmo, Kathleen, and Frank Longstreth, eds. *Structuring Politics: Historical Institutionalism in Comparative Analysis*, 188－216. Cambridge University Press.

Weir, Margaret and Theda Skocpol. 1985. State Structure and the Possibilities for Keynesian Responses to the Great Depression in Swedan, Britain, and the United States, in Peter B. Evans, Dietrich Rueschemeyer, & Theda Skocpol, eds. Bring the State Back In, 107－168. Cambridge University Press.

Weiss, Carol H. 1977. Research for Policy's Sake: the Enlightenment Function of Social Research. *Policy Analysis*, 3: 531－545.

Wildavsky, Aaron. 1964. *Politics of Budgetary Process*. Boston: Little, Brown & Co.

Wilson, James Q. 1973. *Political Organizations*. Basic Books.

Wilson, James Q. 1998. *Bureaucracy : What Government Agencies Do and Why They Do It*. Basic Books.

秋吉貴雄. 2018. *入門公共政策学*. 中公新書.

秋吉貴雄・伊藤修一郎・北山俊哉. 2015. *公共政策学の基礎 新版*. 有斐閣ブックス.

足立幸男・森脇俊雅(編). 2003. *公共政策学*. ミネルヴァ書房.

足立幸男. 2009. *BASIC 公共政策学 1 公共政策学とはなにか*. ミネルヴァ書房.

足立忠夫. 1990. *行政サービスと責任の基礎理論*. 公職研.

浅野耕太. 2012. *BASIC 公共政策学 13 政策研究のための統計分析*. ミネルヴァ書房.

阿部斉. 1991. *概説 現代政治の理論*. 東京大学出版会.

安藤英治. 2003. マックスウェーバー. 講談社学術文庫.

岡本清一. 1959. *自由の問題*. 岩波書店.

加藤寛(編). 1999. 入門公共選択: 政治の経済学 改訂版. 三嶺書房.

北山俊哉・馬淵勝・久米郁男. 2003. *はじめて出会う政治学* 新版. 有斐閣ブックス.

久米郁男. 2013. *原因を推論する*. 有斐閣. 하정봉 옮김. 2017. 『원인을 추론하다』. 논형.

木暮健太郎. 2012. ラスウェルの政策科学*原因を推論する*. 岩崎正洋(編). *政策過程の理論分析*. 15−30. 三和書簡.

後藤和子(編). 2001. *文化政策学: 法・経済・マネジメント*. 有斐閣コンパクト.

河野勝. 2002. *制度*. 東京大学出版会.

笠原英彦・桑原英明(編). 2014. *公共政策の歴史と理論*. ミネルヴァ書房.

高巖. 1995. *H・A・サイモン研究 − 認知科学的意思決定論の構築*. 文眞堂.

杉浦功一. 2012. アリソンの決定の本質. 岩崎正洋(編). *政策過程の理論分析*. 195−209. 三和書簡.

田尾雅夫(著編). 2003. *非合理的織論論の系譜*. 文真堂.

竹田青嗣・西研(編). 1998. *はじめての哲学史*. 有斐閣アルマ.

友野典男. 2006. *行動経済学: 経済は「感情」で動いている*. 光文社新書. 이명회 옮김. 2008. 『행동경제학』. 지형.

寺迫剛. 2012. シェベリスの拒否権プレイヤー論. 岩崎正洋(編). *政策過程の理論分析*. 81−96. 三和書簡.

遠田雄志. 1998. *グッパイ！ミスター・マネジメント*. 文真堂.

長峰純一. 2014. *BASIC 公共政策学 11 費用対効果*. ミネルヴァ書房.

中邨章. 2004. 行政′行政学と‘ガバナンス’の三形態. 日本行政学会(編), ガバナンス論と行政学, 39: 2−25. ぎょうせい.

西尾勝. 1990. *行政学の基礎概念*. 東京大学出版会.

西尾勝. 2001. *行政学* 新版. 有斐閣.

西岡晋. 2012. シュミットの言説的制度論. 岩崎正洋(編). *政策過程の理論分析*. 133−148. 三和書簡.

松田憲忠. 2012. キングダンの政策の窓モデル. 岩崎正洋(編). *政策過程の理論分析*. 31−46. 三和書簡.

馬淵勝. 1994. *大蔵省統制の政治経済学*. 中央叢書.

馬淵勝. 2010. *官僚*. 東京大學出版會.

宮川公男. 2002. ガバナンスとは. 宮川公男·山本清(編著). パブリック·ガバナンス, 1－26. 東京: 日本経済評論社.

村松岐夫. 1999. 行政学教科書. 有斐閣.

森脇俊雅. 2010. *BASIC 公共政策学 5 政策過程*. ミネルヴァ書房.

藥師寺泰轍. 1989. *公共政策*. 東京大學出版會.

山谷清志. 2012. *BASIC 公共政策学 9 政策評価*. ミネルヴァ書房.

山崎直司. 2004. *公共哲学とは何か*. ちくま新書.

찾아보기

ㅊ

저자소개

⠿ 길종백

1970년생. 고려대학교 행정학과를 졸업하고, 일본 쓰쿠바대학(筑波大学)에서 법학박사(행정학 전공) 학위를 받았다. 현재 순천대학교 공공인재학부 교수로 재직 중이다.

⠿ 배정아

1971년생. 전남대학교 행정학과를 졸업하고, 플로리다 주립대(Florida State University)에서 행정학박사 학위를 받았다. 현재 전남대학교 사회과학대학 행정학과 부교수로 재직 중이다.

정책의 이해

초판발행	2021년 8월 20일
초판2쇄발행	2022년 12월 30일
지은이	길종백·배정아
펴낸이	안종만·안상준
편 집	양수정
기획/마케팅	이후근
표지디자인	BENSTORY
제 작	고철민·조영환
펴낸곳	(주) **박영사**
	서울특별시 금천구 가산디지털2로 53, 210호(가산동, 한라시그마밸리)
	등록 1959. 3. 11. 제300-1959-1호(倫)
전 화	02)733-6771
f a x	02)736-4818
e-mail	pys@pybook.co.kr
homepage	www.pybook.co.kr
ISBN	979-11-303-1338-2 93350

정 가   20,000원